上峯篤史
UEMINE ATSUSHI ［著］

縄文石器

その視角と方法

Premiere
Collection

京都大学学術出版会

縄文石器出現

【1】大川遺跡（奈良県山添村）
（奈良県立橿原考古学研究所附属博物館提供）

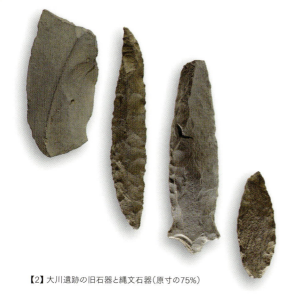

【2】大川遺跡の旧石器と縄文石器（原寸の75％）

——氷河時代が終わりを迎え、現在とほぼ同じ気候条件が整ってきた頃、日本列島に暮らす人類は各地で生活の姿を変化させはじめた。半地下式の竪穴住居を拵えて住まうようになり、次第に貯蔵や埋葬のための施設も整えられるようになった。日本列島の自然に高度に適応しながら、豊かな狩猟採集民文化を築いていくのである。時を同じくして道具立てにも変化が見られる。土器や弓矢を用いて森林資源を利用する方法が導入・定着していくなかで、旧来の技術の再編成が進んだ。旧石器とは対照的に、大きさ・デザイン・種類が様々な石器が作られた。縄文石器である。

縄文石器の声を聴く

凹石 Concave Stone

敲石 Hammer Stone

石鏃 Arrowhead

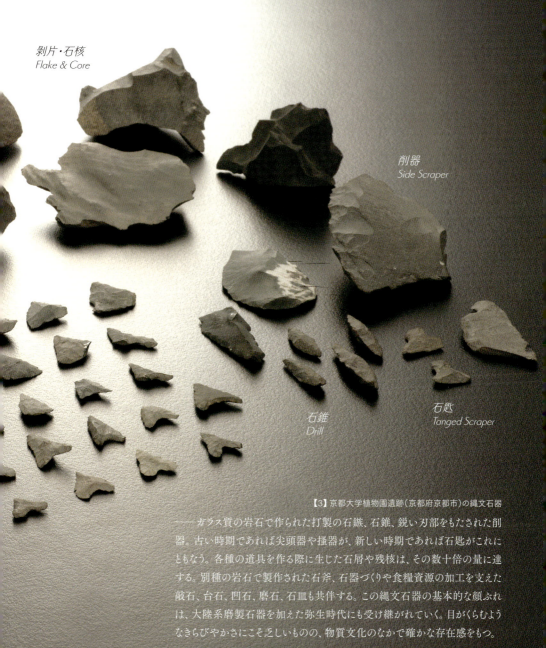

【3】京都大学植物園遺跡（京都府京都市）の縄文石器
—— ガラス質の岩石で作られた打製の石鏃、石錐、鋭い刃部をもたされた削器。古い時期であれば尖頭器や掻器が、新しい時期であれば石匙がこれにともなう。各種の道具を作る際に生じた石屑や残核は、その数十倍の量に達する。別種の岩石で製作された石斧、石器づくりや食糧資源の加工を支えた敲石、台石、凹石、磨石、石皿も共伴する。この縄文石器の基本的な顔ぶれは、大陸系磨製石器を加えた弥生時代にも受け継がれていく。目がくらむようなきらびやかさにこそ乏しいものの、物質文化のなかで確かな存在感をもつ。

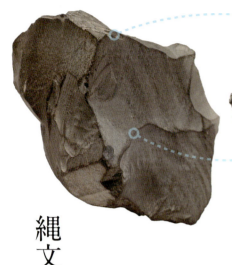

【4】京都大学植物園遺跡の
剝片・石核接合資料

縄文時代の石器づくり

——縄文時代人は、旧石器時代のような形の決まった剝片を生産する技術を放棄し、様々な形・大きさの剝片を剝離して多種類の石器に仕上げる技術体系を確立した。遺跡から出土する石器製作残滓の観察や属性分析は、個々の石器を理解する基礎情報になる。また縄文人の行動戦略や遺跡間のつながりを読みとる手がかりでもある。

【5】河原城遺跡の剝片・石核接合資料
（公益財団法人大阪府文化財センター提供）

【6】山ノ内遺跡B地区の
剝片・石核接合資料

【7】京都大学植物園遺跡の
剝片・石核接合資料

縄文時代の鐵、サヌカイト

——まるで黒曜岩原産地の空白地帯を埋めるかのように、瀬戸内海周辺にはスポット的にサヌカイトの原産地が点在する。近畿地方の縄文石器のほとんどは、このサヌカイトから作られた。打ち割りにともなって生じる甲高い金属音や、鈍く光る黒色の剝離痕もさることながら、主要利器の原材として人々の生活を支えたサヌカイトは、しばしば鉄に例えられる。

【8】株山遺跡

【9】

【10】

【11】

株山遺跡の露頭
（石万尾第1地点遺跡、大阪府羽曳野市）

近年の採石工事によって露出した火道の調査から、サヌカイトがどのような状況下で生成されたのかが明らかにされつつある。サヌカイト(a)と石器石材としての使用に耐えない安山岩がともにあり、レンズ状のサヌカイトがその安山岩に囲まれて産出している(b)。旧地表面に近い露頭上部では安山岩部が風化土壌と化しており(c)、これにふくまれるサヌカイト角礫を狙って、先史時代に採掘坑が穿たれている。

金山産サヌカイトの産状と化学組成

――蛍光X線分析による石材原産地推定で、香川県金山のサヌカイトが近畿地方にも運ばれたことがわかっている。金山のサヌカイトは化学組成において二種類に分けられるが、これは火山地質の違いと対応しており、原礫面や石理の発達程度の違いとしても表れている。金山の最上部で産出する「金山1」（金山東群）は朽木状・溝状の原礫面をもち、石理が顕著な典型的な金山産サヌカイト、それよりも下位に産出する「金山2」（金山西群）は原礫面に溝が発達せず、石理も顕著ではない非典型的な金山産サヌカイトである。

【12】金山

【13】

【14】

金山2（金山西群）

金山1（金山東群）

【15】

【16】

■ すべて「金山1」に判別される地点
■ 多くが「金山1」に判別される地点
■ すべて「金山2」に判別される地点
■ 多くが「金山2」に判別される地点

【17】斜面に密集する
サヌカイト製遺物

【19】凝灰角礫岩をえぐるように堆積するサヌカイト

【18】斜面下方に集積したサヌカイト巨礫

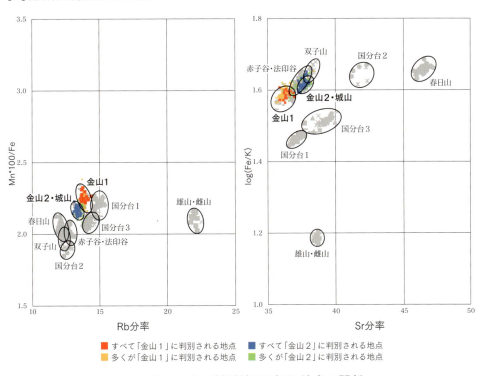

■ すべて「金山1」に判別される地点　■ すべて「金山2」に判別される地点
■ 多くが「金山1」に判別される地点　■ 多くが「金山2」に判別される地点

【20】サヌカイトの判別結果と採取地点の関係

vii

科学の眼で石器を観る

【22】搔器

【21】搔器

【23】搔器

古
新

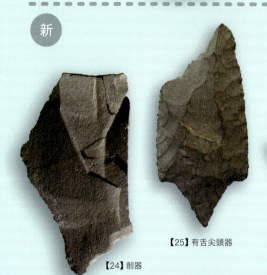

【24】削器

【25】有舌尖頭器

【26】尖頭器

【27】尖頭器

【28】石鏃

【21〜28】まるやま遺跡出土、サヌカイト製石器
※石器写真はすべて原寸

――伝統的な遺物観察の枠組みから一歩踏み出し、他の学問領域の研究方法を試してみることができるのは、物的な資料を対象とする考古学ならではの魅力である。

――蛍光X線分析装置による石器の化学組成の分析は、原材料がどの地域に由来するのかを推定するための方法として市民権を得ている。分析装置の改良もめざましく、近年利用が拡大している携帯型装置では、簡便ながら携帯性を活かした柔軟な分析が可能となっている。

――サヌカイト製石器の風化現象も重要な手がかりになる。サヌカイト製の縄文石器のほとんどは灰色をしているが、縄文人が手にしていた石器は黒かったはずである。数千年の時を経て石器の表面が風化して、現在のような姿になった。出土状況に恵まれなかった石器群でも、この風化の程度を指標にして製作年代の新旧を見通し、他の時間情報とすりあわせれば、時期ごとに分解できる場合がある。風化度は肉眼でも判別できるが、表面粗さ測定器で表面状態を調べる方法が有効である。

蛍光X線分析装置（据置型）

一般的な据置型装置では真空状態を作り出しての測定が可能なため、Si（珪素）やK（カリウム）など比較的軽い元素も対象にふくめることができる。

【29】

【30】

蛍光X線分析装置（携帯型）

【31】

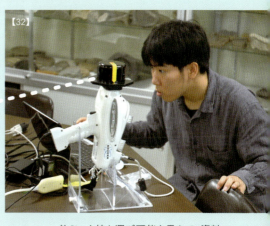
【32】

約2kgと持ち運び可能な重さで、資料の所蔵先に装置を持ちこんで測定できるメリットがある。測定時は防護カップをかぶせて、X線の漏洩を防ぐ。

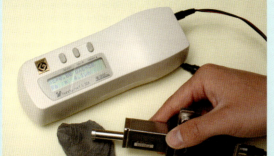
【33】

接触式表面粗さ測定器

先端に取りつけられた触針で石器の表面をなぞることで、微細な凹凸の程度を表面粗さという数値として表示する。

ix

様相2新段階：桐山和田遺跡

草創期に特徴的な有舌尖頭器が、多量の石鏃と共存している。石鏃は二等辺三角形を基調とする小ぶりなものが多く、基部の抉りは深くない。他の地域と同様に、先端部を錐状に突出させる技術形態学的な特徴を見いだせる。

【34〜39】石鏃（三角鏃）　【40】尖頭器（奈良県立橿原考古学研究所附属博物館提供）

【49】桐山和田遺跡（奈良県山添村）
（奈良県立橿原考古学研究所附属博物館提供）

【51〜52】有舌尖頭器

縄文石器の編年

——縄文石器も、時期や地域を違えれば種類や形状に違いが生じる。大和高原では草創期の遺跡群や複数の文化層をもつ早期前葉の石器群が検出され、その層位学的所見と型式学的検討は、当該期の石器編年の基礎を作った。尖頭器の退化と消滅、石鏃形態の変遷を明瞭にたどることができる。　※石器写真はすべて原寸

【50】削器

【41〜42】尖頭器

【43〜48】石鏃（円脚鏃）

様相3古段階：桐山和田遺跡

有舌尖頭器が消滅して以降、石鏃がめくるめく変化を見せる。脚部を丸くすぼめる円脚鏃が目立って組成される時期があり、肉厚の尖頭器がこれにともなっている。掻器をともなう事例も知られている。

様相3中段階：桐山和田遺跡

尖頭器や掻器の特徴は前段階と共通するが、長い脚部が目を引く長脚鏃が新たに石器群に加わっている。前後の時期と同様に、中部地方や東海地方の石器群との類似点が多い。

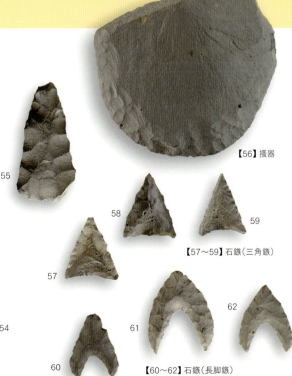

【53〜55】尖頭器

【56】掻器

【57〜59】石鏃（三角鏃）

【60〜62】石鏃（長脚鏃）

xi

【64】石錐
【63】削器
【65~67】石鏃(魚形鏃)
【68~69】尖頭器

様相4古段階：鵜山遺跡

早期に入ると、一転して円脚鏃や長脚鏃は見られなくなり、魚形を呈する独特な石鏃が現れる。掻器の有無には議論があるが、尖頭器は従来と同じく大ぶりである。

【70】鵜山遺跡(奈良県山添村)(奈良県立橿原考古学研究所提供)

【73】削器
【71~72】尖頭器

様相4中～新段階：鵜山遺跡

尖頭器が小形化し、成形が粗雑になる。草創期から続いた伝統的な尖頭器製作のあり方が、ついに崩壊をはじめているのである。石鏃には従来の形態のほか、逆V字形をとるものが急増している。

【74】石錐
【75~77】石鏃

【78】石錐

【79〜81】石鏃（Y字鏃）

【82】削器

様相5新段階：鵜山遺跡

早期中葉には尖頭器が姿を消し、以降、新たな器種構成をとる石器群の確立にむけて模索が始まる。この時期のまとまった資料が少ないため不明なところも多いが、基部の抉りの中央がさらに丸く抉られた形状をとるY字鏃が特徴的である。類似した石鏃は、近畿地方〜瀬戸内海沿岸地域まで広く散見される。

様相9古段階：広瀬遺跡

縄文時代の後半期には石匙をともなう構成で安定しながらも、石鏃や石匙の形状は様々な変化を見せる。例えば後期前葉には鋸歯縁をもつ石鏃が特徴的に組成され、石匙のつまみ部が大きい。削器の刃部は素材剥片の両面からの調整剥離で仕上げられたものがほとんどで、縄文時代の前半期と異なっている。

【83】削器

【84】石匙
【85〜88】石鏃

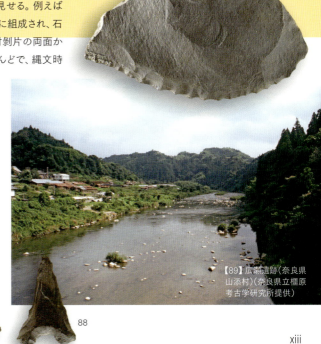
【89】広瀬遺跡（奈良県山添村）（奈良県立橿原考古学研究所提供）

xiii

縄文時代のダイヤモンド、黒曜岩

——近畿地方の縄文時代遺跡からは、まれに黒曜岩製石器が出土する。近畿地方には黒曜岩の原産地はなく、これらはすべて他地域から持ちこまれたものである。蛍光X線分析装置を用いた原産地推定によれば、隠岐島（島根県）や霧ヶ峰（長野県）周辺の黒曜岩をはじめ、北海道や九州の黒曜岩までもが長い距離を運ばれてきている。ただしもたらされた黒曜岩はごく少量で、石器石材としての実用が期待できないような形状、大きさのものも目立つ。これを求めた近畿地方の縄文時代人にとって、黒曜岩は石器の材料とは異なる次元の意味をもっていたようである。黒曜岩の旅路をめぐる考古学的、考古科学的分析は、縄文時代の地域間交流と情報流動を浮き彫りにする。

● 黒曜岩原産地

石器のキャプション凡例：
【No.】器種名称（出土遺跡／黒曜岩原産地）
※石器写真はすべて原寸

● 白滝

【105】二次加工のある剝片（志高遺跡／白滝）

【106】石核（志高遺跡／白滝）

【103】石匙（笠ヶ塚遺跡／原産地不明）

【104】石鏃（三河宮の下遺跡／隠岐）

【107】剝片（浦入遺跡／西霧ヶ峰）

【108】石鏃（仲ノ段遺跡／西霧ヶ峰）

【109】石鏃（北落遺跡／西霧ヶ峰）

【110】石匙（志高遺跡／西霧ヶ峰）

● 西霧ヶ峰

【111】石鏃（志高遺跡／隠岐）

【112】原石（志高遺跡／隠岐）

【113】霧ヶ峰地区鷹山

XV

【114】北白川廃寺下層遺跡
出土、削器〈最大長7.8cm〉

【115】志高遺跡出土、
石匙〈最大長2cm〉

縄文石器の深層へ

——かたち、作り方、素材、表面状態、構成、出土状況、出土位置、使い方。縄文石器には様々な属性があって、それぞれに縄文文化に関する情報の断片が刻まれている。何に注目するかによって、研究方法はもちろん得られる情報の性格さえも違ってくるものの、さまざまな視角から読み解いた事柄をつなぎ合わせていけば、物語の全体像が見えてくる。縄文石器は何を知っているのか。

【117】鈴桶遺跡採集
〈最大長3.8cm〉

【116】上津大片刈遺跡
（奈良県山添村）出土、
有舌尖頭器〈最大長8.7cm〉

若い知性が拓く未来

　今西錦司が『生物の世界』を著して，すべての生物に社会があると宣言したのは，39歳のことでした。以来，ヒト以外の生物に社会などあるはずがないという欧米の古い世界観に見られた批判を乗り越えて，今西の生物観は，動物の行動や生態，特に霊長類の研究において，日本が世界をリードする礎になりました。

　若手研究者のポスト問題等，様々な課題を抱えつつも，大学院重点化によって多くの優秀な人材を学界に迎えたことで，学術研究は新しい活況を呈しています。これまで資料として注目されなかった非言語の事柄を扱うことで斬新な歴史的視点を拓く研究，あるいは語学的才能を駆使し多言語の資料を比較することで既存の社会観を覆そうとするものなど，これまでの研究には見られなかった溌剌とした視点や方法が，若い人々によってもたらされています。

　京都大学では，常にフロンティアに挑戦してきた百有余年の歴史の上に立ち，こうした若手研究者の優れた業績を世に出すための支援制度を設けています。プリミエ・コレクションの各巻は，いずれもこの制度のもとに刊行されるモノグラフです。「プリミエ」とは，初演を意味するフランス語「première」に由来した「初めて主役を演じる」を意味する英語ですが，本コレクションのタイトルには，初々しい若い知性のデビュー作という意味が込められています。

　地球規模の大きさ，あるいは生命史・人類史の長さを考慮して解決すべき問題に私たちが直面する今日，若き日の今西錦司が，それまでの自然科学と人文科学の強固な垣根を越えたように，本コレクションでデビューした研究が，我が国のみならず，国際的な学界において新しい学問の形を拓くことを願ってやみません。

第26代　京都大学総長　山極壽一

まえがき

　本書は縄文石器，すなわち縄文時代の遺跡から出土する石器について，筆者が重要と考える視点や具体的な研究方法を解説した学術書である。

　縄文時代遺跡の発掘調査において，石器に遭遇する頻度は決して低くない。ところが石器研究は考古学のなかでも独特の領域を形成しているように見えるのか，敷居が高いと思われている節があり，なかでも研究蓄積が浅い縄文石器は多くの研究者にとって悩ましい存在となっているらしい。この状況を改めたいと考えて，縄文石器について筆者の知るところ，考えるところをまとめたのが本書である。

　本書の特色の一つは，実資料に肉薄した議論に紙幅のほとんどを費やしているところだろう。考古学における形而上学的，理論的な研究は歴史叙述のために不可欠な取り組みではあるが，実際の研究現場とはいささか距離がある。考古学は物質的資料を研究対象とする総合的な人間科学だから，自分と考古資料との対話こそ研究の最前線である。遺跡発掘の現場で，資料整理室で，収蔵庫の一角で，はたまた展示室で。眼前の遺物がいつの，どのようなものなのか，人類の歴史について何を語ってくれるのかという疑問が絶えず生じている。これに応えられるのは，資料から直接的に読みとれる事柄に立脚した研究である。即物的な議論に注力して編まれた本書は，その頁を繰るなかで実際の資料がイメージされ，折々で実際の資料と本書の内容とを見比べてもらえるはずである。つまりは遺跡の発掘調査や報告書作成の折に参考書あるいは叩き台として活用されてこそ，本書は存在意義を果たすと思うのである。

　本書には，伝統的な考古学の方法のみならず，岩石や遺跡に対して応用可能な他の学問領域の方法も積極的に取りこまれている。この点も本書の特色と言ってよい。世界中のあちこちを電波が飛び交い，子供でさえ高度な情報通信機器をあつかう時代に，学際的研究の看板を掲げるにはいささか躊躇を覚えるが，筆者は，石器から情報を引き出すために使えそうなものは何でも使うことにしている。新しい方法や道具は研究者の創造力と童心とを大いにくすぐるし，

研究に新しい風を吹き込んでくれるのではとの期待を抱かせもするが，大切なのはそれをどのように，何のために使うかである。本書には諸々の方法や機器を，考古学的な問題意識や研究法と組み合わせようとした一連の試行錯誤が収録されている。

　本書の記述のほとんどは近畿地方の打製石器というごく限られた対象に向けられているものの，これを通して広汎な縄文石器研究の地平を見通そうと筆者は考えている。様々な研究フィールドに立つ読者と問題意識や方法を共有できるように，各章では先行研究を網羅的に取りあげることを慎んだ。そのかわりに，その分野全体の動向やそのなかで普遍的な問題であると考える事柄，それとは逆に，本書で検討する特定の問題に焦点を定めて，これらと強く関連する研究を議論の俎上に載せた。筆者の力量不足や興味関心の偏りも影を落としていようが，本書からそれぞれの研究分野の現状と課題を把握できるよう配慮した。本書には，縄文石器に関心をもつ方々にとっての手引き書となることも期待しているのである。また本書は他地域の石器や磨製石器，礫石器に向き合うなかでも活用できる情報や，参画できる議論をふくんでいるはずだし，弥生石器の研究を志す人も本書からいくらかの示唆を得られることと思う。

　いま縄文石器について特に知りたいこと，知らねばならないことのある方は，目次や索引から関連事項を求めるか，ページをめくって関心に沿った図を探すとよい。本書の主要部である第1章〜第3章は通読を想定してはいるものの，特定の章から読み始めても大筋は理解できるように書かれている。また索引項目は，石器研究者以外の方による利用を前提に選定したため，用語集的な使用や逆引き的な使い方にも耐える。もちろん個々の研究項目はその外の事柄と有機的なつながりを持っているから，関心をもたれた部分にとどまらず，それを関連事項とともに掘り下げて頂きたい。

　他方，特に差し迫った理由はなくして，縄文石器とはなんだろうとふいに本書を手に取った方は，これを書架に戻す前に口絵写真を一覧してほしい。縄文石器の世界とその魅力の一端に触れられるだろうし，自らと縄文石器との接点や，縄文石器に何を期待できるかについて一考できることと思う。

　端から縄文石器の研究に挑むつもりで本書を手に取った方は，序章から通読するなかで，本書の記述と実資料との比較を可能な限り試みてほしい。そのな

かで納得できる部分が現在の研究の到達点であろうし，腑に落ちないところは
爾後の研究の突破口となりうる。度重なる資料と記述との往復の先に本書が過
去の遺物となることが，筆者と本書にとって一番の幸せである。もちろん筆者
自身，一日でも早くそうなるように研究に邁進する次第である。

目　次

口絵　　i
まえがき　　xix

序　章　　縄文石器のリアル……………………………………… 1

　　第1節　人類史を語る石器　　3
　　第2節　縄文石器の壁　　4
　　　　(1)　縄文時代研究の動向と石器研究　　4
　　　　(2)　縄文石器と出会った頃　　7
　　第3節　いま，何が求められているのか　　10
　　第4節　本書の構成　　12

第1章　　縄文石器の製作技術……………………………………… 15

　　第1節　石器の製作痕跡を読む　　17
　　　　(1)　破壊の原理と痕跡　　17
　　　　(2)　剝離方向の判読　　18
　　　　(3)　剝離順序の判読　　20
　　　　(4)　製作過程の再構築　　21
　　第2節　製作技術研究の背景　　22
　　第3節　縄文時代の剝片剝離技術　　23
　　　　(1)　第1工程：原礫の分割　　24
　　　　(2)　第2工程：石器素材剝片の生産　　25
　　　　(3)　石核端角の補正　　27
　　　　(4)　打面の再生　　29
　　第4節　剝離の「状況」　　31
　　　　(1)　山ノ内遺跡B地区の接合資料　　31

　　　(2)　作業面への配慮　　34
　　　(3)　接合資料の観察　　36
　　　(4)　剝離状況の分類　　39
　第5節　剝離の意図と作業の目的　　41
　　　(1)　京都大学植物園遺跡の石器群　　41
　　　(2)　西浦東遺跡の石器群　　52
　　　(3)　剝片形状の予測と制御　　59
　第6節　縄文時代の石器製作者　　63
　　　(1)　石器集中部とは何か　　63
　　　(2)　石器製作の空間構造　　64
　　　(3)　石器製作者の技量と原礫の質　　69
　　　(4)　石器製作と石器の形態　　74
　第7節　製作技術から石器を観る――本章のまとめ　　77

　Column 1　縄文石器の使用方法　　79

第2章　縄文石器の編年　　83

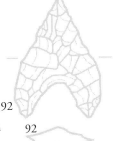

　第1節　石器の種類と分類　　85
　　　(1)　石器の種類　　85
　　　(2)　打製石器の分類　　85
　　　(3)　分類の精度と基準の不一致　　87
　第2節　編年研究の背景　　90
　第3節　遺跡内での地点差と「遺跡の引き算」　　92
　　　(1)　隆起線文土器や無文土器にともなう石器　　92
　　　(2)　円脚鏃と長脚鏃の関係　　94
　第4節　石器群の一括性と風化度　　97
　　　(1)　サヌカイトの風化　　97
　　　(2)　後期旧石器と縄文石器の分離　　102
　　　(3)　風化度による資料群の分解　　107

第5節　近畿地方における有舌尖頭器の出現と消滅　108

　　⑴　有舌尖頭器の何が問題か　108

　　⑵　有舌尖頭器の出現と神子柴系石器群との関係　110

　　⑶　有舌尖頭器は押型文土器にともなうか？　116

第6節　近畿地方の石器編年　125

　　⑴　編年の方針　125

　　⑵　打製石器の石器編年　125

第7節　石器の時期決定と型式——本章のまとめ　146

Column 2　蛍光X線分析の原理と方法　148

第3章　縄文石器の材料移動 ……………………………………… 151

第1節　石材の原産地を知る　153

　　⑴　旅する石材　153

　　⑵　石材移動に映された人類活動　155

　　⑶　原産地推定の方法　156

第2節　原産地推定研究の背景　158

第3節　サヌカイトの産状と化学組成　159

　　⑴　二上山北麓地域　159

　　⑵　五色台・金山地域　163

第4節　サヌカイトにおける蛍光X線分析法の改良　168

　　⑴　蛍光X線分析にともなう前処理の問題　168

　　⑵　風化にともなう化学組成の変化　170

　　⑶　完全非破壊の原産地推定にむけて　172

第5節　黒曜岩の移動と利用　173

　　⑴　他地域から持ちこまれた黒曜岩　173

　　⑵　黒曜岩製遺物の原産地推定　175

　　⑶　黒曜岩製遺物の時期推定　178

第6節　黒曜岩利用の実際　180

  ⑴ 黒曜岩を用いた石器製作 180

  ⑵ 残滓の移動 182

  ⑶ 北海道産黒曜岩の発見 184

  ⑷ 黒曜岩原産地の推移 189

 第7節 学際的研究のための心構え——本章のまとめ 200

 Column 3 考古遺物の蛍光X線分析 202

終　章　　縄文石器の可能性 ……………………………………… 205

 第1節 石器情報の広がり 207

  ⑴ 縄文石器がもつ情報 207

  ⑵ 石器型式圏の変化と黒曜岩の推移 208

 第2節 石器の動きと土器の動き 210

  ⑴ 土器型式圏の変動 210

  ⑵ 石器型式圏が維持される背景構造 214

 第3節 石器の動きと人間集団の動き 216

  ⑴ 石器情報が拡散する背景 216

  ⑵ 縄文石器と人類の移動史 220

 第4節 縄文石器のフロンティア 221

巻末付表1 筆者らが原産地分析を実施した資料 224

巻末付表2 測定機関・装置の違いと基準試料の測定値（強度比） 244

巻末付表3 黒曜岩製遺物と原産地推定結果 252

引用文献 267

図表出典 287

あとがき 293

索引 297

英文要旨 307

縄文石器

その視角と方法

序章 縄文石器のリアル

縄文石器はたいへん身近な存在であるものの，その実態は謎に包まれている。縄文石器研究に漂う，「どうにもならない」，「何をしたらいいかわからない」という空気は何に由来するのだろうか。縄文石器研究の現状を素描し，これを前進させるための本書の視座を解説する。

各地の文化財収蔵庫には未知の縄文石器が眠っている。これらの"発掘"が，縄文石器研究の突破口を開く。

第1節　人類史を語る石器

　人類の歴史の大半は，石器と共に歩んできた歴史である。近年，約330万年前にさかのぼる石器がアフリカ・トゥルカナ湖沿岸のロメクウィ3遺跡で発見され，注目を集めている（Harmand. S. *et al.* 2015）。その製作者はケニアントロプス・プラティオプスとも，アウストラロピテクス・アファレンシスとも言われ，ヒト属の出現に先行するヒト亜科にもハンディマンがいたことが認められつつある。道具の製作が自らの身体機能の拡張を意味するならば，硬い岩石を鋭い刃器に仕上げる打製石器の製作は，人類の行動の多様化に貢献し，人類の可能性を大きく拡げたはずである。

　私たち現代人もまた，石器の恩恵を受けている。石器の作り手が息絶え，はるかな時を経て彼らの骨や周囲の地形さえ大きく変わってしまっても，石器と向き合う私たちは，過去の人類の創意工夫や生存のための戦略，そして何より彼らが確かに存在したことをありありと感じられる。硬質の岩石を素材とした石器は，土中から出土するやいなや，往時の生活についてささやくように，時には雄弁に語り出す。その声に耳を傾ける私たちは，何千年，何万年という気の遠くなるような過去の世界のことを知り，思いを馳せ，そして自らを省みることができるのである。

　人類の歴史の大半は，石器のなかに記録されている。石器づくりの姿には製作者の知恵が，材料の入手経路には当時の行動様式や社会的な関係がかたどられている。また往時の生業活動や精神世界の理解においても，石器が果たす役割は大きい。近年では古人骨や遺伝情報の研究が私たちの歴史観や自己認識を更新する成果をあげているが，それでも石器の優位は揺るがない。私たち人類は生物的な動物であるとともに，文化的な動物でもある。世界のほとんどの地域で出土する石器は，人類文化の有り様と変遷を追跡する，貴重かつ有効な情報源なはずだ。火山灰由来の酸性土壌に覆われた日本列島においては，遺跡から古人骨や有機質遺物が出土することが少なく，特に旧石器時代研究では，石器から情報を得るより術がなかった。それゆえ，旧石器時代研究者は旧石器研

4

究者となって，旧石器から多くの情報を引き出す策を案出してきたわけである。

　一口に石器といっても，実に様々なものがある。大方がイメージする利器や工具はもちろんのこと，石鍋などの容器も石器だし，勾玉・管玉などの石製装飾品もまた石器である。火打石や温石でさえも，立派な石器に違いない。石製の道具すべてを石器と考えると，石器研究は約330万年前から現代に至るまでの実に長い時間を対象にすることとなり，どの時代の考古学研究にとっても，歴史復原の取っかかりになると気づく。

第2節　縄文石器の壁

(1)　縄文時代研究の動向と石器研究

　最近では，湿地性貝塚の調査事例が蓄積されるにつれて，縄文時代における有機質遺物に強い関心が集まり，木材利用や植物食の解明が進んでいる。それでも相変わらず，遺跡から出土する遺物の大半は土器と石器で，これらの理解なくしては，縄文時代史の再構築はあり得ない。縄文時代の時間尺度の構築と地域文化圏の解明に土器研究が果たしてきた役割は，多言を要しないだろう。土器研究は視点の多様化を見せつつも，現在でもなお，縄文時代研究の主流であり続けている。

　図0-1は縄文時代研究の学術専門誌『縄文時代』の「縄文時代関係文献目録」に「論文・研究ノート」として収録された論文のうち，主に遺物を対象とした論文があつかう遺物の種類を集計したものである[1]。縄文時代研究において最も論文数が多いのはやはり土器研究であるが，その割合は減少傾向にあり，2010年代で10%程度低下している。かわりに土製品や骨角器，礫石器をあつかった論文を中心に割合を増しており，縄文時代研究における関心が多様化してきた傾向がうかがえる。打製石器をあつかった論文は土器に次いで割合が高

---

1)　1999年度～2016年度の縄文時代関係論文のうち，遺物をあつかった論文が占める割合は41.7±6.1%である。

序章　縄文石器のリアル　5

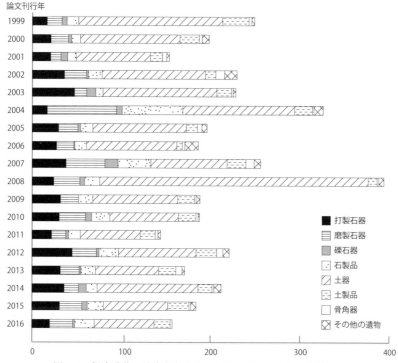

図0-1　縄文時代の遺物をあつかった論文数の推移と主な対象遺物
『縄文時代』誌の「縄文時代関係文献目録」における「論文・研究ノート」を集計。打製石器をあつかった論文は、土器に次いで多い。

く，2010年代では18.5±2.5％を占める。磨製石器や礫石器をあつかった論文の多さも加味すれば，石器研究は土器研究とともに，縄文時代遺物研究の双璧をなしているかに見える。

　表0-1では先のデータのうち2006年度から2015年度の10年分について，縄文時代をあつかった論文，報告書の数と，縄文時代遺跡以外もふくむ発掘調査の件数を加え，項目間での相関を調べたものである。論文テーマ間での相関関係はほとんど見いだせず，各研究領域は縄文時代史の復原という共通の方向をむきながらも，各々独立して進められる傾向がうかがえる。縄文時代関係論文の総数は遺物をあつかった論文の多寡に大きく左右されるが，研究の主流である土器研究の論文数の増減が与える影響が最も大きく，磨製石器の論文数はその影響を受けるようである。主として木製品から構成される「その他の遺物」は

表0-1　縄文時代論文の主な対象と論文数等の相関

	打製石器	磨製石器	礫石器	土器	土製品	骨角器	その他の遺物	縄文遺物論文	縄文論文	縄文報告書	発掘調査
打製石器	-										
磨製石器	0.353	-									
礫石器	0.307	0.688*	-								
土器	-0.327	0.154	0.022	-							
土製品	0.563	0.303	0.269	-0.524	-						
骨角器	0.590	0.601	0.377	-0.290	0.365	-					
その他の遺物	0.102	-0.068	-0.008	0.128	-0.595	0.003	-				
縄文遺物論文	-0.096	0.401	0.235	0.956**	-0.360	-0.070	0.139	-			
縄文論文	0.193	0.746*	0.570	0.669*	-0.123	0.364	0.149	0.838**	-		
縄文報告書	0.618	0.494	0.152	-0.172	0.008	0.794**	0.344	0.007	0.337	-	
発掘調査	0.013	0.448	0.334	0.459	-0.537	0.311	0.710*	0.551	0.625	0.432	-

表中の数字はピアソンの相関係数。* は5％水準で有意（両側）、** は1％水準で有意（両側）であることを示す。「縄文論文」、「縄文報告書」はそれぞれ、『縄文時代』誌掲載の縄文時代関係文献目録の「論文・研究ノート」、「発掘調査報告書」の数に、「発掘調査」は「埋蔵文化財統計資料」（文化庁）における「発掘調査届出等件数」にもとづく。

発掘調査における新たな資料の発見と、骨角器は報告書作成時の基礎的な整理作業と連動している。

　一方、打製石器や礫石器、土製品についてはほかの要素と関係が薄い。これは各研究領域を担う研究者人口の少なさや、新出資料のみならず、既掘資料をどのようにあつかうかが研究の進展を左右する側面が強いことを示唆する。打製石器研究を活性化させる鍵は、石器の基礎的な知識にアクセスしやすくして新規参入者を阻まない工夫をはかること、眼前の資料から情報を引き出す効果的な方法を提示し、それが縄文時代研究にとってどのような意味をもつのかを示すことにあるわけだ。

　一部の好事家にしか見向きされない嫌いがある縄文時代の石器それ自体は、目にする機会の多い遺物である。石器のなかでも、旧石器よりも縄文時代の石器のほうが研究者の目に映る頻度は高い。石器というと旧石器のイメージが先行するものの、例えば遺跡数の参照がしやすい奈良県と滋賀県では、旧石器時代遺跡の数はそれぞれ59遺跡、17遺跡（日本旧石器学会編 2010）、縄文時代遺跡では302遺跡、443遺跡になる（松田 1997、瀬口 1998・1999・2000、小島 1998・1999・2001・2005）。

序章　縄文石器のリアル　7

　一つの縄文時代遺跡から出土する石器の数も決して少なくない。鵜山遺跡（奈良県山添村）第2次調査では，発掘調査がおよんだ528㎡から約2万点の縄文土器片が出土し，これに約7000点の石器がともなっていた（岡田・田部編2006）。トータルステーションを用いた三次元位置情報が記録された，ある程度の大きさをもつ遺物に限っても，縄文土器片は約2000点，石器は約750点に達する。このように縄文遺跡から出土している石器の数は決して少なくないのだが，関心をもって調べてみると，その割に実態解明が進んでいない現実に驚くはずだ。

(2)　縄文石器と出会った頃

　この鵜山遺跡の発掘調査は，筆者にとって初めて参加した縄文遺跡の発掘調査だった。大学2年生の夏。大学に入学して考古学を志したとき，いつかは郷里の遺跡を発掘してみたいと思っていた筆者の希望は，調査の指揮をとられた岡田憲一さん（奈良県立橿原考古学研究所）と田部剛士さん（山添村教育委員会・当時）の計らいで早々に叶えられた。河川由来の堆積物からは次々と土器や石器が顔を出し，発掘区ごとに設置された遺物取りあげカゴに集積された。1日の発掘作業が終わると，毎日それを大事に抱えて調査事務所に運んでいって，夕日に照らされながら水洗作業に興じた。次々と露わになる遺物を見るのが楽しみで，特に水の中から灰色の美しい面をのぞかせるサヌカイト製石器に強烈に魅せられた。

　夏休みが明けて京都での一人暮らしに戻ってからも，鵜山遺跡での興奮は冷めることがなかった。時間を見つけては郷里に戻り，廃校になった小学校の一室に設けられた整理室に通った。鵜山遺跡の石器を目に焼き付け，田部さんのお話で頭をいっぱいにし，また京都に戻って，それを思い出しながら専門書を繰る，というサイクルが続いた。最初のうちは，石を割ってみて本に載っている図や写真と見比べる，教示された文献を蒐集する，知らない語句を調べるなど，順調に勉強できた。しかし石器について基礎的な事柄が理解できるようになり，いよいよ鵜山遺跡の石器を考えようという段になって違和感を覚えるようになった。鵜山遺跡の石器の何が普通で何が特殊なのか。何という種類の石器があって，それらはどのように作られ，どのように使われたのか。そのヒン

トを知りたくて図書室への籠城を決め込んだが，手がかりはほとんど得られなかった。縄文遺跡の発掘調査報告書には，石器についての情報が満足に掲載されていなかった。たとえ編年の基準となる土器群や，良好な遺構が得られた遺跡であっても，石器についての記載がほとんどなかったり，複数の層や遺構に由来する石器が一括して掲載されているなどで，情報の活用が難しかった。縄文時代の石器がいかに日陰者であるのかを痛感した。

筆者が縄文時代の石器を学び始めた頃，近畿地方の縄文時代研究者が集う関西縄文文化研究会が石器についての共同研究を立ち上げ，2002年度から活動を始めていた。初年度の12月には，草創期・早期の集成集が刊行され，これを用いた研究大会が，筆者が学んでいた立命館大学で開催された。多くの研究者の労苦の賜物である資料集や関連する最新研究は筆者を大いに興奮させた。しかしながら同時に，筆者が日頃から石器を手に取って考えていること，考えようとしていることと，発掘調査報告書を基礎とした研究との間には大きな隔たりがあると感じた。

大会中，近くに座った旧石器研究者や石器研究を志す若手研究者らからは，会の集成作業の方針や個々の研究発表について厳しい声が聞こえてきた。その意見は衆目一致して，出土資料の実態確認が最優先課題だというものだった。例えば旧石器時代遺跡の発掘調査報告書では，遺物取りあげ時に記録された三次元の位置情報にもとづく分布図，多量の石器実測図，写真，器種分類や岩種の記載はもとより，母岩分類や接合関係にまで記述がおよんでいる。これだけ記述が詳細であれば，報告書からだけでも多くの情報を得て思考の材料にできるし，遺物と照らし合わせれば，報告者の見解や遺跡の状況を確認しながら自分の見解を組み立てていける。詳細な報告書が，遺物の実見をともなう実証的な研究を促進する役割を果たしているはずだ。縄文時代の発掘調査報告書はそれとは対極にあり，石器についての情報が貧弱である。発掘調査報告書を繰るだけでは，縄文時代の石器を学ぶことさえできないのだ。

縄文時代の石器を知りたければ，とにかく遺物を見てまわるしかない。そのように考えた筆者は，近畿各地の遺物所蔵機関にお願いして，石器を熟覧させて頂くことにした。ご対応いただいた職員さんらは，縄文時代の石器を見に来た変わった学生を歓迎して下さり，各地の収蔵庫が筆者の学び場となった。し

かしこの折にも，発掘調査報告書の情報不足は深刻な影響をおよぼした。なにせ石器の出土点数が載っていないため総量がわからず，時には石器が出土しているかどうかさえ不明なのだ。対応して下さる職員さんらに申し訳なさを感じながら，筆者もともに収蔵庫を駆けずり回って石器を探した。ようやく見つけた石器には発掘現場で封をされてから20～40年眠り続けたものまであり，埃と泥にまみれた遺物保管袋をほどくと，石片がぎっしりと詰まっていた。綿を敷いたテンバコに丁寧にならべて保管されている旧石器とは，まったく異なる保管状況だった。袋から石片を一つずつ取り出し，材質や種類，大きさなどを調べ，適宜図化していった。石器を知るために最も必要だったのは，出土遺物の基礎的な整理作業だった。筆者が石器の図化や計測に明け暮れるなか，ご対応くださった職員さんらからは，収蔵庫に資料を眠らせておくのでは意味がない，できるだけ活用してほしい，といった主旨のお話を伺うこともしばしばあった。そのたびに胸を熱くし，その思いに応えようと，石器の実測図と観察所見をふんだんに盛りこんだ基礎研究の論文を書き続けた。

　筆者の論文がいくつかの学術雑誌に掲載された頃には，「縄文土器や弥生土器とともに石器が出てきたが，どうしたらよいかわからないので一度観に来てほしい」というお話が舞い込むようになった。また関西縄文文化研究会の例会では，各地の発掘調査担当者らが，整理作業中の出土遺物を見学に供して下さった。これらの機会には新規の資料をいち早く熟覧できるとともに，発掘調査や資料整理の最前線で何が起こっているのかを肌で感じられる。発掘調査担当者のお話に耳を傾けながら石器を拝見するたびに，どのようなものが縄文時代の石器で，何に注目し，どのように報告すればよいのか，頭を悩ませている方が大半だと筆者は理解した。旧石器時代研究とくらべて，縄文土器研究とくらべて，縄文時代の石器研究が著しく停滞しているのは，ごく基礎的な事項さえ専門領域の異なる研究者に理解されていないためではないか。発掘調査報告書に石器の記載が乏しいのも，石器の実態から離れた議論が展開してしまうのも，原因は石器研究者にあるのではないか。

10

第3節　いま,何が求められているのか

　石器は黙して語らない資料だけれども,他の考古資料と同じく,適切な方法で声をかければ,過去の世界についてあれこれと語ってくれる。そして彼らが持っている情報は,土器や集落構造からはわからないものであったり,それらの情報源から推定した事柄を,別の角度から検証できるという意義をもっている。その石器が,縄文時代研究では日陰者で,時に厄介者となっているのはなぜだろうか。筆者はこう考える。遺物整理のなかで参照できる,リアリティをもった研究書がこの分野にはないからではないか,と。縄文時代の石器をあつかった研究書は,これまでも何冊か出版されてはいる。ところがどれも,遺物整理の際の指針や参考情報を提示してはくれないのだ。

　例えば,関西縄文文化研究会が2002年から2004年にかけて編んだ『縄文時代の石器』は,石器の帰属時期がある程度しぼれる遺跡と,石器実測図を掲載し,関連する研究を収める(関西縄文文化研究会編 2002・2003・2004)。この分野の研究には必携の書で,筆者の座右にも手垢に汚れたそれが積まれている。ところが同書は集成という性格上,羅列的な記述・構成になっており,同書に向き合えば縄文時代の石器が理解できるという性質のものではない。

　竹広文明の『サヌカイトと先史社会』は,金山産サヌカイトに関する氏の先駆的な研究を網羅し,剝片剝離技術と板状石材の広域流通という観点から,新しい中・四国縄文社会像を打ち出すことに成功した(竹広 2003)。また筆者も,『縄文・弥生時代石器研究の技術論的転回』を上梓している(上峯 2012)。二上山北麓産サヌカイトを用いた石器製作技術を微に入り細に入って議論し,河内湖南岸地域を例に,剝片や石核から地域社会像の構築が可能であることを実証した。これらの研究によって,石器群を理解するための基盤となる製作技術と,それに着目した研究の有効性を提示でき,旧石器研究にくらべて最も立ち遅れていた部分を補えたはずだ[2]。ところが両者は狭義の石器,すなわち製品の研

---

2)　両書は縄文時代の石器に関心をもつ,特に若手研究者に読まれていると聞くから,将来の当該研究の実証性を高めることに貢献できてはいるだろう。

究や解説にほとんど紙幅を費やしていない。この点が専門が異なる研究者を遠ざけ，同書は石器整理の現場で活用されにくいようである。

　一方，大工原豊が送り出した『縄文石器研究序論』は，当該研究に型式学的方法を本格的に導入し，製作系列や型，式といった概念を提示する（大工原2008）。この視点の有効性は『季刊考古学』縄文石器特集号（大工原編 2012）にも表れていて，石器研究者のみならず縄文時代研究者全体に，縄文時代の石器研究の意義を明確に示した意義をもつ。しかしながら本方法を用いた当該期石器群の基礎的研究は緒についたばかりで，多量の石器を前に茫然自失とする現場からの声に答えられる部分は多くない。

　つまり，縄文時代の石器研究が停滞気味で情報発信も低調なため，出土石器のあつかい方が周知されず，資料化が不十分になっている。それが当該研究をさらに遅滞させるという負のスパイラルに陥っているのである。しかし石器研究の入門書があれば事態が変わるのかというと，そうとも言えない。石器そのものの観察法は，『旧石器の知識』，『図録・石器入門事典〈先土器〉』，『石器研究法』（または『旧石器時代文化研究法』），『石器実測法』などにまとめられている（芹沢 1986，加藤・鶴丸 1991，竹岡 1989・2013，田中 2004）。これらの書物に取り組めば，剝離方向の判読や切り合い関係の理解といった石器の“見方”や，石器石材，剝片剝離技術，打撃法などの基礎知識は十分理解できるようになっている。縄文時代の石器から考古学者を遠ざけているのは，どの地域のどの時期にどのような石器があって，それを調べれば縄文時代の何がわかるのか，縄文時代の石器の実態と研究展望が明確に示されていないことに原因がある。

　このような欠を補うために，本書は作られた。筆者が目指したのは，資料の認識法や操作法の手引き書ではない。筆者の経験不足はもちろんのこと，多量の未整理資料が各地の収蔵庫に眠っている状況では，個々の研究を単なるノウハウとしてまとめてしまえば，今後の資料の見方を狭めかねない。そうではなく，縄文時代の石器に向き合うときに常に参照できる情報，これらの遺物に向き合う上で考慮すべき点を，1冊の本としてまとめようと考えた。本の内容と実際の遺物の距離が近く，ただちに見比べられるような本，これから各地の遺物と，それをあつかう研究者・学生らの手によって検証・批判され，これを活用しつつ書き換えていくことが縄文時代の石器研究につながるような研究書。

12

これこそ，石器の整理・報告へのモチベーションを高め，当該研究を好転させる起爆剤になると考えた。

第4節　本書の構成

　このような目的意識に立って，本書には筆者が研究のフィールドとする近畿地方を対象に，縄文時代の石器とはどのようなものか，どのように縄文研究に資するのか，何がわかっていて何がわからないのかを取りまとめた。縄文土器に共伴する石器を「縄文石器」とよぶ"提唱"もある（大工原 2008）。近畿地方の資料状況からはこの定義にあらがう特段の理由はないし，「縄文石器」は「縄文時代の石器」の略称として以前から親しまれていると思うため，本書でも「縄文時代の石器」を指して「縄文石器」とよぶ。縄文石器では磨製石器や礫石器も石器群の大切な構成メンバーであるが，本書では量的主体を占める打製石器，それもガラス質の岩石を素材とするものに記述の大半を費やした。紙幅の関係もあるが，後述する考古資料としての石器の特性を最も強く発揮できるのが打製石器だと考えたことが，これを中心にすえた理由である。打製石器にスポットライトを当てれば，縄文時代研究において石器研究がもつ意義を，多くの読者に理解して頂くことにつながると考えた。

　旧著（上峯 2012）でも強調したように，筆者は石器を技術的に観ることを研究の軸としている。第1章では技術論的な石器研究の方法と，石器群を技術論的に考えるための前提になる，石器製作技術についてまとめた。しばしば「旧石器人とは違って，縄文人は石割りが下手だ。何も考えずに石を割っているから，製作技術を考えてもあまり意味がない」といった，やや乱暴な意見を耳にする。本章の議論はこのような俗説を吹き飛ばし，縄文石器を技術論的に考えることの意義を明らかにするはずである。

　第2章では，打製石器の編年を構築する。縄文時代には多種多様な種類と形状の石器が見られるが，土器がそうであるように，石器にも時間的な変化，空

間的な変化がある。これを整理すれば，この編年が，ある程度の資料数をもつ石製資料群の帰属時期や一括性を判断するためのツールになる。また編年からは遺物の変遷が明確に跡づけられ，時間的・空間的に文化をとらえることを可能にする。

　第3章では，石器の原材料に着目する。打製石器の材料には，堅硬緻密なガラス質岩石が選ばれるのが通例で，西日本ではサヌカイトがその代表格である。二上山北麓産サヌカイトは近畿地方の，金山産サヌカイトは中・四国地方の石器群の大半を賄うが，時にその範囲をこえて，他地域に分布域を陥入させる。また近畿地方には，周辺地域で産出する黒曜岩が微量ながら搬入されており，近畿地方の人間集団と隣接地域の集団との間に接触があった事実を物語る。異地性の石器石材は，縄文時代の地域間交流を証明する有力な資料となるが，その示すところを読み解くには，自然科学をふくめた研究法を理解して考古学的研究法と組み合わせねばならない。本章はその実践である。

　終章はまとめの章として，第1～3章の議論で見えてきた石器の時間的・空間的変化を，縄文文化の一側面として論じてみたい。縄文文化が時間的・空間的に多様であるのは自明のことで，だからこそ私たちは縄文文化を時期・地域に区分して理解できる。しかし地域文化の成立と展開の過程はもっぱら，ある土器型式の成立をめぐる型式学的説明と，土器型式圏の拡大・縮小という観点から論じられている。本書で構築し得た石器編年を用いても同じ方法で議論が可能であるし，材料の移動という石器ならではの観点を加味することで，従来の研究にはない新たな評価軸を導入できる。これによって，日本列島をどのように情報が駆け巡り，近畿地方がどのような役割を果たしたのかを素描するとともに，縄文石器がもつ情報の性格を解き明かし，縄文石器の研究がもつ意義を明示したい。

第1章　縄文石器の製作技術

　石器研究は製作技術の理解から始まる。石鏃などの製品の観察はもちろん，石核や剝片などの製作残滓にも目を向けると，石器を群としてとらえられ，石器がもつ種々の情報を製作の流れのなかで理解できるようになる。本章では，石器群を考える前提知識となる石器製作技術について論じる。特に縄文時代の石器製作者がどのような手順でサヌカイト原礫を打ち割ったのか，一見不器用に見える彼らの石割りのなかで何が配慮されていたのか，個々の石器の形状はどのように決定されるのかに焦点をあてよう。

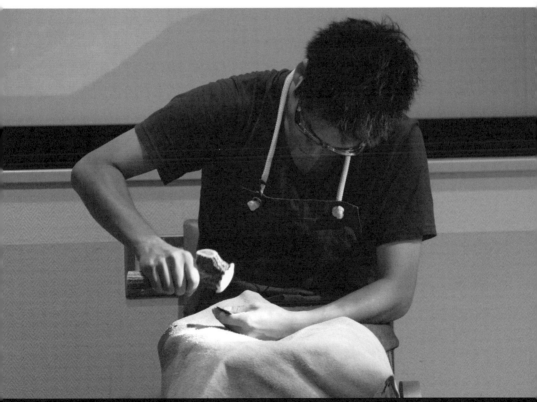

自分の手で石を割ってみて，何をしたらどんな痕跡ができるのかを学んでおくと，石器の観察時に大いに役に立つ。

第1節 石器の製作痕跡を読む

(1) 破壊の原理と痕跡

　人が石器を作ろうと思ったとき，作り手はまず岩石を手に取って，形状や質を精査する。原石の状態と作業目的とをすりあわせて，打ち割りの計画を立ててから打撃がはじまる。石器や製作過程で生じた残滓の観察からは，打ち割りに際して採用された動作や手順のかなりの部分を復原できる。第2章で述べるように製作の痕跡に基づいて石器が分類できるのは，製作の痕跡が明瞭にのこされており，しかもそれを時系列順に読みとれるという石器ならではのメリットによる。

　石器の入門的記述でかならず登場するように，岩石の打ち割りはヘルツの円錐モデルで説明される（図1-1-a）。ガラス質の物体に力が加わると，力は打点から円錐形に伝わる。これを岩石の縁辺近くで起こせば，一端を打ち剝がせるわけだ。力が加わった面を打面，剝片が剝離される面を作業面とよぶ。また剝がされた石片は剝片，のこされた残核は石核とよばれる（図1-1-b）。円錐の円錐面にそうように割れが進むため，通常は剝片の側が凸面に，石核にはそれと対応する凹面がのこされる。凸面はポジティブな剝離面，凹面はネガティブな剝離痕とよびわけることになっている。剝片には，石核から剝がれる際に生じたポジティブな剝離面が見られる。これを特に，その剝片の主要剝離面とよぶ。主要剝離面をもつ側の反対の面には，石核時の作業面が取りこまれていて，ネガティブな剝離痕がのこされていることも多い。この両面の凸凹関係を生物の体に見立て，主要剝離面側を腹面，反対側を背面とよぶ。他にも打面は剝片に取りこまれ，風化が進んだ石材なら，弧状のクラックや敲打痕からなる打撃痕が明瞭に観察できるケースもある。

　剝片剝離をうながす割れは，ヘルツの円錐にともなう割れ（ヘルツ型）とは別のメカニズムで生じる場合もある（図1-1-a）。曲げ型の割れとは，打点からやや奥まったところから割れがはじまるもので，割れるというよりも裂けるといった方がイメージしやすい。石核の端角（打面と作業面がなす角度）が60度を

18

下回るような場合で，鹿角や木材を用いた軟質のハンマーで石核の縁辺を掻き
とるように打撃したとき，曲げ型の剝離が起こりやすい。曲げ型の割れで剝離
された剝片は，打面と剝離面が作る稜線である口唇部（リップ）が顕著になる。
後述するバルブは発達せず，打面直下には滑らかな面（ミスト面）がひろがっ
ていることが多い。また端角が90度をこえる箇所を金属製のハンマーで打撃し
た場合や，石核をハンマーと作業台で挟み撃ちにする両極打法をほどこした場
合に，楔型の割れが生じやすい。この場合もバルブは発達しない。

(2) 剝離方向の判読

打ち割りで生じた剝離面には，力が加わって割れが発生し，その割れが岩石
の内部を通過して剝片を剝がすまでの，一連の物理現象が記録されている（図
1-1-c）。これらに着目すると，剝離面の剝離方向を判読できる。例えば，打面
の直下には割れ円錐の痕跡がコーン（打撃錐）としてのこされる場合があり，
打撃錐の外側に瘤状の高まりが展開する。これがバルブ（打瘤）である。

バルブの上から剝片の末端にかけては，波状の模様であるリングが観察でき
る。リングは打点（厳密には割れ起点）を中心に広がる同心円状の模様で，岩石
の内部を通過した破壊前線の痕跡である（図1-1-c）。ちょうど，池に小石を放
り込んだときに生じる波紋と似ている。リングの形状は剝片の厚さや物理属性
に左右される部分もあるが，リングの凹側，つまり同心円の中心方向に割れ起
点があるのが普通である。リングは黒曜岩や珪質頁岩では容易に観察できるが，
風化したサヌカイトでこれを見いだすには少々訓練が必要である[1]。

またフィッシャーも，割れの方向を判断する指標となる。これは割れ方向に
平行する線状の模様で，割れが進行するなかで起こる微妙な力の変化が原因で
生じる。黒曜岩では繊毛状に，サヌカイトやチャートでは亀裂状に見える。
フィッシャーはバルブ上でも剝離面の中央部でも生じるが，剝離面の外縁部，

---

1) サヌカイトの剝離面における剝離方向の判読が難しいと言っても，割れの原理は黒曜岩などと
同じである。初学者は黒曜岩の観察から始め，諸処の痕跡をとらえられるようになってくれば，
珪質頁岩，風化の弱いサヌカイト，風化したサヌカイトの観察へと挑戦していくとよい。その際，
リングのような見やすい痕跡だけに頼らず，コーンやバルブ，時には剝離面の末端形状にも目を
向けるとよい。また斑晶をふくむ粗雑な岩石に対しては，斑晶上のリング等をとらえる「斑晶観
察法」（上峯 2014）も有効である。

第 1 章　縄文石器の製作技術　19

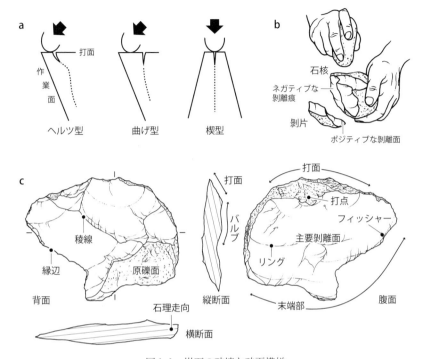

図 1-1　岩石の破壊と破面模様
a：代表的な割れ様式。硬質ハンマーによる直接打撃ではヘルツ型が，軟質ハンマーによる直接打撃では曲げ型が生じやすいが，これらは石材とハンマーの硬度との相対的な関係で決定される。b：剥離面の凹凸。ポジティブかネガティブかを観察すれば，その面が剥がれた面（剥離面）か，剝ぎ取られた痕（剥離痕）かを判断できる。c：剥片の部位名称と破面模様。石器実測図の各面は，正投影図第三角法にしたがって展開される。断面図中の斜線は，断面図であること表すのではなく，石理の方向を表すことに注意（石理走向が不明な場合，断面図は白抜きとなる）。

剥片の末端部の方が観察しやすい。
　バルブやリング，フィッシャーといった痕跡も，石核から剝がされる剥片に生じるのはもちろん，石核上にのこされる剥離痕にも対応する痕跡がのこされる。これらの模様を手がかりにすれば，石器を構成する割れ面一つ一つの剥離方向を識別できる[2]。

---

[2]　他の剥離痕と切り合って小さくなった剥離面の剥離方向を判断できるようになるには，剥片の主要剥離面の観察経験を積むのがよい。土器の器形や型式の判断の際に完形土器を参照するのと同様，"完形の剥離面"すなわち剥片の主要剥離面が割れの痕跡を理解する際の見本となる。

(3) 剥離順序の判読

　通常，石器は複数回の打撃によって整形されるため，複数の剥離面で構成されている。ある剥離痕が先行する剥離痕に重なるようにして生じた場合，先行する剥離痕の一部は後続する剥離によって生じた剥片の一部として取り去られてしまう。するとちょうど土坑が切り合うように，二つの剥離痕が切り合い関係をもつ（図1-2-a）。このような状況を石器のうえで認めることができれば，その剥離痕の前後関係を明らかにできる。発掘現場において遺構の切り合い関係を判断する際，平面プランの確認と断面観察の二方法があるのと同様に，剥離痕の切り合い関係の判断においても剥離痕の外形線（稜線）の重なり方や剥離痕の形状はもちろん，稜線を斜めから観察したり，指でなでてみたりして，どちらの剥離痕が新しいのかを判断する（図1-2-b）[3]。切り合い関係の観察は重なって生じた2枚の剥離痕の前後関係の決定を基本とするが，これを繰り返して，石器を構成する幾多の剥離痕の前後関係を芋づる式に決めていくのであ

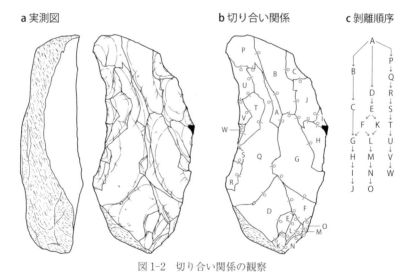

図1-2　切り合い関係の観察
大県遺跡（大阪府柏原市，晩期前葉）の石核。切り合い関係。剥離順序は，あくまで切り合い関係をもつ二枚の剥離面の前後判定をもとに考えるため，すべての前後関係を解明できるとは限らない。

---

　3)　2枚の剥離痕の境界線をそれに直交する向きでなでたとき，引っかかりを強く感じる側が新しい（切っている）剥離痕，もう一方が古い（切られている）剥離痕である。

第1章 縄文石器の製作技術   21

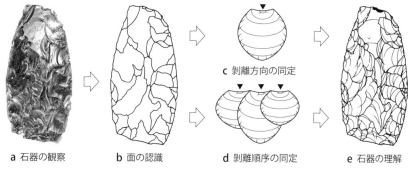

a 石器の観察　b 面の認識　c 剝離方向の同定　d 剝離順序の同定　e 石器の理解

図1-3　石器を理解する手順

a：石器の観察は，幾何学的形状に惑わされずに素材の性状と加工手順を読みとることから始まる。b：各面を境界線（稜線）で区分し，原礫面と剝離面とを区別する。c：リング等を手がかりに，1枚ごとに剝離方向を読みとる。この図では▼を起点に剝離が発生している。d：切り合い関係から剝離順序を読みとる。e：すべての面を剝離順序にしたがって再配列し，どのような素材に，どの方向から，どの順番で打撃が加えられたのかを理解する。

る（図1-2-c）。

　剝離面の前後関係はすなわち作り手の作業の前後関係であり，縄文土器の施文や埴輪の刷毛目の切り合い関係と同様に，考古学でとらえうる最も短い間隔の前後関係である。ただし，土器や埴輪の焼成のように材料の性質を著しく変化させる工程が石器にはないため，情報がいつも割れとして上書きされていく点がユニークである。別の剝離で取り去られている部分以外は割れ面の前後関係と方向を判断できるし，すでに取り去られている部分の情報も，接合資料の観察や剝片・石核をふくめた属性分析でずいぶん補完できる。

(4)　製作過程の再構築

　以上の手続きは，図1-3のようにまとめられる。石器を観察する際，その石器がどのような面で構成されているのかを考えながら，面と面の間に境界線を考えてみる。そして風化の新旧にしたがって面を区分する（b）。特に風化が進んでいるゴツゴツとした面は原礫面（自然面）であるし，逆にやけに新鮮で，縁辺部にしか見られない面はたいてい発掘時などに生じた新欠面（ガジリ）だ。それらを除いた面が，石器を構成する剝離面である。次に剝離面1枚ごとに，ポジティブかネガティブか，割れ方向はどちらかを判断していく（c）。それに目処がついたら，剝離面間の切り合い関係を考え，剝離面が生じた順番を考

えて，その時系列に沿って剝離面を再配列してみる（d）。このように石器を
「読む」ことで，作り手がどのような原礫を手に取り，どこをどのような順番
と向きで打撃したかがわかる。その作業経過を追跡し，眼前の石器の形状がど
のような作業の結果作り出されたのかを考えることで，作業の意図，すなわち
その石器を何とよぶべきかが見えてくるわけだ（e）。

第2節　製作技術研究の背景

　縄文遺跡から出土する石器の大半は，剝片や石核などの製作残滓である。尖
頭器や石鏃は発掘調査報告書の図版や博物館の展示ケースを飾っているが，剝
片や石核に注意が向けられることは少ない。各地の収蔵庫には，多量の剝片・
石核，そしてピックアップ作業から漏れた多量の製品類が眠っている[4]。
　一方，旧石器研究では事情が異なる。ナイフ形石器などの製品が最優先で図
化・報告されるのは間違いないが，剝片や石核にも注意が向けられ，図化や計
測の対象となる。製作残滓をふくむ石器群全体が観察の対象となり，どのよう
な製作技術で石器が作られているのかが読みとれる。これは石器群が技術を
媒介とする構造体（稲田 1969）と考えられているだけでなく，瀬戸内技法の
ようなパターン化した剝片剝離技術が，石器群の帰属時期や当時の文化圏を考え
る指標の一つになってきた学史的背景にも起因するのだろう。
　縄文時代においては「石器の素材は比較的統一性がなく打ち割られている」
（鈴木 1991：p.18）という認識が根強い。この認識は当該研究の黎明期に予察的
に示されたものではあったが，その後各地で事例研究が蓄積されるにつれて，
石刃技法や瀬戸内技法に代表される旧石器時代の剝片剝離技術とは対照的な，
柔軟性に富んだ石割りの実態がいっそう際だってきた（山田 1985，後藤 1985，

---

4)　この頃は管理が難しいという理由から，剝片・石核などの実見を許可頂けないケースも増えて
　　きた。資料を後世に確実にのこすために必要な措置とは言え，研究にとっては悩ましい事態であ
　　る。

竹広 1988，上峯 2009など）。規格的な素材剝片剝離技術の喪失は，今や弥生時代
にも敷衍できる「常識」となりつつある。

　しかし，打ち割りの手順や打撃位置の選択が柔軟であるからといって，当該
期の石器製作が無原則であることにはならない。岩石の割れについての理解と，
論理的・合理的な作業計画，そしてそれを体現する腕前を割り手が備えていて
はじめて，目的とする石器を系統的に作り出せるようになる（佐藤 1983：p. 372）。
十分な質量をもちながらも放棄された石核や，執拗に加撃された石核に目を奪
われ，縄文時代の石器製作者を気の向くままに石材を打ち割った素人と断じて
は，当該期の石器製作の実態がみえなくなってしまう。石核を放棄するタイミ
ングや，剝片剝離の手詰まりを回避する方法には，時期差や地域差，石材環境
の差などが胚胎しているはずである。製作残滓を一見しての印象からは，石器
製作の全容は到底推しはかれない。

　次節からは，縄文時代の石器製作者が，いかにして合目的的な剝片を剝離し
たかを論じる。剝片剝離における彼らの基本的な戦略を知ることはもちろん，
剝片剝離に際しての配慮や技量を正確に見積もることで，石器の形状や製作技
術に対して適切な意味づけができるようになる。

第3節　縄文時代の剝片剝離技術

　二上山北麓産サヌカイトを用いた打製石器製作は，図1-4のように説明でき
る。出土遺物のなかで量的な主体を占めるのは図の通りの手順で，石器製作者
が念頭に置いていたのはこのような作業計画であったと考えられる（上峯
2009・2010）。一見この図に当てはまらない資料であっても，図が示す作業工程
との関わりのなかで理解できるものが大半である。ここでは打ち割り作業の目
的という観点を意識しながら，筆者が実見した資料をふまえて，技術を構成す
る諸要素について解説する。

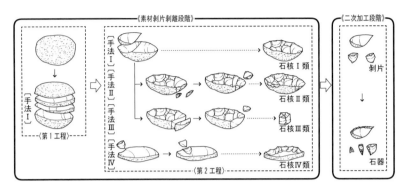

図1-4 剝片石器製作の諸段階
二上山北麓産サヌカイトを素材とした場合の模式図。原礫を分割し（第1工程），これを素材として石器素材剝片を生産する（第2工程）。第1工程は無調整でおこなわれるが（手法Ⅰ），第2工程では石核の状態に応じて手法Ⅰ〜Ⅳが使い分けられる。時期・地域によっては，第2工程で生産された剝片に両極打法をほどこし（第3工程），その剝離物を石器に加工する場合がある。

(1) 第1工程：原礫の分割

　サヌカイト原礫を手にした割り手は，複数の作業工程を経て，打製石器の素材となる剝片を生産する。原礫が拳大よりも大きい場合は，これをスライスするように分割するケースが多い。石理に沿って割れが進むように配慮され，原礫面が打面となる。打撃部には剝離調整を加えず原石の形状と石理走向を考慮して，原礫を一気に割り抜こうとする。これを第1工程とよんでいる。久宝寺遺跡（大阪府東大阪市）の接合資料は，角礫の平坦面を叩いて原礫が二分割されている（図1-5-1）。京都大学農学部総合館遺跡（京都府京都市）の接合資料も原礫面が打面となっていると考えられ，石理を考慮しながら原礫を3枚以上に分割できている（図1-5-2）。

　原礫を分割すれば素材が運びやすくなるばかりか，第2工程で稼働する石核の数が増えるため，第2工程におけるリスクを分散できる。原礫を小分けにしておけば，まだ十分な質量・体積がある石核を，石核端角の鈍化や剝離事故を理由にやむなく放棄する事態に陥っても，損害は小さくてすむ。もちろん当初から原礫が小さい場合には，第1工程を省略して，第2工程から石割りがスタートする。

　布留遺跡（奈良県天理市）の豊井（打破り）地区では，32点のサヌカイト製遺物が集積状態で検出された。本例は早期中葉のものだが，原礫面をとどめるも

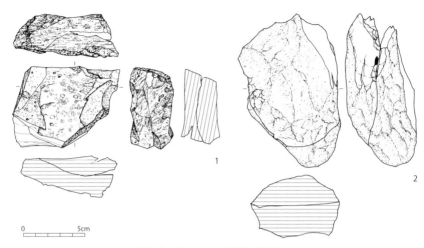

図 1-5 サヌカイト原礫の分割
1：久宝寺遺跡北地区（晩期末葉），2：京都大学農学部総合館遺跡（晩期末葉～弥生時代前期）。

のが目立つ反面，他の時期の集積事例にくらべて小ぶりな印象を受ける（図1-6）。これは布留遺跡にもちこまれ，加工された原礫には小ぶりで薄いものが多く，第1工程が省略される傾向にあったためだろう。布留遺跡の石器に取りこまれた原礫面の観察によれば，やや水磨の進んだ円礫状のサヌカイトが石器素材として採取・利用されている。原礫の採取地点がサヌカイトの岩脈からいくぶん離れており，小ぶりな原礫しかなかったのだろう。採取地点の地質学的脈絡も，サヌカイト原礫の大きさに投影されているというわけだ。

(2) 第2工程：石器素材剝片の生産

第1工程を終えた割り手は，割り取った大形剝片や分割礫を手に取り，これを石核素材としてさらに小さな剝片の生産を試みる。第1工程の生産物を打ち割って，目的とする石器に応じた中～小形の素材剝片を得ようとする。これが第2工程である。

第1工程が斉一性の高い，言い方を変えればシンプルな方法を採用していたのに対し，第2工程には四つの選択肢がある。最も一般的なのは，第1工程と同様に，原礫面を打面として剝離作業を進める方法（手法Ⅰ）で，作業面は第1工程で生じた剝離面に固定されるケースが多い。打面と作業面をこのように

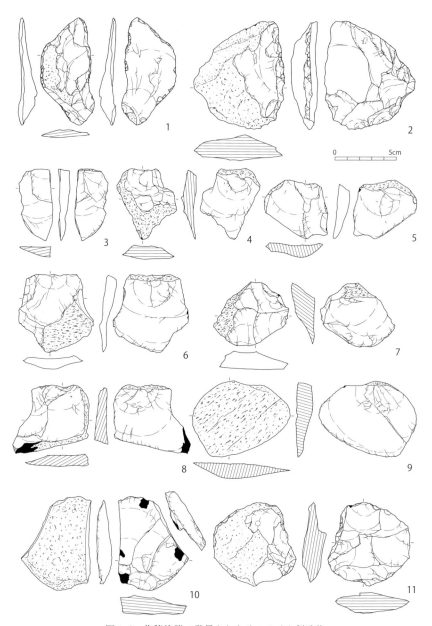

図1-6　集積状態で発見されたサヌカイト製遺物
布留遺跡豊井（打破り）地区（早期中葉）。土坑の上部からまとまって出土している。削器（1〜2）や石核（10〜11）が少量ふくまれるものの，ほとんどが完形の剥片である。

定めることで，第2工程の剝離作業を石理に沿って進められるし，第2工程の初期段階ではアフリカのコンベワ技法さながらに，断面形が凸レンズ状を呈する剝片が得られる。この手の剝片は，押圧剝離による石鏃製作にとって格好の材料となろう。手法Ⅰは後述する手法Ⅱ・Ⅲと組み合わさって第2工程の量的主体を占める。

　また比較的大きな剝片を必要とする削器の素材剝片も，第2工程の初期段階で生産される。旧稿（上峯 2012：pp. 97-99）で詳細に検討したように，削器の素材剝片は第1工程で剝離される石核素材とは厚さがまったく異なる。削器と石核上にのこされた剝離痕との比較からは，打ち割り作業の進行によって石核端角が鈍化する前に割り取られたものが，削器の素材剝片の多くを占めていると判断された。

　手法Ⅰと双璧をなすのが，石核の両面から剝片を剝離する方法（手法Ⅳ）である。打撃の手順は完全な交互剝離ではなく，場当たり的な両面剝離に見えるものも少なくないが，石核素材剝片が薄すぎる場合や，第1工程が省略されたものの原礫が比較的厚い場合に，手法Ⅳによる剝片生産が進められる[5]。

(3)　石核端角の補正

　剝片剝離が進むにつれて石核の端角は鈍くなっていくため，これが剝離の障害にならないように，割り手は打点を左右に移動させながら作業を進める（打面転移）。それでも剝離作業の継続が困難になったり，石核の端角が作業意図に抵触する場合には，石核に一手間が加えられる。

　例えば手法Ⅰによる作業のなかでも，打面部に細かな剝離をほどこして石核端角や形状を整えることがある。これが手法Ⅱである。京都大学植物園遺跡（京都府京都市）の接合資料1は，二次加工のある剝片（1）と石核（2）から構成される（図1-7, 8）。素材となったのは拳大のサヌカイト角礫である。b・c面には比較的古い段階の剝離痕が認められるが，どれもねじれが著しく，特にc面では剝離痕の末端部が階段状を呈する（経過①）。これらの面に対する剝

---

　5)　筆者はとりわけ，縄文時代早期の石器群に手法Ⅳの占める割合が大きいという印象をもっている。石材の入手場所や大きさ，石材の運搬形態の時期差が，手法Ⅳの出現頻度の差として表れていると予想している。

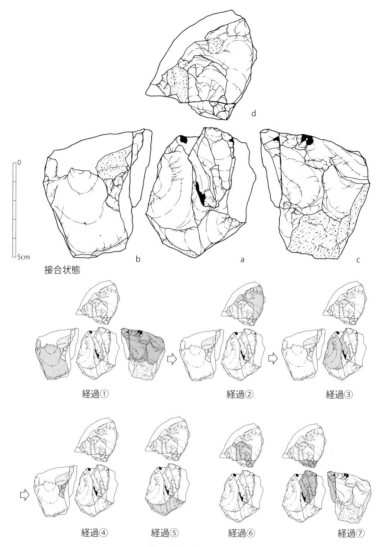

図1-7 石核調整技術を示す接合資料（1）

京都大学植物園遺跡の接合資料1（後期前葉）。歪な形状，岩質のサヌカイト礫を割り進めるなかで，比較的大形の剝片を剝離する際には打面部に小剝離をほどこして，石核の端角や形状を整える配慮を見せる（口絵4）。

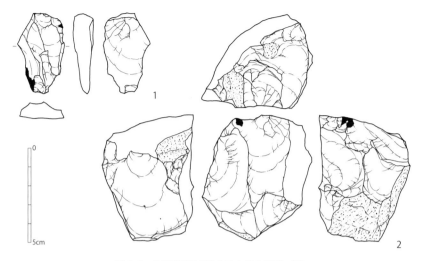

図1-8 石核調整技術を示す接合資料（2）
図1-7の接合資料を分解したもの。1には，二次加工がほどこされているが，石器に仕上げられることなく途中で放棄されている。

離作業は，石理との関係が適切ではなかったのだろう。これに続いてd面からも剝片が取られるが，不均質部に阻害されて良好な剝片は得られてない（経過②）。剝離作業が円滑に進むのはa面を作業面に定めて以降で，打点を頻繁に移動させながら，数枚の剝片が剝離される（経過③）。a面左側の剝離はその先駆けであるが，剝離後，これまで打面であった実測図上面に対して，小剝離がほどこされている（経過④）。次の剝離はa面下端に移り，先の剝離痕が原礫面と接して生じた稜を，完全に取り去っている（経過⑤）。その後，次はd面に小剝離がほどこされ（経過⑥），その結果，山形になったd面の端部を打面として，1の素材剝片が剝離されている（経過⑦）。剝片は，剝離時の衝撃で片側縁を欠き，末端部は先行する剝離痕の稜線に引っ張られて二股状になっている。

一連の作業の中で，b面やd面にのこされた小剝離痕は，剝離された大きさや厚さの点から見ても目的剝片の剝離を意図したものとは考えにくい。後者は続く剝離の打面を提供しており，石核端部の形状を整えていると解釈される。

(4) 打面の再生

剝離作業の継続が困難になった際，より頻繁に選択されたのは，それまでの

作業面を打撃して石核を分割し，その分割面を新たな打面とする方法（手法Ⅲ）である。剥離事故によって生じた割れ面を利用する事例もあるが，明瞭な打撃痕や打撃錐をともなうものや，剥離事故では説明できないほど分割面が錯綜する事例があるため，意図的に分割されたのは確実である。

図1-9の小夫ゼニヒラ遺跡（奈良県桜井市，清水 1998）で中期末葉の土器片とともに出土したサヌカイト製石器群では，手法Ⅰによって打ち割られた石核と，手法Ⅲをほどこして剥離作業の継続を目指した石核が散見される。後者は前者にくらべて小さく，また剥離痕の数が増える傾向にあるため，作業上の前後関係が想定できる。石核の分割をともなう試行錯誤を重ねながら，石器素材剥片を1枚でも多く剥離しようと苦心した姿がうかがえる。

二上山北麓地域に近い遺跡やサヌカイト集積遺構に納められた石核では，手

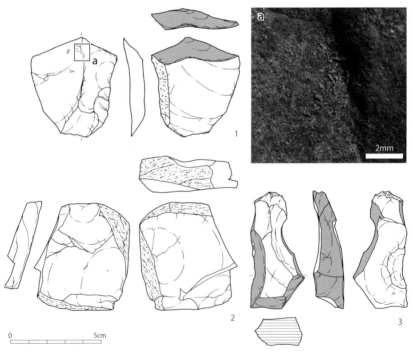

図1-9　打面再生を示す石核

小夫ゼニヒラ遺跡（中期末葉）。2は剥片素材の石核で，これを分割して打面の再生を目指すことで，1や3のように分割面（網掛け部）をもつ石核が生じる。aの範囲には，分割に失敗した際の打撃痕がのこされている。

法Ⅱ・Ⅲの痕跡が希薄である。手法Ⅱ・Ⅲは石核調整の技法であり，換言すれば石核を使い尽くすための技法である。石材を潤沢に保有する遺跡や，新たな石材の入手が容易な立地条件を備えた遺跡では，これらの手法の出現率は低くなる。また集積状態で検出されるサヌカイト製遺物に手法Ⅱ・Ⅲが希薄なのは，これらが石器製作に供する素材が集められているためで，手法Ⅱ・Ⅲは剥片剥離の序盤で用いられることが少ないのだろう[6]。

第4節　剥離の「状況」

　縄文時代の人々は，個々の打撃行為の結果をどの程度予測し，そして各打撃にどのような意味をもたせていたか。この問いに答えるためには復原製作をふくめ様々なアプローチを想起しうるが，ここでは，過去の遺物を丹念に観察・分析することによって石器製作の実態に接近する方法をとる。まず打ち割り作業の経過についての情報が豊富な，接合資料の観察から議論をはじめることにしよう。

(1)　山ノ内遺跡B地区の接合資料

　図1-10は山ノ内遺跡B地区（大阪府岸和田市）から出土した接合資料である。サヌカイト製遺物19点がまとまって検出されたもので，そのうちの14点が接合する。遺跡内から出土している先史時代遺物の時期は多岐にわたるが，付近で検出された遺構の時期やサヌカイト製遺物の風化度から，縄文時代後期（元住吉山Ⅰ・Ⅱ式期）に年代づけられる資料である。割り手の意図をうかがううえで注目すべきは，接合資料がとどめる序盤の剥離経過である（図1-11）。素材と

---

6)　弥生時代中期以降には手法Ⅱ・Ⅲの使用頻度が高まるようで，筆者がかつて整理作業に携わった唐古・鍵遺跡（奈良県田原本町）でも手法Ⅱ・Ⅲによった石核が多数認められる（上峯 2010）。石材の入手方法や頻度もさることながら，遺跡に対する定着度の違いや行動領域も石核調整の多寡に反映されていると考えられる。

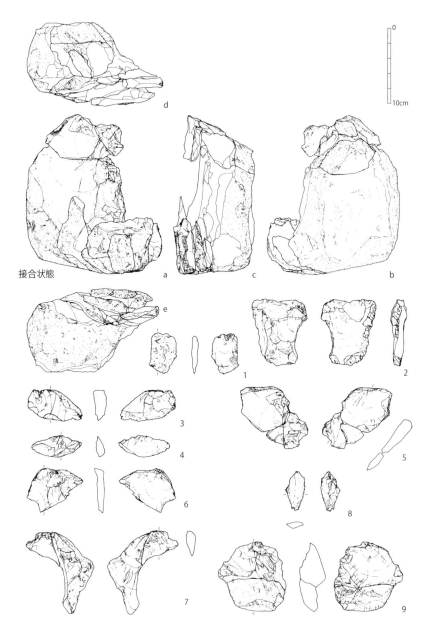

図1-10 接合資料の観察（1）
山ノ内遺跡B地区（後期）の160-OP。本資料の出土状況について，調査担当者は「有機物でできた袋にはいった一括のサヌカイトが不慮の事故により，第8層に埋まり込むようにして埋没した」と解釈している（豊岡編 1988：p.11）。

第1章 縄文石器の製作技術　33

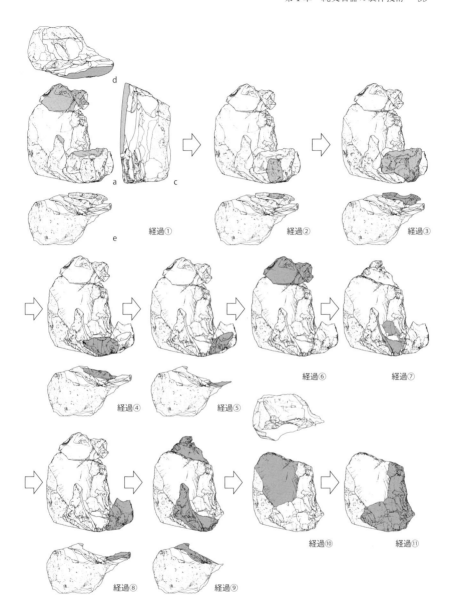

図 1-11　接合資料の観察（2）

図1-10の資料の剝離経過。第1工程を省略して原礫を手法Ⅰで割り進め，作業の終盤で手法Ⅱに転じている。打ち割りの主たる目的は a 面上方からの大形剝片の剝離にあり，下方からの剝離は作業面の凹凸を取り除くことに目的があったと考えられる。

なった原礫は直方体状の大礫で，石理はａ・ｂ面に斜交する角度で走っている。剝離作業は石理走向よりも原礫の形状を重視し，ａ面を作業面に，石理にやや斜交する角度で進められている。最初の剝離はｄ面側からの打撃によるもので，打面形態は不明であるものの，原礫の角が打撃されて作業面の３分の２程度の面積に達する大形剝片が剝離されている（経過①）。次に打面を180度移して，原礫のやや出っ張った部分を打点として剝片１が剝離された（経過②）。次の打撃は横方向に約３cmずらしておこなわれ，削器２の素材剝片が剝離される（経過③）。これによって，作業面の一部が大きく抉り取られた格好となった。それに続く剝離作業は，この抉りの両脇の「盛り上がり」を除去するように，打点を左右にずらしながら展開する（経過④〜⑤）。その間，一旦はａ面に対する右上方向からの打撃，右方向からの打撃で作業面の３分の１程度の面積におよぶ剝片が剝離されるが（経過⑥〜⑦），その後はまたａ面下端に打点を移し，打点を左右にずらしながら小さな剝片を剝離する（経過⑧・⑨）。次の剝離作業はやはりｄ面上側からおこなわれるが，それに先だって，作業面であったａ面側から打撃をほどこして，原礫の角を落とすように剝片８・９が剝離される（経過⑨）。こうして生じた剝離面を打面として，作業面の半分程度の大きさの剝片が剝離された（経過⑩）。この際に作業面にのこされた「盛り上がり」を取り除くように，ａ面に対して右上隅から，ほぼ時計回りに剝離作業が進められている（経過⑪）。

(2) 作業面への配慮

以上の剝離経過について，注目したい点が三つある。一つめは，剝離作業を進めるにあたって，作業面の盛り上がりが効果的に利用されている点である（所見①）。剝片３，４，６，７は，先行する剝離で作業面が抉られて生じた盛り上がりを取りこむかたちで剝離されている。それを証明するかのように，剝片３，４，６，７の剝離を終えて作業面の盛り上がりが使い尽くされたのちには，打面が転移されるのである。こうした作業面の盛り上がりと剝離との関係については，大場正善（2006・2007）がポイントフレーク（両面加工石器の整形時に生じる剝片）との関わりで明文化しているが，氏の理解はこの資料の読み取りにおいても大いに参考になる。すなわち「剝離予定位置」の盛り上がりがあ

まり高くない場合，打面縁辺に負荷がかかって欠損し，十分な大きさの剥片が剥離できない。剥片を剥離するにあたっては，作業面上にある程度突出した盛り上がりが必要になるのだ。山ノ内遺跡Ｂ地区の接合資料が示す剥離経過は，割り手が剥離作業のなかで逐一石核を「点検」し，剥離予定位置のなかに作業面の盛り上がりを取りこもうと意図したことを示す。

　次に注目したいのは，剥離の導線となりうる稜線と，剥片剥離の関係である（所見②）。石材の打ち割りにおいては，剥片が剥離されるたび，稜線によって画される剥離痕が作業面上にのこされる。こうした剥離痕と重なる場所から次なる剥片を剥離する場合，先行する剥離によってのこされた稜線が，新たに剥離される剥片の背面に取りこまれる。この稜線が打撃によって加えられた力の伝導や剥離に影響をおよぼすのである。割裂前線（Inizan *et al.* 1992：p. 66）は稜線を追って進行するため，先行する剥離痕の稜線は，しばしば後続する剥離の導線（剥離誘導稜線：Inizan *et al.* 1992：p. 67）として機能する。剥片の背面に取りこまれた稜線と，剥片の外形の一部が相似するさまは，剥片の外形がこうした稜線に規定されたことを示唆している（図1-10-2〜7）。

　もう一つ目を見張るのは，ａ面上側〜右上側からの剥離と下側からの剥離が概ね交互になるように，剥離作業が進められている点である（所見③）。前者では作業面の３分の１〜３分の２程度の面積に達する比較的大きな剥片を得ているのに対して，後者で得られた剥片は明らかに小さい。また前者で得られた剥片が石核や削器などの素材として十分な容量をもち，鋭い縁辺と均整の取れた形状であったと推定されるのに対し，後者で得られた剥片は歪な形状ものが多く，石器素材としては活用しにくいものである。一括出土した本資料に後者で得られた剥片がのこされ，ほとんどが接合するのに対して，前者で得られた剥片がのこされておらず，別の場所に持ち出されているのは，両者の剥離作業の目的が異なっていたからだろう。すなわち作業者が石器素材の獲得を意図したのは前者の剥離のみであり，後者の剥離は前者の剥離を円滑に進めるために，作業面を整えることに目的があったと推定されるのである。

　上述したように，作業面の盛り上がりと「剥離誘導稜線」の配置状況に配慮すれば，剥離される剥片の形状をある程度予測できる（所見①・②）。割り手は作業目的を満たす剥離を実現するため，石核を逐一点検して打撃位置と剥離予

定位置を見定める。その判断においては，作業面の盛り上がりと「剝離誘導稜線」をどのように剝離予定位置に取りこむかが意識されていたに違いない。この点への配慮のあり方，すなわち作業面の盛り上がりと「剝離誘導稜線」の配置状況を，森川実（2001）の用法にしたがって「剝離状況」とよぼう。剝離状況を整理し，さらにそれを生じさせた先行剝離がどのような手順でほどこされたのかを問題にすれば，所見③で注視した割り手の作業目的や打ち割りの意図を推定する手がかりがえられる。ひいては作業計画の全体像や，岩石の割れについての理解度がみえてくるはずである。この点に注目しながら，接合資料の観察を再開することにしよう。

(3) 接合資料の観察

　河原城遺跡（大阪府羽曳野市）の接合資料は，縄文時代早期に属するとみられる（図1-12）[7]。接合資料1において注目すべきは序盤の剝離経過で，まず，石核素材剝片のバルブ（打瘤）を取りこむようにして剝片1が剝離される。続く剝片2は，剝片1が剝がされて生じた剝離痕と，石核素材剝片のバルブが織りなす盛り上がりを取りこむかたちで剝がされている。剝片1の剝離痕の稜線が剝離誘導稜線として働き，この盛り上がりを剝がしとるのに貢献している。

　接合資料5では細長い原礫の一端を作業面と定め，平らな原礫面上で打点を左右に移動させながら，剝片剝離が進められている。石核の打面の中央付近からは，階段状や蝶番状の末端部を取りこんだ剝片やその剝離痕を背面に取りこんだ剝片が剝離され，打面の両端付近からは側縁に原礫面を取りこんだ剝片が剝離されている。本資料について詳細な観察結果を報告した山内基樹（2002）が強調するように，接合する剝片は廃棄物であり，作業者が目的とした剝片は欠落している。山内は接合資料の欠落部の観察から，厚さが一定で複雑な背面構成をもたない剝片の獲得にこそ作業者の目的があったと考えている。

　野畑遺跡（大阪府豊中市）の接合資料2は，縄文時代後期（北白川上層式1・2

7）　報告者は，本資料をふくむ石器集中部の包含層中の有機物から，9430±40BP（Libby Age）が得られたことを重視し，石器群を縄文時代早期に位置づける。石器集中部やその付近からは石鏃が出土しており，鍬形鏃様もの，脚端部がわずかに内湾する形状のものからなる。これらは広く見ても，第2章の様相5のなかで理解できる資料であり，報告者の年代観と整合的である。

第1章 縄文石器の製作技術　37

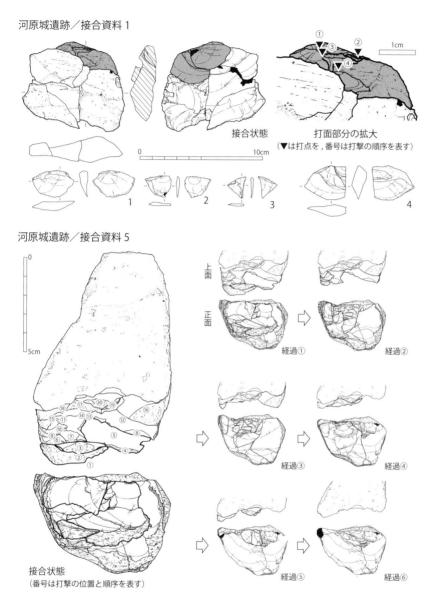

図1-12　接合資料の観察（3）

早期中葉か。接合資料1では，第1工程に由来する剝離面の盛り上がりを剝片に取り組むべく，打点を左右にずらしながら打撃が進められている。接合資料2では平滑な大形剝片を得るため，作業面の盛り上がりを除去するように，打点を左右に移動させながら打ち割りが進められている。

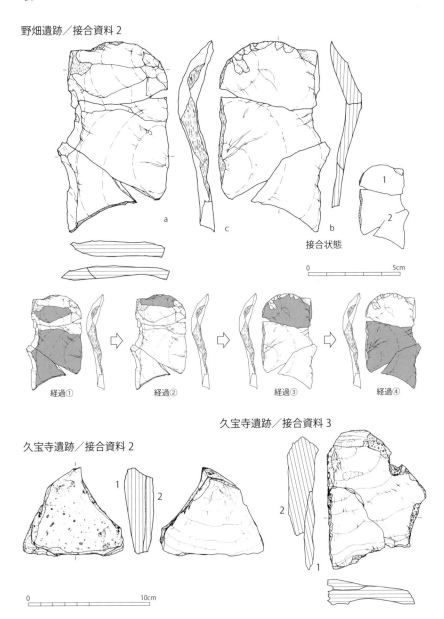

図1-13 接合資料の観察（4）

野畑遺跡（後期前葉）の接合資料2は、集積状態で出土したもの。原礫の平の面の丸みを活かして、石理に沿った剥離が進められている。久宝寺遺跡（晩期末葉）では角礫を多用しているため、原礫面の配置に対する強い意識がうかがえる。

期）の資料である（図1-13）。接合状態での原礫面の残存状況から，幅15cm 程度の原石を素材としているとわかる。接合資料のａ面右側からの剥離は，原石の丸みを活かしながら進行したとみられ，経過①のａ面上側の剥離痕や経過②では，縦長の剥片が連続して剥離されている。この際にのこされた稜線が剥片１の剥離に際しての導線となり，剥片１が縦長化したと判断される。こうして剥片１は片側に鋭い縁辺を備えることになり，その部分に二次加工がほどこされて削器に仕上げられている。

　久宝寺遺跡の接合資料は，縄文時代晩期（長原式期）に位置づけられる。接合資料２はサヌカイト角礫が板状に打ち割られたことを示す。興味深いことに，剥片１・２とも原礫面の角が打点となっており，打撃の力が原礫面の縁部に沿って左右に広がりやすい状況が復原できる。

　接合資料３は，サヌカイトの角礫を分割して得られた剥片から，さらに剥片が剥離されたことを示す。石核素材から剥離された剥片１は，原礫面を打面とする縦長剥片である。これが縦長化しているのは，石核素材剥片の腹面と側面の原礫面が織りなす稜線が，剥片１の剥離に際して剥離誘導稜線として働いたからにほかならない。

(4) 剥離状況の分類

　接合資料から得られた所見にしたがえば，剥片剥離において配慮され，効果的に作用した「状況」にはいくつかのパターンが指摘できる[8]。以下にそれを分類・定義し，後段の議論に備えることにする（図1-14）。

剥離状況Ⅰ：剥離予定位置の中央付近に稜が取りこまれており，それを剥離誘導稜線として作用させる意図が読みとれるもの。両側に鋭い縁辺をもつ剥片が剥離される[9]。原礫面の角が稜として取りこまれる場合と，先行する剥離痕によってのこされた稜が取りこまれる場合とがあり，前者を剥離状況Ⅰa，後者を剥離状況Ⅰbとする。

---

8)　このような剥離経過の読みとりは，ある程度の大きさの剥離痕をとどめている石製遺物であれば遍く可能である。したがって，非接合資料までふくめた類例は枚挙にいとまがない。
9)　旧石器時代のルヴァロワ技法や石刃技法においては，この剥離誘導稜線の作用が巧みに利用されている（Inizan *et al.* 1992）。

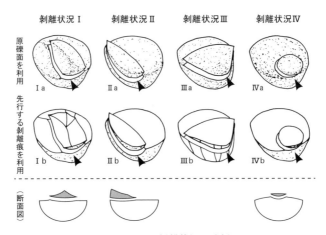

図1-14　剥離状況の分類
作業面の盛り上がりと剥離誘導稜線は，図のように剥離予定位置に取りこまれている。

剥離状況Ⅱ：剥離予定位置の片側に稜がとりこまれており，それを剥離誘導稜線として作用させる意図が読みとれるもの。石核の側面の原礫面を取りこむように剥離がほどこされ，少なくとも1辺に鋭い縁辺をもつ剥片が剥離される。原礫面の角が剥離予定位置の片側に取りこまれる場合を剥離状況Ⅱa，先行する剥離痕と石核側面の原礫面が織りなす稜が，剥離予定位置の片側にとりこまれる場合を剥離状況Ⅱbとする。

剥離状況Ⅲ：二つの面が鋭角に交わる角を打点とし，この面を割裂前線の導線として利用する意図が読みとれるもの。剥離が左右に拡張され，それが収束して鋭い縁辺をもつ剥片が剥離される[10]。原礫面の角を打点として選ぶことで，この効果が期待されている場合と，入念な石核調整によってこうした状況が作出されている場合の2種類がある。前者を剥離状況Ⅲa，後者を剥離状況Ⅲbとする。

剥離状況Ⅳ：剥離予定位置に顕著な稜はふくまれないが，作業面の盛り上がりを剥がしとる意図が読みとれるもの。原礫面の膨らみが取りこまれている場合を剥離状況Ⅳa，ポジティブ面が利用される場合や作業面が入念に調整されている場合など，剥離によって作り出された盛り上がりが取りこまれている場合

---

10)　例えば旧石器時代の瀬戸内技法では，第2工程において打面部が山形に調整されており，鋭い縁辺をもった規格的な横長剥片（翼状剥片）の剥離を可能にしている（松藤1974a）。

を剝離状況Ⅳbとする。貝殻状剝片が剝離されやすい[11]。

　こうした剝離状況の選択傾向は石器製作者の意図の反映にほかならず，結果
としての剝片形態を規定しうる（森川 2001：p.41）。剝離状況の分析は，当該期
の剝片剝離技術を構成する各剝離行為の意味を読み解くにあたって，有効な視
角を提供するはずである。

第5節　剝離の意図と作業の目的

　先に試みた接合資料の観察からは，剝離状況にもとづいて個々の剝離の意図
は読みとれたものの，それらを包摂する作業の目的，すなわち先の所見③につ
いて理解を深めるには限界があった。実際の石器製作では，先に指摘した様々
な剝離状況を組み合わせながら，剝片剝離作業が進められたはずである。作業
の全貌と目的を明らかにするには個々の石器群について詳細な分析が必要で，
特に，廃棄物である剝片を分析する方法と，それとは逆に，作業者の眼鏡に
適って石器に加工された剝片を分析する方法とが有効である。特色のある次の
二つの石器群を対象に，この二つのアプローチを実践してみよう。

(1)　京都大学植物園遺跡の石器群

①石器群の構成

　京都大学植物園遺跡（京都府京都市）は京都盆地東北部にある北白川扇状地
に立地し，北白川追分町遺跡のほぼ中央に位置する。1973年7月～1974年10月
まで3度にわたって発掘調査され，その概要は公表されている（中村 1974，泉
1977）。先史第2層（黄褐色粘質土層），先史第3層（暗褐色粘質土層・黒褐色粘質土

---

11)　旧石器時代のアフリカやヨーロッパで知られているコンベワ技法では，石核素材剝片のバルブ
　　の膨らみを取りこむように規格的な剝片（コンベワ剝片）が剝離される。この原理は剝離状況Ⅳ
　　と共通する。

層）からは北白川上層式1期の標識となった後期の土器群が出土し，先史第3
層上面から不整形のピット群が，下面から配石遺構8基，甕棺墓7基が検出さ
れている[12]。

　先史第2層，先史第3層からは多量の石器が出土しており，チャート製遺物
16点や下呂石製剥片1点のほか，定角式磨製石斧の刃部片や礫石器類，切目石
錘が見られるが，サヌカイト製遺物は691点と量的主体を占める。筆者の肉眼
観察では，石鏃1点のみが金山産サヌカイトと推定されるが，その他は近隣の
縄文遺跡で見られるサヌカイトと酷似した石質をもち，二上山北麓産サヌカイ
トと考えてよい。大きく肥大した脚部をもつ石鏃，棒状の石錐，縦型石匙など，
当該期の典型的な構成がみられる（図1-15）[13]。北白川上層式1期の良好な石
器群である。

　石鏃や石錐には製作途上品がある。石鏃は最大厚2mm程度の小形剥片の周
縁部を加工する場合と，もう少し厚手の剥片に入念な二次加工をほどこす場合
があり，前者は素材面を大きく残した石鏃に形を変えている（4，10〜11）。角
柱状の楔形石器には両面調整が加えられ，棒状の石錐に仕上げられている（12）。

②接合資料と石核の観察

　先に接合資料1を取りあげ，手法Ⅱによる石核調整を解説したが，他の接合
資料にも同様の配慮が見いだせる。

　接合資料2は剥片（1）と石核（2）で構成される（図1-16）。打点をc面上
で45〜90度程度移動させながら大きな剥片が剥離され（経過①〜②），その後に，
打面をa面に転じて，c面に対して剥離がほどこされる（経過②）。この小剥離

12）　縄文土器，石製遺物は第2層，第3層にかけて多量に出土し，一部は第4層にもおよぶが，こ
　　れらはすべて同時期の堆積物と考えられる。石製遺物の分布と発掘調査当時の写真を見比べると，
　　発掘が深くまでおよんでいる場所では第2層，第3層からほぼ同数の遺物が出土し，配石などの
　　検出によって掘り下げが遅れた部分では第3層以下からの出土がほとんどない。第2層にくらべ，
　　第3層から出土する遺物は重く，大きいものが多い傾向にあり，堆積物の供給にともなって，軽
　　くて小さい遺物が第2層中に拡散したと解釈できる。概報（中村 1974）によれば両層は土色で
　　区別されていて，マトリックスには違いがないようである。第2層を覆う黄色砂によって色調に
　　変化をこうむった第3層が，第2層として識別されたのであり，両者は本来的に同一の堆積物と
　　考えられる。接合関係をもつ縄文土器片の約10％が層をまたいで接合することも，この推定の傍
　　証となろう。

13）　第2章の編年にしたがえば，様相9古段階に位置づけられる。

第 1 章 縄文石器の製作技術 43

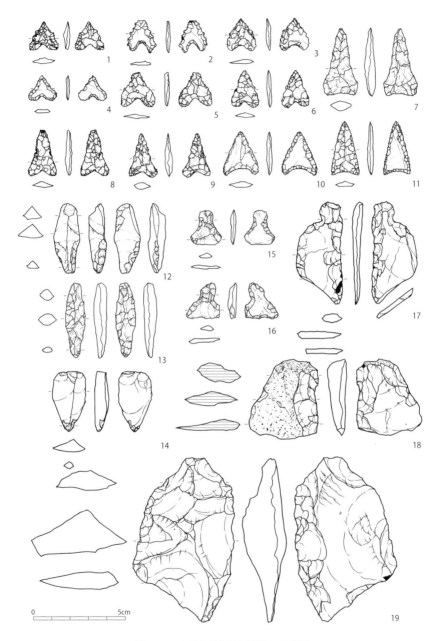

図 1-15 京都大学植物園遺跡の石器群
後期前葉。図示したもののほか，切目石錘，定角式磨製石斧の刃部片，乳棒状磨製石斧の破片，磨石，石皿などが出土している。当該期の典型的な石器群である（口絵 3）。

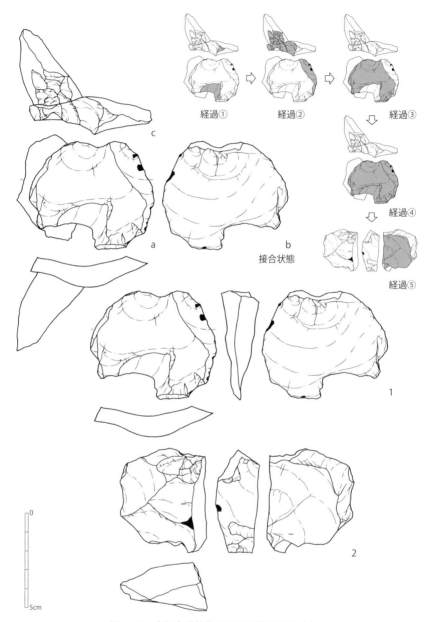

図 1-16　京都大学植物園遺跡の接合資料（1）
接合資料2。大形剝片の剝離に先立って，小剝離がほどこされている（口絵7）。

痕を打面とし，剝離状況Ⅱのように稜線を取りこんで剝離を延伸させながら大形の剝片（1）が剝離される（経過③〜④）。のこされた石核（2）には先の手法Ⅳの要領で両面剝離が加えられ，1辺3〜4cm程度の大きさの剝片が数枚取られている（経過⑤）。

　接合資料3は剝片（1）と剝片素材の石核（2）で構成される（図1-17）。接合資料が留めるなかではa面の剝離痕が最も古い（経過①）。打面や作業面を頻繁に移動させながら打ち割りが進められたようで，a面左側の打撃痕はこの段階の「剝離失敗打撃痕」（内山 2004）であろう。一連の作業のなかで，元々の石核から厚手の剝片として本接合資料が分離する（経過②）。この際の剝離はうまく力が抜けきらなかったようで，2の中央部は大きく肥厚している。次に剝片1が剝離されるわけであるが，それに先だってa面上部に小剝離がほどこされており（経過③），剝片1はこの面を打面として割り取られている（経過④）。剝片1の割り取りは剝離状況Ⅰbの要領でおこなわれている。のこされた石核2のa面上部が作業面となっているが（経過⑤），a面上部に対しても小剝離がほどこされ，これを最後に作業が放棄されている（経過⑥）。

　以上の接合資料には，剝片剝離に先立って，打面部に細かな剝離をほどこすという手法Ⅱの要素を見いだせる。接合資料1（図1-7，8）の経過⑥〜⑦，接合資料2の経過②〜④，接合資料3の経過③〜④が典型例で，小剝離痕をほどこすだけにとどまっている接合資料1の経過④，接合資料3の経過⑥もこれに準じた理解ができよう。接合関係を見いだせていない石核には手法Ⅰによったものもあるが（図1-18-1），石核の多くは接合資料と同じ作業手順を示す。同2でも小剝離痕を打面として大形の剝片が剝離されているし，同3でも同じ手法が二度は用いられている。同4は接合資料3と同じく，途中で外反した大形厚手の剝片の打面部に対して，小剝離痕がほどこされた事例である。また背面を構成する剝離痕のいくつかにも，小剝離痕を打面として剝離されたものがある。つまり本石器群では，手法Ⅱが高い頻度で用いられているのである。

③手法Ⅱを多用する目的

　手法Ⅱを用いる意図が剝離作業の継続において鈍化する石核端角の補正にあることは先に述べた。ここでは考察をもう一歩深め，本石器群において，手法

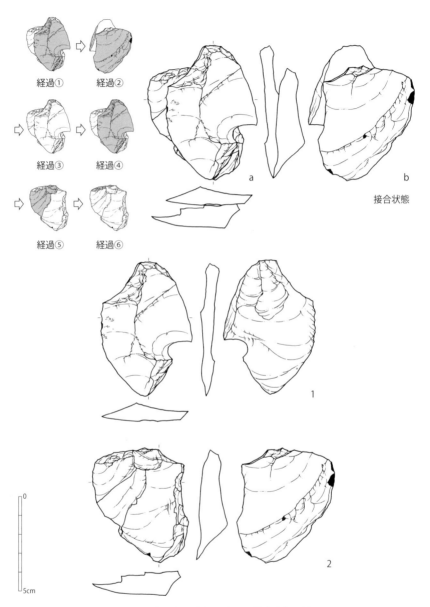

図 1-17　京都大学植物園遺跡の接合資料（2）
接合資料 3 。剥片素材の石核においても，大形剥片の剥離に際して打面部に剥離をほどこす手法が用いられている。

第1章 縄文石器の製作技術 47

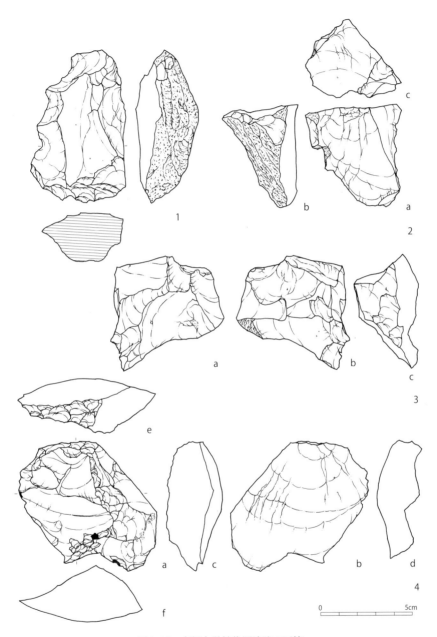

図1-18 京都大学植物園遺跡の石核
1は手法Iによる石核。2～4は接合資料と同様，手法IIによって大形剥片が剥離されたことを示す。

Ⅱがどのように石器製作に組み込まれ，どのような目的のために用いられているのかを探ってみよう。

　本遺跡で用いられた手法Ⅱの重要な特徴は，剝離される剝片の大きさにある。図1-19-a には剝離手法の類型ごとに，石核とそこにのこされた剝離痕の大きさを示した。剝離痕については，後続の剝離によって除去された部分が少なく，本来の大きさがとらえられたものに限っている。手法Ⅰにくらべて手法Ⅱのほうが，大形の剝片を剝離していることが明瞭である。また石核と剝離痕の大きさの関係においても両者の差は歴然としており，手法Ⅱで得られた剝片の多くが，作業面を大きく取り去るように剝離されている。

　一方，本遺跡ではそれほどの質量を要する石器は見当たらない。図1-19-b はこの石器群にふくまれる石器（製品）の大きさを示している。石鏃や石錐の大きさは最大長 2 cm，最大幅 4 cm，最大厚 1 cm 以内におさまってしまう。二次加工の進行度合いを加味しても，素材となった剝片はそれよりも一回り大きいくらいだろう。手法Ⅱで得られた大形剝片に匹敵する大きさをもつのは楔形石器の一部と石匙や削器だけだが，本石器群の石匙や削器には剝離面を打面として剝離された素材によったものがない。手法Ⅱによる剝片から作られた可能性があるのは楔形石器に限られるが，この推定を裏づける具体的な資料は出土していない。手法Ⅱを用いる理由を，楔形石器の素材剝片生産に一元化するのは難しい。

　次に剝片に目を向けてみよう。501点ある剝片から線状打面，点状打面のもの，欠損の著しいものを除くと，118点がのこる。剝片には原礫面打面のものと剝離面打面のものがあるが，大きさの点からはそれぞれを二分できる。これに手法Ⅱの特徴を加味し，打面形態と剝片の大きさをもとに，次のように分類する。

　　Ⅰa類：原礫面を打面とする大形（長幅とも5.0cm 以上）剝片。2 点ある。
　　Ⅰb類：原礫面を打面とし，Ⅰa類にふくまれない剝片。47点ある。
　　Ⅱa類：剝離面を打面とする大形（長幅とも4.5cm 以上）剝片。14点ある。
　　Ⅱb類：剝離面を打面とし，Ⅱa類にふくまれない剝片。55点ある。

　剝片と剝離手法の対応は様々に考えられるが，Ⅰa・Ⅰb類剝片は手法Ⅱで

第1章 縄文石器の製作技術　49

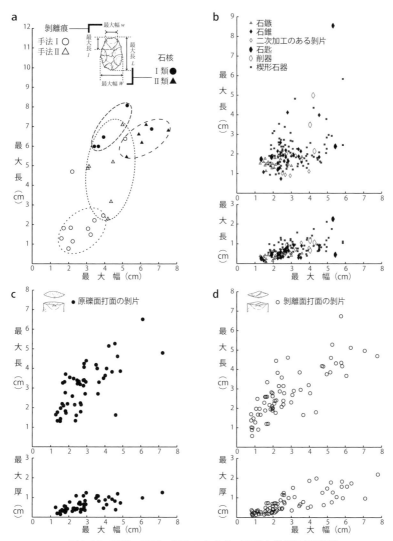

図1-19　石器・石核・剝片の大きさ（京都大学植物園遺跡）
a：石核と剝離痕の大きさ。手法Ⅰで剝離された剝片は，石核の作業面の約10％（平均）の大きさしかないが，手法Ⅱでは約40％（平均）に達する剝片が剝離されている（ともに面積割合）。b：石器の大きさ。c：原礫面打面の剝片の大きさ。d：剝離面打面の剝片の大きさ。5.0cm四方をこえる剝片は，手法Ⅱで剝離された大形剝片である。

は生じず，Ⅱa類剝片は手法Ⅱに特有である。Ⅱa類剝片は石鏃や石錐の素材
剝片としては大きすぎるし，削器や石匙と比較してみても，打面形態や厚さ，
背面構成，どれをとっても隔たりが大きい（図1-20-7〜12）。またⅡa類剝片が
無加工で刃器として使うために生産されたとも考えにくい。剝片側縁部の角度
は26〜113度まで大きくばらつき，平面形態もいびつである。特に刃器として
優れているわけではないのだ。もちろん石核の素材とするには，Ⅱa類剝片は
薄すぎる。

　むしろⅡa類剝片が多量に出土している，すなわち遺棄されている事実は，
これらが目的剝片ではなく製作残滓であることを示唆する。再三述べたように
Ⅱa類剝片の特徴はその大きさにあるが，これは縦長傾向が強いことに原因が
ある[14]。今一度Ⅱa類剝片を観察すると，横断面がいびつで，背面の中央部に
不規則な稜が通っている資料（図1-20-8，9，12）は，この稜を剝離誘導稜線と
して機能させて，剝離を縦方向にのばしていると解釈できる。またⅡa類剝片
は，背面に石核の作業面の凹凸を顕著に取りこんでいるものが多い。接合資料
1がそうであるように，Ⅱa類剝片をとることで，石核の作業面に生じた不規
則な凹凸が除去されているのである。例えば9や10では，石核の作業面に生じ
た稜を多方向から執拗に打撃し，トサカ状稜を彷彿とさせるような状態を作り
出している。同4は，これを取りこむように剝離された縦長剝片の一例である。

　つまり本遺跡の手法Ⅱは，剝離作業面の再生のために行使されたと考えられ
る。剝離状況Ⅰ・Ⅱのように剝離誘導稜線の後押しが期待できる場面において，
さらに打面部に小剝離をほどこし，剝離に適切な角度に整えてから作業面の更
新を図ったと考えられる。

　石割りを進めていくと，しばしば加えた力が作業面から抜けきらずに剝片の
末端がヒンジ状や階段状になり，結果的に作業面に段が生じる。それを気にせ
ず作業を続けると，次の剝離は皆，その段に遮られて割れが停止し，剝片が上
手く剝がせないばかりか段が次第に大きく，広くなってくる。また石鏃のよう
な小形石器の素材剝片ばかり剝離していると，剝離が作業面の中央におよばな

14）　本遺跡のⅡa類剝片は横縦比が平均1.28に達するが，同じく後期前葉に年代づけられる野畑遺
　　跡（大阪府豊中市）3層出土石器群の石核素材剝片，削器の素材剝片，西浦東遺跡（大阪府羽曳
　　野市）における削器の素材剝片では，目的剝片の横縦比は1.00である。

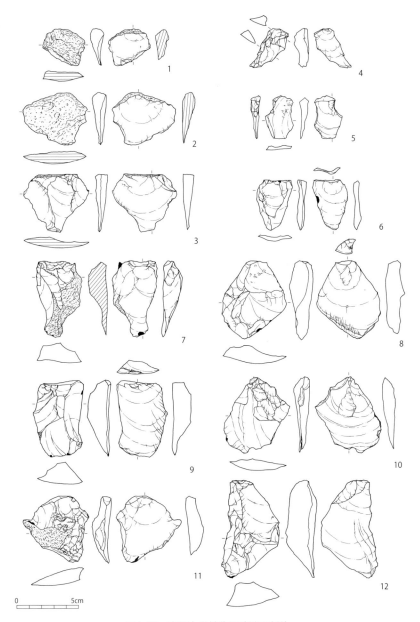

図 1-20　京都大学植物園遺跡の剝片
1～3：Ⅰb類，4～6：Ⅱb類，7～12：Ⅱa類。5，8，11は背面の打面付近には明瞭な打撃痕をとどめる。打面部の再生を試みた際の「剝離失敗打撃痕」だろう。

いため，中央部が島状に取りのこされてしまう。これも後続する剥離の障害と
なる。剥離作業を安定して進めるためには，このような作業面上の障害を取り
除く必要に迫られる。

　本遺跡の石器製作者は，小形剥片石器の素材剥片の剥離などによって石核の
作業面に障りが現われた場合に，これを除去するという知恵と技量を有してい
たと解釈される。石核の作業面いっぱいに剥片を割り抜くため，打面部の形状
や角度に細心の注意が払われているわけである。

(2)　西浦東遺跡の石器群

①石器群の構成と刃器の特徴

　次に分析する西浦東遺跡（大阪府羽曳野市；木嶋・若林編 2002）では，縄文時
代後期の北白川上層式２期を主とする土器とともに，サヌカイト製遺物が77点
出土している。調査区は約7000㎡の範囲におよび，サヌカイト製遺物はその範
囲内より散漫に出土したとみられるが，接合資料が確認できる点から，一連の
石器製作活動の結果のこされた資料群と判断される。この石器群で注目すべき
は器種構成（表1-1）で，石鏃や石錐のような小形剥片石器をまったくふくまな
い。削器のような刃器の製作・使用といった限定的・偏重的な活動の痕跡をと
どめているのである。こうした特異な構成は，削器が二次加工による素材の改
変度が低い石器であることと相まって，剥片剥離において意図された石器素材
剥片の性状と，それを得るための技術的な工夫を見通すことを後押しする。

表1-1　石製遺物の構成と打面形態（西浦東遺跡）

器種	打面形態				計
	原礫面	剥離面	線状	不明	
楔形石器					4
削器	10			1	11
微細剥離痕のある剥片	4			2	6
二次加工のある剥片	1			1	2
剥片	16	9	1	20	46
石核					4
敲石					2
台石					2
計	31	9	1	24	77

　上述したように，本遺跡の石器
のうちでは削器が大勢を占めるが，
「微細剥離痕のある剥片」（M.F.）
として分類した器種も無視できな
い。これらの多くは微細な剥離痕
をとどめる縁辺が著しく摩耗して
おり，縁辺に斜交する線状痕をみ
せるものもある。剥片が無加工の
まま刃器として利用されたもので，

第1章　縄文石器の製作技術　53

具体的な用途は不明であるものの，機能のうえでは削器と同じと考えられよう。本書では町田勝則（2002）の用法にしたがい，削器と微細剥離痕のある剥片を「刃器類」と総称しておく。

　本遺跡の刃器類（図1-21-3 〜 9）については，以下の六つの特徴を指摘できる。一つめの特徴は，素材である。刃器類はすべて剥片素材であるが，その打面形態は原礫面打面にほぼ限定される（表1-1）。刃器の素材剥片が剥離される際には打面調整がされておらず，後段で議論する剥離状況は，作出ではなくもっぱら選択によって剥片生産に組み込まれたものと判断される。

　二つめの特徴は，刃部の位置関係である。この遺跡の刃器類では複数の縁辺が刃部として利用されることが多いが，刃部は対向する位置に設けられる傾向にある。素材剥片の長さを最大限に活かせる向きにすえ，その長辺となる2辺が刃部として活用されている。

　三つめの特徴は，刃部長である。本遺跡の削器では，刃部長が5cm程度を中心に，3 〜 7cm程度の範囲におさまる（図1-22-a）[15]。

　四つめの特徴は，刃部作出の手法である。この遺跡の削器の大半は両面加工（bifacial retouch）によって刃部が作出されている[16]。

　五つめの特徴は，刃部角である。本遺跡の削器は60〜69度の級間に刃部角のピークをもちつつも，やや散漫な分布を示した（図1-22-b）[17]。削器の刃部角は，素材剥片の厚さに影響されている可能性も一応考えられる。ところが削器の刃部の厚さ（刃部厚：図1-22-c）と刃部角との相関は弱く[18]，西浦東遺跡において

15）　川添和暁（2004）がとりまとめた近畿地方の後・晩期の削器の計測値とくらべると，西浦東遺跡の削器は刃部長がやや短い。

16）　ほかの後期遺跡でも，西浦東遺跡と同様に両面加工によって刃部が作出されたものが多い（山元・村上編 2000，泉・横澤 2005，中村編 2009など）。こうした様相は，少なくとも中期末葉までは遡りうる（坂編 2000，泉・横澤 2005など）。さらに管見によれば，同じ様相が縄文時代晩期〜弥生時代中期にも継続している公算が大きい（田原本町教育委員会編 2009，上峯 2012）。両面加工による刃部の作出は，少なくとも縄文時代中期末葉以降には普遍的な傾向とみていいだろう。この点，腹面側からの二次加工（obverse retouch）や背面側からの二次加工（inverse retouch）が目立つ縄文時代早期〜前期の様相（田部 2008）との隔たりは大きい。

17）　刃部角の分布が散漫な点はほかの縄文時代後・晩期の資料（川添 2004）とも類似しており，縄文時代早期〜前期の事例（田部 2008）とは対照的である。これは後・晩期の削器の刃部が両面加工によって作出されているためだろう。また西浦東遺跡の削器の刃部角は，ほかの後・晩期の資料よりもやや急である。

18）　ピアソンの積率相関係数 r ＝0.247，p＜0.01。

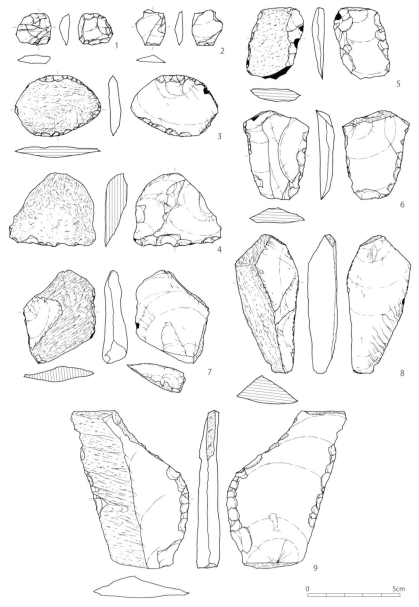

図1-21 西浦東遺跡の石器
後期前葉。1〜2：楔形石器，3〜6，9：削器，7〜8：微細剝離痕のある剝片（M.F.）。

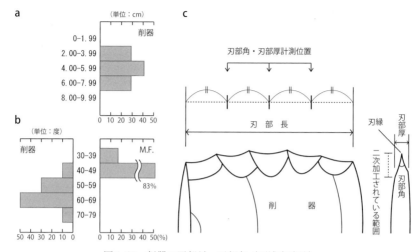

図1-22 削器の刃部長・刃部角（西浦東遺跡）
a：削器の刃部長，b：削器と微細剝離痕のある剝片（M.F.）の刃部角，c：削器の諸属性と計測方法．微細剝離痕のある剝片においても本図に準じる．

はこの想定は当たらない。つまり剝片の性状をこえて刃部角が調整されていることになる。削器の素材には鋭い縁辺をもった剝片が選ばれたと想像されるが，両面剝離調整で刃部角を調整することにも限度があるはずなので，素材剝片の縁辺の角度が許容される範囲は，自ずと刃部調整技術に規制されていたといえよう。

最後の特徴として注目したいのは，刃の直線性である。刃部における石器表面と裏面の刃線，すなわち刃物として使用した際に対象物と接する線を，ここでは「刃縁」（図1-22-c）とよぼう。刃縁の曲率を計測したところ，刃縁の大半は±1mm，広く見積もっても±3mmの範囲におさまっている。刃縁はきわめて直線的なのである。刃部角と同様，刃縁の直線性についても二次加工で操作可能な範囲は限られているはずである。刃縁の直線性は，少なからず素材剝片の側縁の直線性に支えられていたとみるべきだろう。

以上の特徴に鑑みれば，西浦東遺跡の刃器類の素材剝片にもとめられた属性は，長く鋭い，真っ直ぐな縁辺をもつことであったといえる。こうした縁辺が少なくとも1辺にあれば刃器類に利用されたであろうが，これが対向する位置関係で2辺備わっている剝片はことさら好まれたはずである。

②剝片生産と剝離状況の選択

　西浦東遺跡からは多数の剝片が出土しているが，剝片と刃器類の大きさは排他的ともいうべき傾向をみせており，最大長あるいは最大幅が5cmを上回る剝片のほとんどが刃器類に加工されている（図1-23）。刃器になり得る大きさをもちながらも二次加工されなかった剝片には，上述の素材剝片としての条件に適合しないものが多い（図1-24-7など）。

　剝離面打面をもつ剝片のなかには，剝離角が高く，分厚い横長剝片が散見される（図1〜3）。同様の剝片が接合資料（同9）にもふくまれており，この剝片の剝離によって形成された面に，後続する打撃が加えられている。この所見からすれば，これは打面の更新を意図して，石核を断ち切るようにして剝離された打面再生剝片と判断され，先の剝離手法ⅡやⅢの枠組みで理解できる。打面再生後は剝離面打面をもつ剝片がとられたはずであるが，刃器類に加工されたものはない。原礫面打面を有する小形剝片と同様，剝離面打面の剝片も無加工で放棄されている。

　一方，刃器類の素材剝片においては，打面の厚さと剝離角との間に中程度の負の相関関係を見出せる[19]。したがって打面の奥行きを浅くとる場合には剝離を深くほどこし，逆に打面の奥行きを深くとる場合には剝離が浅くなるように工夫するといった，打撃の角度と打撃位置についての微調整がはか

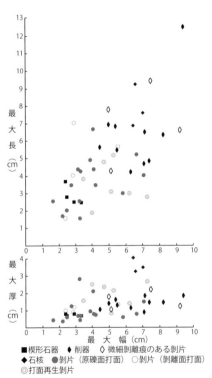

図1-23　サヌカイト製遺物の大きさ（西浦東遺跡）
ある程度の大きさの剝片は，悉皆的に削器に加工されている。

19）　ピアソンの積率相関係数 $r = -0.517$，$p < 0.01$。

第1章 縄文石器の製作技術　57

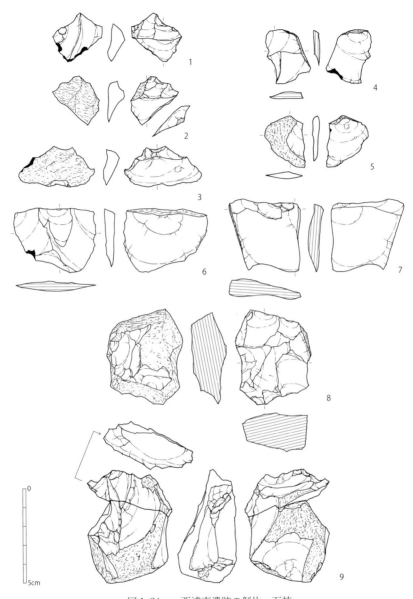

図1-24　西浦東遺跡の剝片・石核
後期前葉。1〜7：剝片，8：石核，9：剝片と石核の接合資料。

表1-2　剝離状況の出現頻度

器種	Ia	Ib	IIa	IIb	IIIa	IIIb	IVa	IVb	不明	計
削器		3		3		1	3		1	11
微細剝離痕のある剝片		2		3					1	6
二次加工のある剝片		1		1						2
剝片	5	9		5			2	1	24	46
計	5	15	0	12	0	1	5	1	26	65

られているようだ。刃器類の製作者は場当たり的に石を割った素人では決してなく，岩石の割れについての高度な認識を有した熟練者に違いない。剝離される剝片の形状を予想しながら，打ち割りを巧みにコントロールした様子がうかがえる。

　次に剝離状況の選択傾向を整理すると，西浦東遺跡では剝離状況ⅠｂとⅡｂの出現頻度が高く，剝離状況が判読可能な刃器類のうち，それぞれ33％，40％を占めている（表1-2）。それに次ぐのは剝離状況Ⅳａで，剝離状況が判読可能な刃器類のうちでは20％に達する。

　本遺跡における石器製作の目的が刃器類の製作にほぼ限定できる点に鑑みれば，こうした剝離状況の選択傾向が刃器類の素材剝片生産の一端を反映しているのは明白である。すなわち剝離状況ⅠｂおよびⅡｂを選択することで，稜を利用して剝離を伸張させることができ，上述した刃器類の素材剝片にもとめられる属性を備えた，「良い素材剝片」を得やすいと予測された。このような剝片は両面剝離による刃部作出を経て，先の特徴を備えた削器へと姿を変えた。また二次加工をほどこさずとも刃部たり得る鋭い縁辺を有していたため，無加工のまま刃物として使用できたのであろう。

　同じく削器の素材として盛用された，剝離状況Ⅳａで剝離された剝片とはつまるところ礫端片（竹岡 1989）で，原石から開始される剝離作業のきわめて初期段階に剝離された剝片である。仮に小形剝片の素材剝片を得ようとするならば，原礫面の凹凸（クレーターや陥入部）や原礫面直下の不安定な石質が影響し，素材剝片の剝離やその後の加工は困難を極める。ところが大形剝片の剝離に限っていえば，原石の獲得時の意図（形状や大きさの選択）が最も反映されやすい。剝離状況Ⅳａも，刃器類の素材剝片の生産に適した選択肢であったと考えられよう。

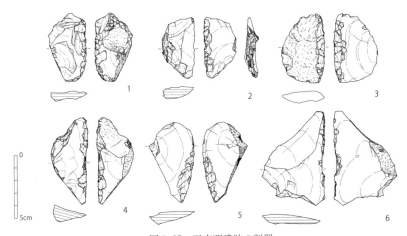

図1-25　三宅西遺跡の削器

3128流路出土。北白川下層式3期の縄文土器をともなう。1～3は剥離状況Ⅲaによって得られた剥片を素材としている。

(3) 剥片形状の予測と制御

①石器製作の目的と剥離状況の選択

　以上の分析結果から，剥離状況Ⅰbが石核の作業面調整をふくむ大形剥片の剥離に適しており，剥離状況Ⅱbとともに刃器類の製作において有利に働くことが明らかになった。西浦東遺跡で打面の奥行きと打撃の角度に対する配慮がなされたことからすれば，剥離状況の選択が明確な意志にのっとっておこなわれたと考えられる。同様の原理で素材剥片が剥離されて削器に仕上げられた事例は，縄文時代を通じて散見される。このような剥離状況の選択傾向と石器製作の目的との結びつきは，縄文時代の石器製作に通底する「コツ」の一つであったといえよう[20]。

　一方，西浦東遺跡では剥離状況Ⅲaは皆無であり，ⅢbやⅣbの出現度も高くなかった。剥離状況Ⅲaについては，例えば三宅西遺跡（大阪府松原市；中村編 2009）の3128流路で，8点の削器のうちの3点が剥離状況Ⅲによる剥片から製作されていた事例があるから（図1-25）[21]，剥離状況Ⅲからは刃器類の製作

---

[20]　同様の資料は弥生時代の石器群でも確認できる（上峯 2013）。
[21]　後期前葉（北白川上層式3期）の土器をともなう資料群である。

に適した剥片がとれないとするのは早計である。西浦東遺跡で剥離状況Ⅲの出現度が低かったのは，複数の刃部をもつ刃器類が志向されたためであろう。

それに対して剥離状況Ⅳbは，ある程度の大きさの素材剥片が求められる刃器製作には適さず，むしろ小形剥片石器の素材剥片を得る際に効果を発揮するのだろう。縄文時代の剥片剥離技術においては，サヌカイト原石が何枚かに分割され（第1工程），その分割面を作業面として，石器素材剥片の生産がおこなわれる（第2工程）。第2工程の作業面には第1工程の主要剥離面（ポジティブ面）が好まれる傾向にあり，その膨らみを取りこむように，貝殻状の剥片が剥離される。すなわち剥離状況Ⅳbが選択されているのであり，背面に原石分割時のポジティブ面を取りこんだ剥片が剥離される。このような手順をふんだ石核の数にくらべて，背面にポジティブ面をとどめる剥片の出土量は少なく，こうした剥片が優先的に二次加工に供されて石器に仕上げられたとみなされる（上峯 2009：p.19）。この種の剥片は背面に際だった稜線をもつことは稀で，断面形状が平坦あるいは緩やかな紡錘形をとることが少なくない。石鏃の形状を投影しやすい属性を備えており，石鏃の素材剥片には適していただろう。

②石器製作の進行と剥離状況の選択

本章でとりまとめた多様な剥離状況とその選択は，原石から幾多の石器素材剥片を剥がし取っていくなかで，どのように組み合わされたのだろうか。それを知る手がかりは，削器の背面構成にある。例えば鵜山遺跡（奈良県山添村，早期）では，削器の素材剥片の背面構成は単純で，1～2枚程度の大きな剥離痕が取りこまれているものが多い（図1-26-1～5）。大形の剥片が連続的に生産された様子がうかがえよう。一方，野畑遺跡（中～後期）では，削器の素材剥片の背面側に2～3cm大の剥離痕が複数枚取りこまれている事例が目立つ（同6～8）。先に述べたように，削器の素材剥片は第2工程の初期段階で剥離された公算が大きいが，これは必ずしも第2工程の初期段階で大形の剥片だけが連続的に生産されたということではない。石核素材剥片に剥離状況Ⅳbを認め，そこから貝殻状剥片を剥離したとしても，削器の素材剥片を剥離する際には大きな影響はないだろう。剥離状況ⅠやⅡにおける剥離誘導稜線の効果が，それを上回るためである。

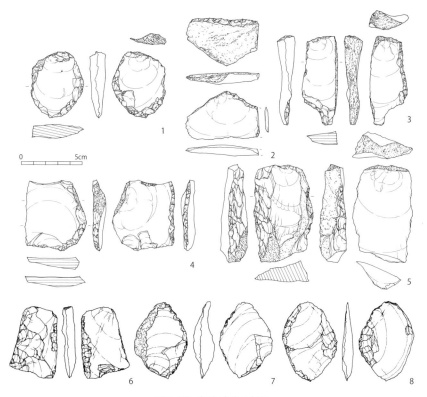

図1-26 縄文時代の削器
1〜5：鵜山遺跡Ⅲ-2層（早期前葉），6：野畑遺跡4層（中期末葉），7〜8：野畑遺跡3層（後期前葉）

　さらに大形の刃器類のみを製作していたはずの西浦東遺跡においても，それをはるかに下回るような大きさの剥片が出土し，かつ刃器類の素材剥片の背面に同程度の大きさの剥離痕がみられる事実からは，石核調整がおこなわれた可能性も想起されよう。石器製作においては，剥片を割りとるごとに石核の端角は鈍化していき，次第に剥片の剥離が困難になる。作業面を固定する傾向にある当該期の剥片剥離技術にあっては，石核端角の鈍化による手詰まりが頻繁に発生したはずである。これを回避するためには，適宜作業面に対して細かな剥離をほどこし，稜や凹凸の状態や石核端角を整える作業が有効であったろう[22]。

---

22) このような手詰まりを回避するため，打面転移のほか，石核の作業面周囲に対する執拗な直接打撃（上峯 2010），両極打法による打撃（上峯 2008）など，様々な対策が講じられている。

一方，第2工程の終盤，専ら小形剝片石器の素材剝片を生産している最中であっても，大形の剝片はしばしば剝離されたはずである。山内基樹（2002）が河原城遺跡の接合資料5から読みとったように，作業面の盛り上がりを大きく取りこむ剝離には，作業面の更新・再生が期待される。京都大学植物園遺跡の作業者が試みた手法Ⅱは，小さな剝離痕の累積によって生じた凹凸を一掃する効果があった。石核端角を調整しつつ，剝離状況Ⅰbの効果を巧みに利用して，作業面の更新がなされていた。先に見た山ノ内遺跡B地区の接合資料も，大形剝片の剝離によって生じた作業面上の凸部を，同面下方からの剝離によって取り除きつつ剝離作業を継続した事例と評価されよう。もちろん作業面を再生する目的で剝離された剝片が削器の素材剝片として適当な条件を備えていた場合には，躊躇なく削器に加工されただろう。素材剝片の背面に小形の剝離痕をとどめる削器は，こうした効率的かつ多目的な剝片生産の産物と考えられよう。

③縄文石器の製作技術

　ある特定の石器を製作するためには，その石器へと加工しやすい素材剝片を作り出さなければならない。後続の剝片の打ち割りにおいて「剝離チャンス」（松沢 1992：p. 113）をもたらすべく，各種の剝離行為による結果は十分に予測され，打ち割られる剝片の形状が精妙にコントロールされたはずである。旧石器時代においては，打ち割りの手順を工夫することで規格的な剝片が連続生産され，最小限の加工によって石器に仕上げられた。これとは一転して，縄文時代の人々は柔軟性に富んだ剝片剝離技術を採用したのであり，その背景には押圧剝離法などの細部調整技術の発達があったことは論をまたない。とはいえこれは，剝片生産への配慮が失われたことを意味するのではない。石器製作においては，剝片生産と細部調整（二次加工）が有機的な関係にあるのが原則であり（稲田 1969），剝片生産の際には，細部調整をほどこしやすい素材，目的とする石器に加工しやすい素材をできるだけ多く作り出すことが意図されていたはずである（森川 2008）。こうした原則は旧石器時代のみならず，縄文時代の石器群においても通底している。

　縄文時代の人々は規格的な剝片生産技術を放棄することで，多様な性状の剝片を生産し，それをもとに旧石器時代よりもはるかに多様な石器を作り出そう

とした。この点に、「発想の転換」ともいうべき技術史上の一大画期がある。とはいえ、押圧剝離法をはじめとする細部調整技術も万能ではない。石鏃はもちろん、一見簡素な石器である削器であっても、素材剝片はどのような剝片でも良いわけではなく、材料としての適性が考慮されたのである。限られた量の石器石材から、できるだけ多くの「良い素材剝片」を剝がしとるためには、一打撃ごとに変化する石核の状況を逐一点検する必要があり、次なる剝離の予測にもとづいて作業計画の修正に迫られることも少なくなかったはずである。石核に対する調整作業は、このような事態に対する製作者の適応力、すなわち発想の柔軟性と技量の高さの表れである。

　このような技術を駆使した人々が、岩石の割れを解さない素人であったはずがない。縄文時代の石器製作も明確な論理と合理性のもとに進められたのであり、それは岩石が作業行為に与える制約の理解と、それに応じて制御された行為の精錬が反映された、まさに心身一体の妙技にほかならない。

第6節　縄文時代の石器製作者

(1)　石器集中部とは何か

　前節までは個々の資料の観察と、資料群に対する属性分析によって石器製作技術の全体像を把握することに努めてきた。最後に視点を変えて、読みとった石器製作技術の情報を遺跡に戻してみよう。遺跡には過去の人類がとった様々な行動に関わる情報が圧縮されているが、石器製作技術について最も肉薄した情報をとどめるのは石器製作址や石器製作残滓の一括廃棄物であり、発掘調査では石器集中部として認識されることが多い。

　石器集中部とは、直径2〜8ｍ程度の範囲に、石器とその製作残滓が比較的集中してみられる、遺跡内の分析単位である（川島 1983）。掘り込みをともなう遺構が僅少な旧石器時代遺跡の研究では、編年や集団論の最小の分析単位とみなされている。遺構形成が明瞭な縄文時代遺跡においても、竪穴住居や土

坑などから石器がまとまって出土する事例のみならず，空閑地に石器集中部が見いだせる事例もある。石器を遺棄されたものとみなせば，これらは石器製作の場所そのもの，石器を廃棄されたものと考えれば，石器集中部は廃棄場所ということになる。いずれにしても石器製作など石器が関与した人間活動の一局面をとらえた，時間的限定性の高い単位とみなせる。私たちが資料として目にする縄文石器の完成品や製作残滓は，石器集中部のような石器づくりの現場で生み出されるものであり，それぞれの場において技術がどのように運用されているのかを調べれば，技術が石器の内包する諸属性とどのように結びつくのかを正確に見定めることにつながる。

(2)　石器製作の空間構造

　近畿地方の縄文時代遺跡にも石器集中部は多数見いだされるが，表1-3に掲げた良好な状態をとどめるものに限ってみても，石器集中部の内容は一様ではない。図1-27は久宝寺遺跡北地区の事例であるが，発掘調査時に記録された5×5mグリッドごとに石製資料の出土位置を復元すると，計四つの集中部が復元できる。集中部1では石核や大形剝片が集積状態で検出されており，集中部3の構成もこれに酷似する。接合資料の観察や剝片の属性分析からは，集中部1や集中部3の資料が第1工程・第2工程の資料に限定されることが明らかである。一方，これらに隣接する集中部2や集中部4は，大半が小形の資料で構成され，大形の石核や剝片は皆無である。第3工程に由来する線状・点状打面の剝片や，石器，二次加工のある剝片などをもつことも，集中部1や集中部2と異なっている。集中部2や集中部4は，第3工程と二次加工段階の資料を限定的にふくんでいるのである。

　このような偏りは，他の事例でも頻繁に見いだせる。瓜破北遺跡（大阪府大阪市）04-1次調査区ではLC1101〜LC1104の四つの石器集中部が復元された。LC1101，LC1103は資料数の多い，規模の大きな石器集中部であり[23]，LC1102，LC1104は小規模な石器集中部である。排土の篩いかけ作業の結果，前二者には砕片の濃集部がそれぞれ二つ，一つ見いだされ，座位と推定される。一方，

---

23)　LC1103の一部はさらに調査区外にのびており，未発掘である。

第1章　縄文石器の製作技術　65

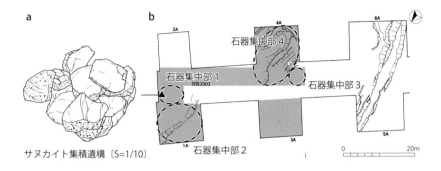

図1-27　久宝寺遺跡の石器集中部
晩期末葉の事例で，網掛け部はサヌカイト製遺物が出土している地区を指す。詳細な技術解析については旧著（上峯 2012：pp. 220-224）を参照のこと。

後二者では砕片の分布は散漫である。報告者の推定するとおり，前二者は石器製作址，後二者は石器製作残滓の一括廃棄によるものだろう。どの集中部にも石核やその素材剝片は皆無で，二次加工段階の作業を集中的におこなって石鏃が製作されたと考えられる。

　野畑遺跡第2次調査3層下部（第2文化層）のサヌカイト製遺物の分布は，図1-28-a のように復元できる。石器集中部は4-H～J，5-H～I 区にみいだせ，石鏃4点，削器3点のほか，楔形石器2点，石核4点，砕片73点からなる。隣接する4-G区からはサヌカイト原礫が，5-H区ではその原礫と酷似した形状の原礫から大形剝片を剝離したことを示す接合資料が出土している[24]。原礫の打ち割りから製品の製作まで，すべての作業痕跡が集約されていると見てよい。これと対極をなすのが土坑1で，押圧剝離によって剝離されたとみられる微細な貝殻状剝片196点が一括出土している。これらは石鏃や石錐などの製作時に生じたものと考えられ，二次加工段階の作業だけが切り分けて実施されたことを物語る。

　また長原遺跡（大阪府大阪市）東南地区 I-B 区では，深さ10cm程度の浅い凹みから，サヌカイト製遺物が出土している（図1-29）。サヌカイト製遺物の大半（46点中43点）は砕片で，ほかは石鏃と小形の両面加工石器が1点ずつ，両

24）　やや数量が劣るものの，1～2-L区でも二次加工のある剝片3点，削器2点，楔形石器4点，石核2点，剝片7点，砕片7点が出土しており，やはりサヌカイト原礫，第1工程～第2工程の状況をよくとどめる接合資料をともなっている。

表1-3 石器

遺跡名	調査次数等	地区・層位等	報告名称	時期	資料点数
鵜山遺跡	2次	Ⅱ層下面	サヌカイト製遺物集中部	早期中葉？	186
菅原東遺跡	第257-2次	黄褐色シルト		早期中葉	540
瓜破北遺跡	04-1次	第11層	LC1101	早期後葉	1479
瓜破北遺跡	04-1次	第11層	LC1102	早期後葉	121
瓜破北遺跡	04-1次	第11層	LC1103	早期後葉	1021
瓜破北遺跡	04-1次	第11層	LC1104	早期後葉	117
瓜破北遺跡	04-3次	第11A・B層	LC1105	早期後葉	7743
長原遺跡	99-15次	NG12～13層相当層	LC1102	前期前葉	28
瓜破北遺跡	07-3次	Ⅰ区	-	前期後葉～末葉	？
讃良郡条里遺跡	その2	第5-3a層	ブロック1・2	前期後葉	466
菅原東遺跡	第293次	黄灰色シルト～茶褐色砂質シルト		中期前葉～中葉	424
瓜破北遺跡	07-3次	Ⅱ区	LC1301	前期	420
長原遺跡	東南地区	Ⅰ-B区・長原9～11層	LC902	後期～晩期	46
野畑遺跡	第2次	4層		中期末	59
長原遺跡	99-15次	NG12～13層相当層	LC1101	後期初頭	36
京都大学植物園遺跡	-	先史第2層～第3層	(石器集中部1)	後期前葉	30
京都大学植物園遺跡	-	先史第2層～第3層	(石器集中部2)	後期前葉	62
京都大学植物園遺跡	-	先史第2層～第3層	(石器集中部3)	後期前葉	219
野畑遺跡	第2次	3層下部		後期前葉	86
讃良郡条里遺跡	03-2	第6-1面	石器集中部A・B	後期中葉	3823
久宝寺遺跡	北地区	17層	(集中部1)	晩期末葉	20
久宝寺遺跡	北地区	17層	(集中部2)	晩期末葉	78
久宝寺遺跡	北地区	17層	(集中部3)	晩期末葉	9
久宝寺遺跡	北地区	17層	(集中部4)	晩期末葉	14
長原遺跡	4J-2地点	第9層	SK501	晩期末葉	63
長原遺跡	4J-2地点	第9層	41de区	晩期末葉	49
長原遺跡	4J-2地点	第9層	41a区	晩期末葉	883
長原遺跡	4J-2地点	第9層	45d区	晩期末葉	50

極打法によったと考えられる剝片1点という内訳である。砕片のうち2点が両面加工石器に接合する。平面形状に配慮しながらも厚みを減じることが目指されており，石鏃の製作途上にあると判断される。接合関係をもつもの以外にも，砕片中には押圧剝離によって剝離されたと考えられる貝殻状の資料があり，剝片を素材とした石鏃製作作業の痕跡をコンパクトに留める資料群と見なせる。

　旧著（上峯 2012）において詳述したように，石器集中部を構成する資料群を生ぜしめた作業内容には偏りがある。そしてこの偏りは，それぞれの作業は一つの石器集中部内では完結せずに，複数の石器集中部にまたがって連続していることを意味する。どれほど腕のいいピザ職人であっても，小麦粉をそのまま窯に入れてもピザを焼けず，生地を作らねばならないように，サヌカイト原礫

集中部の事例

素材剝片剝離段階			二次加工段階	備考	出典
第1工程	第2工程	第3工程			
●	●	●	●	サヌカイト集積，敲石等をともなう	(岡田・田部編2006)
×	×	×	●	4540±120 BP, Libby age	(篠原編1994)
×	×	×	●		(市川編2006)
×	×	○	●		(市川編2006)
×	●	×	●		(市川編2006)
×	×	×	●		(市川編2006)
×	×	×	●	土器片，貝殻片をともなう	(市川編2006)
×	●	○	×	土器片をともなう	(高橋2002)
×	×	×	●	黒曜岩製遺物，土器片をともなう	(小田木編2009)
×	×	×	●		(井上2003)
×	○	×	●	4290±105, Libby age	(久保1995, 中島編1995)
×	×	×	●	黒曜岩製遺物，自然礫，土器細片をともなう	(小田木編2009)
×	×	×	●	土器細片をともなう	(松本1997)
×	●	●	●	土器片をともなう	(橋本編1986)
×	●	●	×	土器細片をともなう	(高橋編2002)
●	●	●	●	土器片をともなう	(中村1974)
?	●	●	●	土器片をともなう	(中村1974)
?	●	●	●	土器片をともなう	(中村1974)
●	●	●	●		(橋本編1986)
×	×	●	●	敲石等，土器片をともなう	(佐伯・六辻編2007)
●	●	●	×	サヌカイト集積をともなう	(石神編1992)
×	×	●	●		(石神編1992)
●	●	×	×	サヌカイト集積をともなう	(石神編1992)
×	○	●	●		(石神編1992)
×	×	●	×		(永島編1982)
×	×	●	●		(永島編1982)
×	×	●	●		(永島編1982)
×	×	●	●		(永島編1982)

から直接に剝片石器を作ることはできない。作業内容の異なる複数の集中部が組み合って，この遺跡における石器製作作業が成り立っているわけである。旧著では，石器集中部の内容差に表れた石器づくりの実施状況，すなわち遺跡内における石器製作の工程配置のあり方を「石器製作の空間構造」とよんだ(p. 238)。縄文時代の石器製作作業は作業の途中で中断することが可能で，各工程をそれぞれ別の機会もしくは別の場所で実施するのが常態であったと見なされる。

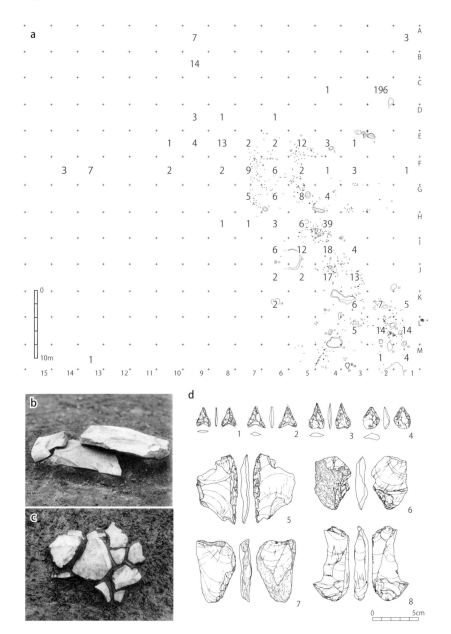

図1-28 野畑遺跡3層下部(第2文化層)の石器集中部
a：地区ごとのサヌカイト製遺物出土点数, b：5-H区のサヌカイト集積, c：1-L区のサヌカイト集積, d：石器集中部から出土したサヌカイト製遺物。

第1章 縄文石器の製作技術　69

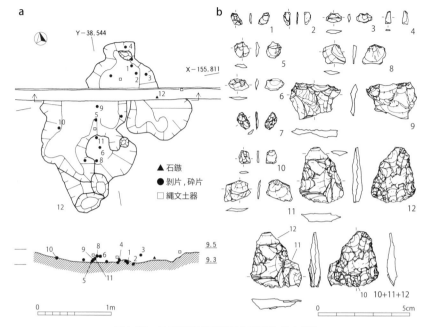

図1-29　長原遺跡東南地区 LC902と出土遺物
a：凹みの状況と遺物の分布。　b：サヌカイト製遺物。7は凹基鏃の脚部。接合資料は石鏃の製作過程を留める。

(3) 石器製作者の技量と原礫の質

①石器集中部とその性格

　まずは京都大学植物園遺跡に再度目を向けて，遺跡のなかで石器製作技術がどのように運用されているのかを追跡してみよう。図1-30では3×3mの発掘グリッドごとに，サヌカイト製遺物の出土点数と重量をまとめた。サヌカイト製遺物の分布の濃淡が明瞭に表れており，三つの集中部を見いだせる。すなわちc-5区を中心とする大形遺物が集まる石器集中部1，d-1区を中心に大形遺物が集まる石器集中部2，そしてb-3・4区に小形遺物がまとまる石器集中部3である。発掘調査時に作成された出土状況図によると，石器集中部2・3では，配石や甕が作られていない空閑地に遺物が散乱していた状況がうかがえる。堆積物の層相や調査時の所見からすれば，これらの遺物が埋没過程で原位

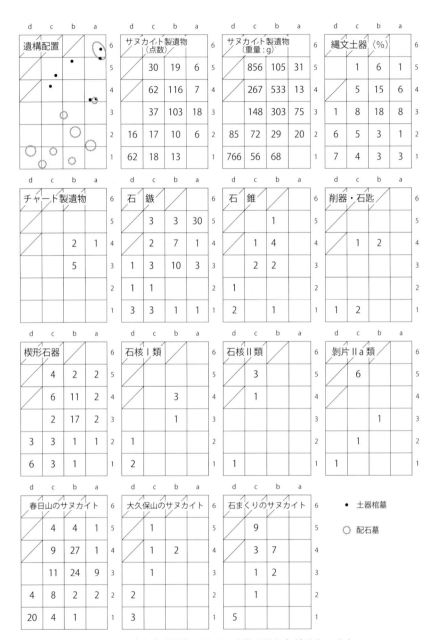

図 1-30 京都大学植物園遺跡の遺構配置と各種遺物の分布
調査区内には石器集中部が三つ見いだせるが，石材や資料の大きさ，器種の構成は一様ではない。縄文土器のデータは概報（中村 1974）にもとづく。

置から移動した距離は，きわめて小さいと考えられる[25]。

　この遺跡は配石墓や甕棺墓をともなう墓域であり，これらの石器集中部の性格については考察が必要だろう。集中部1は石核Ⅱ類やⅡa類剥片など，作業面再生を意図した手法Ⅱに関連する遺物が密集する。この遺跡で確認できたサヌカイト製遺物の接合資料がすべて石器集中部1に帰属することからも，その同時性がうかがわれよう。石器集中部2からも石核Ⅱ類とⅡa類剥片が出土しているが，石核Ⅰ類も見られる。石器集中部3は前二者にくらべて多彩な構成を見せ，石鏃や石錐，楔形石器が密集する。チャート製遺物をふくむ点もユニークである。さらに集中部3は縄文土器の集中部とも重複しており，生活にともなってでた残滓が投棄されたものと判断される。

　共伴した土器の型式からはこの遺跡は単一時期の所産と判断されるが，その時間幅のなかで，ある程度の期間にわたって継続利用されている。一部の甕と配石が切り合い関係をもつことや，甕の型式学的分析から複数の「フェイズ」を経て遺構が形成されたと考えられている（泉 1977）。遺物は遺構の上下から出土しているので，やはりある程度の時間幅を内包しているはずである。単純な構成をもつ集中部1にくらべ，縄文土器をともなう集中部3，さらに多種の遺物をふくむ集中部2は，この順に行為の累積の程度が増していくと解釈できる。

②サヌカイト原礫と剥離手法

　この石器群において消費されたサヌカイトはほぼすべて二上山北麓地域に由来するが，すべての二上山北麓産サヌカイトを同一視はできない。遺物に取りこまれた原礫面の特徴は，複数の種類の二上山北麓産サヌカイトが持ち込まれたことを物語る。

　例えば，図1-18-1に見える原礫面は最もなじみの深いもので，二上山北麓産サヌカイトの原礫面といえばこれを思い浮かべる読者が多いだろう（図

---

25)　縄文土器片の接合関係を整理したところ，約75％が3×3mのグリッド内で接合し，隣接するグリッドまでふくめればその割合は約95％に達することが判明した。概報（中村 1974）にも「土器片は，ローリングによる磨滅をほとんど受けておらず，比較的大きな破片が多く，かつまた同一個体の破片が接近したりまとまって発見された」とある（pp.5-6）。

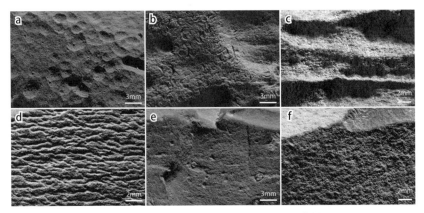

図 1-31　二上山北麓産サヌカイトの原礫面の多様性
京都大学植物園遺跡の事例。a～b は春日山，c は大久保山周辺，d～f は石まくり周辺で採取できるものに酷似する。旧著（2012）の分類では，それぞれⅢ種，Ⅳ種，Ⅰ種に相当する。この遺跡では，石まくりのサヌカイトの打ち割りに際して手法Ⅱが多用されている。

1-31-a·b)。クレーター状の模様が発達し，原礫面はあたかも月面のようになっている。後述するように，この種のサヌカイトの給源は春日山（大阪府羽曳野市）に求められる。一方，図1-18-2の原礫面は朽木状を呈し，石理に沿って深い溝が発達している（図1-31-c）。剝離面の肌理は粗く，縞が発達することもある。大久保山（大阪府羽曳野市）から産出するサヌカイトがこのような特徴をもつことが知られており（松藤 1974b・1982），角礫として採取できるものが多い。また接合資料1の原礫面は，白～黄白色を呈する平滑な面で構成されている。また図1-7，図1-18-3の石核などでは細切れの筋状模様がいくつも並行して走っており，ところどころに黄白色の粘土状皮膜が発達して，これらが被覆されている（図1-31-d～f）。この特徴は石まくり安山岩に由来するサヌカイトと一致する。旧石まくり採石場（大阪府太子町）付近の崖錐堆積物などから採取できるもので，角礫傾向が強く，打ち割りに際しては石理の影響を受けやすいといわれている（佐藤 2007）。管見による限り，近畿地方の縄文時代遺跡で多用されたのは春日山のサヌカイトであるが，そのなかにあって，相当量の石まくり安山岩を消費する点に，この石器群の特徴を指摘できる。

　このサヌカイト原礫に見られる特徴は，石器群の技術的特徴と明瞭な対応関係をみせる。原礫面がのこされている資料の観察による限り，手法Ⅰは春日山

のサヌカイトに，手法Ⅱは大久保山のサヌカイト，石まくりのサヌカイトに限
定的にほどこされている。手法Ⅱは，石理の影響が強く角礫傾向が強い，すな
わち割り進めることが難しいサヌカイト原礫に対して用いられているわけであ
る。このような原礫であっても剥片剥離を進められたのは，作業に従事した割
り手が手法Ⅱに代表される高度な技術を備えていたためである。この種のサヌ
カイト角礫は原礫面のほとんどが取り去られるほどに打ち割りが進んでいるが，
その割に集中部１から出土する剥片の数は少ない。この割り手が打ち割った剥
片の多くは，別の場所に取り置かれたことになろう。先に検討した接合資料が
どれも集中部１内で接合している点に鑑みても，高い技術を備えた割り手が作
業した際の残滓が集められ，廃棄されたのが集中部１と考えてよい。

　一方，集中部２では，石まくりや大久保山に由来するサヌカイト角礫も消費
されているが，春日山のサヌカイトからの剥片剥離が主である。そして石器集
中部３では両種のサヌカイトに由来する剥片，それらから製作された石器や製
作失敗品が出土するものの，石まくりや大久保山のサヌカイト礫が打ち割られ
た様子はない。

③石器集中部の形成過程

　この構成からは，石器集中部１→２→３へとサヌカイト原礫の消費が推移し
ていく様が見いだせる。内包する時間幅が最も広い石器集中部３から出土する
石核が，どれも春日山のサヌカイトに分類される亜円礫であることから，この
種のサヌカイトが本遺跡で最も好まれたと見てよい。その対極にあるサヌカイ
ト角礫が遺跡に持ちこまれたのは，石器製作者が望んだことではなかっただろ
う。これは割りにくい原礫ではあったが，石器製作者が持てる知識と技量を駆
使して割り進められた。その際に得られた剥片は，タイミングを違えて利用さ
れ，その際の残滓が石器集中部３などに廃棄されたと解釈できる。

　サヌカイト原礫を手にした割り手は，打面や作業面を巧みに更新しながら，
その質量をできるかぎり消費しようと努めた。彼らは石が割れる原理について
の理解と，剥離作業の中で目まぐるしく変わる石核の形状に合わせて試行錯誤
を繰り返す技量を備えた，優れた割り手であった。その技量の高さが様々な形
状や大きさ，石質の原礫から安定的に石器を生産すること可能にした。縄文時

代の石器製作技術の柔軟性と，石器製作者の技量の高さが，他地域から持ちこまれた性状の異なる石材への適応力となった，換言すれば，石器石材流通の前提条件を提供したと言えるのである。

(4) 石器製作と石器の形態

表1-3で見た石器集中部のなかで，二次加工段階の作業痕跡に限定された内容をもつ石器集中部が見いだされることは，実際の石器づくりの姿をうかがう上で大変興味深い。あらかじめ作っておいた石器素材剥片を用い，石器，とりわけ石鏃をひたすらに製作する機会があったことを示唆しよう。

私たちが収納コンテナや展示ケースにおいて目にする石器は，実に様々な形をしている。第2章で詳述するように，特定の形が特定の時期や地域と結びついている場合があるが，これが意味するところを解釈するにあたっては，石器のかたちがどのように決まるのか，どのように決まると考えるのかが議論の方向性を左右する。この問題には認知論的なアプローチも試みられているが（松本 2003），ここでは石器の形が決まる現場である石器製作に焦点をあてる。時間や場所について最もしぼり込んだ情報を抽出できる石器集中部では，石器の形態はどのように表れているのだろう。

図1-32は，石器集中部から出土した石鏃をならべてみたものである。一見して諒解されるとおり，石器集中部においても石鏃の形状は一律というわけではない[26]。形態が類似するもののなかでは，大きさや先端部・基部の角度が近似しているという見方もできるが，有意な情報と見てよいかどうか判断が難しい。そこで阿部祥人（1982）や菅榮太郎（1995）が注目した，石鏃にのこされた最終段階の調整剥離のあり方に注目して，石器集中部の石鏃を点検してみよう。菅は長原遺跡における石鏃の変遷を整理するなかで，形態（型式）面とは別の評価軸として，調整剥離痕の切り合い関係（成形技法）を調べている。資料数の問題もあって，当初菅が目指した時期差はとらえられていないが，長屋幸二

---

26) 石器集中部ごとで特定の形状の石鏃が製作されていたことを否定するのではない。鵜山遺跡や瓜破北遺跡で垣間見えるように，石器集中部で製作された石鏃形態はその時期に製作された石鏃形態のバリエーションの一部にすぎない。資料数はもちろん，各形態の系統を加味しつつ検討すべき課題である。

(2003)による同様の試みでは竪穴住居ごとでの石鏃整形手順の差異が抽出されており，むしろ製作者「個人」の識別を視野に入れた製作単位の抽出に効果を発揮する視点ととらえられる。

先学が示したなかで最もあつかいやすい，菅による記載方法にしたがって，石鏃の調整剥離痕の切り合い関係を記載して図1-33に集計した。結果は非常に興味深く，細別分類（1～3），すなわち基部に対する加工のあり方では個体差が大きいが，大別分類（a～c型）に表れた身部に対する加工手順は，石器集中部内ではほぼ均整が取れている。石器集中部ではb型しか見られない鵜山遺跡でも，集中部

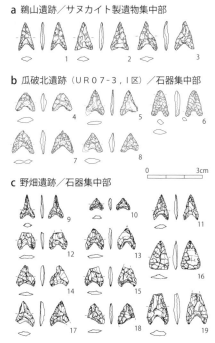

図1-32　石器集中部出土の石鏃
時間的限定性の高い石器集中部においても，石鏃形態は一様ではない。

外ではa型やc型も見られるし，石器集中部ではa型に限定される野畑遺跡4層でも，集中部外に目を向けるとb型やc型がともなう。石器集中部内で調整剥離のあり方が斉一性を見せるのは，有意な傾向と判断されよう。石器集中部に砕片の濃集部があり，剥離の座が推定される事例がふくまれることを鑑みれば，製作者個人をあてることを期待してよいような，製作単位がとらえられていると見てよい。

その上で熟慮したいのは，そのような製作単位のなかにあっても石鏃の形状が同じではないという点である。素材の形状が大きく変えられている縄文石器，とりわけ二次加工段階にあっても，素材の形状は加工手順に影響する。作業の中で変化する被加工物の「状況」を見定めながら，力を加える場所や方向，力の強さ，被加工物の保持方法などに配慮しなければならない点も，上述した素材剥片剥離段階と共通する。そのなかでは，石器製作者が作業開始前に思い描

76

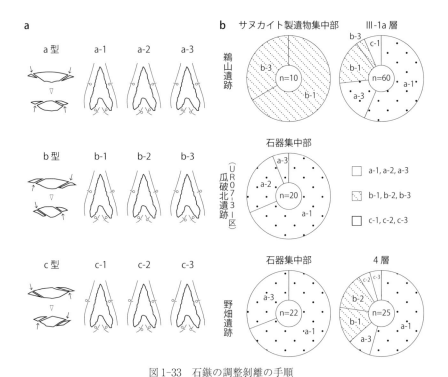

図1-33　石鏃の調整剥離の手順
a：菅（1995）による石鏃調整剥離の分類基準。b：石器集中部内外における石鏃調整剥離の類型構成。石器集中部では単純な構成を見せるが、集中部外では多様であり、石器集中部には限定的な作業単位が想定できる。

いた作業手順は何度も変更を余儀なくされたはずで、作業手順も、そして"設計図"も、作業の中で常に書きかえられるフレキシブルなものでなくてはならなかったと考えられる。

　石鏃の実験製作では、押圧剥離の障害となるバルブや際だった稜線が少ない剥片が石鏃に加工しやすいという（森川 2008）。素材剥片剥離段階の第2工程の初期に得られた、背面にポジティブ面をとどめる剥片はこの条件を大いに満たすが、これらが遺跡内にはほとんど遺存せず、優先的に石器に加工されている（上峯 2012：p.102）。これは石鏃等の小形剥片石器の製作においても、素材剥片の性状に対する強い配慮が働いていたことを傍証しよう。森川が見通したように、縄文時代の剥片剥離技術においては、石鏃等の製作を見越して「石核

作業面の平坦さを維持しつつ，扁平な剝片を得ること」が意図され，先に明らかにした削器類の素材剝片生産が，時には作業面の更新を兼ねるように組み合わされていたと考えられる。多様な形状，大きさにわたる石器器種を作らねばならなかった縄文時代の石器製作者は，これらの点に配慮することでその困難を乗りこえてきたが，その分，剝離される石器素材剝片の形状は均整を欠いたものにならざるを得なかった。これへの対処を可能にしたのが押圧剝離技術であるはずで，石鏃の製作においても用いる素材剝片の形状によって，複数思い描いていた石鏃形態のなかで最も適するものが選択されただろう。最小の製作単位と見なせる石器集中部において，統一的な加工手順によって様々な形状の石鏃が製作されているという様態は，"設計図"のバリエーションの反映と見られる。

第7節　製作技術から石器を観る──本章のまとめ

　本章では縄文時代の剝離技術に注目し，石の割れについての理解や様々な状況への配慮が，どのように組み立てられて石器製作の戦略が成り立っているのかを論じてきた。これまで蔓延していた，縄文時代の石器製作者の技量を過度に低く見積もる考えは，旧石器時代の石器製作を範として縄文時代を眺めた際のイメージにすぎず，文化編年の指標ともなるシステマティックな剝片剝離技術を，図式的にとらえすぎたことからくる弊害でもある。この風評が縄文時代の石器を製作技術の視点から観る意欲を減衰させ，結果的に石器の実態に即した研究が下火になる事態を招いてしまった。

　近年，豊富な接合資料や製作実験に鑑みて強調されるように，そして従来の属性分析による研究でも認識されていたように，旧石器時代の石器製作でさえ打ち割りの位置や手順に関しては柔軟である。大きさや特徴に規格性を期待して剝片を生産する旧石器時代においてもそうなのだから，石器に対する要求が増し，多様な種類，大きさの石器を作ることになった縄文時代では，より柔軟

な剝片剝離が求められたはずである。縄文時代の剝片剝離技術が目指したのは，原礫から石器素材剝片になり得る剝片を1枚でも多く生産することであり，志向する石器に応じて，素材剝片に期待された属性は異なっていた。そのような多様な需要を満たすべく，剝片剝離の各局面で石器製作者は剝離状況を見定めたのである。

　剝片剝離技術は，二次加工による各製品の製作へと続く石器製作のなかで，いわば扇の要の役割を果たす。剝片剝離を通じて剝片に付与された属性，付随した属性が，素材剝片の選択や二次加工に影響を与える。剝片剝離技術に対する無関心は，石器の製作技術に対する無関心へとつながり，石器の観察をきわめて表層的なものにしてしまう。すべての道具は，作られてはじめて道具になる。製作技術に目を向けなければ，道具の形態や機能を正しくとらえられないはずである。筆者が技術論的な視点を重視する所以は，まさにこの点にある。本章ではそれを突き詰めて縄文時代の石器づくりの技量をとらえ，縄文石器の諸属性を評価する基盤を作った。これらの技術を駆使して製作される石器を論じる第2章においても，打ち割りの対象となる材料を論じる第3章においても，本章で論じた石器製作技術の理解が前提となっていく。

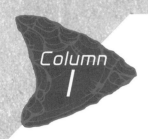

Column 1

縄文石器の使用方法

　本書ではほとんど紙幅を費やしていないが、使用方法の解明も縄文石器研究の基幹分野である。旧石器研究では尖頭器と呼ばれる資料が縄文石器研究では石槍と呼称されるように、縄文石器の器種名称の多くは用途をイメージしたものとなっている。「石鏃」や「石匙」のように古来の俗称に則った名称をふくめ、どれも形態から類推された用途が器種名称に転じている。この類推内容は石器組成から往時の暮らしを想像する際の基盤ともなっているが、大方が理解するように、その確度は様々である。

　石器の使用法について最も再現性のある仮説を導けるのは使用痕分析であり、この分析方法の存在が、先史時代の人類行動研究において石器研究に確たる位置づけを与えているところもある。使用痕分析では、考え得るあらゆる使用法を実験して対比試料を作成し、それを実際の遺物の観察結果と対比して機能を推定する（実験使用痕研究）。フリント製石器の研究蓄積を見すえつつ、日本でも珪質頁岩を対象とした研究が先行した。旧石器の分析事例が大半を占めているが、近年では珪質頁岩製縄文石器の使用痕分析事例が順調に蓄積され、使用法が判然としていなかった器種についても明るい見通しがえられている（高橋 2007・2011a・b、鹿又 2009など）。その他の石材を対象にした分析事例は後発的で、特にサヌカイトにおける実践例は少ない。

　サヌカイトでは使用痕観察は不可能とされたこともあるが（Beyries 1982）、御堂島正（1988）はサヌカイト製実験製作石器の検鏡（200倍）で使用痕光沢面（ポリッシュ）をとらえている。使用痕光沢面とは、石器が何らかの対象物に対して使用されたときに摩耗によって生じる微細な光沢面で（山田 1986）、作業対象物やその状態（生、乾燥、水づけなど）、作業量（使用回数）、操作方法によって光沢面のタイプが異なる。同じくサヌカイトにおいて使用痕光沢面をとらえ

た松山聡（1995）や原田幹（2002）の所見とあわせると，微弱な光沢面（E・F・Iなど）の出現はほかの石材にくらべて遅く，特に皮や肉など軟質の対象物に用いた場合では，光沢面の発達（遷移）も遅いようである。これにサヌカイトの表面状態の不規則に起因する光沢面観察の難しさ（顕微鏡から照射する光が乱反射してしまう），剥離面が暗色を呈するために光沢面とそれ以外の部分とのコントラストが強調されすぎることなど，サヌカイト特有の事情が関わってくる。これらを加味して，観察眼の研鑽と観察方法のアレンジが必要である。

　サヌカイト製遺物の観察においてはさらに課題が多い。遺跡から出土するサヌカイト製石器は，打ち割られてから長い時間を経たことで，本来の暗黒色の剥離面が風化して灰白色〜暗灰色となっている。一般に，風化にともなって光沢面が変化したり，消滅してしまうことがわかっている（山田 1986など）。風化による表面変化によって，使用痕光沢面の観察が著しく阻害される可能性がある。

　ただし原田が風化の弱い遺物において光沢面を識別しているように，風化による影響が少ない資料でなら光沢面や摩耗痕を識別できるかもしれない。筆者も西浦東遺跡（大阪府羽曳野市）のサヌカイト製剥片において，縁辺の一部が著しく摩耗し，運動方向を示す線状痕を目の当たりにした経験がある（右図-a）。縄文時代後期前葉の資料で，やや風化してはいるものの黒色の表面を保っていた。大ざっぱに言えば，縄文時代後期以降の石器には黒色の剥離面を維持しているものが多いため，高倍率での使用痕検出に期待が寄せられよう。それに対して，前期以前の石器では風化が進んですっかり白色化し，表面が凹凸に富むものが一般的で，使用痕が消失しているものも少なくないだろう。ただし前期以前には，チャートのように風化に対する耐性が高い岩石が石器の素材となっ

ている事例も多いため，使用痕分析の道が閉ざされたわけではない。

　むしろサヌカイトにおいては，低倍率（数十倍程度）でとらえられる微小剝離痕に注目するほうが，機能推定の近道かもしれない（下図-b）。松田順一郎（1986）は馬場川遺跡（大阪府東大阪市）の縄文時代晩期のサヌカイト製石器において，最大幅が 2 mm を下回る微小剝離痕をとらえている。興味深いのは技術形態学的には「削器」に一括される資料でも，様々な大きさや末端形状の微小剝離痕が観察されている点である。この多様性は，黒曜岩製実験製作石器におけるデータ（御堂島 1982）に照らせば，機能や対象物の違いに還元される可能性がある。

図　サヌカイト製石器の摩耗痕と微小剝離痕

a：西浦東遺跡（大阪府羽曳野市）の削器の刃部に観察された摩耗痕。刃縁の一部が著しく摩耗し，刃縁に対して約75度で斜交する線状痕が現われている。b：京都大学植物園遺跡（京都府京都市）の剝片縁辺でとらえられた微小剝離痕。

第 2 章　縄文石器の編年

所変われば石器も変わる。石器の時期的・地域的特徴に注目することで，時期決定のツールとなる編年を構築できるし，何よりも石器の細部に表れた作り手の意図を読みとろうとすることで，実証的な研究へとつながってくる。本章では，縄文石器の編年を組み立てる方法と実践事例を解説する。考古資料一般に共通する編年法はもとより，石器の資料特性を活かした新旧判定法を駆使して，近畿地方における縄文石器の編年案を提示する。

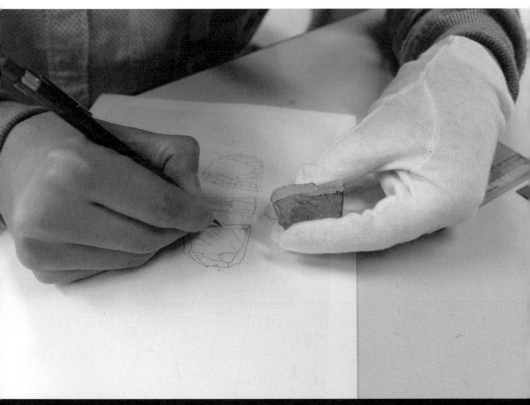

どれだけデジタル技術が発達しても，手実測は石器を細部まで観察し，理解を深めるために最適の研究法だ。

第2章 縄文石器の編年　85

第1節　石器の種類と分類

(1)　石器の種類

　石器とは岩石を用いた道具の総称であるが，石器は岩石をそのまま使用する
ものと，加工して変形させることで道具に仕上げられるものに大別される。敲
石や磨石，石皿のほとんどは前者の事例だ。これらは使用されなければ，河原
に転がっている自然礫と変わらない。人の手で使用され，敲打痕や摩耗痕など
の使用痕がのこされて初めて，石器として識別できる。

　一方，岩石を加工して作られる石器は，たとえ未使用品や製作途上品であっ
たとしても，製作の痕跡を根拠に自然礫と区別して認識できる。石器づくりは
材料となる岩石の質量や体積を減じることで目指す形状を作り出していくわけ
だが，岩石を打ち割って加工し，製作される石器が打製石器である。これに対
して，研磨による調整がほどこされるものが磨製石器である。ただし，磨製石
器といえども製作の最初から最後までを研磨でおこなうわけではない。磨製石
斧や玉類を作る際には，前半の工程において打ち割りや敲打によっておおまか
に成形され，後半の工程において研磨をほどこして形状が整えられる。すなわ
ち打製石器も磨製石器も，岩石を打ち割って製作されるという点は変わらない。
磨製石器では，打撃の痕跡と研磨の痕跡の両方を考慮しなくてはならないわけ
だ。もちろん道具は使われるために作られるのだから，使用の痕跡も石器にの
こされているはずである（コラム1）。

(2)　打製石器の分類

　縄文時代の石器といえば，石鏃を思い浮かべる方が多いだろう。手元の事典
で「石鏃」の項を引くと，「石製のやじり」とある（戸沢編 1994：p. 112）。ちな
みに「石錐」では「穿孔に用いられた石製の錐」と説明されている。これらの
記述は，それぞれの石器の種類（器種）が何なのかの説明としては正しい。と
ころがこれを拠りどころにして遺跡から出土した石製遺物の山に向かい合って
も，石鏃や石錐を抽出するのは難しいだろう。鏃や錐として使えそうな形状の

石片に左右されて，器種分類の基準が一定しなくなるはずである。

　石器を観る際に大切なのは，石器にのこされた多様な痕跡に目を配り，人間
の行為の結果として眼前の石器の幾何学的形状があるのだという原則を忘れな
いことである。この考古学的な資料観察に通底する姿勢が，石器研究ではこと
のほか重要である。石器を「正しく」分類する，つまり分類結果に何らかの意
味を認めて解釈することを見こした分類のためには，石器の形態に表れた人間
の意図を読みとる工夫が必要になる。この際に依拠できる体系には，石器にの
こされた製作痕跡に注目する方法（技術形態学）と，使用痕跡に注目する方法
（機能形態学）がある（山中 1979）。現在のところ，近畿地方の打製石器研究では
後者の実践は難しい。石器の使用方法を科学的に解明するには，実験使用痕研
究に取り組むのが定石であるが，サヌカイトを対象にした使用痕研究は蓄積が
浅く，機能が推定できる事例はごく限られている。したがって，石器が作られ
た手順と方法から石器にこめられた意図が読みとれると期待して，器種分類の
方法を組み立てることになる。

　山内基樹（2005）は安土遺跡（滋賀県近江八幡市）の石器群に臨むにあたって，
例えば石鏃を「平面形を概ね正三角形に成形し，断面形態は扁平な菱形を呈す
る小型の両面加工石器」，「石錐」を「棒状に成形され，少なくとも先端のどち
らか一端が尖る，小型の両面加工石器である。刃部（先端部）断面形態は，亜
円ないしほぼ菱形を呈する」と定義づけている（p. 93）。安土遺跡の石器群の
特徴をよくとらえつつも，製作痕跡に着目した客観的な分類基準となっていて，
他の石器群に対してもある程度敷衍できる。この視点を継承し，より汎用性の
高い分類基準として次のように各器種を定義する[1]。

　　尖頭器　　一端を尖頭状に成形した中〜大形の両面加工石器。
　　有舌尖頭器　　両面加工によって尖頭部と茎状の基部が作り出された尖頭器。
　　　　有茎尖頭器ともいう。
　　石鏃　　平面形を概ね三角形に成形された小形の両面加工石器。
　　石錐　　尖頭部をもつ形状ないしは棒状に成形された，小形の両面加工石器。

───────────────

　1）　同じ視点による弥生時代の石器の定義については，旧稿（田原本町教育委員会編 2009：
　　pp. 372-374）を参照されたい。

掻器　　剝片や石核の少なくとも 1 辺に連続的な調整を加えて，比較的高い
　　　　角度の刃部が作出された石器。

　　削器　　剝片や石核の少なくとも 1 辺に連続的な調整を加えて，比較的低い
　　　　角度の刃部が作出された石器。

　　石匙　　つまみが作出された削器。

　　剝片　　最終剝離面がポジティブな剝離面である資料。

　　二次加工のある剝片　　剝片に二次加工がほどこされているが，どの器種の
　　　　製作が意図されたのか判断できないもの。

　　楔形石器　　少なくとも 1 辺に，潰れ痕（階段状剝離痕や敲打痕が密集する箇
　　　　所）をもつ，不定形な石器。両極石核ともいう。

　　石核　　最終剝離面がネガティブな剝離痕である資料のうち，どの石器にも
　　　　分類できず，剝片剝離自体が打ち割りの目的と判断されるもの。

　実際の器種分類作業では，手に取った資料の様々な特徴をとらえて上記の定義と照らし合わせていく。定義のなかに最終剝離面やポジティブ，ネガティブといった，石器の剝離面を表す語がふくまれるように，どのような素材に対してどのような調整が加えられ，それがどのような作業意図と解されるのかが，分類の基本的発想となっている。読みとった製作痕跡を時系列にしたがって再配列し，作り手の作業意図を推定するのである。一連の思索を簡略化すれば，図2-1のようなフロー図として表現できる。石器の器種分類の論理性と階層性がよく理解できよう。

(3)　分類の精度と基準の不一致

　石器の器種分類はいくぶん機械的に進められるが，分類結果を遺跡間で比較する際には十分な注意を要する。例えば表2-1のように，同じ資料を器種分類しても，分類者によって結果が異なる場合がある。例としてあげた野畑遺跡では，発掘調査報告書（橋本編 1986）と拙著（2012）との間で器種分類結果に随分と違いが生じている。例えば石鏃・石錐・楔形石器の差は，報告者が「二次加工のある剝片」を分類器種にふくめておらず，それらが石鏃・石錐・楔形石器などに分類されていることに起因する。筆者は，二次加工がほどこされてい

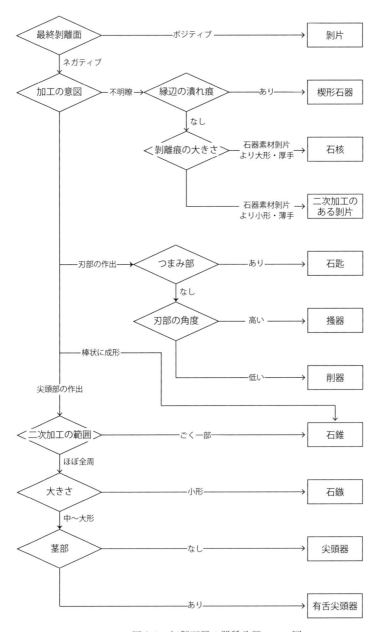

図 2-1　打製石器の器種分類フロー図
技術形態学の立場にたって，どのような加工がほどこされているかに基づいて器種分類する。

第2章　縄文石器の編年　89

表2-1　分類者による器種分類結果の異同

遺跡名	出典	石鏃	石錐	削器	石匙	二次加工の ある剝片	不定形石器	楔形石器	石核	剝片	サヌカイト 原石	計
野畑遺跡（3層）	（橋本編1986）	19	2	13	2			33	17	420	4	510
	（上峯2012）	16		18		9		11	12	452	3	521**
久宝寺遺跡（17層）	（石神編1992）	3	5	3			10	24	9	41		95
	（上峯2012）*	2	2			2		33	9	47		95

* 発掘調査報告書（石神編1992）に器種分類結果が掲載されている資料のみを抽出して集計。
** 報告者と筆者との観察資料数の違いは折損面で接合する資料の取りあつかい方に起因する。

るものの何れの器種を志向しているのかが不明瞭なものを「二次加工のある剝片」とし、いわば留保したあつかいをしている。それに対して報告者はこれらを何れかの器種に振り分けており、筆者よりも積極的な判断をしていると言える。また楔形石器についても、報告者と筆者の間では器種分類の方法が異なっているために、点数に差が生まれている。石製資料に両極打法をほどこせば剝片と残核が生じるが、報告者はこれらを一括して「楔形石器」とする。一方で筆者は、両極打法で剝離された剝片（両極剝片）を石器組成表の上では「剝片」に、両極打法の残核をふくむその他の資料を「楔形石器」に分類しておいて、他の剝片とは後段の属性分析で区別するという手順を取っている。その結果、筆者の分類では楔形石器の点数が随分と少なくなっているわけだ。

　また久宝寺遺跡の発掘調査報告書（石神編1992）では、拙著（2012）の分類にはない「不定形石器」という器種が設けられており、どの器種に分類すべきか判断に窮する資料が一括されている。この「不定形石器」は筆者の分類作業では多くが楔形石器に、一部が二次加工のある剝片や石核に振り分けられる。石鏃・石錐・削器についても分類者による差が生じているが、これは剝片縁辺の剝離痕の評価に原因がある。筆者は、切り合い関係が不明瞭な階段状の剝離痕が密集し、その縁部が敲打痕によって先鋭さを欠いている場合を「潰れ痕」と称し、両極打法に特有の、圧縮性の打撃と破壊の痕跡と考えている（上峯2012：p. 126～131）。報告者はこの「潰れ痕」を意図的にほどこされた二次加工の痕跡と判断しているため、筆者との間で器種分類結果に差が生じている。このほか、切り合い関係の判断が異なるために分類結果が異なる資料も見いだされる。

　読者の多くが理解されているように、器種分類結果の比較検討が保証される

のは，同じ精度と基準で分類されたデータのみである。取りあつかうすべての石器群を自身の眼で確認するのが望ましいが，既存の分類結果を利用する場合であっても，分類者の練度と分類基準について熟考しなければならない。

　発掘調査報告書から器種分類結果をかき集め，その比較・検討から生業活動を復元する研究をしばしば目にする。ところがこの種の研究は，器種ごとに1点の重みが異なるという解釈上の問題，発掘時の回収漏れ（中川 1997）や石器の転用（阿部 2006）などの潜在的な問題もさることながら，分類の精度と基準の不一致という大きな不安を抱えているのである。

第2節　編年研究の背景

　縄文時代の時間軸は土器型式によって決定されることが多い。ほとんどの縄文時代遺跡からは土器が出土するし，数点の土器片のみが，その場所での縄文時代人の活動を示す証拠であるというケースも珍しくない。土器は素材（粘土）の可塑性が高く，耐久性が低い，つまり作りやすく壊れやすいために，型式変化の速度が早いとされる。この普遍性と時間経過に対する感度の高さは，土器そのものの形状やデザインの変遷をとらえるだけでなく，土器が出土した遺構の年代，土器とともに出土した他の遺物の年代決定に大いに貢献している。縄文土器の編年なくしては，日々の発掘調査はもちろん，遺構の編年や遺跡数の変遷把握もなりたたない。

　石器の編年を考える上でも，共伴する土器を参照しない手はない。他の遺物と同様に，石器の年代も共伴した土器から判断することが多いし，大工原豊（2008）が明文化しているように，土器型式ごとの比率と時間幅がそのまま石器にも当てはまると考えるのは一つの経験則となっている。しかしながら，時間軸の決定をすべて土器に依存するようでは，正しい年代をとらえられない。土器をふくむ他の遺物の年代決定と同じく，石器においても，出土状況の整理をふまえたうえで土器型式との共伴関係を確認する作業が必要である。また時

には型式学的特徴や製作技術の特徴など，石器そのものの検討から出土状況を検証する作業も必要である。発掘現場において記録される出土状況は，考古学において最も重視すべき一次資料に違いない。しかし，研究の多くの場面で参照される「出土状況所見」は発掘者による判断と解釈の結果であり，遺跡における遺物の埋没状況そのものではない。たとえ時期を異にする地層が累重していても，岩相の違いがわずかであったり，発掘者の力量が足りなかったり，発掘の方法や期間が詳細な検討を許さなかった場合は，それらを区分できていないこともある。また発掘調査時の年代観が出土状況の認識に影響をおよぼす可能性もある。これらを検証するには，遺物の編年研究が必要となってくる。出土状況や土器編年を参照しつつも，それを検証できる，石器独自の年代決定法と編年観が求められるのである。

　編年研究は対象とする資料の種別や時期，地域によって実に多様であるが，そのなかで論点となる事柄は決まっている。その一つは，型式学的・形態学的に異なる複数の資料が同一の堆積層から出土した際，これをどう考えるか，というものであろう。この場合，考古学的な評価は大きく二つに分かれる。両者の一括性を認めて「共伴」とし，複数の型式・器種の同時共存を想定するか，両者は時間的に相容れないものと考え，「混入」と判断するかである（千葉2008）。

　同一の堆積層から出土した資料群の同時性を問う場合，射程にはいるのは製作段階・廃棄〜埋没段階それぞれにおける同時性である。土器など他の考古資料では，層位的な出土事例や分布状況の再検討にもとづいて編年的検討を進めることが多い。これは廃棄〜埋没段階に注目した研究で，石器においても，この方法は有効である。他方，石器では製作段階の同時性に注目して，資料群の一括性や時間的位置を検証することもできる。

第3節 遺跡内での地点差と「遺跡の引き算」

　石器の年代観をもつうえで，有効な方法の一つが遺物の特徴と出土位置の差を根拠にする方法である。一つの遺構面や堆積層から出土した遺物であっても，特徴が異なる遺物が違う場所から出土している場合，両者には時期差があると予想し，様々な型式学的検討の発端となることが多い。つまり遺物群間には時期差があったが，発掘調査でこれを層位的に認識できなかったと考えるわけで，両者が混在していたり，細分が困難な堆積物であったり，または遺物群間の時期が近接していて地質学的な時間分解能がおよばなかったと解釈する。考古学の編年研究において，とりわけ縄文土器編年研究において多用されているこの資料操作法は，「遺跡の引き算」や「水平層位」とも通称される。遺物研究から「出土状況所見」を検証し，遺物群の序列や同時性を正確にとらえる上で有効な手続きである。

(1) 隆起線文土器や無文土器にともなう石器

　例えば桐山和田遺跡（奈良県山添村）では，このような視点からの検証をへて，遺物の編年研究に貢献する成果があがっている。桐山和田遺跡は布目川の蛇行部に発達した河岸段丘面上に立地し，黒褐色砂質土層（5d・e層）から草創期の遺構・遺物が得られている。草創期の遺構・遺物は遺跡の南半部に多く，いくつかの集中域をもつ（図2-2-a）。草創期の土器に比定されたものには，隆起線文土器，斜格子文土器，無文土器がある。報告者である松田真一（2002）は，隆起線文土器と無文土器を同時期のものととらえているが，これを再検討した矢野健一（2007・2013a）は，両者の出土地点が異なることから別時期のものと考える。隆起線文土器は4E区や8・9E・F区，12E区などにまとまるが，無文土器は5〜8E・F区に集中する。矢野（2013a）は，桐山和田遺跡や仲町遺跡（長野県信濃町）の層位的出土傾向から，隆起線文土器→無文土器→爪形文土器という変遷を導いている。

　矢野による再検討は石器研究にも影響を与え，田部剛士（2011・2013）によ

第2章 縄文石器の編年 93

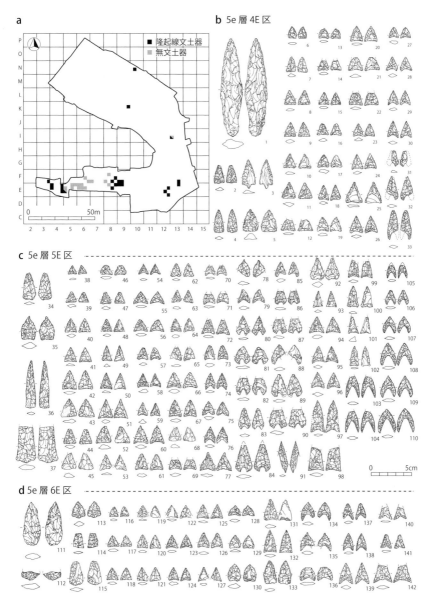

図2-2 桐山和田遺跡における石器の分布
a：矢野健一（2013a）がとらえた草創期土器の出土傾向。隆起線文土器と無文土器は排他的に分布する。b～d：各地区の石器。石器の型式学的特徴から4E区→5E区→6E区の順に配列でき、草創期土器の編年（矢野 2013a）とも矛盾しない。

る石器の分布論と編年構築につながっていく。田部の研究にしたがって石器を地区ごとに整理すると，石器器種・形態の時期差を追認できる（図2-2-b～d）[2]。隆起線文土器が出土し，他時期の土器をまじえない4E区では，柳葉形の尖頭器（1），小形の有舌尖頭器（2～4）に，三角鏃（6～12），微凹基鏃（13～30），円脚鏃（31～33）がともなう。一方，無文土器が出土し，隆起線文土器などをふくまない6E区では，木葉形尖頭器（111）に三角鏃（116～121），微凹基鏃（122～130）に，長脚鏃に類似するもの（134～135）が加わっている。両地区には，茎部の作出が不明瞭な尖頭器が散見され，4E区のものは細部加工の特徴から有舌尖頭器と認識できるものの，6E区のもの（112）は欠損が著しくて判断を下せない。

　4E区と類似した有舌尖頭器は5E区でも出土しており（34，37），三角鏃（38～53），微凹基鏃（54～73），円脚鏃（80～90）に加え，曽根型長脚鏃（103～110），拇指状掻器，いわゆる矢柄研磨器，板状有溝砥石がともにある。土器の出土傾向からすれば，5E区には無文土器がまとまりつつも，隆起線文土器も出土しているので，4E区と6E区の様相が混在していると予想される。5E区の石器で目を引く曽根型長脚鏃は4E区や6E区には見られない石鏃である。田部の理解に沿って，6E区に見られる長脚鏃類似資料（134～135）を曽根型長脚鏃から派生したものと考えれば，5E区の資料の多くは6E区の前段階に位置づけられる。製作技術や形態を加味して石器の変遷を復元した田部の仕事はきわめて説得的で，今後の研究の方法論的な方向性を指し示すものと評価できる。

(2)　円脚鏃と長脚鏃の関係

　同じ方法は，遺構から出土した資料に対しても有効である。相谷熊原遺跡（滋賀県東近江市）は河川の堆積作用で生じた扇状地と，河岸段丘によって形成された緩斜面に営まれた，草創期の遺跡である。壁面を垂直に深く掘り込んだ竪穴建物が5棟（D1-086，E2-006，E3-001，E4-001，E4-008）検出されるとともに，D1-086からは日本列島最古級となる土偶が出土して一躍話題となった。発掘調査・整理調査の成果を取りまとめた報告書（松室編 2014）は，爾後の研

---

2)　図2-2では矢野（2013a）の理解にしたがって，5d・e層を草創期の堆積物と考えたほか，「5c・e層出土」として取りあげられた遺物も同様にあつかった。

究の基礎とするのに十分な内容を備えた秀逸なものとなっている。

　相谷熊原遺跡の石器群において大変興味深いのは，石鏃の形態が竪穴建物ごとで差をもつことである。この遺跡では，縦長で基部に深い抉りをもつ，いわゆる曽根型長脚鏃と，最大長と最大幅の差が大きくなく，脚部が内にすぼまる円脚鏃が特徴的に見られる。D1-086やE2-006，E4-001には長脚鏃と円脚鏃がともにあるが，E3-001やE4-008では長脚鏃がなく円脚鏃が多数あるという排他的な出土傾向を示す（図2-3-b）。E4-001とE4-008は隣接していて間隔が10cm程度しかなく，発掘調査時には両者の切り合い関係はとらえられていない。報告者が指摘するとおり，この2棟が機能時に同時併存するのは不可能で，両者には時間差があると考えられる（松室編2014, p.62, 65）。当遺跡は寒冷期に営まれたと考えられ，竪穴建物に上屋構造がともなっていたことを示唆する所見（松室編2014, p.219）を考慮すると，なおさら同時併存は考えがたい。つまり，長脚鏃と円脚鏃には盛行期に差があることが上記の分布状況に表れている，と解釈できる。ただしE4-001とE4-008の前後関係は決定しがたい[3]。

　D1-086やE2-006，E4-001では，円脚鏃が曽根型長脚鏃よりも下層から出土している。少なくとも本遺跡内では，これが逆転している所見はなく，曽根型長脚鏃が円脚鏃よりも遅れて出現していることを示唆する。相谷熊原遺跡と比較されることの多い粥見井尻遺跡（三重県松阪市）では，長脚鏃が出土しておらず，無文土器が単純に出土するSH4には円脚鏃が散見される（図2-4）。つまり三角鏃や微凹基鏃に円脚鏃がともなう，単純な形態組成をもつ石鏃群が一階梯をなすと想定する根拠になる。この想定にしたがえば，相谷熊原遺跡E3-001やE4-008はこの時期に置ける。

　曽根遺跡（長野県諏訪市）などの事例を見るに，長脚鏃は爪形文土器にともなうのが一般的で，椛の湖遺跡（岐阜県中津川市）の椛の湖Iや宮ノ前遺跡（岐阜県飛騨市）13層の資料群からもそれは傍証される（紅村・原1974, 小島・立田編1998）。無文土器を爪形文土器に先行すると考える矢野（2013a）の編年観にし

---

3)　報告者は無文土器の分類と竪穴建物埋土内での層序関係を加味して，無文土器の変遷と竪穴建物の前後関係を考え，E4-001が古く，E4-008が新しいという仮定を導いている。他よりも下層から出土する無文土器1類が2〜4類に先行することは納得できるが，2〜4類の前後関係は不明瞭である。

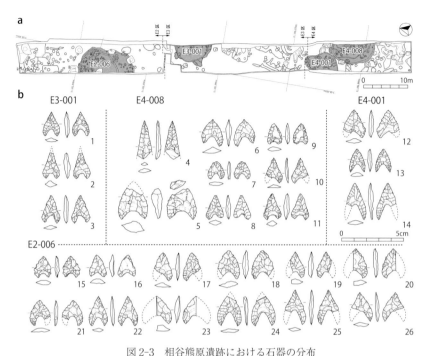

図 2-3 相谷熊原遺跡における石器の分布
並立不可能なほど近接する竪穴建物 E4-001 と E4-008 は，円脚鏃と長脚鏃の時期差を示唆する。

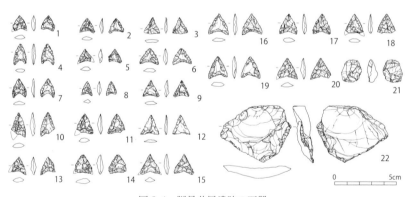

図 2-4 粥見井尻遺跡の石器
竪穴住居（SH4）出土石器。遺構内から出土した土器はすべて無文で，隆起線文土器をふくまない。

たがえば，円脚鏃は長脚鏃よりも古く位置づけられる。判断が難しいのは，両者の存続期間が大きく重複しているかどうかである。無文土器が多い桐山和田遺跡5e層5E区にはまとまった数の円脚鏃と長脚鏃があるし（図2-2），資料数は少ないが，爪形文土器をともなう椛の湖Ⅰにも円脚鏃がふくまれている。しかし派生的な長脚鏃をもちながら，円脚鏃をもたない桐山和田遺跡5e層6E区の所見を重視するなら，三角鏃や微凹基鏃に長脚鏃がともない，円脚鏃がほぼ組成されない段階を設けざるをえない。同5E区の様相は古相を示す4E区，新相を示す6E区によって分解して理解できる。

　以上の手続きから草創期中葉の土器にともなう石器の編年を構築できる。具体的な内容については，第6節で解説する。

第4節　石器群の一括性と風化度

(1)　サヌカイトの風化

　次に述べるのは石器編年を組み立てるためのもう一つの方法，製作段階の同時性を検証するにあたって，石器表面の風化現象に注目するという方法である。

　風化とは，岩石の表面が被る外因性の変化の一つである。岩石が打ち割られ，新鮮な剝離面が大気にふれた時点から風化が進むので，大局的な見通しに立てば，風化の進行程度（風化度）は石器製作時からの時間経過の長短を示すと見られる。近畿地方において，旧石器・縄文・弥生時代を通じて石器石材として多用されたサヌカイトは，ガラス質の無斑晶質安山岩である（岩田1993）。斑晶量が2％（容量比）以下の均質な石材で，石基にはガラスとともに斜方輝石，磁鉄鉱など優黒色の鉱物が多くふくまれているため，剝離面は黒色を呈する。これが剝離後，長期間（何百〜何千年のオーダー）にわたって大気や水分にさらされて表面成分が容脱・変質し，薄い風化層が発達する。先史時代遺跡から出土するサヌカイト製遺物は風化が進んでおり，剝離面は灰白色を呈することが多い。

サヌカイト製遺物の剝離面における風化度の差を帰属時期の差とする認識は，近畿地方の石器研究，とりわけ原産地遺跡研究では伝統的な方法である。当該研究の端緒となった二上山北麓遺跡群の分布調査において，サヌカイト製遺物の風化度が一様でないことが注視され，遺物の帰属時期を推定する根拠の一つとなっている（同志社大学旧石器文化談話会1974）。近年の研究でも，帰属時期が不明な資料を風化度の観点から旧石器時代遺物と縄文・弥生時代遺物に二分する，簡素な時期比定が経験的におこなわれている（佐藤編 2004）。原産地遺跡からは複数時期の遺物が混在して出土し，資料群の時期比定が困難を極めるためである。

風化度の差にもとづく研究で，最も重要な成果をあげたのは二上山北麓・桜ヶ丘第1地点遺跡（奈良県香芝市）の第1次調査である（堀田ほか編 1979）。土坑1（図2-5）から出土した遺物の風化度を肉眼観察で①〜③の段階に分類したところ，ナイフ形石器・舟底形石器（角錐状石器）・翼状剝片・翼状剝片石核といった明らかな旧石器時代遺物はすべて，風化の進行した①〜②段階におさまった。これらは瀬戸内技法を技術基盤とする明確な後期旧石器時代石器群である（図2-6）。一方，風化の弱い③段階には定形的な石器がほとんどふくまれず，石器群の検討から時期を比定するのは難しかったという（図2-7）。①・②段階の資料は土坑1，および土坑1のベース面の双方に見られるのに対し，③段階の資料は土坑1に集中していた。③段階の資料群からは11組もの接合資料が得られており，資料群の同時性は高いと判断された。このような所見からは，旧石器時代遺物包含層をベース層として後世に土坑が掘り込まれ，埋土中には新しい時期の遺物と，ベース層から混入した旧石器時代遺物がのこされたという推定が導かれる。土坑1からは縄文土器片も出土しており，風化の弱い一群は，縄文時代の資料群と判断された[4]。

---

4) 土坑1出土石器群の時期推定は，今日の研究成果に照らしても概ね妥当である。風化の弱い石器群からは，石核素材生産工程・目的剝片生産工程の2工程を有し，原礫面を打面とした求心状剝離によって剝片を生産する技術が復原された（古森・麻柄 1979）。これは第1章でも解説した近畿地方の縄文時代に多用された剝片剝離技術そのものであり，風化の弱い石器群が縄文時代以降に帰属することは疑いない。ただしこれを縄文時代の中でも特に早期に位置づける見解に関しては，伴出した土器片の評価をめぐって再検討の余地がある。この点については改めて議論の機会をもちたい。

第 2 章 縄文石器の編年　99

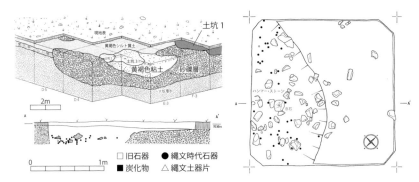

図 2-5　桜ヶ丘第 1 地点遺跡の遺構配置と土坑 1 の遺物出土状況
後期旧石器時代の遺物包含層をうがって，縄文時代の土坑 1 がのこされている。この層序関係は出土遺物の内容とも整合的である。

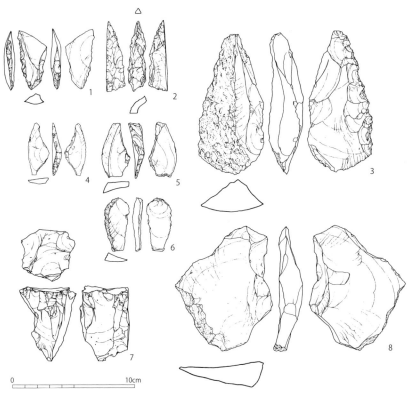

図 2-6　桜ヶ丘第 1 地点遺跡土坑 1 における「風化の強い石器群」
瀬戸内技法関連資料をふくむ，後期旧石器時代の資料群である。

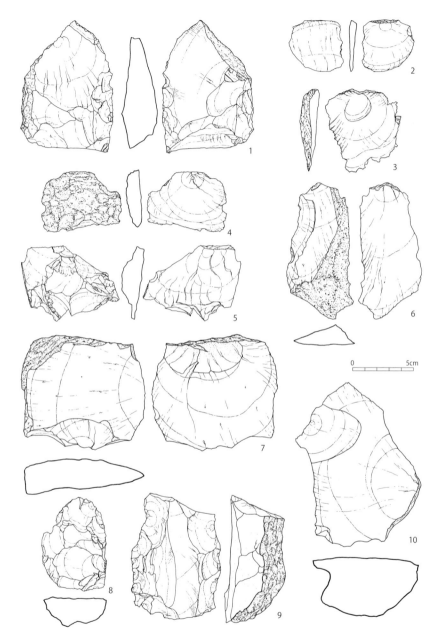

図2-7 桜ヶ丘第1地点遺跡土坑1における「風化の弱い石器群」
この資料が示す不定形な剝片剝離技術は，これらが縄文時代の所産であることを示唆する。

この研究できわめて重要なのは，肉眼で判定された風化度が，層序ならびに考古学的な所見と一致した点である。この成果は，風化度の分類によって複数時期の混在資料が分解可能であり，風化度が相対的な年代尺度になりうることを意味する。もちろん風化度から判断されるのは資料群の相対的な前後関係にすぎず，各資料群の帰属時期を知るためには，考古学的な所見や各種の年代測定法が駆使されなければならない。風化度が可能にするのは年代測定ではなく，資料群の分解である。

　もちろん，風化度を時間指標と見ることについては慎重な意見もあろう。石材の差や堆積環境の差によって，風化の進行速度に違いが生じると予測されるためである（佐藤編 2004：pp. 142-143）。この指摘は正鵠を射ているが，桜ヶ丘第1地点遺跡の研究に照らせば，同一石材，同一堆積層出土の資料においては，それらの要素は風化度に大きな影響をおよぼさないと考えられる。したがって石器表面の風化度は，同一堆積層から出土した同一石材からなる資料群において，製作時期を異にする資料が混在している場合に，それを分解するための基準として効果を発揮すると判断される。

　風化度をもとに石器の製作年代の新旧を判断する場合，重要なのは風化度の判断基準の明確化と，客観的な風化度判断基準の確立である（松藤・佐藤 1983）。桜ヶ丘第1地点遺跡の研究では，以下の基準で風化度が分類されている（堀田ほか編 1979：p. 42）。

　　①段階　剝離面が灰白色の色調を示し，強い風化により器面がざらざらに
　　　　　なっているもの
　　②段階　色調は灰色でやや風化した剝離面をもつもの
　　③段階　灰黒色であまり風化の進んでいない剝離面をもつもの

　さらに①・②段階については「色調が灰黄色を呈し，剝離面の稜が摩滅し，風化度がすすんでいる一群」，③段階については「色調が黒色あるいは灰色を呈し，剝離面の稜が明瞭で，風化がすすんでない一群」とも記されている（堀田ほか編 1979：p. 31）。剝離面の色調とあわせて剝離面のザラつきや稜線の先鋭度が，風化度の視覚的な判断を可能にしていると推察される。また鶴峯荘第1地点遺跡（奈良県香芝市）の研究でも，風化度が異なると判断される資料では

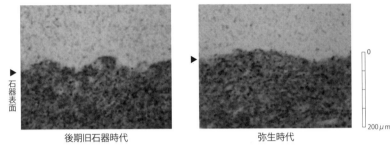

図2-8　サヌカイト風化層の顕微鏡写真
サヌカイトの風化にともなって石器表面の凹凸が増している。

「器面の肌荒れの違い」があると指摘されている（佐藤編 2004：p.142）。

　長友恒人ら（2001）が提示したサヌカイト製遺物の断面写真（図2-8）でも，弥生時代の石器にくらべて，後期旧石器時代の石器では表面の凹凸が著しい。すなわちサヌカイトでは，風化の進行にともなって石器表面の凹凸が増すと推定される。

(2) 後期旧石器と縄文石器の分離

　風化度を石器研究に応用するためには，石器表面の凹凸を正確に把握する方法を定めなければならない。筆者は肉眼観察のほかに，材料工学などの分野で用いられる接触式表面粗さ測定器を使って，石器表面の凹凸の程度を客観的に表現する試みを続けている[5]。これは，機器に装着された鋭い針で物質の表面をなぞり，その表面の凹凸度合いに合わせて針が上下する動きを測ることで，物質表面の凹凸を数値化する装置である（口絵33）。石器表面の凹凸を示す測定結果は，日本工業規格（JIS）で定義された「表面粗さ」の一つである算術平均粗さ（Ra）として出力される。算術平均粗さでは，表面の凹凸がその中心線からの偏差の絶対値の平均として表されるため，部分的に大きな傷があっても数値にはほとんど影響しないというメリットがある。

　表面粗さが，風化度および石器の製作年代の新旧を示すことを証明するため，まず桜ヶ丘第1地点遺跡第1次調査の出土遺物の表面粗さを測定した。対象と

---

[5] すでに渡辺丈彦（2004）が，珪質頁岩の岩質を判断するために表面粗さ測定器を利用している。

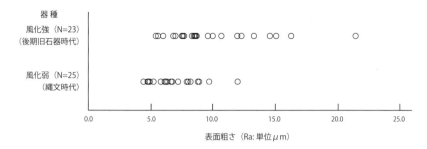

図 2-9　桜ヶ丘第 1 地点遺跡土坑 1 出土石器の風化度と表面粗さ
肉眼観察で判定された風化度の強弱は，表面粗さからも裏づけられる。Ra の値が小さいほど表面はなめらかであり，逆に数値が大きいほど表面の凹凸が激しく，粗い状態にあることを示す。

した土坑 1 出土のサヌカイト製遺物48点は，報告書の風化度分類によると，23点が旧石器時代遺物，25点が縄文時代の遺物である。それぞれ便宜的に「風化強」・「風化弱」と記すことにする。石器 1 点につき任意の場所を 3 箇所ずつ測定した[6]。その中央値をまとめたのが図2-9である。5.6〜9.7μmの範囲では「風化強」と「風化弱」は重複するが，両者の分布のピークには違いがある。「風化強」は8.6μmの中央値をとり，7.7〜12.2μmの範囲に集中域をもつ。一方「風化弱」は6.3μmを中央値とし，およそ5.5〜8.0μmの範囲に集中する。以上の測定結果は肉眼観察による風化度分類とも矛盾せず，また石器群の型式学的な特徴とも一致する。

　表面粗さによって識別された風化度が石器の製作年代の新旧と一致するという成果は，真野遺跡（滋賀県大津市）でも得られている（上峯ほか 2017）。真野遺跡は琵琶湖の南西岸，堅田丘陵の先端部に位置する遺跡で，落ち込みや土坑を埋める黄褐色〜黒褐色粘質土中から先史時代遺物が出土している。出土した縄文土器のほとんどは高山寺式に分類されるため，早期中葉に人類活動の一つのピークがあることは疑いないが，石器に目を向けると複雑な状況が垣間見える。
　1000点以上出土している石器のほとんどはサヌカイト製で，両面加工石器，

---

6)　測定には東京精密製表面粗さ測定器ハンディサーフ E-30A を用い，カットオフ値は0.8mm，基準長さ（測定範囲）は5.0mmに設定した。長友らの断面写真（図2-8）から判断すると，石器表面の凹凸は弥生時代遺物で20μm，後期旧石器時代遺物で40μmが目安となる。ハンディサーフ E-30A では，性能上，160μmまでの高さの凹凸をとらえることができ，これらの資料の表面粗さを知ることは十分可能である。

石鏃や異形局部磨製石器（トロトロ石器），石匙など，縄文石器が主体を占めている（図2-10）。石鏃には「鍬形鏃」と通称される，平坦な基部の中央が深く丸く抉られた形態（16〜18）のほか，側縁がやや内湾し，脚部がわずかに外側に跳ね返りを見せる，仮称「長靴鏃」が目立つ（11〜14）。側縁部がS字状に湾曲する個体もある。布留遺跡（奈良県天理市）の5B層出土資料（太田編 2013）と比較しても，縄文時代早期中葉の所産と見てよく，土器が示す年代観と調和する。ところが横長の石匙（25）や分銅形の異形石器は，それぞれ縄文時代早期末葉以降ならびに前期・中期の石器群にふくまれるもので，石鏃や土器が示す時期とは合致しない。両面加工石器は剥離痕が粗雑で先端部の作出も明瞭ではなく，木葉形尖頭器などの製作途上にあるものと推定される。近畿地方では縄文時代草創期から早期中葉以前の石器群にともなう形態だから（田部 2011），これが上述の石鏃や土器にともなうとするには違和感がある。またナイフ形石器や底面をもつ剥片（有底剥片），細石刃など，後期旧石器に分類できるものも出土しており，帰属時期が不明な両面加工石器も散見される。これらとともに，隠岐産黒曜岩（隠岐系）を素材とした湧別系細石刃核や掻器，両面調整素材の製作に関わる剥片，中部産黒曜岩（西霧ヶ峰系）による縦長剥片まで見られるのだから，後期旧石器においてさえ，複数時期の資料が混在していることを示唆する。さらにチャート製の有舌尖頭器（1〜3）や異形局部磨製石器（4〜6）も出土しており，真野遺跡の資料群はさながら先史時代遺物のごった煮のような状況を呈している。

　出土位置や層序に関する記録を精査したところ，後期旧石器は縄文石器よりも下層から出土する傾向がうかがえ，ナイフ形石器に関連する資料と細石刃石器群に関連する資料では出土位置が異なる傾向もとらえられた。ただしこれらを層序の上で区分することは不可能であった。

　そこでサヌカイト製遺物の風化度に目を転じると，技術形態学的特徴やその年代観に齟齬がある各器種では，表面の風化度が異なることがわかった。その差は肉眼でも認識できるほど大きいが，表面粗さ測定器を使って石器表面の凹凸の程度を調べると，図2-11が得られる。石器の技術形態学的特徴と風化程度には対応関係が見いだせる。すなわち縦長剥片や有底剥片，細石刃の表面粗さ（Ra）は11.0μm程度で，測定資料中で最も高い値をとる。両面加工石器はそれ

第2章　縄文石器の編年　105

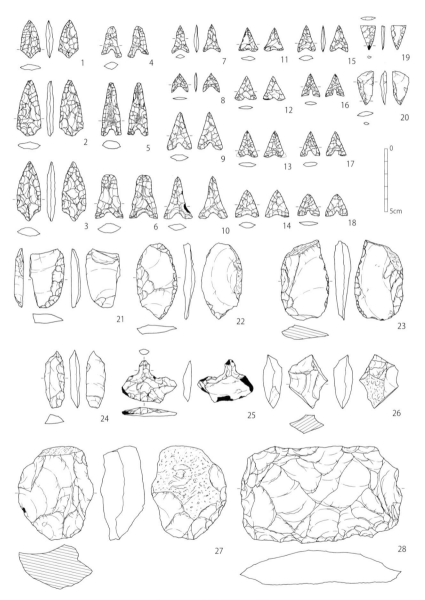

図 2-10　真野遺跡の石器
1～6はチャート製，他はサヌカイト製。少量の旧石器と多量の縄文土器（早期中葉）とともに出土したものだが，これらの特徴は縄文時代の一時期には限定できない。

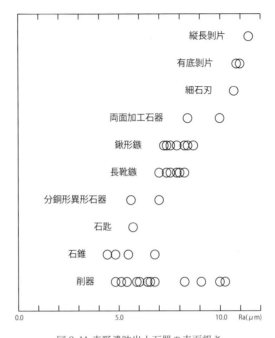

図 2-11 真野遺跡出土石器の表面粗さ
風化度の指標となる表面粗さと，石器の器種や形状との関係から，多時期混在資料を分解できる。

よりもやや低い値を示す傾向がある。石鏃は形態にかかわらず7.0〜8.5μm程度の表面粗さで，旧石器や両面加工石器よりも明らかに値が低い。石匙や異形石器はさらに低い値を見せている。

　表面粗さの測定結果と，技術形態学的特徴にもとづく年代観をまとめると，真野遺跡のサヌカイト製遺物群の構成は次のように理解される。

　　Ⅰ群：有底剝片やナイフ形石器，細石刃をふくむグループ
　　Ⅱ群：両面加工石器をふくむグループ
　　Ⅲ群：鍬形鏃や「長靴鏃」をふくむグループ
　　Ⅳ群：石匙や異形石器をふくむグループ

　Ⅰ〜Ⅲ群の区分は肉眼観察でも概ね追認できる。Ⅰ・Ⅱ群では一見してザラつきが顕著で，ルーペ（20倍）で観察すると表面に微細な凹凸が発達する様子がとらえられる。Ⅲ群は肉眼ではザラつきを認めるものの，ルーペで細部を観

察すると凹凸がほとんど認められない点，Ⅰ・Ⅱ群と明瞭に区別される。Ⅰ～Ⅲ群は稜線が風化によって鈍くなっているのに対し，Ⅳ群では稜線はいたってシャープで，Ⅰ～Ⅲ群よりも黒みが強い。石器表面をルーペで観察しても，凹凸の発達をまったく認めることができない。真野遺跡のサヌカイト製遺物群は大半がⅢ群に振り分けられ，縄文土器片が早期中葉の高山寺式土器を量的主体にすることと調和的である。石器の年代観にしたがえば，Ⅰ群は後期旧石器時代，Ⅱ群は縄文時代草創期～早期，Ⅲ群は縄文時代早期中葉，Ⅳ群は縄文時代前期～中期となろう。

(3) 風化度による資料群の分解

　以上の事例から理解されるように，表面粗さ測定器で風化度を正確にとらえ，資料群の一括性を検証することが可能である。そして風化度の強弱と，考古学的な所見（石器の分類など）が一致した場合，異なる特徴をもつ資料間に時間的な前後関係を見いだせる。

　もちろん風化の進行速度には幅があり，風化程度の認識精度にも限界があるので，製作時期を厳密に押さえることは難しい。しかしながら，層位や石器の技術的様相と風化度を照らし合わせる作業によって，複雑に絡まり合った混在資料の文脈を解きほぐし，有意な分析単位となる資料群を抽出することが期待される。この方法はサヌカイト製石器群の分析に遍く適用できるだけでなく，他の岩石にも応用できるはずである[7]。

---

7)　風化度にもとづく混在資料の分解は，消費地遺跡から出土する縄文石器群の研究のみならず，原産地遺跡研究への貢献が期待されるところである。複数時期の混在資料が出土することが通例となっている原産地遺跡においては，良好な一括資料の出土を座して待つのではなく，既掘の混在資料を分解し，分析単位となる資料群を確保する作業が要請されよう。

第5節 近畿地方における有舌尖頭器の出現と消滅

(1) 有舌尖頭器の何が問題か

　サヌカイトの風化度の観察は，石器の編年研究上の論点を解消するうえできわめて有効である。事例研究として，近畿地方の縄文石器研究で最も大きな争点となっている有舌尖頭器の編年的位置を論じる。

　有舌尖頭器とは基部に茎をもつ長身の槍先形石器である。北海道から九州まで広範囲に分布し，すでに3000点をこえる有舌尖頭器が知られている。北海道では細石刃にともなう例があり，有舌尖頭器は旧石器時代末に現れていると考えられるが，本州以南では隆起線文土器期以降に出現すると見られる。旧石器時代末から縄文時代初頭をつなぐ石器として注目され，かねてから編年と地域性，系統関係が注目されてきた（小林 1961）。旧石器時代から縄文時代への移り変わりを考えるにおいて，狩猟具が交代していく様は考古学的に際立った現象であり，弓矢猟の導入が意味する生業活動の変化が意味するものは大きい（近藤 1965）。

　有舌尖頭器の役割は，これが次第に小型化して石鏃に転化したという変遷観（芹沢 1966）のなかで具体的にとらえられていたが，いま，この理解は成り立たなくなっている。有舌尖頭器の出現に先立つ石鏃の事例が知られているし，有舌尖頭器と石鏃がある程度の期間共存していると考えざるをえない事例も増えている（谷口編 1999など）。有舌尖頭器の由来についても北方起源を想定する見解があるものの，定まったものではない。また旧石器時代の槍先形石器と比較すると，有舌尖頭器において茎部と逆刺の改良に注意が払われているのは明らかで，要求された用途の拡大と，それに応じた組み合わせ式道具の改良がうかがえる（白石 2001：p.262）。有舌尖頭器は投槍の先端部として，やはり突槍と矢の中間的な存在として位置づけられている（鈴木 1972，御堂島 1991）。この点についても，器種分類の問題に帰される部分が大きいとはいえ，有舌尖頭器の変遷のなかで機能的な変化が進んでいるとの指摘がある（藤山 2009）。資料の蓄積が進むにつれて，有舌尖頭器を一律的に理解できないことが明瞭になっ

てきている。これには，有舌尖頭器が単独や少数のみ出土する例が多いことも影響している。

　しかしながら有舌尖頭器の消長を把握することは，縄文時代の幕開けを考えるうえでは欠かせない。先行する神子柴石器群と，隆起線文土器期以降の文化との関係を考える際，有舌尖頭器が年代的な梯になる。神子柴石器群とは，神子柴遺跡（長野県南箕輪村，林・上伊那考古学会編 2008）の出土資料を標識とするもので，大型の石斧と精緻に加工された槍先形尖頭器，石刃素材の掻器や彫器をともなう，特徴的な石器群である。やはり北方由来の文化と目される石器群は東北日本〜中部地方にまで展開するが，中部以西では本来のセット関係を保った神子柴石器群は知られていない。しかしながら，その系譜を引くのであろう神子柴系の石器が，中部以西の草創期石器群の中に散見される。これらと有舌尖頭器の時間的関係を整理していくことで，列島を席巻する人間集団や情報の動きのなかで，各地の文化がどのように変容していくかをとらえられる。

　また石鏃の出現と連動して有舌尖頭器石器群に変化が生じることも，有舌尖頭器の消長に注目が集まる要因だろう。大形素材の整形をともなう槍先形石器的な製作体系をとっていた有舌尖頭器製作は，石鏃出現期を境に，素材剥片の細部加工によってダイレクトに有舌尖頭器を仕上げるような，いわば石鏃的な製作体系へと転じていく（藤山 2009）。また活動領域が固定化するなど移動・居住行動の変化も，有舌尖頭器石器群のなかに現れている（及川 2008）。筆者の理解でも，一つの原石から，木葉形尖頭器や有舌尖頭器のような大形品と石鏃や石錐のような小形品を作るには，製作技術や作業工程に相応の工夫が必要である。時には製作の場所やタイミングを変えるような，行動の転換が必要になるはずだ。旧石器的な石器製作を脱した槍先形尖頭器石器群から，多様な小形品をもっぱらに製作する縄文時代的な石器製作にたどり着くにはギャップが大きく，有舌尖頭器石器群にはその間の経過が表れているはずである。

　また近畿地方特有の問題もある。近畿地方では草創期の遺物が安定的に出土した遺跡が少なく，既知の草創期資料の大多数が有舌尖頭器からなる。形態や大きさは様々で，ある程度の期間にわたって有舌尖頭器が盛行したと予想できるが，資料のほとんどは表面採集品や単独出土品である。有舌尖頭器の時間的位置を定めなければ，近畿地方における草創期の文化を明らかにできない。

110

　さらに有舌尖頭器の問題は，近畿地方の縄文石器研究の方法論にも関わって
くる。有舌尖頭器は縄文時代草創期のなかで終焉を迎えるという理解が一般的
であるが，近畿地方においては，有舌尖頭器の消滅時期をめぐって論争とも言
うべき状況が続いている。議論の対立点は，早期前半の押型文土器期にまで有
舌尖頭器が残存するか否かという点にある。近畿地方では押型文土器とともに
有舌尖頭器が出土する事例があり，これを積極的に「共伴」と見る意見と，両
者の同時性に疑問を呈する意見が対立している。縄文石器研究そのものが低調
な近畿地方において，多くの関心を集めている問題は，押型文期における有舌
尖頭器の有無だけといっても過言ではない。そのなかにあって，押型文土器と
有舌尖頭器の「共伴」を認めるかどうかは，石器群の時期は土器編年にした
がって決めるのか，それとも石器自体にも時間情報を見いだすのかどうか，と
いう研究視点の違いと同調している[8]。

(2)　有舌尖頭器の出現と神子柴系石器群との関係

　神子柴石器群の要素が断片的にしかおよんでいないと考えられる近畿地方に
あって，まるやま遺跡（兵庫県淡路市）丸山地点の石器群は，神子柴系の文化
要素の受容状況をうかがえる好資料である（図2-12）。神子柴系とよぶのに躊躇
しない形状の石斧（18）と拇指状を主とする掻器がともにある（8～10，15～
17）。神子柴石器群の要素を多くのこした，この地域では古相を示す石器群で
ある。土器片も出土しているものの，摩滅した細片のため型式は不明である。
これにともなう有舌尖頭器は近畿地方で最も古い有舌尖頭器となる可能性があ
るが，石器群の一括性に疑問をもつ意見もあって評価は一定しない（光石 2003
など）。有舌尖頭器の出現時期を明らかにするには，本石器群の一括性の検証
が不可欠である。

　まるやま遺跡の付近は淡路島を南北に縦断する津名山地の北端部にあたり，
丘陵から舌状にのびる支尾根や谷が入り組んで複雑な地形を呈している。南に
傾斜する緩斜面上に丸山地点が立地する。丸山地点では2次にわたる調査で，
縄文時代草創期を中心とする遺物が出土している。草創期の遺物包含層は，花

---

8)　両者の方法論の違いは有舌尖頭器の問題にとどまらず，昨今の草創期・早期における石器変遷
　　に対する理解の違いにも，顕著に現れている（大下 2002，松田 1998，小栗 2011，田部 2011）。

第2章 縄文石器の編年　111

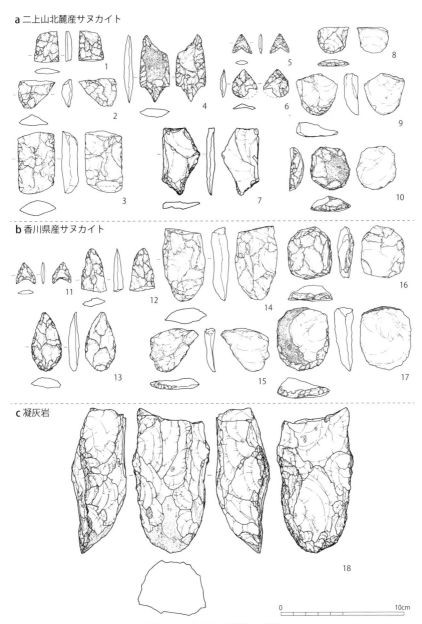

図2-12　まるやま遺跡の石器
約1200点の石器が5〜6箇所の集中部を形成していた。尖頭器類や掻器類を主体とする資料群である。

崗岩バイラン土の上に堆積した層厚5〜10cmの淡灰黄色細砂〜極細砂層（⑥層）で，縄文時代後期〜中世の遺物が混在する暗褐色〜暗灰色砂層（④・⑤層）に覆われる。草創期遺物の出土レベルは，⑥層全体におよんでいる。報告書や論考では層序の詳細が明かされておらず，石器群の埋没過程を考える際に情報不足の観は否めない。とはいえ堆積物の粒径からすれば，丘陵上部からもたらされる堆積物によって緩やかに遺物群がパックされたと推定される。⑥層と④・⑤層の土色の差は，母材となった土壌の形成時期の違いに起因すると考えると，両層にはある程度の時期差も想定される。

丸山地点の石器は，平面的に5〜6の集中部をみせている。各集中部に砕片類をともなうこととあわせて，原位置を概ね保った石器製作址が検出されているとみなせる。ただし報告書に掲載された写真によるかぎり，石器の多くは水平に近い状態で出土しているが，有舌尖頭器など，明らかに傾斜した状態で出土した資料がある点には注意が必要である（三原編 1998：図版3）。遺物に同梱されているラベルによると，傾斜した状態で出土している石器は取りあげ日が早く，取りあげ番号も若い。相対的に高いレベルから出土した遺物は，高所からもたらされる水流や堆積物によって原位置から動かされているようだ。

丸山地点の資料群は，土器片，有舌尖頭器（4），尖頭器（1〜3，12〜13），石鏃（5〜6，11），拇指状掻器に，神子柴系の丸鑿形石斧がともなう。木葉形尖頭器には小形・薄手のもの（1〜2，12〜13）と，大形・厚手のもの（3）がある。丸鑿形石斧は凝灰岩製であるが，その他の石器はサヌカイトを素材とする。丸山地点で使用されたサヌカイトには2種類あり，一方は新欠面では緻密でビロード状の光沢をもち，もう一方は油脂状の光沢をもつ。両者の違いは風化面ではいっそう顕著で，前者はむらなく灰黒色に風化しているが，後者は白色を呈し，石理に斜交する剥離面では縞状の模様が現れるなど，前者にくらべて粗雑な岩質に見える。

約200m 東の假田地点では蛍光X線分析によるサヌカイトの原産地推定が実施されているが，分析された遺物と丸山地点の遺物を比較すると，前者のサヌカイトが二上山北麓産，後者のサヌカイトが国分台や金山など，讃岐地区に対比できる[9]。後者のサヌカイトに残存する原礫面は，例外なく円礫〜亜円礫状である。分析を担当した藤根久（2002）の指摘するように，これらはまるやま

第 2 章 縄文石器の編年 113

遺跡の周辺で採取された，いわゆる「岩屋産サヌカイト」だろう。岩屋地区では丘陵を構成する砂礫層中にサヌカイト円礫が包含され，岩屋海岸では砂礫層から洗い出されたサヌカイト礫が採取できる。蛍光X線分析によると国分台や金山，和歌山県梅畑などと一致するため，それらの地域のサヌカイトが岩屋地区まで自然に運搬されて，二次的に堆積したと考えられている（藁科ほか 1989）。ただし岩屋地区のサヌカイト礫には二上山北麓産サヌカイトと一致する化学組成をもつものは知られていない。したがって，丸山地点のサヌカイト製石器の原料は二上山北麓産のものと讃岐産（岩屋産）のものに二分してよい。

丸山地点の二上山北麓産サヌカイト製遺物は，一見して剝離面の風化度に差がある（口絵21〜28）。先の桜ヶ丘第1地点遺跡の場合と同じ測定条件で，表面粗さ測定器を用いた結果が図2-13である。器種との対応関係は明瞭で，拇指状掻器と小形・薄手の木葉形尖頭器は表面粗さが大きく，石鏃，有舌尖頭器や大形・厚手の尖頭器は表面粗さが小さい。後者の値は，石器集中部外や上層から出土した石鏃と同程度である[10]。

一方で讃岐産（岩屋産）サヌカイト製遺物では，表面粗さにおいて資料群を区分できる結果は得られていない[11]。二上山北麓産サヌカイトにくらべ，金山産や国分台産サヌカイトの風化の進行が早いことは経験的にも知られている。ある程度風化が進んだ資料では表面変化が飽和状態になるため，表面状態の微差が見いだしにくくなる。丸山地点の讃岐産（岩屋産）サヌカイト遺物群を風化度から区分するのは難しいようである。

以上の風化度の観察結果をふまえると，丸山地点の石器群は図2-14のように分解できる。Ⅰ群は表面粗さが大きく，風化が進行しているグループで，拇指

---

9) 假田地点からは，ナイフ形石器，細石刃関連資料のほか，縄文時代後期に比定される石器，蛇紋岩質結晶片岩製の玦状耳飾を再加工したとも言われる垂飾，弥生時代の石器や土器が混在して出土している。

10) 両者の違いは顕微鏡観察でも裏づけられる。風化したサヌカイト製石器を検鏡すると，黒色の部分と白色〜灰白色の部分が斑になっている様子がみえる。前者が凹んでいることもふまえると，風化による構成物質の溶脱や風化生成物の形成によって，後者が生じると考えてよいだろう。拇指状掻器などでは白色部は約10％の面積割合を占めるが，有舌尖頭器などでは約1〜2％にとどまる。二上山北麓産サヌカイト製遺物は，石器の特徴と風化の発達度合いが一致しており，時期を違える二つ以上の石器群が混在しているとわかる。

11) 顕微鏡観察でも白色部が約30％以上の面積割合に達し，区分が難しい。

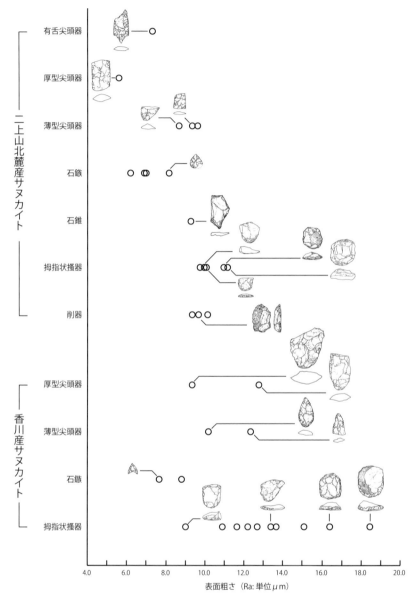

図 2-13　まるやま遺跡の出土石器の表面粗さ
二上山北麓産サヌカイトについては，表面粗さの観点から資料群が明瞭に二分できる。

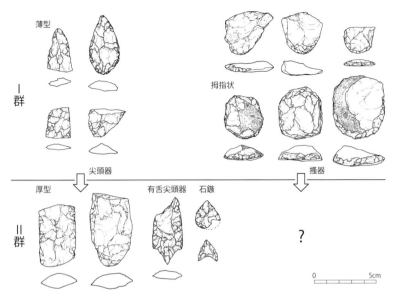

図 2-14　まるやま遺跡出土サヌカイト製資料群の分解
丸山地点の資料群には，有舌尖頭器や石鏃をともなう新しい段階の資料群が混入している。

状掻器と小形・薄手の木葉形尖頭器で構成される。他方，表面粗さが小さいグループには，石鏃，有舌尖頭器や大形・厚手の尖頭器がふくまれる。丸山地点⑥層で検出された石器集中部は，ほとんどがⅠ群の遺物で構成されると考えられる。斜面上部からの堆積物の移動にともなって後世の遺物（Ⅱ群）が断続的にもたらされ，Ⅰ群の遺物と部分的に混在したのだろう。公表された遺物分布図（山本編 2002）を検討する限りでは，丸鑿形石斧が特に上部から出土しているわけではなく，これをⅠ群の分布から切り離す根拠はない。

　丸山地点Ⅰ群は，解体・変質しつつある神子柴系文化が，いまだ有舌尖頭器が出現していない時期の近畿地方にもたらされたことを意味する。近接する假田地点の細石刃関連資料も，両文化の関係を考えると示唆的である。三重県下で散見される，神子柴系石斧と有舌尖頭器がともにある事例は，一括性に問題があるものが多いとはいえ，すべてを混在として片付けることには躊躇する。丸山地点に後続する段階の石器群がふくまれているかもしれない。星光山荘 B 遺跡（長野県信濃町，中島編 2000）や日野 1 遺跡（岐阜県岐阜市，吉田編 1987）の事例と同じく，有舌尖頭器石器群における神子柴系の要素の残影という解釈も

できよう。II群の位置づけは難しく，また集中部外や④・⑤層から出土した遺
物もあるために注意を要するが，隆起線文土器期のなかでとらえても石器形態
からは矛盾がない。

(3) 有舌尖頭器は押型文土器にともなうか？

　有舌尖頭器のもう一つの論点は，消滅時期である。押型文土器期における有
舌尖頭器の存在を肯定する大下明（2002）は，当該期の出土事例として岩の鼻
遺跡（福井県おおい町），宮ノ前遺跡（岐阜県飛騨市），一色山遺跡（三重県四日市
市），井ノ広遺跡（三重県松阪市），大川遺跡（奈良県山添村），そして神並遺跡
（大阪府東大阪市）をあげている。光石鳴巳（2008）が指摘するように，これら
の事例では縄文時代早期前半以外の遺物も出土していたり，帰属時期を議論す
るには遺物量が貧弱であったり，出土状況に問題があったりと，何れも押型文
土器と有舌尖頭器の「共伴」を証明するには心許ない[12]。しかしながら押型文
土器に有舌尖頭器がともなうという考えも未だ根強く，議論は一種の膠着状態
を見せている[13]。この状況を打破するためには，これまでとは異なる視点に
立って押型文土器と有舌尖頭器の関係を問う必要がある。そこで両者の共伴関
係がうかがえる好例として引かれることの多い神並遺跡を再検討し，両者の共
伴がありうるのかどうかを検証したい。

　神並遺跡の第12層からは，花崗岩や砂岩を利用した礫石器類とともに，5000
点以上のサヌカイト製遺物が回収されている。同層には縄文時代早期前半の大
川式土器と多量の神宮寺式土器，そしてサヌカイト製有舌尖頭器がふくまれる。
それがきっかけとなって，かつて安達厚三（1964）や片岡肇（1974）が提起し
ていた「押型文土器期の石器群には有舌尖頭器がともなうのか」という課題が，
より実体をともなって受け止められた（下村・橋本 1983，下村・菅原編 1987）[14]。

---

12) 光石（2003）は鳥浜貝塚（福井県若狭町）や椛の湖遺跡（岐阜県中津川市）における多縄文土
　　器の段階に有舌尖頭器がともなわないことも重視しており，爪形文土器の段階に有舌尖頭器の存
　　続期間の下限を求めている。

13) 近畿地方と同様に，関東地方や中部地方においても，撚糸文土器や押型文土器とともに有舌尖
　　頭器が出土する例があり，縄文時代早期に有舌尖頭器が存在するかどうかについて意見が分かれ
　　ている（町田 2003）。

14) 土肥孝や栗島義明の発言からも，押型文土器期における有舌尖頭器の残存が問題になっていた
　　ことがわかる（埼玉県考古学会編 1988：pp. 106-109）。

以降，押型文土器期の有舌尖頭器とされる事例は微増しているが，現在においても，時期的にまとまった押型文土器とともに複数の有舌尖頭器をふくむ多量の石器が出土したという点において，神並遺跡を凌駕する資料はない。近畿地方における有舌尖頭器の消滅時期の問題をめぐって，神並遺跡のサヌカイト製遺物群の再検討は避けては通れない課題である。

　まずは，廃棄〜埋没段階における有舌尖頭器と押型文土器の同時性について，筆者なりの検討を試みておく。神並遺跡は生駒山西麓に発達する中位段丘上に営まれた遺跡で，段丘面とされる第13層の凹地に堆積するように，第12層（黒褐色粘質シルト層），神宮寺式に後続する神並上層式土器の基準資料を提供した第11-C層（シルト〜粗粒砂の互層）が堆積している（下村・菅原編 1987）。第13層上面からは調査区の全域におよぶ「集石遺構」が検出されたと報じられ，同面は早期の遺構面と理解されている。関野哲夫（1994）が指摘するように，「集石遺構」の形成過程と遺物の埋没状況をどのように考えるかが，神並遺跡の層位の評価を左右する。

　筆者は，この「集石遺構」は斜面上方からもたらされた自然礫の集積層準の上面をとらえたもので，人為的な遺構ではないと解釈する。「シルト〜細砂と礫〜粗粒砂の互層」とされる第13層は河川の氾濫などでもたらされた堆積物で，これに斜面上方から崩落してきた礫が加わったのだろう。例えば図2-15に表れているように，等高線で表現されている微地形と礫の多寡には相関関係がある（a）。すなわち斜面部には礫が少なく，平坦部に多い。そして平坦部でも斜面の麓にあたる箇所では，礫が特に多い傾向がある。またこれらの礫は，北東方面に平坦面をむける定向配列を示している（c・d）。これは覆瓦状構造（インブリケーション）とよばれるもので，水流によって運ばれた物体は，流れに対して最も抵抗が少なくなるように上流方向に平坦面を向けるという性質によるものである（e）。礫の傾きは，北東方面からの流れによって礫が動かされたことを示しているわけだ。「集石遺構」には最大長10cmをこえる礫もふくまれているから，これらを動かすとなると相応に強い水流をかぶったと考えるべきである。当然，それにともなって，堆積物の運搬が起こっただろう。「上層での礫は小さく，量も少ないが，下層にいくにしたがって，礫も大きく量も多くなっている」という現場所見は斜面性堆積物の特徴であるし，「礫の下に土

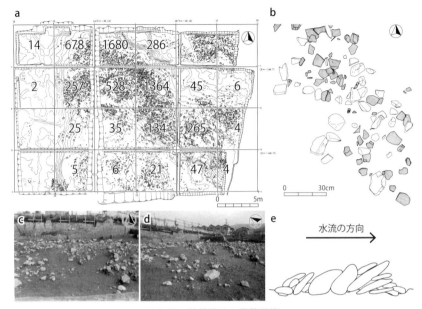

図 2-15 神並遺跡の堆積環境
 a：微地形と自然礫ならびに石器の出土点数との関係，b：土器と自然礫の出土状況（網掛けしたものが土器），c〜d：自然礫の定向配列，e：覆瓦状構造（インブリケーション）の模式図。a〜cは縄文土器や石器が自然礫とともに，斜面上方から流されてきたことを示す。

器が検出される場合」があったのは，自然礫と土器が同時に堆積したためだろう（b）。これに石器の分布を重ねると，石器の多寡は自然礫のそれとみごとに一致している。神並遺跡の第12層は，堆積学的には安定した遺物包含層とはいえないのである。

　神並遺跡のサヌカイト製遺物群の一括性を検証するにあたって，まず注視されるのは旧石器の存在である。調査区内からは4点の旧石器が出土しており（図2-16），第12層から翼状剝片（1）とそれを素材とした削器（2），翼状剝片石核（4）が，中世の遺物包含層（5層）から翼状剝片（3）が出土している。これらは何れも稜線が先鋭さを欠いており，剝離面上には不規則な擦痕や微細な衝撃痕をとどめる。この痕跡は，二次的な移動にともなう損傷の痕跡と判断されよう（塚田1985，中村 2003）。縄文時代の資料群には同種の痕跡が顕著ではない事実とあわせ，旧石器が縄文時代の資料群に「混入」していたことを示唆する。

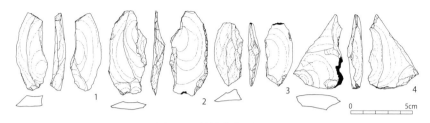

図 2-16　神並遺跡の旧石器

これらのほかに 6 点が旧石器として報告されているが，資料を実見する限り，旧石器と認定できる積極的な根拠をもたないか，器種分類の誤りと考えられる。

　これら旧石器の混入をもとに，当該石器群の一括性を否定するのはたやすい。しかしながら，わずか 4 点の資料をもって残余の資料群すべての資料的価値を下げるのは，いささか困難だろう。それは旧石器の存在が報告されながら，神並遺跡の石器が神宮寺式期の基準資料となってきた学史からも明らかであり（久保 2002, 町田 2003 など），冒頭に述べた有舌尖頭器の問題もこの点に起因する。神並遺跡の資料群において問われるべきは，旧石器をのぞいた残余の資料群の一括性であり，そのためには縄文時代の石器群そのものの検討が不可欠である。
　議論の対象となる縄文時代のサヌカイト製遺物には，有舌尖頭器・尖頭器・石鏃・石錐・削器・掻器・剝片・石核がある（図2-17）。有舌尖頭器は 4 点出土しており，平面形態，大きさともにバリエーションに富んでいる（1〜4）。尖頭器は両面調整で仕上げられたもので，調整の程度にしたがって二分できる。剝離が器面の奥深くにまでおよび，素材面をのこさない厚手の尖頭器（5・6）を 1 類，剝離が素材の縁辺付近に浅くほどこされるにとどまり，素材面をのこす薄手の尖頭器（7〜11）を 2 類とする。鵜山遺跡（奈良県山添村）の層位的な出土例に照らして，両類型の間に時期差を想定する見解もある（田部・上峯 2006）。石鏃は両側縁が直線的に整形され，平面形状が二等辺三角形を呈するものが多い（12〜14）。同時期の資料が布留遺跡（奈良県天理市）打破り地区の第 6 層で得られており，同様の石鏃形態が卓越する（太田編 2013）。石錐は基部加工が希薄で，剝片の一端に僅かな調整を加えて錐部としたものが目立つ（15）。
　削器は，刃部の作出手法をもとに二分できる。一つは素材剝片の腹面側から背面側に向けて二次加工をほどこし（obverse retouch），片面調整の刃部を作り

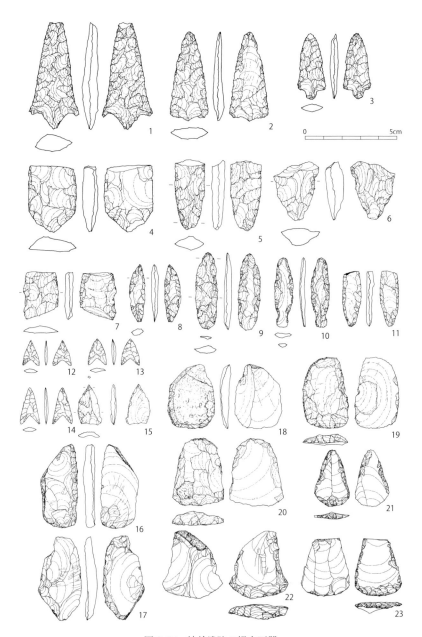

図 2-17　神並遺跡の縄文石器
神宮寺式土器をともなうため，この時期まで有舌尖頭器が残存することの根拠とされる資料である。

出すものであり，これを1類と称する（16）。もう一つは素材剝片の背面側から腹面側に向けて二次加工をほどこし（inverse retouch），片面調整の刃部を作り出すもので，これを2類とする（17）。鵜山遺跡では，両者の出現率に時期差がある（田部・上峯 2006）。掻器でも同じ基準で，1類（18～21）と2類（22・23）に分類できる。石核には主に二つの剝離手法が看取できる。一方は剝離作業面が固定的で，打点が剝離作業面の周囲を弧状に移動しながら，求心状剝離の要領で剝片剝離が進められるもので，筆者の分類では手法Iに相当する（図1-4）。もう一方は打面と剝離作業面を随時入れかえ，石核の両面から剝片が剝離されるものであり，筆者の分類の手法Ⅳにあたる。各剝離手法をとどめる石核を，それぞれ石核I類，石核Ⅳ類とする。

　これらのうち，旧石器4点，有舌尖頭器4点，尖頭器9点，掻器29点，削器28点，石核26点について表面粗さを測定した。出土点数の少ない旧石器・有舌尖頭器・尖頭器については実見できたもの全て，出土点数の多い掻器・削器・石核については実見できたものから無作為に選んで，測定に供した。測定条件は，先の桜ヶ丘第1地点遺跡の場合と同様である。測定結果をまとめた図2-18からは，次のことが読みとれる。

> ①旧石器の表面粗さは8.9～10.1μmの範囲におさまり，縄文石器とは表面粗さの上でも区別できる。
> ②有舌尖頭器の表面粗さは8.1～9.1μmであり，他の縄文石器よりも明らかに高い値をとる。
> ③尖頭器は1類が8.5μm前後の表面粗さをとるのに対し，2類は5.0μm前後の値となっている。
> ④掻器の表面粗さについては，1類が5.8～7.5μmに集中域をもち，値に幅があるのに対して，2類では4.5μm前後に集中する。

　以上の所見によると神並遺跡のサヌカイト製資料群は一括資料と見なしがたく，表面粗さにしたがって次のI～Ⅲ群に分解できる（図2-19）。I群は表面粗さが9.5μm前後の値をとるもので，旧石器が該当する。Ⅱ群は表面粗さが8.5μm前後となるグループで，有舌尖頭器，尖頭器1類が該当する。石核I類・Ⅳ類の一部や掻器1類の一部もこのグループに属する可能性がある。Ⅲ群は表

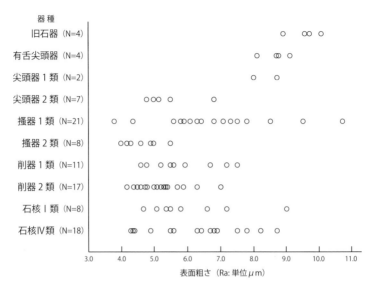

図2-18 神並遺跡出土石器の表面粗さ

表面粗さにおいて，神並遺跡の資料群は三つに分解できる。

面粗さが5.0μm前後の値をとるもので，尖頭器2類，搔器2類，削器1類・2類が該当する。搔器1類，石核Ⅰ・Ⅳ類の大半もこちらのグループに属すると予想される[15]。

Ⅰ群は瀬戸内技法関連資料で，明確な後期旧石器時代の資料群である。縄文時代に属すると判断されるⅡ・Ⅲ群と分離できることは疑いない。Ⅱ・Ⅲ群については，表面粗さの上からⅢ群が後出するのは明らかである。縄文時代の資料群の過半数はⅢ群に属すると見られ，資料群の数量比からすれば，Ⅲ群が第12層から多量に出土した神宮寺式土器にともなう公算が大きい。またⅢ群には両面調整が素材の周縁付近にとどまる尖頭器2類と，obverse retouchによる削器1類，inverse retouchによる削器2類がふくまれる。こうした構成は大

---

15) 今回測定した試料においては，搔器1類の表面粗さは二分できることを示唆する結果（双峰性の分布）をとらず，Ⅲ群の範囲に集中域をもちつつ，一部がⅡ群の範囲にふくまれる。これは測定試料数の少なさに起因する可能性があり，今後測定数を増やせば，搔器1類の新旧を明確にとらえられると考えている。またⅡ群にふくまれる削器は分析試料中には見いだせなかったが，縄文時代草創期～早期の石器群において削器が欠落するとも考えにくい。これらも測定試料数の追加によって，Ⅱ群にともなう削器を抽出できるはずである。

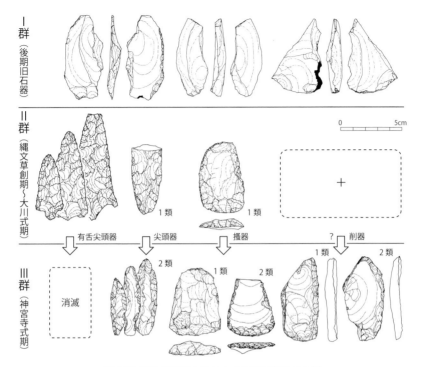

図 2-19 神並遺跡出土サヌカイト製資料群の分解
神並遺跡には神宮寺式期よりも古い縄文石器群があり、有舌尖頭器は神宮寺式期の資料群とは区別される。

川式新段階～神宮寺式前後の時期が想定された鵜山遺跡のⅢ-1b層とも整合的である（田部・上峯 2006）。一方Ⅱ群にふくまれる尖頭器は器体深くまで両面調整がほどこされる1類に限られ、1類が2類に先行するという鵜山遺跡の所見に照らせば、Ⅲ群よりも古い様相をもっていると判断できる。

このように、有舌尖頭器をふくむⅡ群の帰属時期が神宮寺式期を遡ることは確実であるものの、それ以上に帰属時期を絞り込むことは容易ではない。ただしⅡ群とⅢ群の表面粗さの差は3.5μmあり、先述の桜ヶ丘第1地点遺跡における「風化強」と「風化弱」の差よりも大きい。両遺跡では堆積環境が異なるため直接的な比較は困難であるものの、神並遺跡のⅡ群とⅢ群の時期差は、数百年程度の差には到底収まらないと推定される。この点について鍵を握るのは掻器であろう。Ⅱ群に属する掻器は obverse retouch による1類に限られる一

方，Ⅲ群には1類と，inverse retouch による2類の両方がふくまれる。削器の場合と同様に（田部・上峯 2006），2類が1類よりも新出の要素であると考えられ，神宮寺式期以前の石器群との比較分析が要請されるところである。押型文期における掻器の存在については否定的な見方もあり，それが神並遺跡のⅡ群の時期比定をさらに困難にしているが[16]，ここでの検討による限りは当該期における掻器の存在を否定できないと考えられる。

　このように神並遺跡の縄文時代石器群は二つのグループに分解でき，両者が時期差をもっていることが，表面粗さが示す風化度，石器の技術的様相から明白である。かねてから議論をよんできた有舌尖頭器は，神宮寺式土器にともなうと推定されるⅢ群よりも明らかに風化が進んでおり，神宮寺式期よりも前に製作されたと判断できる[17]。そして神並遺跡では，神宮寺式期の資料群に有舌尖頭器のみが混入しているのではなく，神宮寺式期の資料群（Ⅲ群）と，それに先行する，有舌尖頭器・尖頭器・掻器を組成する資料群（Ⅱ群）が混在するかたちで出土している，と見るべきである。

　神並遺跡の資料群の評価は，近畿地方やその周辺地域の縄文時代草創期～早期の石器群の実態解明と表裏一体の関係にある。ここまでの成果をふまえて，次節では近畿地方の打製石器の編年を素描してみよう。

16）　町田勝則（2003）は，中部～中四国地方の押型文土器期の石器群には掻器がともなうと考えている。草創期～当該期までの石器群の変遷が追える中部・東海・北陸北部地域では，表裏縄文土器期に卓越していた掻器が押型文土器前半期には消滅し，細久保式期に再び見られるようになるとみる。近畿地方では，大鼻式期・大川式期には掻器の存在が明確でないが，神宮寺式期には掻器が見られることを指摘する。ただし神宮寺式期における掻器の存在を認める根拠は，神並遺跡第2次調査出土資料である。中川和哉（1992）は押型文土器期の掻器の側縁部加工に注目し，これを着柄を意図した整形と見なして，旧石器時代の掻器とは系統が異なると指摘する。一方田部剛士は，鵜山遺跡の第1次調査において縄文時代早期の遺物包含層から出土した掻器に注意を払いつつも，押型文土器期における掻器の存在には否定的である（田部・上峯 2006）。また川合剛（2002）も神並遺跡の掻器について，器種分類あるいは神宮寺土器との共伴に疑問をもっているようである。

17）　なお神並遺跡の有舌尖頭器が他の石器よりも風化が進んでいることは，肉眼およびルーペを用いた観察でも確認できる。本稿でⅢ群にふくめた石器の剝離面が滑らかで，稜線が明瞭であるのに対し，有舌尖頭器の剝離面はザラつきを増しており，稜線がやや不明瞭となっている。

第2章　縄文石器の編年　125

第6節　近畿地方の石器編年

(1)　編年の方針

　本節では近畿地方，とりわけ中央部の資料を主軸に，打製石器の編年を提示する。編年の構築作業は，出土状況や伴出土器からみて一括性が高いと考えられる資料群を土器型式の新旧にしたがって配列する作業からはじめた。次に併行あるいは前後する時期の資料群との比較によって，型式学的変遷過程の整理や「遺跡の引き算」などの型式学的操作をほどこし，必ずしも伴出土器の時期に依存しない石器変遷の組列を構築することを目指した。これを取りまとめ，製作体系にあたえる負荷が大きい大形石器の消長，あるいは複数の器種の変化が同調しているように見える時期をもって区分し，縄文石器の変遷を10の様相とその細分によって，以下のように素描する。近畿地方の資料を一括してとらえる視点では，近畿地方に胚胎したであろう地域差を捨象してしまう怖れはあるが，まずは時間的な変化を描き出すことを本節の最優先事項とする。

(2)　打製石器の編年

①様相1　(図2-20)

　細石刃文化期あるいはその併行期よりも新しく位置づけられる石器群のうち，有舌尖頭器や石鏃をともなわないものを一括する。神子柴系文化の影響を比較的強くのこしている石器群で，先に述べたまるやま遺跡（兵庫県淡路市）丸山地点のⅠ群を代表例とする。丸鑿型の打製石斧（1）に小形薄手の木葉形尖頭器（3～5），拇指状掻器（6）など神子柴系の要素をともなう。二上山北麓の平地山遺跡（奈良県香芝市，大倉・佐藤編 2007）でも，同様の石斧が数点出土している。注目すべきは断面が台形～蒲鉾形を呈する左右非対称の細長尖頭器（2）で，六通神社南遺跡（千葉県千葉市，蜂屋編 2003）の二上山北麓産サヌカイトや下呂石製の資料のほか，風間遺跡群（神奈川県相模原市，麻生 1989），唐沢B遺跡（長野県上田市，下村ほか 2009），多久三年山遺跡（佐賀県多久市，杉原ほか

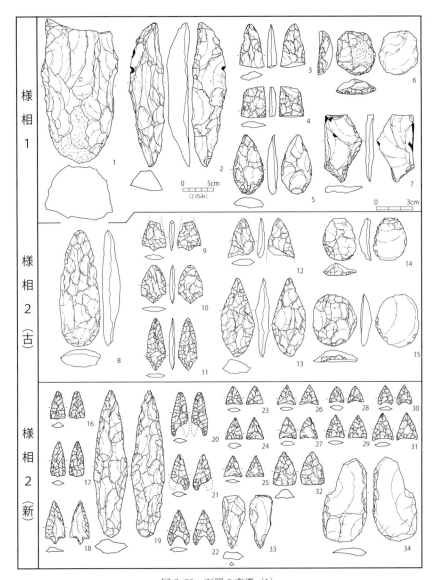

図2-20 石器の変遷（1）

1，3〜7：まるやま遺跡（兵庫県淡路市），2：平地山遺跡（奈良県香芝市），8：上ノ広遺跡（三重県松阪市），9：国領遺跡（兵庫県丹波市），10〜15：高皿遺跡（三重県多気町），16〜35：桐山和田遺跡（奈良県山添村）

1983）などに小形で精巧なつくりの類例がある。既往の尖頭器編年（藤野 2004）に照らせば，この種の石器は本段階に位置づけられる公算が大きく，列島を横断して類似性を指摘できる。ほかに削器や簡素な石錐（7）を組成する。

②様相2　（図2-20）

　有舌尖頭器をふくむ石器群を一括する。他地域の様相に鑑みると，様相2は有舌尖頭器と石鏃の多寡にしたがって細分できると考えられる。例えば四国の例であるが，上黒岩岩陰遺跡（愛媛県久万高原町，春成・小林編 2009）では，9層において斜状並行剥離痕をもつ有舌尖頭器や尖頭器（石箆）が，微量の正三角形状の平基式石鏃，掻器や削器とともにあり，有舌尖頭器や尖頭器の数量は石鏃を凌駕する。これと類似する石器群を近畿地方で指摘するのは難しいが，国領遺跡（兵庫県丹波市，村上・久保編 1991）では，未完成品を除けば尖頭器，有舌尖頭器，石鏃の点数比は3：4：1となっている。これら有舌尖頭器（9）が安定的にふくまれ石鏃が僅少な石器群を，古段階として想定する[18]。三重県下には本段階にふくめられる石器群が散見され，有舌尖頭器（10・11）のほかに，側縁部が先端に向けて直線的になる尖頭器（12・13），拇指状掻器（14・15），局部磨製石斧（8）がともなう。

　新段階には石鏃が豊富な石器群を位置づけ，本章第3節で論じた桐山和田遺跡の5e層4E区の資料群をあてる。微尖基状の茎部と斜状並行剥離をもつ小形の有舌尖頭器（16〜18），素材面をのこさないほど調整加工が進んだ大形の柳葉形尖頭器（19）があるが，石鏃の点数はその10倍以上に達する。石鏃には基部の抉りが全長の4分の1程度にまでおよび，脚部を内側に丸くすぼめる，いわゆる「円脚鏃」（20〜22）がふくまれる。正三角形〜二等辺三角形状をとる小ぶりな平基式，あるいは微凹基式の三角鏃が石鏃形態の量的主体を占める（23〜31）。この三角鏃は大きさが変化こそすれ，以降，近畿地方の縄文時代の石器群から欠落することはない。またほかの器種では，両面調整で刃部が作り出された削器（34），素材剥片の一端をわずかに加工した簡素な石錐（33），磨製石

18）　近畿地方では有舌尖頭器と石鏃の導入にほとんど時期差がないという理解もあるが（光石 2003），有舌尖頭器の単独出土事例が多く，それらをすべて，有舌尖頭器が少なくなる新段階に置くことは難しいだろう。

斧片の可能性のあるもの，両極打法による打ち欠き凹みをもつ凹石などがあるが，数が少なく不明な点も多い。

上黒岩岩陰遺跡9層から出土した土器（上黒岩式）は，隆起線文土器期の中葉段階に置かれ，古段階の上限を示唆する。桐山和田遺跡5e層4E区の資料群にともなう隆起線文土器の型式学的特徴（松田2002）から，新段階が隆起線文土器期の中葉～後葉段階におよぶのは明白である[19]。

③様相3（図2-21）

様相2から有舌尖頭器が欠落するもので，主に長脚鏃の有無から細分できる。素材面をのこさない尖頭器（1～2），三角鏃（3～7）や円脚鏃（9～15）に加え，矢柄研磨器が出現している。ほかに石錐，搔器（16）や両面調整で刃部を整えられた削器（17）もふくまれる。これらを古段階とする。本章第3節で論じたように，相谷熊原遺跡の竪穴建物E3-001やE4-008に好資料がある。粥見井尻遺跡の資料群の大半，桐山和田遺跡5e層8F区の資料群も本段階に位置づけられよう。

中段階には円脚鏃（23～26）など古段階に類似した形態の石器に加え，新たに長脚鏃（27～34）と板状有溝砥石が加わる。相谷熊原遺跡の竪穴建物D1-086やE4-001，桐山和田遺跡の5e層5E区から有舌尖頭器などを除いたものや，同6E区の資料も，この段階に位置づけられよう。搔器（35）や削器（36）の特徴は古段階を踏襲しているようである。

鳥浜貝塚（福井県若狭町）SⅢ期の資料は，石器群の構成からは様相2新段階や様相3古段階に類似するが，伴出土器はより新しい年代的位置を示唆する。三角鏃～凹基鏃（40～51），円脚鏃（31）がともなう。脚端部が平坦になる特異な形態の石鏃（43）は，葛原沢第Ⅳ遺跡（静岡県沼津市，池谷2001）や栃原岩陰遺跡（長野県北相木村，藤森2011）に類例がある。これらを新段階の資料群とし，

19）様相2の下限については爪形文土器と有舌尖頭器がともにある上津大片刈遺跡（奈良県山添村，米川編2003）が注目される。本遺跡には円脚鏃は目立つが長脚鏃が乏しく，爪形文土器期の石器群と考えるには違和感がある。また円孔文土器に類似する土器や，爪形文土器より下層における無文土器の出土に鑑みて，本遺跡の有舌尖頭器や円脚鏃の一部が，爪形文土器とは別に様相2に帰属するとも考えられる。何れにしても，現在利用できる情報からは，草創期の細分はおろか早期との分離も困難であるため，基礎資料としては採用できない。

第 2 章 縄文石器の編年 129

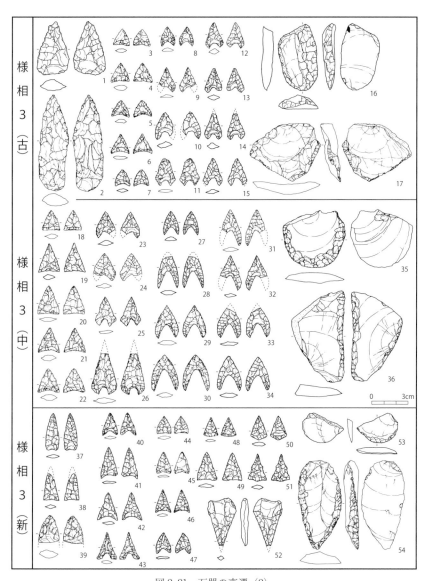

図 2-21 石器の変遷（2）
1，7，18～22，25～26，28～30，34～36：桐山和田遺跡（奈良県山添村），2～6，8，17：粥見井尻遺跡（三重県松阪市），9～10，12～16，23～24，27，31～33：相谷熊原遺跡（滋賀県東近江市），11，37～54：鳥浜貝塚（福井県若狭町）

事例の増加を待ちたい。

　基準となる石器群の年代をふまえれば，様相3古段階・中段階は無文土器期，新段階は無文土器期～多縄文土器期に位置づけられよう。

④様相4　（図2-22）

　様相3から円脚鏃や長脚鏃が欠落し，かわりに新たなデザインの石鏃が卓越する。鵜山遺跡の石器製作残滓の分析からは，直接打法による剝片生産で生じた製作残滓に対して両極打法をほどこし，石器素材剝片の再生を継続して，サヌカイトの効率的な利用がはかられたことが判明している。石器組成に見える楔形石器の量比や，両極打法によって剝離された剝片のあり方から見て，この傾向は本段階の石器群全体に敷衍できる。また原礫面を打面とした剝片よりも剝離面を打面とした剝片の方が多い傾向があり，剝片生産において手法Ⅳが占めた割合が高いと考えられる（上峯2008）。

　この段階は刺突具のあり方から三分できる。古段階には魚形鏃あるいは大鼻型（小栗2011）とも称される，側縁を内側に屈曲させる細身の石鏃（10～17）があらわれ，基部の抉りがやや深い三角鏃（3～7）をともないながらも大勢を占める。鵜山遺跡（岡田・田部編2006）Ⅲ-2層の石器群を参照すると，素材面が失われるほどに調整加工が進んだ柳葉形の尖頭器（1・2），素材剝片の一部をわずかに加工した石錐（18～20）がともなっていて，様相3との共通点が指摘できる。

　中段階には古段階以前の尖頭器が「技術的崩壊」をおこし（田部2011），調整加工が浅く，素材面をとどめる小形の尖頭器（23～25）が現れる。鵜山遺跡Ⅲ-1b層の石器群によるかぎり，その他の器種の様相は古段階と変わらないが，背面側からの二次加工（inverse retouch）で作出された刃部をもつ削器（43）の割合が増すという指摘がある（田部・上峯2006）。

　新段階には魚形鏃が姿を消し，かわりに，側縁が直線的で基部の抉りが全長の4分の1をこえる，逆Ⅴ字形の石鏃（46～54）が急増する。本章第5節で論じた神並遺跡Ⅲ群のほか，布留遺跡（太田編2013）6B・C層から様相4古段階を差し引いたものも，当該期の好例だろう。さらに撥形に仕上げられた搔器状の石器（58）をふくむことも，この段階の特徴である。剝片の末端を急角度に

第 2 章 縄文石器の編年 131

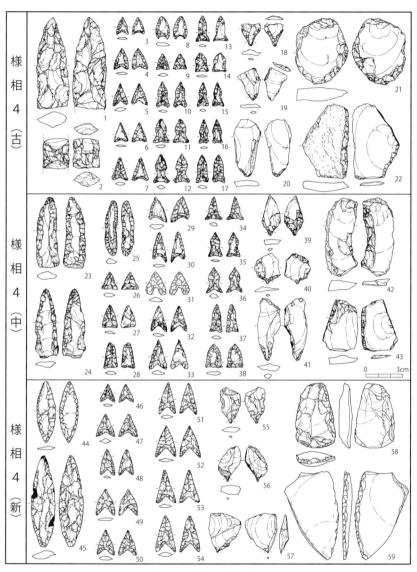

図 2-22 石器の変遷 (3)

1〜43：鵜山遺跡（奈良県山添村），44〜47, 51, 58〜59：布留遺跡（奈良県天理市），48〜50, 52〜57：神並遺跡（大阪府東大阪市）

調整するだけでなく，両側縁に対しても加工がほどこされている。この種の石器は神並遺跡で知られていたが（中川 1992），神並遺跡資料群の分解と布留遺跡での類例報告によって，存在が明確になった。

　様相4はネガティブな押型文土器の時期に相当すると見られる。大鼻式期の様相が詳らかではないが，鵜山遺跡Ⅳ層や大鼻遺跡（三重県亀山市，山田編 1994）の資料から考えれば，様相4古段階にふくんでよいだろう。鵜山遺跡の研究から，大鼻式〜大川式古段階が古段階に，大川式新段階が中段階に位置づけられ，神宮寺式期以降が新段階となる。後述するように，黄島式やその直前段階（熊谷 2014）には様相5に転じている可能性が高い。

　古・中段階を特徴づける魚形鏃は他地域では事例が少なく，美女遺跡（長野県飯田市，馬場編 1998）や北替地遺跡（愛知県大口町，大参編 1965）にその片鱗が指摘できる程度である。ただし上ヶ平遺跡（岐阜県下呂市，八賀編 2000・2002）には魚形鏃と，飛瀬遺跡（岐阜県関市，佐野編 1995）で注目された側縁部に段をもつ形態の石鏃がともにある。小栗（2011）が指摘する両形態の共通性を視野に入れつつ，今後，系統関係の整理が必要である。椛の湖遺跡（紅村・原 1974）のⅡ段階に，先端部に肩をもつ五角形の局部磨製石鏃がふくまれる点も見逃せない。

⑤様相5　（図2-23）

　尖頭器が姿を消し，石鏃の形態にも変化が生じる。両極打法の卓越や，手法Ⅳがやや高い頻度で認められる点は，様相4と共通する。

　地域によって資料数に偏りがあるため評価が難しいが，2段階に区分できようか。古段階の良好な資料は，布留遺跡5B層（太田編 2013）にあり，前述の真野遺跡のⅢ群もこの段階にあたる。平坦な基部の中央が深く丸く抉られた，いわゆる鍬形鏃（12〜16）や，側縁がやや内湾し，脚部がわずかに外側に跳ね返りを見せる，「長靴鏃」とでも呼べるもの（4〜11）が大勢を占めるようになる。後者の特徴は同資料群中の異形局部磨製石器（トロトロ石器，1〜3）にも表れており，当該期の特徴と見てよい。脚部を丸くすぼめる円脚鏃も，少量ともなうようである。北白川廃寺下層遺跡（京都府京都市，網 1994）では，資料数は少ないものの，長靴鏃や異形局部磨製石器に類似した平面形態をもつ削器，

第2章 縄文石器の編年 133

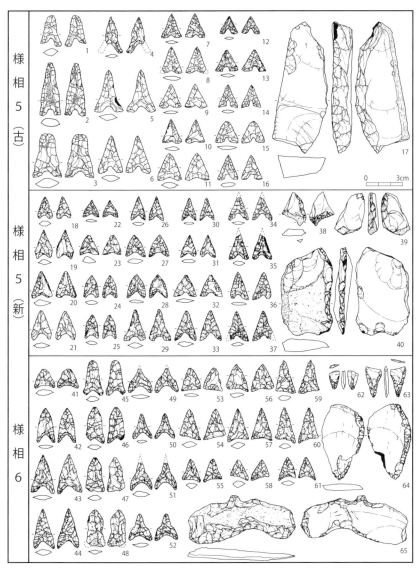

図2-23 石器の変遷(4)
1～3，5～6，8～11，14～16：真野遺跡（滋賀県大津市），4，7，12～13，17：布留遺跡（奈良県天理市），18～21，26，29，31～33：桐山和田遺跡（奈良県山添村），22～25，27～28，30，34～40：鵜山遺跡（奈良県山添村），41～52，54～55，57～58，61～65：安土遺跡（滋賀県近江八幡市），53，56，59～60：上ノ垣外遺跡（三重県度会町）

inverse retouch によって刃部が作出された削器を確認している。

　一方，穂谷式や「宮の平式」が出土する鵜山遺跡Ⅲ-1a層では，長靴鏃がなく，逆Ｖ字鏃の抉り中央のみが丸く抉られたＹ字鏃（34～37）が顕著になる。桐山和田遺跡の調査区北半部では，神並上層式や高山寺式に加えて条痕文土器がやや多く出土しているが，5a層を中心にＹ字鏃が目立つ。円脚鏃（18・19）や，側縁が内湾し，基部が刺股状にふんばったようなかたちを取る「刺股鏃」（29）も同様の分布傾向を示している。宮の平遺跡（奈良県川上村，橋本編 2003）にも類似の資料が見いだせる。これらを新段階とする。

　様相5は概ね早期中葉～早期後葉に相当し，古段階はポジティブな押型文土器の時期に，新段階は条痕文土器期の前半期を想定できる。古段階の特徴である鍬形鏃，長靴鏃は，下向Ａ遺跡（長野県木曽町，永井ほか 2001）や樋沢遺跡（長野県塩尻市，戸沢・会田編 1987）など，樋沢式土器が多く出土する遺跡で明瞭に現れており，熊谷博志（2011）が想定する土器型式の並行関係にしたがうと，中部地方では近畿地方とほぼ同時期に様相5に転じていることになる。古段階の要素が広域に認められるのは黄島式併行期以降で，東方では山の神遺跡（長野県大町市，川崎編 2003），湯倉洞窟Ⅸ層（長野県高山村，関編 2001），西田遺跡（岐阜県高山市），先苅貝塚（愛知県南知多町，山下編 1980），織田井戸遺跡（愛知県小牧市，中嶋編 1983）などで，やはり鍬形鏃や長靴鏃がまとまっている。黒田向林遺跡（静岡県富士宮市，馬飼野編 1986）や元野遺跡（静岡県沼津市，柴田ほか 2008）など，同時期の静岡県下の遺跡でも，同様の形態の石鏃がふくまれている。西に目を向けると，中国地方では上福万遺跡（鳥取県米子市，北浦・浅川編 1986），堀田上遺跡（島根県邑南町，角田編 1991），鴻の巣南遺跡（広島県東広島市，藤野編 2007），鴻の巣遺跡（広島県東広島市，藤野編 2007），早稲田山遺跡（広島県広島市，潮見 1960），四国地方では狩谷我野遺跡（高知県香美市，松本編 2005・2007），飼古屋岩陰（高知県香美市，森田編 1983）などで，鍬形鏃や長靴鏃が目立っている。様相5古段階は東海東部～中・四国まで，広範囲に展開している様相であるといえる。中段階の特徴であるＹ字鏃は，同時期の中部・東海地方では不明瞭である一方，帝釈弘法滝洞窟遺跡（広島県神石高原町，中越ほか 1996）や飼古屋岩陰など，中・四国に散見される。

⑥様相6 （図2-23）

　様相5と様相7の中間に年代づけられる石器群には，両時期とは異なる型式学的特徴をもつ石器群が散見される。当該期の遺跡数の少なさや土器編年の未整備もあって評価が難しいが，研究の進展を期待して一つの段階として設定しておく。

　安土遺跡（滋賀県近江八幡市，泉編 2005）Ⅰ地点ではY字鏃が見られず，側縁部がS字状に内湾し，個体によってはわずかに肩をもつ有肩鏃（45～48），斜基の石鏃や左右非対称となる凹基鏃（53～61）が加わる。有肩鏃は石山貝塚（滋賀県大津市，鈴木編 2012）や安土遺跡のN地点（泉編 2005），水間遺跡K発掘区（奈良県奈良市，鐘方編 2006），鳥浜貝塚 ZⅠ期に類例がある。斜基鏃や非対称鏃は上ノ垣外遺跡（三重県度会町，御村編 1991）や勝地大坪遺跡（三重県伊賀市，吉澤 1992）で目立ち，条痕文土器期の特徴と指摘されたことがある（久保 2002）。様相5新段階に見られた刺股鏃も顕著である一方（49～52），様相7で顕在化する分銅形の小形石器（異形石器）をふくむ事例があり，その意味でも様相5と様相7の中間的な位置づけを与えられる。この段階には石匙（65）がともなう石器群が見られるようになる[20]。

　様相6には早期末～前期初頭の時期を当てられる。東海地方では，楠廻間貝塚（愛知県知多市，坂野編 2005）には有肩鏃がまとまってあり，刺股鏃に類似する形態の石鏃も散見される。資料数は少ないが，山中池南遺跡（広島県東広島市，藤野・槇林 2005）に刺股鏃が組成されることも，様相6の分布範囲を示唆しよう。ただし早期末葉の土器が多く出土した日脚遺跡（島根県浜田市，川原・丹羽野編 1985）では，有肩鏃や刺股鏃はなく，鍬形鏃が石鏃形態の大勢を占める。様相5新段階の石器群が残存していると評価でき，近畿地方との地域差を指摘できる。

---

20)　近畿地方から東海地方においては，早期前半にはすでに石匙が出現しているという見方が強いが（大下 2002，川添 2003），これは他地域の様相，特に小瀬ヶ沢洞窟（新潟県阿賀町，中村 1960）など草創期にさかのぼる石匙の事例を念頭に置いての見解と思われる。近畿地方から東海地方の早期前半の石匙とされる事例を検討した田部剛士（2008）は，それらの時期決定や器種分類に問題があることを指摘しており，確実な石匙の事例は早期後葉になって現われると明言する。

⑦様相7 （図2-24）

精緻な押圧剝離によって整えられた石器群で，石鏃や石匙には前後の時期と
は異なる形状のものが組成される。また前後の様相の石器群においては両極打
法が技術基盤の一角を占めるのに対し，この段階の石器群には両極打法が剝片
生産等に用いられた痕跡が乏しく，楔形石器が石器組成に占める割合が低くな
る（上峯 2012：p.124）。

近畿地方の前期遺跡からは，「脚端部が尖り，基部下縁がふくらむ」特徴的
な石鏃（11～19）が出土することが知られており，鳥浜貝塚ではZⅣ期に凹基
鏃の約半数を占める（大下 2003）。これと同調した変化を示すのが石匙である。
ZⅣ・Ⅴ期には押圧剝離による全面調整で正三角形～等脚台形に成形された身
部の中央に，やはり入念な押圧剝離によって傘状～つぼみ状に整えられたつま
み部がつく，「鳥浜型」と称される石匙（30・31）が顕著に見られる（鈴木1997，
大工原 2008）。鳥浜型石匙の最盛期には，両面加工された棒状錐（22～23），尖
頭器状の粗製の両面加工石器が散見されるほか（大下 2003），ミニチュア化し
た「抉入尖頭器」（27～29，田中 1995）をともなう点も特徴である。

これらと同じ構成は，近畿地方を主に少なくとも近畿～中部・東海地方で散
見され，大浦浜遺跡（香川県坂出市，大山ほか編 1998）や里木貝塚（岡山県倉敷市，
間壁忠・間壁葭 1971）にも類似の資料がある。広域で連動して変化・維持された
有意なセット関係と認識できる。これを「鳥浜系石器群」と仮称し，その盛行
期を古段階とする。

他方，これと類似した構成をとりつつも，指標的な石器である三角形の石匙
のつまみ部が肥大したもの（47）や，身部の成形が粗雑な石匙（48）をふくむ
石器群があり，これらにはしばしば平面形が凸字形で，つまみ部が身部の中央
にない石匙（49）がともなう。石鏃には古段階と同様の特徴的な形状の石鏃
（32～33）もふくまれるが，その比率は低く，山添遺跡（三重県松阪市，小濱編
2007）では約30％程度まで下がっている。このような特徴をもつ石器群は，時
期的に古段階に後続する傾向にあるため，これを中段階とする。この時期には
脚部に角をもつ形状の石鏃（38～39）も特徴的である。旧来の刺股鏃の一種と
考えるべきかもしれない。

これに後続する石器群は，粟津湖底第3貝塚（滋賀県大津市，伊庭・瀬口編

第 2 章 縄文石器の編年　137

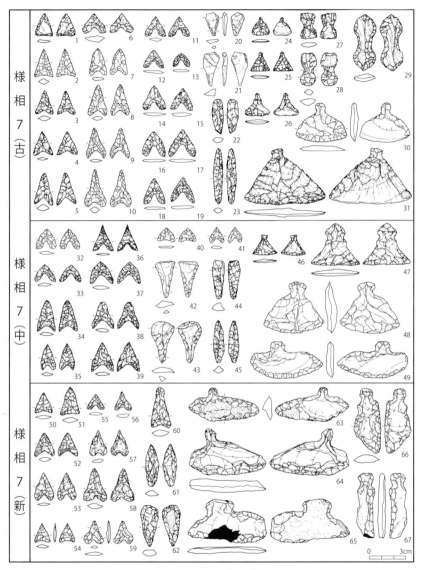

図 2-24　石器の変遷（5）

1～11，20～23，28，30：安土遺跡（滋賀県近江八幡市），12～19，24～27，29，31：鳥浜貝塚（福井県若狭町），32，36，40～44，46～47，49：山添遺跡（三重県松阪市），33，35，38，45：縁通庵遺跡（三重県多気町），37，39，48：アカリ遺跡（三重県多気町），50～51，55～56，60，63，66：粟津湖底遺跡第 3 貝塚（滋賀県大津市），52，57～58，61～62，64：讃良川遺跡（大阪府寝屋川市），53：徳蔵地区遺跡（和歌山県みなべ町），54，59，65，67：友岡遺跡（京都府長岡京市）

1997) や讃良川遺跡（大阪府寝屋川市，瀬川編 1998），友岡遺跡（京都府長岡京市，原編 2016）に好資料がある。石鏃は五角形鏃や刺股鏃や普遍的な凹基鏃など，様相 5 以来の形状が引き続き組成され，明確な特徴を指摘しがたいが，刺股鏃には脚部が肥大したものがある（58〜59）。古段階以来の棒状錐（61）も組成されるほか，滴水形の石錐（62）や，基部と錐部の境が明瞭な形の石錐もある。これらの石器群で最も特徴的なのは縦型石匙（66〜67）で，素材面を大きくのこす事例が多いものの，つまみ部は比較的丁寧に成形されている。これにともなう横型石匙は，凸字形を呈するものや，つまみ部が身部に対して斜めに接続するものがある（63〜65）。身部には素材面を大きくのこしているものが多いが，一部の資料はつまみ部が傘状〜つぼみ状を呈しており，この点には様相 7 中段階の要素を見いだせる。これに琴柱形（60）や分銅形の小形石器（異形石器）が特徴的に組成される。以上の要素をもつ石器群を，新段階とする。

　様相 7 は前期初頭〜中期中葉におよぶ。古段階の上限をめぐっては，鳥浜貝塚 ZI・Ⅱ期に「鳥浜系石器群」の要素が顕著でない点が注視される。この時期を以降の「鳥浜系石器群」の盛行期と区別すべきかもしれないが，当該期の石器群の事例が少ないため現段階では細分を控えておく。「鳥浜系石器群」の盛行期が北白川下層Ⅱb 式期にあることは疑いないが，同Ⅱc 式期については，鳥浜貝塚や志高遺跡（京都府舞鶴市）など近畿地方北部の遺跡には「鳥浜系石器群」の要素が強く認められるのに対して，山添遺跡など三重県下の遺跡ではこれが希薄で，中段階にふくめざるを得ない。中段階への移行には近畿地方のなかでも地域差があるのだろう。新段階の要素は粟津湖底第 3 貝塚など中期初頭の遺跡にも認められ，これが下限と判断される。新段階は中期前葉〜中期中葉に相当しよう。

　「鳥浜系」の要素は本州各地に散見されるが，特に分布をとらえやすい鳥浜型石匙は，東は真脇遺跡（石川県能登町，山田編 1986），小竹貝塚（富山県富山市，町田編 2014），舅屋敷遺跡（長野県塩尻市，小林・直井編 1982），中切上野遺跡（岐阜県高山市，田中編 1999），大曲輪遺跡（愛知県名古屋市，伊藤・川合 1993），ひいては中野谷松原遺跡（群馬県安中市，大工原編 1998）などにもおよんでいる。西への広がりについては，彦崎貝塚（岡山県岡山市，田嶋編 2006）や大浦浜遺跡などに類似する資料があるが，東ほど顕著ではない。西方では，里木貝塚や船倉

貝塚（岡山県倉敷市，鍵谷編 1999），西打 I 遺跡（香川県高松市，木下編 2000）の前期中葉～末葉石器群では，すでに様相 7 中段階に転じている。里木貝塚や彦崎貝塚，西打 I 遺跡には凸字形の石匙が比較的まとまっているし，船倉貝塚もすでに「鳥浜系」の要素を失っている。一方，小竹貝塚などでは，鳥浜貝塚と同様の石鏃，棒状錐，鳥浜型石匙，異形石器をセットで認められ，近畿地方の状況を加味すれば近畿地方北部～北陸地方が様相 7 古段階の中心域と考えられる。この地域から離れるにしたがって古段階 7 を構成する要素が希薄になり，中段階への移行が先行するとみられる。

　大石遺跡（長野県原村，長野県編 1988）に代表されるように，中期の中部地方に，脚部が肥大する石鏃と縦型石匙，凸字状の横型石匙，棒状錐からなる典型的な様相 7 新段階の石器群が展開することは疑いない。しかし堂之上遺跡（岐阜県高山市，戸田・大野編 1997）や戸入村平遺跡（岐阜県揖斐川町，坂東編 2000），船霊社遺跡（長野県岡谷市，樋口編 1980）など，東方の中期石器群には縦型石匙が不明瞭であり，様相 7 のセット関係がこれらの地域でそのまま見られるわけではない。同じ状況は目久美遺跡（鳥取県米子市，加茂川改良工事関係埋蔵文化財発掘調査団編 1986）など，山陰側の遺跡にも見られるが，里木貝塚の中期石器群には凸字状の横型石匙とともに縦型石匙が顕著にふくまれる。大浦浜遺跡の資料群にも，同じ要素を指摘できる。近畿地方の事例もふくめて，様相 7 新段階は瀬戸内海沿岸地域を中心に展開すると見られ，その構成要素のいくつかが，周辺地域の石器群に部分的に陥入するとみるのが妥当である。

⑧様相 8　（図2-25）

　身部と脚部の境界付近に肩をもつ，特徴的な石鏃をともなう石器群を一括する。以降，石鏃が最も鋭敏に時期差を反映し，様相を判別する基準となる。様相 7 で希薄であった楔形石器の割合が回復し，両極打法で剥離された剥片も目立つようになる。直接打法と両極打法とを組み合わせながら剥片生産が進められたと判断される。また剥離面を打面とした剥片よりも原礫面を打面とした剥片が目立つようになるため，剥片生産の多くは手法 I によって賄われたと考えられる。

　近畿地方では野畑遺跡（大阪府豊中市，橋本編 1986，泉・横澤 2005）の 5 層を

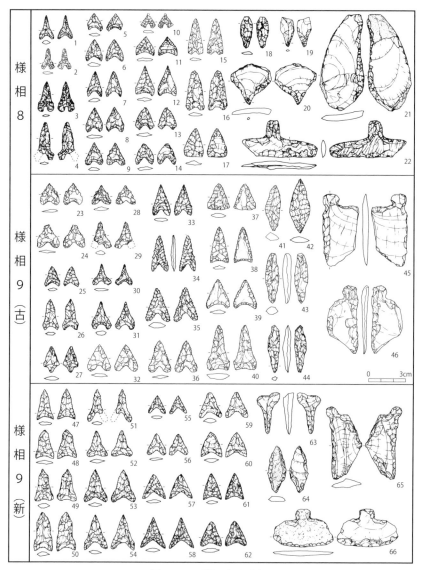

図2-25 石器の変遷 (6)

1, 5～14, 17, 33：野畑遺跡（大阪府豊中市），5, 16, 19：片吹遺跡（兵庫県たつの市），3～4：小路頃オノ木遺跡（兵庫県養父市），15, 18, 20～22：下茶屋地蔵谷遺跡（奈良県御所市），23～24, 28～29, 37～40, 43, 46：京都大学植物園遺跡（京都府京都市），25, 49～50：森添遺跡（三重県度会町），26, 31, 35：小阪遺跡（大阪府堺市），27：小川原遺跡（滋賀県甲良町），30, 34, 44：正楽寺遺跡（滋賀県東近江市），32, 36：一乗寺向畑町遺跡（京都府京都市），41：新徳寺遺跡（三重県多気町），42, 45：丁ノ町・妙寺遺跡（和歌山県かつらぎ町），47～48, 51～52, 55～56, 59～60, 63：山ノ内遺跡（大阪府岸和田市），53～54, 57～58, 61～62, 64～66：佃遺跡（兵庫県淡路市）

典型と理解する。石鏃では「側縁下部に突起をもつ形態」として注視された，身部と脚部の境界に肩をもつもの（4〜14）が特徴的である（高松ほか編 1990，大下 2004）。また兵庫県北部にはとりわけ，身部と脚部の境界に顕著な突起をもつ刺股鏃（1〜4）が目立つ傾向にある。石錐には棒状錐（18）のほか，滴水形など各種形状のものがある（19〜20）。石匙（22）は様相7新段階の特徴を継承している可能性が高いが，石匙の数が激減しているため形態のバリエーションと組成は不明である。

　様相8は中期後葉にあたる。近畿地方では，野畑遺跡5層の状況から北白川C式頃が上限と見積もれる。様相8に特徴的な，身部と脚部の境界付近に肩をもつ形状の石鏃は，東の中期末〜後期の石器群にも組成される。堂之上遺跡，西田遺跡（岐阜県高山市，谷口編 1997），たのもと遺跡（岐阜県高山市，上原編 1998），林ノ峰貝塚（愛知県南知多町，山下 1983・1989）G層などに類例を求めることができる。また棒状錐や凸字状の横型石匙も散見される。西でも，長縄手遺跡（岡山県備前市，亀山編 2005），江口貝塚（愛媛県今治市，宮本編 1994），糸大谷遺跡（愛媛県今治市，谷若ほか編 1996）など，同じ要素を指摘できる資料群が出土している。ただし中・四国地方で様相8の要素が明確化するのは後期以降であり，中部〜近畿地方よりも遅れると見なせる。

⑨様相9 （図2-25）

　剥片生産のあり方は様相8と共通するが，石鏃や石錐の形状，製作技術に明瞭な差異が生じた石器群である。

　野畑遺跡4層や3層では，様相8と同様の脚部付近に肩をもつ石鏃（28〜31）に加えて，鋸歯縁をもつ石鏃（33〜36）が明確に組成されるようになる。これにもっぱら棒状錐（41〜44）がともなう事例が，近畿地方では丁ノ町・妙寺遺跡（和歌山かつらぎ町，田中編 2010）や新徳寺遺跡（三重県多気町，田村編 1997），正楽寺遺跡（滋賀県東近江市，植田編 1996），京都大学植物園遺跡（京都府京都市，中村 1974）などで知られる。石鏃・石錐の変化が連動しているようにとらえられ，この構成を古段階の指標としておく。古段階には粗雑な作りの縦型石匙（45〜46）がともなう傾向にある。後述の五角形鏃（26）も散見されるが，割合は大きくない。滋賀県下では有茎鏃（27）をともなう事例がある。

鋸歯縁鏃が姿を消した石器群では，石鏃の先端部に肩をもち基部の抉りが深くない，いわゆる五角形鏃（47〜50）が目立ちはじめる。この点では続く様相10の端緒ともいえるが，石鏃の脚部付近には肩をのこすもの（50・53・54）もあることから，様相9新段階と位置づけたい。石錐は棒状錐（64）をふくむ各形態のものがふくまれる。新段階の好資料である佃遺跡（兵庫県淡路市，深井編1998）では，調整の粗雑な縦型石匙（65）や横型石匙（66）がともなうものの，他の遺跡に敷衍してよいものか即断しがたい。一乗寺向畑町遺跡（京都府京都市，上峯ほか編2013）の北地区の資料のほとんどや馬場川遺跡（大阪府東大阪市，別所編2000）7次調査区の石器群も，この段階に位置づけられる。

様相9にはサヌカイト集積遺構や大形の石核などがともなう事例があり，サヌカイトの受給状況が良好な遺跡が多い。その一方で，楔形石器が石器組成に占める割合は小さくなく，同じくサヌカイト集積遺構が散見される様相4・5に比較して違和感がある。この点について，古段階に目立つ棒状錐が角柱形の楔形石器や両極打法による剝離物から生産された事例が多く，両極打法を用いる理由が異なっていたと推察される。転じて新段階には，両極打法は石鏃製作との結びつきが強く，石鏃の素材剝片の一部は両極打法によって賄われていたと考えられる（松田1999，上峯・高木2014）[21]。

古段階は磨消縄文土器期や縁帯文土器期など後期前半を典型とする。新段階は馬場川遺跡（大阪府東大阪市，別所編2000）7次調査区の状況から，平行磨消縄文土器群〜滋賀里Ⅱ式頃にあたると考えられる。

古段階を特徴づける鋸歯縁鏃は垣内遺跡（岐阜県高山市，田中編1991），朝日遺跡（愛知県清須市，渡邊編2002）や咲畑貝塚（愛知県南知多町，磯部編1960），そして永井遺跡（香川県善通寺市，渡部編1990）Ⅹ層，長縄手遺跡，津島岡大遺跡（岡山県岡山市，阿部編1994）5次25a層，犬除遺跡（愛媛県宇和島市，多田編2001），勝円C遺跡（福岡県北九州市，宇野編1985）などに散見される。古段階の石器群は瀬戸内海沿岸地域を中心に展開したと見ることができる。新段階については，観音前遺跡（愛知県新城市，黒田編1999）や三斗目遺跡（愛知県豊田市，

21）　山ノ内遺跡B地区（大阪府堺市，豊岡編1988）や天白遺跡（三重県松阪市，森川編1995）でも，楔形石器と石鏃，剝片・砕片が平面分布において相関関係をもち，楔形石器と石鏃が製作技術上の関係を有していることが示唆される。

余口編 1993）では五角形鏃が不明瞭で，近畿地方の状況と相違する。永井遺跡
や広江・浜遺跡（岡山県倉敷市，間壁忠・間壁葭編 1979）など中国・四国地方には
五角形鏃や棒状錐を多くふくむ石器群があり，新段階の分布域も瀬戸内海沿岸
地域が中心であったと言える。

⑩様相10（図2-26）

五角形鏃が顕著な発達を見せる石器群で，石鏃形態の細かな違いにしたがっ
て3段階に区分できる。

秋篠・山陵遺跡（奈良県奈良市，角南・佐藤編 1998）や観音寺本馬遺跡（奈良県
御所市，岡田編 2013）Ⅲ区では，肩部が明瞭でしばしば突起をもつ五角形鏃（1
〜20）が顕著に見られ，脚部が外側に翼状にひろがる角脚鏃（21〜24，大下 2004,
久保 2004）とあわせて石鏃の過半数を占める。これを古段階としよう。有茎鏃
が明瞭にふくまれるのも，この段階からである。石鏃にくらべ石錐は数が少な
いが，古段階と同様に棒状錐（26）など各形態のものを組成するようである。
橿原遺跡（奈良県橿原市，末永編 1961）で注目された雁股形の石器（25・27）も，
古段階にふくまれようか。

五角形鏃が目立つ傾向は観音寺本馬遺跡Ⅰ区や恩智遺跡（大阪県八尾市，嶋村
1987）の土器集積出土資料でも変わらないが，角脚鏃（35・36）から変化した
と見られる長靴鏃様の石鏃（38〜41）が現れている。上里遺跡（京都府京都市，
高橋ほか 2010）の上里3期（滋賀里Ⅲa式）を主体とする資料群は角脚鏃をふく
む五角形鏃からなるが，上里5期（篠原式中段階）まで継続する流路状遺構18-
1215南半部には長靴鏃が特徴的に見られる。ここからも，長靴鏃に角脚鏃に後
出する位置づけを与えられる。これを中段階とする。石錐（42〜45）の形状な
ど，他の要素は古段階と変わらない。

これに後続する石器群は，一転して石鏃形態，器種構成ともに単純化してい
る。これを新段階とする。長原遺跡（大阪府大阪市，永島編 1982・1983）4J-2地
点や4J-8地点では五角形鏃が目に留まるが，石鏃に占める割合は半数以下であ
る。五角形鏃の推移は，滋賀里遺跡（滋賀県大津市）でも同じ傾向が指摘され
ている（田辺編 1973）。素材面を大きくのこす薄手の石鏃が目立つが，素材面
をとどめないほどに調整された，やや厚めの石鏃もふくまれる。角脚鏃は見る

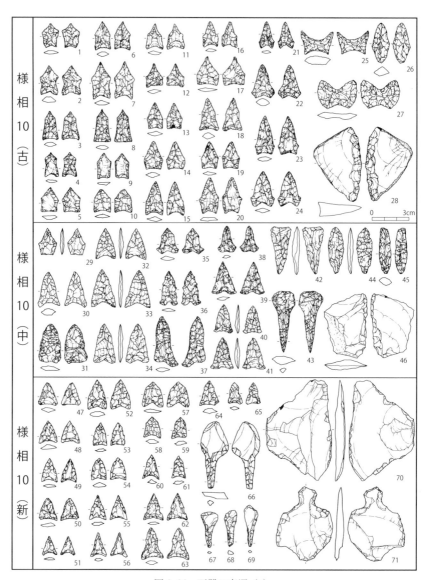

図 2-26 石器の変遷 (7)

1～2, 6～7, 11～12, 16～18：森添遺跡（三重県度会町), 3～4, 8, 21～23, 35～39, 44：上里遺跡（京都府京都市）, 5～9, 10, 13～15, 19～20, 24, 26, 28：秋篠・山陵遺跡（奈良県奈良市）, 25：橿原遺跡（奈良県橿原市）, 27：観音寺本馬遺跡（奈良県御所市）, 29, 32～34, 40～42, 46：恩智遺跡（大阪府八尾市）, 30～31, 43～45, 52, 57, 66：ミヤケ北遺跡（大阪府太子町）, 47, 70：宮ノ下遺跡（大阪府東大阪市）, 48～50, 53～55, 58～61, 64～65, 67～69：長原遺跡（大阪府大阪市）, 51, 71：植附遺跡（大阪府東大阪市）, 56, 62～63：大開遺跡（兵庫県神戸市）

影もなく，石鏃形態の主体は通常の凹基鏃である（47～65）。その他の器種については中段階と大差ないが，削器（70）や石匙（71）は数が著しく減少しており，きわめて単純な器種構成を示す。

　様相10は晩期前葉以降が相当し，滋賀里Ⅲa式期前後を古段階に，篠原式期前後が中段階にあたる。鬼塚遺跡（大阪府東大阪市，福永編 1997）縄文Ⅲには，角脚鏃はもちろん長靴鏃もないので，凸帯文土器期が新段階にあたるのは確実である。下限に関して弥生時代の資料に目を転じると，大開遺跡（兵庫県神戸市，前田編 1993）や田井中遺跡（大阪府八尾市）集中域2においても，新段階と同じ特徴を認めうる。弥生時代前期前半頃までは依然として様相9新段階の範疇であり，前期後半になってはじめて，有茎鏃や凸基鏃などの石鏃，石錐や削器が卓越し，打製石剣や石小刀を備えるようになる。真に弥生時代的な石器群の完成を見るのは，前期後半以降といえる。

　様相10の象徴ともいえる五角形鏃は，佐野遺跡（長野県山ノ内町，長野県編 1988），永井遺跡，稲持遺跡（徳島県東みよし町，氏家ほか 2003），中村貝塚（高知県四万十市，木村 1987）など広域で認められる。一方，保美貝塚（愛知県田原市，藤巻・神取 2000）や雷遺跡（愛知県名古屋市，伊藤・川合ほか 1993），吉胡貝塚（愛知県田原市，斎藤編 1952）などの公表された資料では，近畿地方よりも五角形鏃が占める割合は小さく，古段階の特徴である角脚鏃もほとんど見いだせない。典型的な古段階の石器群は，伊勢湾沿岸地域～近畿地方の一部に限られようか。一方，雷貝塚など伊勢湾沿岸地域には長靴鏃の類例がある。上原田遺跡（山口県宇部市，白岡編 1995）でも長靴鏃が比較的まとまって出土しており，中段階にふくめることに躊躇しない。新段階併行期には馬見塚遺跡（愛知県一宮市，澄田編 1970），高ノ御前遺跡（愛知県東海市，高松編 1982），川津川西遺跡（香川県坂出市，信里編 2000），三谷遺跡（徳島県徳島市，勝浦編 1997），百間川沢田遺跡（岡山県岡山市，二宮編 1985），江口貝塚など，広域にわたって近畿地方と同じ要素が看取できる。様相10に陥入する有茎鏃は東日本に起源をもつことが明らかである（湯浅 1993）。有茎鏃の分布の西限は近畿地方で，中・四国地方にはおよんでいない。

第7節　石器の時期決定と型式——本章のまとめ

　本章では，技術形態学的な方法による石器の器種分類手続きを確認したのち，石器の新旧を判断する方法と，近畿地方における石器の編年を提示した。縄文石器の研究では，土器からは参入が難しい生業復原などを期待する向きが強く，石器組成研究がその要望に応えてきた。しかしながら器種分類の基準やそれがよって立つ立場についての議論，そして何よりも実資料の精査を経ない議論も少なくない。この種の議論は，縄文石器の研究の魅力を減衰させ，また縄文時代研究における石器研究の占める位置をせばめてしまったのではないだろうか。

　縄文石器の時期決定においても，共伴する縄文土器の型式に依拠するのが通例となっている。この他力本願的な姿勢は，石器の器種分類や各器種の細部の特徴に対する関心を希薄にし，縄文石器の研究をいっそう他律的で皮相的なものにしてしまった。近畿地方における有舌尖頭器の消長をめぐる混乱は，このような状況が招いた歪みと理解される。これに対して，本章では製作年代の新旧判別にもとづく混在資料の分解法を提示した。もちろん風化の進行速度には幅があり，風化程度の認識精度にも限界があるので，製作時期を厳密に押さえることは難しい。しかしながら，層位や石器の技術的様相と風化度を照らし合わせることで，複雑に絡まり合った混在資料の文脈を解きほぐし，有意な分析単位となる資料群を抽出することが可能となる。過去の人々がのこした生活の痕跡は，様々な経過をへて，我々の眼前に考古資料として現れる。資料の示すところを正しく読みとるためには，「資料」批判の方法とその実践が必要不可欠である。

　本章で確認し得たように，近畿地方の縄文石器群は器種の消長のみならず，各器種の形状が時期によって異なる現象が見られる。その違いが生じるのは本来的な機能とは関わりが薄い部分であり，土器の文様と同種の性格が予想される。さらにこれらの違いは，近畿地方とその周辺地域のなかでも偏りをもって生じており，時間的横断面における地域差も胚胎しているはずである。大工原豊（2008）が提起したように，このような石器の特徴は型式学的にとらえるこ

とができ，とりわけ本章で固有名詞を付して呼称した特徴的な形状の石鏃や石錐，石匙などを型式とよぶことには躊躇しない。縄文時代の石器群は，様々な型式学的特徴をもつ多様な器種で構成されており，その変遷を型式学的にとらえることが可能なのである。この性質は，第3章で実践するような時期決定を可能にするだけでなく，文化の時間的・空間的変遷の把握にも貢献する。とりわけ，時期と地域を違えて石器の何が変わったかに注目する見方から，なぜそれが変わったかという視点にシフトし，石器がもつ他の情報や，土器，遺跡数などの他の文化要素をふまえることで，縄文時代の情報流動を解明できる。この点について，終章で議論しよう。

Column 2 蛍光X線分析の原理と方法

　エネルギー分散型蛍光X線分析装置（EDXRF）は分析試料の化学組成を調べることができる装置で、これを石器石材の原産地推定に活用する手順が確立されている。装置の測定室に納めた分析試料に、X線管から生じるX線を照射すると、分析試料にふくまれる原子の内殻電子が飛び出す（電離）。物質を構成する原子の電子構造は、原子核のまわりを周回運動する電子が複数の軌道（電子殻）を形成する、さながら太陽系のようなモデル（ボーアモデル）で理解されるが、内殻電子が電離してできた空孔に、より外側の軌道を通っている電子が移動してくる。電子のエネルギーは外側の電子殻に属する電子ほど高いので、内側の電子殻に移動する際に差分が蛍光X線として放出され、その光子が検出器によってカウントされる。それぞれの電子殻の電子がもっているエネルギーは元素によって異なるため、発生する蛍光X線のエネルギーも元素に固有な値となる。元素ごとの蛍光X線エネルギーをまとめた波長表と比較すれば、分析試料がどのような元素でできているのかがわかる。測定結果は右図のようなスペクトルとして出力されるが、EDXRFには元素ごとのスペクトルに関するデータが組み込まれているため、これとの比較によって元素ごとの光子カウント数（強度）が算出される。多くの場合、EDXRFに接続されたパソコンから指示を出し、測定結果がパソコンに返ってくるようになっている。

　ただしここで得られたのは、あくまで検出器に入ってカウントされた光子の数（強度）であって、分析試料の構成元素の割合、すなわち濃度の絶対値が得られたわけではない。もちろん、分析試料に多くふくまれる元素ほど強度は高くなるため、強度の高低は元素の多寡を反映している。しかしあくまで相対値であるため、別の分析方法で得られた値と互換性がないのはもちろん、EDXRFの別機種とも対応せず、また同じ機種を用いても、検出器の製造ロッ

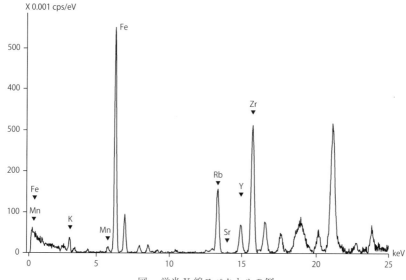

図　蛍光X線スペクトルの例
隠岐産黒曜岩の測定で得られたスペクトルの一部。

トが違うだけで得られる値が違ってくる。

　互換性のある値，すなわち絶対値である濃度（定量値）を求めれば，このような問題は解決するが，EDXRFによる定量値の算出は一筋縄ではいかない。例えば中性子放射化分析（NAA）など，破壊分析ではあるが真度が高いとされる方法で，各元素の濃度が判明している標準試料を用意し，これをEDXRFで測定して強度をもとめれば，濃度と蛍光X線強度の関係を示す方程式（検量線）が得られる。濃度が未知の試料であっても強度さえ得られれば，この検量線から濃度を求めることが原理的には可能である。ところが実際は，試料中で発生した蛍光X線が表面に出てくるまでに，試料内部では玉突き的にX線の吸収・発生がおこっており，試料中にどのような元素がどのような濃度で共存しているかによって，得られる強度が変わってしまう（マトリックス効果）。したがって強度を検量線に代入して濃度を計算するだけでは，分析化学的に十分な真度の定量値を得ることはできない。蛍光X線分析装置のメーカーでは，この点を物理統計などの方法で補っており，例えば筆者らが使用したブルカー社製装置では，黒曜岩，石灰岩，泥岩など，分析対象ごとに定量値算出用の較正プログラムが用意されている。

第 3 章　縄文石器の材料移動

　この石はどこから来たか。ある場所で生まれた岩石が石器の材料としてとかく好まれ，原産地近傍はもちろん，数十 km，時に数百 km 遠方にまで運ばれている。この現象に秘められた情報を読み解くには，岩石の自然物としての側面に注目する自然科学と，石器の人為物としての側面に注目する考古学の連携が不可欠である。本章では，サヌカイトの原産地推定研究の現状と課題を整理するとともに，近畿地方でも散見される黒曜岩製遺物に注目し，岩石の移動に映された地域間交流，遺跡間交流の実態にアプローチする。

石器石材を求めて原産地へ。石器石材の産出状況や多様性を学べば，原産地推定結果の理解も深くなる。

第3章 縄文石器の材料移動 153

第1節　石材の原産地を知る

(1)　旅する石材

　石器の材料としては，作り出そうとする石器に適した性質をもつ岩石が選ばれる。例えば打製石器のほとんどは利器や工具だから，材料となるのは割るだけで鋭利な縁辺が生じるガラス質の岩石である。また製作者の加工意図をうまく反映させるには，均質な岩石の方が適しているし，打撃を加えれば打ち割れる程度の，適度な脆さをもっていることも重要である[1]。ある程度の産出量をもつことも重要で，それがなければそもそも石器の材料として多用されることはないだろう。先史時代の人々が四六時中石器を作っていたとは考えにくいにせよ，やはり石器石材には安定して使えるもの，つまり特定の場所に赴けば高確率で獲得できる岩石を利用したはずである。

　これらの要求を満たすのは，黒曜岩やサヌカイトなど，細粒の火山岩であることが多い。黒曜岩やサヌカイトは珪素を高い割合でふくむが，これは粘性が高いマグマが地表面近くに噴出し，急速に冷却されて生じたためである。そのため，均質で鋭い断口をもつガラス質の岩石になるとともに，人類が比較的アクセスしやすい場所で産出する事例が多くなる[2]。近畿地方では，大阪府羽曳野市・柏原市・太子町，奈良県香芝市にまたがる二上山北西麓地域がこの条件をよく満たす。二上山北麓産サヌカイトは，後期旧石器時代や縄文時代，弥生時代の打製石器はもちろんのこと，近世の火打石の素材にもなっている（船築

---

1)　中国・韓国で発見されている前・中期旧石器時代遺跡からは，きわめて硬質で，後期旧石器時代以降の打製石器の素材にはほとんど用いられない岩石（石英等）をダイナミックに打ち割った重厚な石器，簡素な二次加工をほどこした小形石器が多量に出土している。日本列島におけるホモ・サピエンスの渡来（約4万年前）をさかのぼる石器群においても，やはり硬質な岩石が石器石材となっている（松藤・上峯編 2013，木崎小丸山遺跡学術発掘調査団 2017）。後期旧石器時代以降とは対照的な石材選択のあり方は，私たちホモ・サピエンスとはまったく異なる発想が胚胎したことを表しているのだろう。

2)　アクセスが困難な場所にある黒曜岩産出地として，富山県立山・雷鳥平の野営場管理所付近（標高約2300m）をあげられる。立山D火山灰（約10万年前）に対応する称名滝火砕流堆積物中や，これを覆う砂礫層中に黒曜岩片が見られるという（原山ほか 2000）。ただしこの黒曜岩が石器に使われた事例は，寡聞にして知らない。

2007)。二上山北麓地域にはサヌカイト採掘坑，サヌカイト原石の試し割りや粗割りの残滓を多量に出土する遺跡がいくつもある（佐藤 2005）。先史時代の人々が二上山北麓のサヌカイトに執心していたことがよくわかる。また現代でも，実験考古学を試みる考古学者や石器の復原製作を趣味にする人々の間で，二上山北麓産サヌカイトは石器石材として比較的よく知られている。

　火山岩のみならず，泥や生物の死骸などが長年積み重なって形成された堆積岩も，時に優れた石器石材となる。東北地方の日本海側で産出する珪質頁岩はその代表格である。小泊層（青森県），女川層（秋田県），草薙層（山形県），七谷層（新潟県）など，新第三紀中新世にできた地層にふくまれる珪質頁岩は，主に当時の海底に堆積した泥や珪藻，放散虫などが続成作用や圧縮を受けて生じたとされる。珪質頁岩は主に東北地方で盛用されたが，近畿地方の縄文遺跡からも珪質頁岩製石器の出土例がある。例えば一乗寺向畑町遺跡（京都府京都市）からは，珪質頁岩製の石鏃が出土している（図3-1）。この石鏃はともに出土したサヌカイト製石鏃とは形状が異なっており，北陸方面から完成品として搬入されたものと推定される[3]。

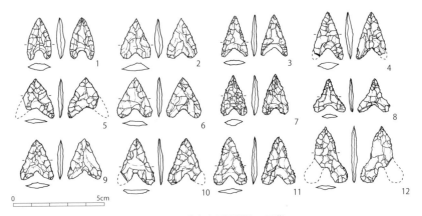

図3-1　一乗寺向畑町遺跡の石鏃
後期中葉～後葉。1は駱駝色の珪質頁岩製，2は下呂石製，3～7は二上山北麓産サヌカイト製，8～12は金山産サヌカイト製。打製石器や製作残滓の約25％が，二上山北麓産サヌカイト以外の石材を素材としている（上峯ほか編 2013）。

　3）　後期旧石器時代の事例としては，郡家今城遺跡（大阪府高槻市）の掻器がよく知られている。本事例についても，北陸地方からの搬入品であるという理解がある（麻柄 2006：p. 184）。

(2) 石材移動に映された人類活動

遺跡から出土する石器の原料の多くは，その遺跡から離れた場所で採取されたものである。その岩石の採取場所を明らかにすれば，石材の獲得・運搬・消費の過程と，それに反映された人間集団の行動軌跡や相互関係が浮かび上がってくる。

とはいえ堆積岩では，この方面からのアプローチで成果をあげるには大変な苦労を要する。堆積岩は水平方向に分布が広がるため，採取場所が特定しにくい。特定の堆積岩の採取場所を追究しようとする研究者は少なく，石器石材として用いられた堆積岩の多くは，採取場所が不明なままである[4]。

一方，黒曜岩やサヌカイトなど特徴的な火山岩では原産地が知られている事例が多く，原産地推定に関わる研究も豊富である。火山岩は分布範囲がスポット的に限られるし，岩体が異なれば，岩石の化学組成に微妙な違いをもつという特徴がある。火山岩はマグマが固化してできるが，マグマの材料となった物質の化学組成や，火山岩になるまでの物理的な条件の違い，マグマの噴出にともなって起こる周辺地質との相互作用によって，それぞれユニークな化学組成を示す。蛍光X線分析装置などを用いれば岩石の化学組成が把握できるため，原産地ごとに化学組成を調べたデータベースを作っておけば，それに照らして，遺跡から出土した石器の原産地を推定できる。また精確さの点では分析化学的な機器に遠くおよばないものの，石質や色調の観察に依拠して肉眼で原産地を推定することも，一部の石材においては有効である。

このようなシンプルな方法で材料の原産地が推定できるのは，石器ならではだろう。土器の場合，材料となる粘土は特定の地質環境で生じたものが選択的に利用されているが，その分布は堆積岩と同様に，水平方向に広がりをもっている（矢野 2006）。また製作の過程で，不純物の除去や混和材の添加，焼成など，

---

4) 近年では，堆積岩の色調や岩質，節理の頻度，原礫面の特徴をつぶさに観察し，何よりも川筋や山中を徹底的に歩くことで，チャートや珪質頁岩の採取場所が判明した事例が出てきている（中村 2005，田村 2011）。近畿地方でも，森先一貴（2004）や髙木康裕（2014・2016）がチャートの原産地や採取地の推定にチャレンジしている。髙木は，川筋の踏査と考古資料の観察を徹底しつつも，その成果をもとに色調と石質に着目したシンプルな原産地推定基準を模索しており，氏の研究から学ぶべき点は多い。「どこにでもある」として一種の思考停止状態にあったチャート製石器の研究は，新たな局面を迎えている。

物性や鉱物・化学組成の改変が繰り返されるため，精確な原産地推定は困難を極める。この点，石器製作の過程では造岩鉱物の足し引きは起こらない[5]。分析化学的に原産地を特定する好条件が整っているわけだ。

　石材の原産地や採取地を明らかにできれば，その地域と石器が出土した遺跡を，単なる線ではなく矢印で結ぶことが可能になる。もちろん原産地を特定するだけでは，ある岩石が移動した距離と方向がわかるにすぎない（鈴木 1977）。しかし上述した技術的に石器を観るという基本に立ち返って，原産地推定にかけた石器が何物なのか，遺跡内における石材消費，石器の使用のなかでどのように位置づけられるのかを考えることで，石材が原産地を離れて移動する意味が読み解ける[6]。

(3)　原産地推定の方法

　石材の原産地情報は，考古資料としての石器の特性とも相まって，過去の人類の行動軌跡や遺跡間の関係を推し量る根拠を提供する。原産地推定は，事情さえ許せば，分析化学の手法によるのが最も精確である。適用可能な分析手法は様々あるが，エネルギー分散型蛍光X線分析装置（EDXRF）が考古学のニーズをよく満たしてくれる。他の大がかりで高価な装置にくらべて，EDXRF は（この種の分析装置にしては）安価で，自然科学系の研究機関であれば保有しているところも多い。装置はかろうじて机上におけるほどコンパクトになってきているし，操作も簡便でルーチン化しやすいので，不慣れな人でも簡単な指導を受ければ測定を補助できる。また測定に要する時間は1点あたり数分と短く，上述のようにコストも抑えられるので，大量の分析にも対応できる（口絵29・30）。

　また肉眼観察によって石材の原産地を大まかに推定することも多い。近畿地方で一つの石器群を観察すると，サヌカイトが複数の種類に区分できる場合が

---

5)　石器製作においては，岩石の質が悪い部分や不純物を避けて石器に仕上げることが目指される。分析化学的な原産地推定では，試料表面に不均質な部分が見えている場合は分析のターゲットから外したり，測定対象の内部に夾雑物などが入っていることを考えて，夾雑物ごと試料をすりつぶすなど，工夫がされている。また岩石の受熱や風化によっても化学組成が変化するが，その変化の規則性についてもある程度解明が進んでいる（井上 2008）。

6)　安蒜政雄（2003）が提唱する"黒耀石考古学"は，石器の観察・分類と原産地推定を組み合わせて，人類史の再構築を目指している。

ある。これらは二上山北麓産と金山産で，表面の凹凸や光沢に着目すれば識別は容易である（図3-2）。筆者らは日頃は肉眼観察に依拠してサヌカイトを分類しつつも，折々でその結果を後述するEDXRFで検証しているが，二上山北麓産と金山産の区別を見誤った事例は幸いにしてない（上峯ほか編 2013）。肉眼観察の労さえ惜しまなければ1遺跡の遺物全点を原産地ごとに区分できる点が，肉眼観察の大きなメリットである。

　ただし精確さや判別のための条件が厳密ではないため，過信は禁物である。筆者が取りあつかった事例では，友岡遺跡（京都府長岡京市）の石器群が，サヌカイトの原産地を肉眼で判断することの難しさを痛感させた（原編 2016：p. 48）。製品はもちろん，剝片や細片にいたるまでサヌカイト製遺物の石質をくまなく確認するとともに，ほぼすべてについて蛍光X線分析を実施した。後述するポータブル型蛍光X線分析装置（PXRF）を用いた分析であったが，二上山北麓地域，金山地域，五色台地域のサヌカイトをそれぞれ識別できた。肉眼観察から二上山北麓産に判別されることを予想した遺物は，PXRFによってもすべて同様に判別されたが，その他の遺物は金山地域，五色台地域に細分されてしまった。その後，改めて遺物を観察してみたが，肉眼観察〜100倍程度の実体顕微鏡による剝離面の観察では，金山地域と五色台地域の遺物を区別できなかった。新鮮な剝離面や原礫面が残存する資料では，両者の区別は十分可能だから，問題を複雑にしているのは風化による剝離面の変化である。遺跡の年代

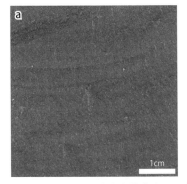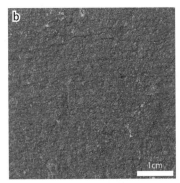

図3-2　二上山北麓産サヌカイトと金山産サヌカイトの区別
　a：二上山北麓産サヌカイト。石基がきわめて均質で斑晶が少なく，風化した剝離面は灰黒色，新欠部では漆黒で，ビロード状光沢をもつ。b：金山産サヌカイト。風化面は青灰色で油脂状の光沢を放ち，白色のフィッシャーが際立つ。ともに採集した原礫を打ち割ったもの。

や堆積環境によって風化による影響の多寡が変わるはずで，それに応じて外観の変化も違ってくるのだろう。肉眼観察の所見と分析化学的な原産地推定結果とを折々で比較検討し，各原産地のサヌカイトの特徴と，それらを区別する根拠を確認しておくことが重要である。

第2節　原産地推定研究の背景

　中新世中期に中央構造線に沿って生じた特異な火山活動は，瀬戸内火山岩類とよばれる溶岩流由来の岩石を各地に生じさせた。その一角を占めるサヌカイトは，鋭く割れる性質と均質さ，豊富な産出量など石器の材料としての好条件を備えていた。他地域で石器石材の代表格の位置を占める黒曜岩や珪質頁岩は，近畿〜中・四国地方では産出量がいたって乏しい。その空白地帯を充填するようにサヌカイトが産するという舞台装置は，近畿・瀬戸内地方に暮らした先史時代人の生活や，彼らによってのこされた石器群の様相，それを詳らかにせんとする諸研究のアプローチを大きく規定することになった。

　近畿地方はほぼ中央部に二上山北麓産サヌカイト原産地を擁するが，その半径約150km 以上にわたって良好な石材原産地をもたない。二上山北麓地域に近い遺跡ではサヌカイトが，その分布圏外にある遺跡では丹波帯等に由来するチャートが石器の材料になっていて，二上山北麓産サヌカイトの分布圏の拡大にともなって，次第にこの状況が解消されていく。この過渡期にある後期旧石器時代〜縄文時代前期について，どの時期にどの地域までに二上山北麓産サヌカイトがおよんでいるか，その利用頻度はどのくらいか，田部剛士の一連の研究（2002・2003・2004・2010）によっておおよその見通しがつけられた。

　蛍光X線分析にもとづく先駆的認識（藁科ほか 1977）をきっかけに，香川県坂出市金山に産するサヌカイトが縄文時代以降に石器石材として広域流通したことが明らかになっている（竹広 2003など）。これら他地域の広域流通石材がどの時期にどこまで迫ってきているかが，今後の重要な研究課題となろう。この

問題には，大下明（1990・2009）や田部剛士，吉村駿吾（2007・2012）らが先鞭をつけているが，今後の議論の充実には自然科学的な分析と考古学者による地道な資料実見の蓄積が必要となる。とりわけ両分野の研究成果を統合していくうえでは，サヌカイトの生成・産出状況が，私たち考古学者が取りあつかう外観や化学組成のどのような特徴と連動しているのかを知ることが重要である。本章では，この点に関わる近年の研究と筆者による研究事例を取りまとめる。

　これに加え，本章では近畿地方の縄文時代遺跡からまれに出土する黒曜岩製遺物にも考察を加える。研究時間の多くを遺物整理コンテナいっぱいの灰色〜灰黒色の石片とともに過ごす筆者の目には，黒曜岩製の石器は一際珍しく映る。久保勝正（2009）の集成によると，三重県88遺跡，滋賀県18遺跡，京都府23遺跡，大阪府11遺跡，兵庫県74遺跡，奈良県10遺跡，和歌山県１遺跡の出土事例がある。集成後に見いだされた事例も加えると，234遺跡1062点以上に達することは確実である。黒曜岩は非専門家をふくめても認知度が高く，またサヌカイト製遺物や河原石素材の礫石器のなかにあって目を引くため，黒曜岩製遺物の抽出と公表は他の石器にくらべてはるかに進んでいるはずである。本章では，黒曜岩製遺物に縄文時代の地域間交流を語らせるため，原産地推定の事例を増やすとともに，年代決定の方法を考える。さらに原産地と年代情報が付与された情報に，どのような考古学的情報を加えるか，またはどのように地域間交流の復原につなげるか。筆者なりの考えを示して，近畿地方に持ちこまれた他地域産石器石材の研究に一つの見通しをつける。

第３節　サヌカイトの産状と化学組成

(1)　二上山北麓地域

①二上山北麓産サヌカイトの産状

　大阪府と奈良県の府県境に位置する二上山とその北方の山々には，新第三紀

中新世中期にできた二上層群（森本ほか 1953）が分布している[7]。二上層群は下部からドンズルボー累層，原川累層，定ヶ城累層に区分され，原川累層中部の輝石安山岩中にサヌカイトがふくまれる。この輝石安山岩は羽曳野市東部の春日山と，さらにその南方の「石まくり」地区周辺に分布し，それぞれ春日山安山岩，石まくり安山岩とよばれている（図3-3）。石器石材として利用されているサヌカイトは，この二つの地区が原産地である[8]。考古学上ではしばしば「二上山産サヌカイト」という呼称が用いられるが，サヌカイトの原産地は二上山そのものにはなく，その北麓から西麓に位置する。本書では，この地域に産出するサヌカイトを二上山北麓産サヌカイトとよぶ。

　春日山では，春日山輝石安山岩（サヌキトイド）溶岩が産出し，その中にサヌカイトがふくまれている（口絵 9〜11）。佐藤隆春ら（2009）は，含水量の高い部分と低い部分が混ざりきっていない溶岩流が噴出し，これが冷却・固結する際に分離して，含水量に富む部分がサヌキトイドに，含水量に乏しい部分がサヌカイトになったと指摘する。サヌカイトは溶岩を噴出した火道の上部に見られ，不規則な形状を示す塊として産出する。その付近には白色の「粒状斑」をふくむサヌキトイドが分布している。

　「石まくり」地区においても，かつては明神礫岩部層を覆うサヌカイト溶岩が見られたというが，露頭が消滅した現在では詳細な産状は不明である。太子温泉付近の崖錐堆積物中から，石まくり安山岩由来のサヌカイトを採取できる。佐藤ら（2009）は，この地区のサヌカイトをサヌキトイドの底部に認め，溶岩の急冷相としてサヌカイトが産出したと考えている。

　一方，サヌカイトを包含する二上層群原川累層の分布は，春日山北東部の関屋丘陵までおよんでいる。関屋丘陵の二上層群上部（香芝累層）の上位（総合公園礫岩I）に少量のサヌカイトが含有される（佐藤編 2002）。これを覆う大阪層

7）　近畿地方並びに四国北部地域における瀬戸内火山岩類の生成年代は1600万年前〜1100万年前にまとまり（吉川 1997），二上山周辺では1500万年前頃に火山活動が起こっていたと考えられている（星ほか 2002）。

8）　考古学では，「今池・中谷グループ」とよばれる朽木状の原礫面をもつサヌカイトが注目され，春日山に西接する大久保山から産出するという考えもある（松藤 1974b・1982）。同種のサヌカイトが大久保山付近で採取できることは事実であり，筆者も二上山北麓地域のサヌカイトの一種にふくめている。この種のサヌカイトには縞状の模様や白色の「粒状斑」が顕著に見られ，佐藤ら（2009）のいうサヌキトイドとの関係が問う必要がある。

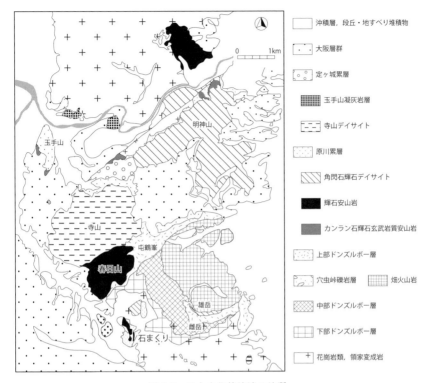

図3-3 二上山北麓地域の地質
原川累層の輝石安山岩の一部にサヌカイトがふくまれ，春日山と「石まくり」地区で産出する。

群には二上層群に由来するサヌカイト礫がふくまれ，瑞宝園粘土・礫互層中では20〜27.5%の含有率に達する（横山・中川 1974）。また大阪平野を流れる石川沿岸などでも，サヌカイト礫を採取できる。すなわち二上山北麓地域とその付近一帯には，噴出源から遊離したサヌカイト礫をふくむ二次産地，三次産地がひろがっているのである。

②二上山北麓産サヌカイトの細分

　近年の石材原産地遺跡研究や原産地推定研究が志向するように，二上山北麓地域においても，石材採取場所がこの地域内のどの場所なのかを特定できれば，原産地における人類活動や原産地遺跡の評価をめぐって新しい展望が開けてくる。髙橋豊ら（2008）による蛍光X線分析で春日山安山岩と石まくり安山岩そ

れぞれに由来するサヌカイトでは，化学組成が異なるという結果が得られている。ただしこの所見は，試料をガラスビードに加工して測定値の精度を高め，かつEDXRFよりも高分解能な波長分散型蛍光X線分析装置（WDXRF）を用いて導かれている。両者の化学組成の違いは，考古資料に対して実施されるEDXRFを用いた非破壊分析では把握できないほどの，ごく小さい差であろう[9]。

一方，冨田克敏（2007）による偏光顕微鏡観察は，両サヌカイトには斑晶鉱物に違いがあること，石まくり安山岩由来のサヌカイトの方が顕著な流理構造をもつことを指摘する。佐藤良二（2007）も，石まくりのサヌカイトが平滑で溶解したような原礫面をもち，打ち割った際に石理の影響を受けやすい，と述べており，両地区のサヌカイトを区別するうえで大いに参考になる。

二上山北麓地域で採取できるサヌカイトは，原礫面の特徴や円磨度が一様ではない。前者には火山学的な由来の違いが，後者には産状の違いが表れている。筆者の現地調査によれば，外観と採取地点の関係は図3-4のように整理できる（上峯 2012）。二上山北麓地域の特定の地点には限定できないものの，遺物に残存する原礫面の特徴や円磨度から，どのゾーンがサヌカイトの採取地点となったかを推定可能である。

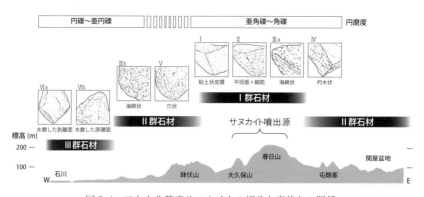

図3-4　二上山北麓産サヌカイトの細分と産状との関係

サヌカイトの原礫面の特徴や円磨度には，給源の違いと産状の違い（給源からの距離）が反映されている。出土遺物にのこされた原礫面を観察すれば，二上山北麓地域のどのゾーンにおいてサヌカイトが採取されたのかを推定できる（上峯 2012）。

9）筆者らは，EDXRF（HORIBA社製エネルギー分散型蛍光X線分析装置XGT-7000）を用いて，スラブ状資料を真空雰囲気下で分析したが，高橋ら（2008）の所見を追認できなかった。

第3章　縄文石器の材料移動　163

　後期旧石器時代以来，石器石材として多用されたのは春日山安山岩から供給
されたサヌカイトであり，大久保山や石まくり安山岩由来のサヌカイトの利用
はいたって低調である（佐藤 2007：p.25，上峯 2012：p.183）。また近畿地方各地
の縄文遺跡から出土する遺物に，角礫を素材とするものは少なく，円磨度や原
礫面の特徴から見れば，大阪層群から採取されたサヌカイトが多用されている
可能性が高い。関屋丘陵には大阪層群をベースとする採掘坑群が知られており，
これらの中に，縄文時代人がサヌカイトの獲得を狙って穿ったものがふくまれ
ているはずである。

(2)　五色台・金山地域

①五色台・金山産サヌカイトの産状

　四国北東部を横断する讃岐山脈の前山丘陵部分は，領家花崗岩類から構成さ
れる丘陵性の山地である。これらはサヌカイトをはじめ，瀬戸内火山岩類に属
する溶岩や火山砕屑岩からなる讃岐層群に覆われ，台地状（メサ地形）または
円錐形（ビュート地形）の残丘となって讃岐平野に点在している（図3-5）。

　五色台地域（香川県坂出市・高松市）では溶岩台地に由来する山々が連なり，
讃岐岩質安山岩の赤色風化殻をサヌカイトが覆う。付近では二次堆積した赤色
土中から，小児頭大〜人頭大のサヌカイト角礫が多量に採取できる（乗松
2012）。藁科哲男らの蛍光X線分析は元素比の地点差をとらえており，法印谷群，
白峰群，国分寺群，蓮光寺群が設けられている（藁科ほか 1977）[10]。

　サヌカイト原産地として衆目を集める金山は，山体頂部にサヌカイトを載せ
る標高約281mの独立丘である。東斜面の標高100〜150m付近には緩斜面が形
成されているが，これは金山の旧山頂が大規模な地すべりによって崩壊したこ
とに由来する。サヌカイト層の下位にある流紋岩質凝灰岩層がすべり面と考え
られ，この際に生じたサヌカイトの岩塊や岩屑が地表面を覆っている。地すべ
り地形は東斜面で2箇所，西斜面で3箇所見いだされているが，考古学者に
よってサヌカイト岩塊・岩屑の密集範囲として認識されている場所の多くは，

---

10)　法印谷群が分布する五色台赤子谷地区では，サヌカイト原石・遺物の密集地が知られている
　　（竹広 2003：p.96）。

図 3-5 讃岐平野に群立する山々
象頭山（香川県善通寺市）から北東方向を望む。写真中央の円錐形の山は飯野山（讃岐富士）。その右隣の丘状の地形が金山。

この地すべり地形の場所と一致している。

　五色台・金山地域のサヌカイトとの関係では，淡路島のサヌカイトも興味深い。島北部の岩屋地域や中部の西路山・大崩地区で，砂礫層中や海岸部の礫浜からサヌカイトが採取できる[11]。これは五色台・金山地域のサヌカイトや紀伊半島南西部の和泉地区（大阪府），梅原地区（和歌山県，中原 1999）のものと元素比が一致するため，各地のサヌカイトが流れついたものと判断される。

②金山産サヌカイトの細分

　金山産サヌカイトも，研究の初期から化学組成において二分できることがわかっている（藁科ほか 1977）。金山北東麓の試料から「金山東群」原石群が，南西麓の試料から「金山西群」原石群が作られており，金山地域における火山地質の南北差（長谷川・田村 2002，長井 2004）との関係が注目される[12]。金山産サ

---

11) 淡路島のサヌカイトは島内〜兵庫県南部の遺跡でしばしば使用されるが（深井編 1998，山本編 2002 など），広域には流通しない。

ヌカイトの化学組成に2種類の変異があることは，別のEDXRFを用いた竹原弘展（2012）も追認している。

つまり化学組成のうえでは，一つの地域内で異なる特徴をもつサヌカイトが場所を違えて存在していることが示唆されている。この所見はきわめて重要で，一つの原産地内のどの場所がサヌカイトの採取地だったのかを特定できる可能性を秘めている。石材採取行動の具体的様相や原産地遺跡と消費地遺跡との対応関係の解明にむけて期待が寄せられるのである。

ただし，EDXRFで判明するのは化学組成上での原産地である。そしてサヌカイトをふくめ火山岩はマグマが固化したものであるため，化学組成の違いは，マグマ生成時の起源物質や物理条件の違い，周囲の物質との相互作用の違いなど，火山地質の違いに帰結すると考えられる。そしてサヌカイト生成時の火山地質は，その後の地形の変化をこうむって，現在の状態となる。つまり火山地質と化学組成，地形形成との関係を整理して初めて，化学組成やサヌカイトの考古学的特徴から，石材採取の"場所"を論じられるようになる。従来のサヌカイト原産地分析には，分析試料の来歴を考慮した検証作業が欠けていたのである[13]。

化学組成に違いが生じる地質・地形学的な背景をとらえるため，火山地質が記載できる露頭でサヌカイト原石を採取し，蛍光X線分析に供した。長井謙治（2004）や竹広文明（2013）が記載する情報を参考にサヌカイトが生成時の産状を保っている地点を選び，サヌカイトを採取した。また考古学上重要な散布地についても，分析用サンプルの採取地点にふくめた（口絵13～16）[14]。

原位置性が高い状態で回収できた140316-2地点（4地点；藁科 2010），

---

12) 長井謙治（2004）による精力的な踏査で，金山低標高部においてはサヌカイトの産状（下位の岩相，礫支持形態）に南北差があることがわかっている。これは長谷川修一ら（2002）による地質・地形分類や，金山西斜面では比較的高い場所（150m付近）まで基盤花崗岩が見えること（Sato 1982）をふまえると，きわめて理解しやすい。地すべりの発生場所と基盤地質との関係によって，産状の地点差が現れているわけだ。

13) 近年，藁科哲男（2010）は金山におけるサヌカイトの化学組成の地点差を利用して，「産地組み合わせ法」なる原産地推定を試みている。これは原産地推定の根幹に統計分析をすえる藁科の方法を鑑みれば当然の帰結であるし，金山における原産地開発行動に発掘調査のメスが入ったことからすれば，誠に時宜を得た研究視点と言える。しかしながら，地質学的由来が不明瞭な転石試料を統計分析にかけることで，金山地域におけるサヌカイト産出状況の複雑さがいたずらに強調される結果となっており，考古学上の議論への応用が難しい。

140316-1地点（5地点；藁科 2010）のサヌカイトは，竹原（2012）の判別図にしたがうと，それぞれ「金山1」，「金山2」に判別された（口絵20）。両者はそれぞれ標高約230m，200mの場所にあり，両者を連続して観察できる露頭こそ見いだせなかったものの，その層序関係は明白である。金山のメサ頂部を構成するサヌカイト層は，下部が「金山2」，上部が「金山1」からなると考えられる（図3-6）。筆者らの測定で得られた値から藁科と同じ元素比を計算したところ，表3-1のようになった。EDXRFから出力される測定値（強度）は装置に固有で，同じ型番のEDXRFの間でも互換性がないが（コラム2），この差をなくすため，二上山北麓産サヌカイトの測定値で割って値を相対化した。藁科の「金山東群」，「金山西群」が，竹原の「金山1」，「金山2」に対応することが明らかである。

　金山の他地点での状況も，サヌカイト層の分布や地形形成との関連を示唆する。金山北～北東麓の140316-3地点，140315-5・6地点，140315-3・4地点では，「金山2」にふくまれるものもあるが「金山1」が多い。南西～南東麓の140315-1地点（P22；長井 2004），140315-2地点（P3；同），160416-2（P16；同），160416-1地点（P17；同）では，若干数の「金山1」をまじえながらも量的主体は「金山2」にある。上述のように，北麓や北東麓のサヌカイト集塊は地すべり堆積物に由来すると考えられ，これにふくまれるサヌカイトは原位置を遊離している。また南西麓や南東麓の調査地点でも同様にサヌカイトが再堆積して

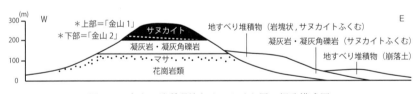

図3-6　金山の地質環境とサヌカイト層の細分模式図

14）採集したサヌカイトを打ち割って新鮮面を露出させ，アルコールとメラミンスポンジで測定面をぬぐった後，蛍光X線分析に供した。分析には株式会社パレオ・ラボが所有するSIIナノテクノロジー株式会社製エネルギー分散型蛍光X線分析装置SEA1200VXを使用し，測定時間は100秒，X線照射径8mm，管電流1000μA，管電圧50kV，試料室内雰囲気は真空に設定，一次フィルタにはPb測定用を用いた。装置から得られたX線強度をそのまま分析に用い，試料の火山地質と化学組成との関係を考察した。

第3章 縄文石器の材料移動　167

表3-1　金山地域におけるサヌカイト原石群・判別群の対応関係（強度比）

分析者	原石群・判別群	K/Ca	Ti/Ca	Mn/Sr	Fe/Sr	Rb/Sr	Y/Sr	Zr/Sr	Nb/Sr	Al/Ca	Si/Ca
藁科哲男 *	二上山	0.29 (1.00)	0.22 (1.00)	0.07 (1.00)	4.63 (1.00)	0.20 (1.00)	0.07 (1.00)	0.62 (1.00)	0.02 (1.00)	0.02 (1.00)	0.14 (1.00)
	金山東	0.48 (1.66)	0.23 (1.06)	0.08 (1.07)	4.51 (0.97)	0.29 (1.45)	0.08 (1.26)	1.18 (1.91)	0.02 (0.83)	0.03 (1.32)	0.19 (1.31)
	金山西	0.41 (1.44)	0.22 (1.01)	0.08 (1.10)	4.57 (0.99)	0.28 (1.40)	0.07 (1.11)	1.10 (1.77)	0.03 (1.33)	0.02 (1.21)	0.17 (1.17)
竹原弘展	春日山	0.32 (1.00)	0.34 (1.00)	0.12 (1.00)	5.96 (1.00)	0.26 (1.00)	0.16 (1.00)	0.74 (1.00)	– (–)	0.24 (1.00)	0.30 (1.00)
	金山1	0.47 (1.47)	0.36 (1.05)	0.14 (1.18)	6.27 (1.05)	0.38 (1.44)	0.20 (1.26)	1.16 (1.57)	– (–)	0.32 (1.30)	0.39 (1.28)
	金山2	0.44 (1.38)	0.36 (1.05)	0.14 (1.14)	6.31 (1.06)	0.36 (1.35)	0.20 (1.21)	1.11 (1.50)	– (–)	0.30 (1.22)	0.37 (1.21)

* 藁科哲男（2007）による
** 下段に（　）をつけて示した値は，分析者ごとの二上山北麓産サヌカイトの測定値で相対化した値

おり，規模は小さいにせよ土砂の流出とともにサヌカイトが移動したことがうかがえる。それでも北麓，北東麓と南西麓，南東麓でふくまれるサヌカイトが異なるのは，「金山2」を産する下部サヌカイト層が金山北半部には発達していないからではないかと予想される。

　ここで推定した金山の地形形成とサヌカイトの再堆積プロセスは，藁科（2010）が示す測定値や原石群の分布範囲と調和する。すなわち化学組成が異なる2種類のサヌカイトが，地すべりにともなって，それぞれ北東方向と南西方向に拡散している状況がうかがえる。二上山北麓産サヌカイトと同様に，金山産サヌカイトにも円磨度の多様性があり，遺跡出土資料の原礫面観察でもその傾向がとらえられている（上峯・朝井 2014）。今後の研究によっては，例えば山頂付近（サヌカイト層），低標高部〜麓（地すべり崩壊堆積物），または周辺河川といったように，原礫面の円磨度をもとに石材採取地点を大まかに推定できる可能性がある。

第4節　サヌカイトにおける蛍光Ｘ線分析法の改良

(1)　蛍光Ｘ線分析にともなう前処理の問題

　蛍光Ｘ線分析は，検証可能な原産地推定データを蓄積し，過去の人類集団の相互関係や行動軌跡を読みとる基礎情報を提供してくれる。ただし分析の方法を熟慮しなければ，貴重な学術資料かつ後世に残していくべき文化財が損壊の憂き目にあってしまう。

　蛍光Ｘ線分析は非破壊分析とは限らない。サヌカイトの剝離面は本来，灰黒色を呈するが，打ち割りから長い時間を経過すると灰白色に変色する。風化によって構成元素の溶脱や風化生成物の蓄積がおこり，表面に風化層が発達する。サヌカイト製遺物の精確な元素分析のためには，測定値を乱す風化層をあらかじめ除去するのが通例となっている。かつては遺物を打ち割って新鮮面を出すこともあったようだが（藁科ほか 1977），近年は酸化アルミニウム等の粉末を吹き付けて，風化面を削りとるのが一般的である。この前処理は，測定値の精確さを重視する分析化学では当然の処置だが，困ったことに，遺物をまったく旧状をとどめない無残な姿に変えてしまう。

　例えば図3-7-a は，六通神社南遺跡の槍先形尖頭器（千葉県千葉市，縄文時代草創期）で，蛍光Ｘ線分析の結果，二上山北麓産サヌカイトが素材となっていると判明している。直線距離で428km に達する長距離移動に関心がもたれたのか，本資料は「発掘された日本列島展2006」の一角を飾っている（文化庁編2006）。ところが本資料を実見すると，まるで瘡蓋を剝がされたかのように器面の中央部が剝落しており，出土時の状態をまったくとどめていない。他の剝離面もほぼ全面にわたって変色し，著しい水磨を受けたような外観となっている。これは分析に先立つ前処理で，風化層の除去がおこなわれた結果である。こうなってしまっては，日頃から二上山北麓産サヌカイトを見慣れている研究者でさえも，肉眼観察からこれを二上山北麓産サヌカイトだと判断するのが難しい。それほどまでに，前処理による資料損壊の影響は大きいのである。

　また図3-7-b には，久宝寺遺跡（大阪府東大阪市）のサヌカイト集積資料をあ

第 3 章　縄文石器の材料移動　　169

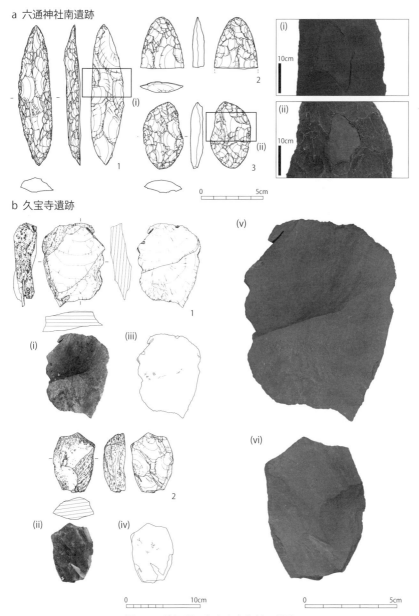

図 3-7　前処理にともなう資料の損壊

蛍光 X 線分析のともなう前処理（風化層の除去）によって，石器の表面が剥落・変色するなど著しい損傷を受けている。考古学的観察への影響は甚大である。b の (i)〜(ii) は分析前に撮影されていた写真（寺川・金光編 1987），(iii)〜(iv) はかろうじて見いだせた「運搬痕跡」，(v)〜(vi) は片面全体に前処理がほどこされてダメージを受けた状態。

げた。大形の剥片や石核が集積状態で発見されたもので，発掘調査当初から縄文時代晩期の石材流通を知るための重要資料として注目された。それ故に蛍光X線分析にかけられ，これらの資料の大半が前処理によって損壊を受けてしまった。筆者は当該期のサヌカイト集積出土資料に，運搬の際に生じた擦痕（運搬痕跡）がのこされていることに気がつき，本資料の実見を試みた。しかしながら前処理の影響は甚大で，損壊した剥離面を丹念に調べて運搬痕跡のなごりを探したり，分析前に撮影されていた写真（寺川・金光編 1987）を観察せざるをえなかった（上峯 2012：p.255）。

　蛍光X線分析に先立つ前処理が，石器の表面を損壊させ，考古学的な観察を著しく妨げている。蛍光X線分析で原産地を推定しても，それを考古学的に研究できないという事態が生じている。さらに悩ましいのは，実際にX線が照射される範囲はごくわずかであるのに，石器の片面あるいは両面の全体にわたって前処理がほどこされている点だ。

　蛍光X線分析法の導入は，石器石材の原産地を比較的簡便な方法でとらえることを可能とし，石器研究を刷新した。原産地推定の確度を高めるための試行錯誤の結果として，前処理は作業工程に組み込まれた。ところがこれに後発して，石器の入念な観察にもとづく石材移動研究の方法が成熟してきた。また従来は，重要度が低いとして剥片や石核が破壊分析の対象となってきたが，近年の縄文石器群における剥片・石核に着目した研究（上峯 2012 など）は，これらを製品類に引けを取らない重要な情報源に位置づける。従来のまま破壊分析を続けることは許されない。サヌカイトの蛍光X線分析法を再考する時期が到来しているのである。

(2)　風化にともなう化学組成の変化

　考古資料を損壊させている前処理は，そもそも精確な原産地推定の妨げになる風化層を除去する目的でほどこされている。しかしながら，風化層を除去しなければ，サヌカイトの原産地を正しく判定できないのだろうか。

　たしかに風化による構成物質の溶脱や二次的な物質の生成は，化学分析においては測定値に影響をあたえる「汚染」である。ところが安山岩の風化に関する研究（井上 2008 など）を参照する限りは，風化による表面物質の変化には規

則性がある。測定値への影響は予測できるのではないか。

　風化層の形成にともなう化学組成の変化を調べる目的で、一乗寺向畑町遺跡（京都府京都市、上峯ほか編 2013）の縄文時代のサヌカイト製遺物のうち、出土地点が不明なもの46点を蛍光X線分析に供した[15]。分析に先立ってサヌカイト製遺物を洗浄し、まずは前処理をほどこさないまま蛍光X線分析にかけて、測定値を記録した。そののち資料の片面に酸化アルミニウム粉末を噴射し、表面に発達した風化層を完全に除去してから、再度蛍光X線分析した[16]。

　両者で得られた値を、竹原（2012）の判別図にプロットしたのが図3-8である。サヌカイトの原産地推定の判別に有効な指標値（コラム3）のうち、風化の影響が現れたのは「Mn強度×100/Fe強度」と「log（Fe強度/K強度）」で、両

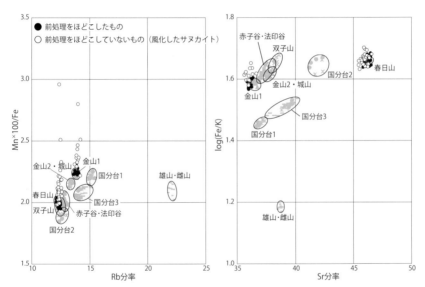

図3-8　判別図法によるサヌカイトの原産地推定と前処理の有無
風化層を除去せずに蛍光X線分析にかけると測定値は乱れるものの、その乱れ方には規則性がある。

---

15)　これらの資料は学術的な重要性が低いと判断されたため、管理者の許可を得たうえで破壊措置である前処理をほどこした。
16)　前処理には株式会社パレオ・ラボが所有する株式会社吉田製作所製サンドブラスター Pencil Jet $aⅡ$ を、蛍光X線分析には同社所有の SEA1200VX を使用し、測定時間は100秒、X線照射径8mm、管電圧50kV、管電流1000μA、試料室内雰囲気は真空に設定、一次フィルタには Pb 測定用を用いた。測定に際しては、本機に搭載されている CCD カメラによりX線を照射する位置を確認した。

者ともに風化によって値が増加することがわかった。対して「Rb 分率」（Rb 強度 ×100/（Rb 強度 + Sr 強度 + Y 強度 + Zr 強度））や「Sr 分率」（Sr 強度 ×100/（Rb 強度 + Sr 強度 + Y 強度 + Zr 強度））など微量元素にもとづく指標値には大きな変化がなかった。

　近畿地方を例にとれば，先史時代に利用されたサヌカイトはほとんどが二上山北麓産と金山産である。蛍光 X 線分析には両者の識別を期待しているのが現状だろう。二上山北麓産サヌカイト（春日山）と金山産サヌカイト（金山 1）が風化によってこうむる表面元素の変化は，判別図上では規則的な変化として表れ，原産地推定を妨げない。両者の識別を主目的に蛍光 X 線分析を実施する場合には，石器表面の風化層を破壊する前処理を無批判におこなう必要はないのである。

(3)　完全非破壊の原産地推定にむけて

　池谷信之（2009）は，有効な原産地推定データを得るためには，分析を依頼する考古学者側が意図を明確にもち，それを分析者と共有することが大切だと強調している（p. 14）。これは分析資料の抽出，分析方法の選択の双方に当てはまる。

　先に述べたように，分析遺物全点に対して無批判に風化層除去のための前処理をほどこすと，その後の考古学的観察に重大な弊害が生じてしまう。資料を損壊させることなく原産地を推定する方法を考えなければならない。光石鳴巳ら（2017）は，発掘調査の際に偶然に生じた新欠部を蛍光 X 線分析の対象とすることで，新たに石器を傷つけることなく，分析資料数の確保に努めている。また新欠部をもつ資料を用いれば，風化層が除かれた場合の化学組成と，風化層をふくめた（前処理をほどこしていない）場合の化学組成の違いも把握できるはずである。その傾向を念頭に置けば，すべての遺物の風化層を除去しなくても原産地推定が可能になるはずだ。上述のように，前処理をほどこす対象を遊離資料や表面採集資料に限定するのも一手だろう。

　ここでは測定法の改良を中心に論じたが，風化層を除去せずに分析する場合，原産地の判別法にも特段の配慮が必要である。原産地推定では，測定値を原産地が既知の岩石の測定値データベースと比較して，原産地を判別している（コ

第3章　縄文石器の材料移動　173

ラム3）。風化層ごと蛍光X線分析に供する場合は，いわば乱れた値が得られるわけだから，前処理をほどこした測定で構築されたデータベースとの間で判別分析を試しても，求める結果は得られない。視覚的に測定値をとらえられる判別図法に分があり，風化の影響を考慮しつつ，図上で1点ずつ値を検討する作業がもとめられよう。

　分析学者が正確な値，正確な結果を得るために多大な努力を払うのと同様，考古学者も実証的な研究から導かれた確固たる目的にそって分析を依頼し，あわせて資料の保全をはからなければならない。お互いの要求を確認し合い，相互の方法や研究展望を理解した上で妥協点を探していくことが，真の学際研究の第一歩である。そのためには，蛍光X線分析で原産地がわかるから分析してみよう，というのではなく，原産地推定の結果を考古学的研究にどのように活かすか，そのためには何をどこまで明らかにすればよいのか，考古資料を取りあつかう考古学者による研究展望の提示が必要になってくるはずである。

第5節　黒曜岩の移動と利用

(1)　他地域から持ちこまれた黒曜岩

　近畿地方から出土する黒曜岩製遺物は，すべて他地域からの搬入品である。日本列島では黒曜岩の原産地が200ヶ所以上知られているが（杉原・小林2004・2006），近畿，中・四国地方は黒曜岩原産地の空白域である（図3-9）。兵庫県豊岡市福田や，竹野町宇日では黒曜岩に類似した岩石が産出するが，これらは黒曜岩とは似て非なるピッチストーン（松脂岩）であったり，石器石材として適切な性質や大きさを備えていないなど，石器石材としての黒曜岩の原産地とは見なせない。福井県坂井市三国町安島の海食崖では，礫岩層中に多量の黒曜岩礫が見られるが，クサリ礫化したものが多く，良質の黒曜岩となると大きなものは望めない（吉澤 2014）。黒曜岩の産出量も考慮すると，近畿地方に黒曜岩を供給しうる最も近い原産地は島根県隠岐島後であり，長野県下の黒曜岩原産

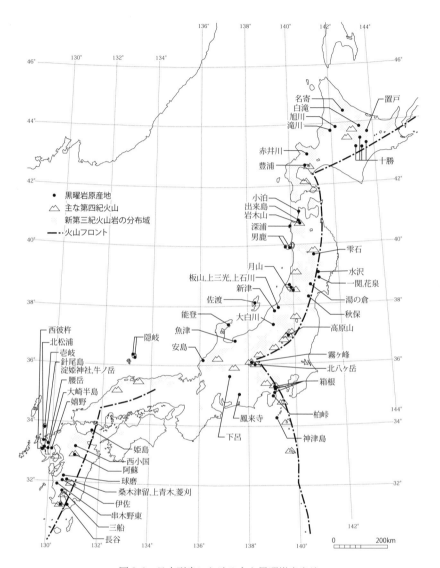

図 3-9 日本列島における主な黒曜岩産出地

日本国内には主なものだけでも約200ヶ所の黒曜岩産出地があり，データベースにまとめられている（杉原・小林2004・2006）。石器石材として利用される貝殻状断口を生じる黒曜岩は，火山フロントの背弧側で高シリカ流紋岩が分布する地域で産出する。杉原重夫ら（杉原編2009・2011・2014a）の用語体系では，黒曜岩が産出する地点，散布する地点を「産出地（point）」としこれを地理的・地質的条件にしたがってまとめて「地区（area）」とする。原産地推定に利用される「系（series）」は，地理的に隣接する「産出地群」で，岩石化学的に特定できる原産地を指している。この原産地設定は火山地質学的に有意であることも確認されており，他の石材の研究事例のような混乱が少ない。

地がそれに次ぐことになる。

　搬入品である黒曜岩は過去の地域間関係の証言者としての性格をもつ。地理的には日本列島の中央部に位置する近畿地方において，東西地域との関係の把握は重要な文化史的問題であり，黒曜岩には否が応でも注目が集まる。ところが，黒曜岩製遺物からどのような文化史が描けるかを考えたとき，これらの資料が今ひとつ活用されていない事実に気がつく。例えば，地域間交流を考える際の基礎となる分析化学的原産地推定の事例は，近畿地方では著しく不足している。久保（2009）の集成時点では，分析化学的な原産地推定の事例は24遺跡69点であり，近年の三重県下出土黒曜岩の網羅的分析事例（三重石器石材研究会2010）を加えても，94遺跡266点にとどまる。これは既知の黒曜岩製資料の約25％にすぎない。久保（2005・2009）や三重石器石材研究会（2010）の研究は網羅的かつ精力的で，当該分野の基礎資料となるべき労作であるが，事例集成に重点が置かれている。黎明期の研究（例えば今里1953）のように，文化史的記述に紙幅がさかれていない。時間軸・空間軸ともに議論の精緻さが高まっていく縄文時代研究のなかにあって，性格や年代が詳らかでなく，それでいて原産地推定に関わる情報量が多い黒曜岩製遺物のあつかいに，考古学者らは苦慮しているのである。

(2)　黒曜岩製遺物の原産地推定

　黒曜岩の原産地が分析化学的に決定できることはよく知られており，黒曜岩製遺物が大勢を占める地域では，原産地推定にもとづく研究が大きな成果をあげている（例えば池谷2009）。このような情勢に影響を受けてか，近年では埋蔵文化財行政でも，石器石材原産地推定の業務委託が報告書作成のルーチンに組み込まれて市民権を得つつある。近畿地方では黒曜岩の出土は1遺跡あたり1〜数点というところだから，黒曜岩の原産地推定とそれにもとづく地域間関係の研究は，重要かつ費用対効果も高い分野であるように思える。それでも原産地推定の事例蓄積が進まないのは，そもそも黒曜岩遺物の発見事例が少ないことに加え，個人所蔵の採集資料や発見時期が古い資料も多く，近年の原産地推定技術の恩恵にあずかる機会を逸してきたことに一因がある。

　近畿地方の黒曜岩製遺物に関心をもった2010年以降，筆者は機会のあるごと

に蛍光X線分析による原産地推定事例の蓄積に努めてきた。資料を所蔵する機関から遺物を借用し，明治大学文化財研究施設ならびに同黒耀石研究センターに在籍しておられた金成太郎氏を頼って，原産地推定をお願いした。また2014年度には，筆者らが設立・運営してきた関西学生考古学研究会と京都市考古資料館との合同企画展プロジェクトが立ち上がり，その一環として，近畿地方各地の黒曜岩製遺物を借用し，明治大学にて原産地推定を実施することができた。2015年度には，ジャパン・マシナリー社の亀山誠氏の取り計らいでブルカー・コーポレーション製ポータブル型蛍光X線分析装置（Portable XRF：PXRF）トレーサーⅢ-SD を試用する機会に恵まれた（口絵31・32）。亀山氏ならびに同社（当時）のリー・ドレイク博士の全面的な協力によって，同装置を使った考古遺物の測定が可能となった。

　分析化学的研究のためには，考古資料を所蔵機関から借用し，装置が設置されている機関に持ちこむ必要があるが，借用にともなう様々なリスクやコストが分析事例の蓄積にブレーキをかける。この点，PXRF は画期的で，装置を携えて資料所蔵機関に赴き，その場で蛍光X線分析を実施する。資料所蔵者，分析者の双方に優しく，分析事例の蓄積に大いに貢献できる[17]。

　以上の機会に実施した原産地推定の結果を，巻末付表１にまとめた。化学組成上で認識できる判別群（系）の名称は，杉原重夫（2014a）にしたがった。明治大学で実施した分析については，手順，精確さ（真度・精度），原産地群の設定根拠と記載岩石学的特徴が公表されている（金成ほか 2011，杉原編 2014a，杉原ほか 2008・2009・2011・2014，長井ほか 2008・2011，弦巻ほか 2011）。

　ブルカー社製 PXRF を使った測定では，旧稿（上峯ほか 2016）の手順にしたがって実施し，IBM 社製統計解析ソフトウェア SPSS Statistics Base（ver. 24. 0. 0. 0）による判別分析で原産地を推定した[18]。この PXRF の精確さは，スピークマンの検証（Speakman 2012）で確認できる。筆者らの測定でもデスクトップ型装置（Laboratory XRF; LXRF）と同程度の原産地群を認識でき，PXRF

17）　PXRF は LXRF の試料室に収まらない大形資料の分析にも有効で，三浦麻衣子ら（2012）による実践例がある。

18）　判別分析の対象を，デスクトップ型蛍光X線分析装置で近畿地方に搬入されていることが判明している原産地の黒曜岩に限定し，断定が難しいものは「判別不可」とした。これは筆者らが現有する黒曜岩の原石試料数と，装置の精確さを考慮した暫定的な措置である。

の有効性についてのナザロフら (Nazaroff et al. 2010) の見解を日本列島の黒曜岩原産地推定でも追認する結果となっている (図3-10)。長崎県針尾島付近など，原産地が密集する地域では判別が困難な場合が生じるものの，近畿地方に持ちこまれた黒曜岩が大まかにどの地域に由来するものなのかを調べるうえでは，PXRF の性能は十分である。

また巻末付表 2 にまとめたように，杉原 (2014b) が示す「黒曜石産出地データベース」との対応がとれている原石サンプルや，同じ地点で収集した同じ産状・特徴をもつ原石サンプルの測定値に照らしても，PXRF による筆者らの分

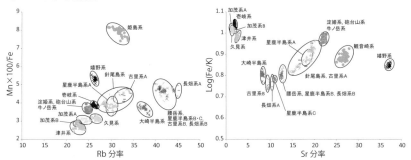

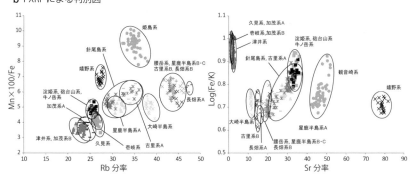

図 3-10　隠岐・九州地方の黒曜岩原産地推定判別図
a：SII ナノテクノロジー社製 SEA1200VX による測定値を使用，b：ブルカー・コーポレーション製トレーサーⅢ-SD による測定値を使用。両者はよく一致しており，PXRF でも LXRF と同程度の系を認識できるとわかる。ただし a のほうが値のまとまりがよく，系相互の重なりも少ない。判別図上での原産地推定が容易で，原産地密集地域での細かな原産地推定では有利である。

析結果とLXRFによる明治大学の分析結果は対比可能と判断される。個々の強度そのものには分析装置の違いに起因する差が生じているが，各判別群の関係は変わらない。表中に示した姫島地区（大分県姫島村）観音崎の露頭から採取された黒曜岩（姫島系）の値で相対化した値では，それぞれの対応関係が明瞭にとらえられる。

(3)　黒曜岩製遺物の時期推定

　近畿地方の黒曜岩製石器は，考古学的にもあつかいが難しい資料である。表面採集資料や歴史時代の遺物包含層からの出土資料が多く，土器や他の石器などが見当たらない事例も珍しくない。筆者の集計によると，黒曜岩製石器の1遺跡あたりの発見数は1点の事例が61%，5点未満の遺跡までをふくめると84%に達する。それもほとんどが剝片や砕片で，それ自身が帰属年代を語る事例は皆無に等しい。このような制約ゆえに多くの研究者の目を引くことなく，その影で発見事例が粛々と蓄積されてきた。

　ところが，黒曜岩製遺物に付帯する年代指標を組み合わせれば年代は推定可能である。縄文石器の研究では，共伴する土器の型式学的特徴をもって石器の時期を決定することが多く，その有効性は疑いない。とはいえ石器を使用する活動に必ず土器がともなうわけではないし，高向遺跡（大阪府河内長野市）や岡田遺跡（兵庫県加西市）など前期の遺跡では，石器が数千～数万点のオーダーで出土するのに対し，土器片は僅少である。このような場合に備え，第2章で構築した石器編年，そして既存の研究（大下2009，田部2010，山内2003など）からうかがえる石材利用傾向など，石器の特徴にもとづく帰属時期の判断・検証がもとめられる。

　石器の特徴をふまえた時期比定の事例をいくつか示す。北落遺跡T13では，SK1301から黒曜岩製石鏃が出土している。同じ土坑からは，後期後葉に帰属する条痕調整の凹線文土器片や凹底の底部片が出土している。また土坑埋土下部の土壌からは，3220±80BP（Libby Age）の放射性炭素年代測定値が得られており，後期後葉頃に比定できる。黒曜岩製石鏃は五角形鏃（図3-11-2）で，脚部付近に肩をもつ形状の石鏃が共伴している。これらを参考に後・晩期の石器編年（図2-25, 26）から類例を探すと，様相9新段階に同じセット関係を見

第3章 縄文石器の材料移動　179

いだせる。同じ遺跡内から角脚鏃が出土していることを考慮しても、この黒曜岩製資料の時期は様相9新段階〜様相10古段階のなかに収まるはずだ。出土土器が示す年代観を石器の型式学的特徴から補えば、正確な時期比定が可能なのである。

　石器の時期が、「共伴」する土器の年代観と整合しない場合もある。ケシケ谷遺跡（京都府福知山市）では、発掘調査区の南壁付近から黒曜岩製石鏃が出土している（図3-12-1）。遺跡じたいは弥生時代中期の集落で、畿内第Ⅳ様式の土器が豊富に出土しており、黒曜岩製石鏃の出土場所は弥生時代中期の竪穴住居SH72に近接する。しかしながら出土石鏃は、弥生時代中期の一括資料とは考えられない。石鏃にはチャート、サヌカイト、安山岩が用いられているが、報告者も指摘するようにチャート製石鏃は凹基に限られ、弥生時代中期の石鏃の典型である有茎鏃や凸基鏃などはサヌカイト、安山岩で作られている。凹基鏃の形態を詳しく見ると、脚部が外側に跳ね返る「長靴鏃」に気がつく（3〜4）。「長靴鏃」は様相5古段階、様相10中段階に特徴的な石鏃形態である。使用石材と石鏃

図3-11　中部産黒曜岩の利用例
1：仲ノ段遺跡（京都府福知山市）、2：北落遺跡（滋賀県甲良町）

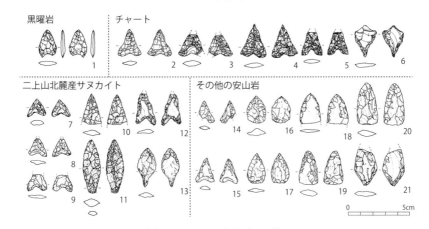

図3-12　ケシケ谷遺跡の石器
使用石材と石器形態に着目すると、縄文時代早期中葉の遺物と弥生時代中期の遺物が混在していることに気がつく。「その他の安山岩」には金山産サヌカイトと在地の安山岩を一括。

形態の対応関係から，ケシケ谷遺跡には，サヌカイトなどを使用する弥生時代
中期の石器群と，チャートを多用する縄文時代の石器群が混在していると考え
られる。二上山北麓産サヌカイトの分布圏が近畿地方北部までおよび，サヌカ
イトを多用する石器群が現われるのは縄文時代早期後半以降である（田部
2010）。つまりケシケ谷遺跡の縄文時代石器群はそれ以前，石鏃形態をふまえ
ると様相5に比定できる。本遺跡の北東約30kmの場所にある浦入遺跡群（京
都府舞鶴市）では様相5の石器群が出土しており，ケシケ谷遺跡の黒曜岩製石
鏃のように，円脚鏃様のサヌカイト製石鏃が見いだせる。以上のように，ケシ
ケ谷遺跡の黒曜岩製石鏃は様相5のなかでとらえられるはずである。

第6節　黒曜岩利用の実際

(1)　黒曜岩を用いた石器製作

　資料数が豊富な遺跡では，遺跡内で黒曜岩を用いた石器製作がおこなわれた
ことがうかがえる。弘川B遺跡（高田館跡遺跡，滋賀県高島市）では，22点の黒
曜岩製遺物が出土しており，すべて隠岐系に判別された。縁辺や稜線にはまっ
たく剥落が生じていないばかりか，剥離面にもキズが認められず，土砂移動等
によって原位置を大きく遊離した資料とは考えがたい。先史時代の遺物包含層
にともなった資料ではないものの，良好な堆積環境にあったと推定できる。最
大長1cm以上の，やや大きい剥片はすべて剥離面打面で，なかには背面にポ
ジティブな剥離面が取りこまれた資料がある（図3-13-13，16，19）。最大長1
cm以下の資料は，打面を欠損していたり，打点から縦方向に折損しているも
のもあるが，残存状況が明瞭なものは単剥離面打面で，やや反った側面観を呈
する。背面には主要剥離面と対向方向の剥離痕を取りこむことがある（図3-13-6，
8，9，11-12）。これらの微細資料の技術的特徴と，両面加工石器未完成品（図
3-13-1）の様相を鑑みれば，本資料群は，剥片素材の石核から剥離された剥片
を用いて，押圧剥離によって石鏃を製作した際の製作残滓と理解できる。

第3章 縄文石器の材料移動　181

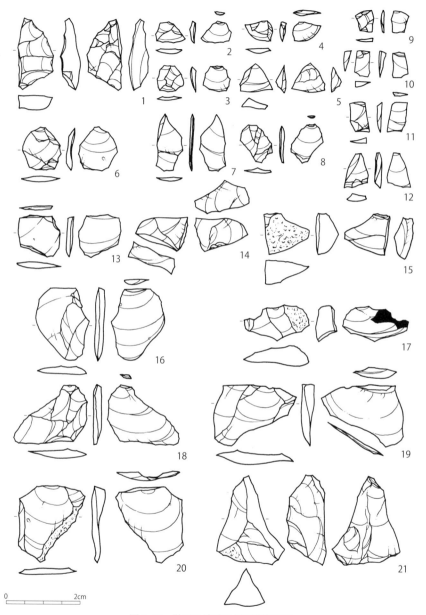

図 3-13　弘川 B 遺跡の黒曜岩製遺物
シャープな縁辺と無傷の剝離面をとどめる資料群で，その性状からは石鏃製作に伴って生じた残滓と考えられる。

単独資料にも，近畿地方における黒曜岩を用いた石器製作を示唆する資料がある。北落遺跡の五角形鏃が様相9新段階（後期後葉）に比定できることは先に述べた。この石鏃の素材は西霧ヶ峰系に判別されるが，同時期の原産地付近では五角形鏃の分布はいたって乏しい。石鏃の縁辺や剝離面に損傷や摩滅，キズがまったく認められない点もふまえると，この資料は北落遺跡の近くで，近畿地方の石器文化に属する人々によって製作された可能性が高い。

また大油子荒堀遺跡（京都府福知山市）の黒曜岩製石鏃は，黄島式前後の土器片や鍬形鏃をふくむチャート製石鏃をともなう。明らかに様相5古段階（早期中葉）に属する資料である（図3-14-1）。鍬形鏃は同時期の中国地方でも製作されるので，型式学的には製作地を推定できないが，石鏃の縁辺や表面にはキズがまったくなく，長距離をもち運ばれた資料とは考えにくい。

興味深いのは，志高遺跡（京都府舞鶴市）で出土した極小の縦型石匙である。中央に素材剝片に由来するポジティブな剝離面が残存するが，この面は微細でアト・ランダムな方向に走るキズで覆われている（図3-15-a）。それを切るネガティブな剝離痕（二次加工痕）には，剝離痕上だけでなく稜線にもキズは認められない。素材剝片の剝離と石匙への加工に大きな間隙が想定でき，その間に，黒曜岩にキズが入るような物理的影響をこうむったわけである。この黒曜岩は西霧ヶ峰系に判別されるが，中部高地で剝離された剝片が近畿地方に持ちこまれ，志高遺跡付近で石匙に加工された公算が大きい。

以上のように，黒曜岩が石器製作のための素材として近畿地方に持ちこまれ，加工される事例があった。隠岐系黒曜岩に対する近畿西部，西霧ヶ峰系黒曜岩に対する近畿東部など，原産地に近い地域では石鏃などの石器に黒曜岩が使用されている事例が多い。

(2)　残滓の移動

近畿地方で発見されている黒曜岩製資料の大多数は単独資料で，それもほとんどが剝片・砕片である。上述のように石器石材としての使用を目的に持ちこまれた黒曜岩があるのは確実だが，それだけで近畿地方の黒曜岩を理解できるわけではない。明らかに石器製作には向かない黒曜岩の事例が見いだせるためである。

第3章　縄文石器の材料移動　183

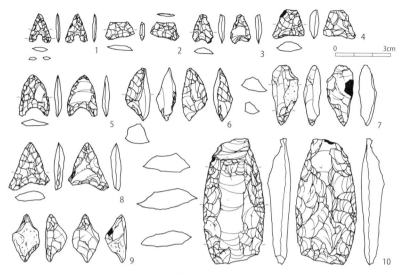

図 3-14　山陰産黒曜岩の利用例
1：大油子荒堀遺跡（京都府福知山市），2：曽我井・野入遺跡（兵庫県多可町），3：東南遺跡（兵庫県太子町），4：市原・寺ノ下遺跡（兵庫県多可町），5-7：弁天島遺跡（滋賀県近江八幡市），8：口北野遺跡（兵庫県明石市），9：三河宮の下遺跡（京都府福知山市），10：鹿谷遺跡（京都府亀岡市）

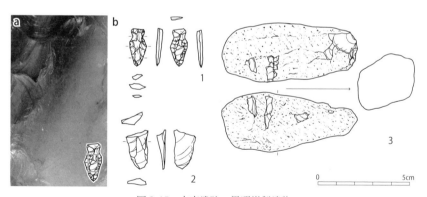

図 3-15　志高遺跡の黒曜岩製遺物
a：石匙の剝離面の拡大写真。素材剝片の剝離面（写真中央から右下）はキズで覆われるが，二次加工痕（写真左上）にはキズがほとんどない。b：黒曜岩製遺物実測図。1は中部産黒曜岩，2は判別不可，3は山陰産黒曜岩。

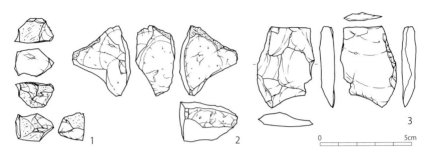

図3-16　九州産黒曜岩の利用例
1：鶏冠井遺跡（京都府向日市），2：石田遺跡（同），3：上里遺跡（京都府京都市）。何れも縄文時代晩期の事例。

　例えば鶏冠井遺跡（京都府向日市）の黒曜岩（図3-16-1）は，石器づくりに関係するような剝離痕が皆無で，ただ乳白色の夾雑物を起点とするポット・リッド状の破面のみが目立つ砕片である。このような破面は急激な温度変化で生じることが知られており（Tsirk 2014），この資料が熱を被っているのは確実である。資料の大きさ，形状，黒曜岩という材質を考えても，これに熱を加える製作技術上の理由は想定できず，この熱破砕片は実利のない残滓ととらえるしかない。石田遺跡（京都府向日市）の黒曜岩（図3-16-2）も熱破砕片で，夾雑物が多い石質ゆえにポット・リッド状の破砕が多発して多面体状となっている。この資料から展開する石器づくりなどおよそ想像がつかない。
　両資料はそれぞれ大崎半島系，腰岳系に判別される希有な資料である。剝離面は無数のキズに覆われ，両遺跡よりもはるか遠くで熱破砕したと推定される。

(3)　北海道産黒曜岩の発見

　注目すべきことに，志高遺跡の黒曜岩製遺物のうちの2点が，北海道白滝地区に原産地をもつ赤石山系に判別された（図3-17）。遺物は2点とも第7次調査（昭和61年度）で出土したもので，京都府埋蔵文化財調査センターによる発掘調査，整理作業を経て，現在は舞鶴市教育委員会の管理下にある。遺物は出土層位ごとにわけて保管されており，その記録からは両遺物が「黄色粘質土」から出土したことがわかる。
　志高遺跡の層序は近畿地方でも群を抜いて良好で，厚さ約2.2mにわたる砂

第 3 章 縄文石器の材料移動　185

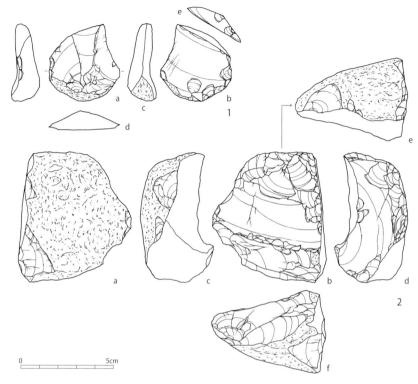

図 3-17　志高遺跡の北海道産黒曜岩製遺物
1 は黒の基質に赤い筋の入るいわゆる花十勝。2 は黒色。

質土と粘質土のサイクリックな堆積物のなかで，早期後半，前期初頭，前葉，中葉，後葉の遺物群変遷を辿れる。「黄色粘質土」はこのうちの最上位層で，多量の北白川下層Ⅲ式〜大歳山式土器や，これと同時期と見て矛盾ない型式学的特徴をもつ石器群が出土している。この層は地表面から約4.3m下位にあり，上位の弥生時代の遺物包含層との間に層厚約 2 m の間層を，下位の縄文時代前期中葉の遺物包含層との間に約20cmの間層をはさんでいる。

　 2 点の北海道産黒曜岩は，明治大学文化財研究施設（当時）による蛍光X線分析では「赤石山系」に判別された（上峯ほか 2013）。また同時期に実施した遺物材料研究所による蛍光X線分析では「赤石山産」に判別された。これらは器種としては，二次加工のある剝片と石核に分類される。このほか，同じ発掘調査で 5 点の黒曜岩が出土している。そのうち 3 点を明治大学文化財研究施設で

分析したところ，原石が隠岐系，石匙が西霧ヶ峰系に判別され，剝片が判別不可となった（図3-15）[19]。

　北海道産黒曜岩が検出されたという想定外の結果を受けて筆者の脳裏をよぎったのは，北海道で出土あるいは採取された遺物が，整理作業から筆者が実見するまでの期間に何らかの理由で混入した可能性はないのだろうかという疑念である。遺物からこの点を検証するため，階段状剝離痕の末端部などに残存した微量の黄色土に注目した。この黄色土は石器が地中に埋蔵している頃に付着したものが，発掘後に洗浄されたものの，洗いにくいところに入り込んだ土が除かれずにのこったものと判断される。石器の堆積環境に関する情報をとどめているはずである。

　この黄色土を採取し，前処理ののち簡易プレパラートを作成して鉱物組成を調べたところ，長石などとともに火山ガラスが検出された[20]。火山ガラスはバブル型Y字状ガラスを主体とし，バブル型平板状ガラスや軽石型繊維状ガラスなどを少量ともなう。屈折率は1.4985-1.5016（平均値1.4995）となっており，始良 Tn 火山灰（AT）に対比できた。また付着土からは，ササ属型（チシマザサ，ミヤコザサなど）やネザサ節型（アズマネザサ，ケネザサ）からなるプラント・オパール化石も検出された。AT の分布が北海道にはおよんでいないこと（町田・新井 2003），北海道でササ類が目立ちはじめるのは完新世以降であること（佐瀬ほか 2004）をふまえると，この付着土が北海道に由来するとは考えられない。

　また白滝地区の黒曜岩の分布は，三内丸山遺跡（青森県青森市，縄文時代前期～中期）や亀ヶ岡遺跡（青森県つがる市，縄文時代晩期），湯の花遺跡（山形県小国町，細石刃文化期）にもおよんでいるが（杉原編2009・2011），北海道以外での出土はまれで，出土しても１遺跡で数点という少量である。これが本州のどこかの遺跡から２点も採取され，志高遺跡の遺物整理コンテナに混入する可能性は皆無に等しい[21]。

　この２点もまた，残滓の類である。図3-17-1の素材は円～亜円礫で，原礫面に見られる無数の衝撃痕は河床礫が利用されたことを示す。背面には原礫面の

19）　報告書（肥後編 1989）によれば，ほかに黒曜岩製石鏃が２点ある。

20）　付着土の分析は株式会社パレオ・ラボに委託した。

打撃によって生じた剥離痕が取りこまれており，これが最も先行する。この際に生じた稜線を取りこむように，a面の上方向から，縦長の剥離痕が求心状にのこされている。次に形成されたのがb面の主要剥離面で，末端部が肥厚している。剥離には無理な力がかかったと考えられ，打面側の折損はこの際に生じた可能性が高い。縁辺角は細かな剥離調整によって70〜80°となっているが加工意図は不明で，製作途上で放棄されたと考えられる。

　図3-17-2の素材も同様に，原礫面が衝撃痕に覆われた亜円礫である。原礫面の残存状況からは，原石の大きさは最大長6.5cm，最大厚4.0cm程度と推定される。剥離痕はパティナの発達度から二時期に区分でき，パティナが発達してくすんで見える面が，切り合い関係でも光沢が顕著な面に先行する。b面にのこされた最も先行する大きな剥離痕は，背面に原礫面を取りこんだ厚手の剥片を剥離した際の痕跡であろうが，力がうまく抜けきらなかったようで，その際にできた末端部の高まりが稜線に連続している。この稜線が，その後の剥離作業にとって大きな障害になったはずである。ちょうどその稜を打点とした石核の分割，d面側からの剥離もほどこされるが，同時割れの頻発や階段状終息部の発生に阻まれ，剥離作業が放棄されている。これらの剥離痕に後続するのが，パティナの発達が弱い剥離痕で，石核の縁辺角が90°以下になっている箇所を手当たり次第に打撃している。何らかの石器の素材剥片が剥離されたようには見えず，階段状終息部をもつ剥離痕を累積させただけで，作業の継続が断念されている。

　パティナの発達が異なる二種類の剥離痕は，この資料の打ち割りが時間的間隙のある二時期にまたがったことを示している。1の剥離痕は，2のパティナの発達が弱い剥離痕と同様の外観を呈することから，パティナの発達が著しい剥離痕は縄文時代以前の剥離痕跡かもしれない。パティナが発達する剥離痕がバルブの発達しない平坦な面を呈するのに対し，パティナの発達が弱い剥離痕ではバルブが目立つものが多く，打撃方法などが異なっている可能性がある。

---

21)　筆者がこの資料の由来に慎重を期したのは，発掘調査担当者の要望に応えてのことでもある。原産地推定結果を携えて筆者がヒアリングに伺った際，氏のご厚意で志高遺跡の調査関係者に連絡を取って頂き，調査当時，北海道産黒曜岩を入手しえた者がいない事実が確認された。氏は本資料のあつかいになお慎重であるが，以上の検討結果をふまえ，筆者の責任において原産地推定結果を発表した（上峯ほか 2013）。

剥離痕上のキズについても，二種類の剥離痕の間には違いを指摘できる。志高遺跡の黒曜岩製遺物に見られるキズは三種類あり，①幅0.5〜1mm程度の比較的方向をそろえた擦痕と，直径1mm程度の円形の衝撃痕が累積した，深く顕著なキズ，②幅0.2mm程度のほぼ平行する擦痕が密集した，浅いキズ，③幅0.1mm以下の，アト・ランダムな方向に走る擦痕に大別できる（図3-18）。①には土が入り込んで黄色に着色されたようになっているが，②は白色である。③は光にかざしてようやく見える程度の，微細で不明瞭なキズである。2の古い方の剥離痕には①〜③すべてのキズが認められるが，新しい方の剥離痕ならびに1の剥離痕には，②〜③のキズしか観察されない。2は古い時代の石核が，縄文時代の人々によって再利用されたのだろう。

古い時代の剥離痕をのぞいても，これらの黒曜岩にのこされた①・②のキズは，面積割合で5％程度に達している[22]。他遺跡の黒曜岩製遺物に認められるキズは③ばかりで，志高遺跡の西霧ヶ峰系，隠岐系の黒曜岩製遺物もその例に漏れない。これらと赤石山系黒曜岩製遺物におけるキズの発達度の差は，運搬

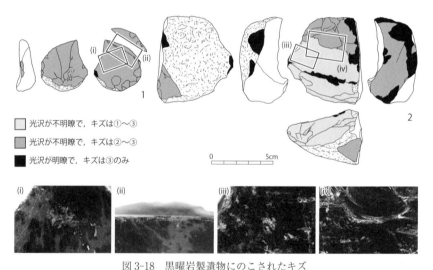

図3-18　黒曜岩製遺物にのこされたキズ
剥離痕のパティナの発達度とキズの種類とは相関しており，これらの資料には複数の時期にわたる加工痕跡が累積していると考えられる（口絵105・106）。

22）面積割合は『新版標準土色帖』にもとづいて表記した。

された距離の長さを示しているとみて大過なかろう。

　直線距離約1,300km という，日本列島の先史時代で最長距離の石材移動事例となる本例は，石器に仕上げたり，剝片を剝離できる見込みがほとんどない，残滓の運搬である。この点に，同じく長距離をもち運ばれた九州産黒曜岩との共通点を指摘できる。

(4)　黒曜岩原産地の推移

①原産地推定結果の取りあつかい

　近畿地方にはどの時期に，どの産地の黒曜岩がもたらされたのだろう。これを見通すには筆者らが新たに分析した事例だけでは不十分なので，先学によって蓄積された事例を加えて検討する。

　異なる分析者，装置で得られた結果を一括することの危険性は，藁科哲男が再三指摘しているとおりで，分析者間での相互チェックが必要である。表3-2には同一遺物が複数機関で分析されている事例，筆者らが意図的に複数機関で同一遺物を分析した結果をまとめた。測定法や機器を違えても，推定される原産地が異なったというケースはない。上述のように，測定値（強度）の絶対値は使用機器によって異なるが，元素間・パラメータ間での強弱は概ね一致している。また市原・寺ノ下遺跡のように，同一の試料（ここでは地球化学標準試料JG-1）の測定値を用いて相対化すると，機器を違えても得られる値は近似することがわかる。藁科哲男，金成太郎，筆者らの EDXRF による原産地推定結果は一括してあつかえると判断される[23]。

　近畿地方に持ちこまれている黒曜岩は，白滝（北海道），神津島（東京都），霧ヶ峰，和田峠，星ヶ塔（長野県），隠岐（島根県），姫島（大分県），腰岳（佐賀県），大崎半島（長崎県）に限られる。これらを表3-3のように，地域区分にあてはめ，「中部産」，「山陰産」などと一括してあつかう。各地の黒曜岩の挙動

---

23)　隠岐地区の原産地の細分ともなれば，装置がもつ精確さの差によって判別結果が異なる可能性はある。しかしながら隠岐地区の黒曜岩の化学組成はきわめてユニークであるから，既往の分析で，隠岐地区の黒曜岩が他地域の黒曜岩と誤認されているとは考えにくい。実際の原産地推定においては，個々の装置の精確さの違いは問題にならない。

190

表 3-2　測定機関・装置の違いと原

遺跡名	分析者	使用機器	測定番号	原産地推定結果	Rb 分率	Sr 分率	Zr 分率	Mn×100/Fe
志高遺跡（京都）	藁科哲男	SEA2110L	111616	赤石山	–	–	–	–
	金成太郎	JSX-3100s	MIZ1-001	赤石山系	44.69	10.29	25.98	3.75
志高遺跡（京都）	藁科哲男	SEA2110L	111617	赤石山	–	–	–	–
	金成太郎	JSX-3100s	MIZ1-002	赤石山系	46.39	10.00	22.97	3.77
三河宮の下遺跡（京都）	金成太郎	JSX-3100s	UMI1-051	隠岐系	32.88	0.00	52.95	2.45
	上峯篤史	Tracer III-SD	hakubi_2536	隠岐系	26.19	1.38	69.54	3.71
浜詰遺跡（京都）	金成太郎	JSX-3100s	UMI1-043	隠岐系	32.97	0.00	52.92	2.60
	上峯篤史	Tracer III-SD	hakubi_2534	隠岐系	26.51	1.77	68.00	4.32
浜詰遺跡（京都）	金成太郎	JSX-3100s	UMI1-044	隠岐系	32.96	0.00	52.55	2.49
	上峯篤史	Tracer III-SD	hakubi_2535	隠岐系	26.89	1.44	68.20	4.15
市原・寺ノ下遺跡（兵庫）＊	藁科哲男	–	45883	久見				
	上峯篤史	Tracer III-SD	hakubi_1367	隠岐系	26.43	1.46	68.67	4.27
市原・寺ノ下遺跡（兵庫）	藁科哲男	–	45882	久見				
	上峯篤史	Tracer III-SD	hakubi_1368	隠岐系	26.83	1.15	69.45	3.84
桜ヶ丘第1地点遺跡（奈良）	藁科哲男	–	–	霧ヶ峰	–	–	–	–
	金成太郎	JSX-3100s	UMI2-001	西霧ヶ峰系	40.25	13.88	27.54	10.05
	上峯篤史	Tracer III-SD	hakubi_1	西霧ヶ峰系	36.36	21.36	48.97	12.81
桜ヶ丘第1地点遺跡（奈良）	藁科哲男	–	–	霧ヶ峰	–	–	–	–
	金成太郎	JSX-3100s	UMI2-002	西霧ヶ峰系	40.90	14.37	26.82	10.06
	上峯篤史	Tracer III-SD	hakubi_4	西霧ヶ峰系	36.61	20.46	49.70	12.00
桜ヶ丘第1地点遺跡（奈良）	藁科哲男	–	–	霧ヶ峰	–	–	–	–
	金成太郎	JSX-3100s	UMI2-003	西霧ヶ峰系	40.79	13.99	27.86	10.07
	上峯篤史	Tracer III-SD	hakubi_7	西霧ヶ峰系	36.40	21.21	49.40	11.73

＊下段に（　）をつけて示した値は，同一条件で測定された JG-1（地球化学標準試料）の測定値

と，近畿地方と他地域の関係をとらえやすくするためである。

　このような大まかな区分を採用するなら，肉眼観察による原産地推定も参考になる。黒曜岩製遺物の事例報告には，報告者らの肉眼観察にもとづく「原産地推定」が併記されていることが多く，一考の価値がある。例えば姫島産黒曜岩は乳白色を呈する不透明な黒曜岩で，きわめて特徴的である。EDXRF によ

産地推定結果・測定値（強度比）

Log(Fe/K)	Ca/ K	Ti/ K	Mn/Zr	Fe/Zr	Rb/Zr	Sr/Zr	Y/Zr	Nb/Zr	Al/ K	Si/ K	出典
-	0.17	0.06	0.08	2.69	1.29	0.27	0.33	0.05	0.03	0.36	
0.11	-	-	-	-	-	-	-	-	-	-	
-	0.17	0.06	0.08	2.66	1.27	0.30	0.34	0.04	0.03	0.36	
0.11	-	-	-	-	-	-	-	-	-	-	
0.34	-	-	-	-	-	-	-	-	-	-	
-	-	-	0.04	1.17	0.44	0.02	0.23	0.29	-	-	
0.38	-	-	-	-	-	-	-	-	-	-	
-	-	-	0.05	1.15	0.45	0.03	0.23	0.31	-	-	
0.32	-	-	-	-	-	-	-	-	-	-	
-	-	-	0.05	1.17	0.46	0.02	0.24	0.32	-	-	
-	0.10	0.07	0.02	0.84	0.37	0.01	0.11	0.23	0.00	0.21	(薬科1997)
	(0.14)	(0.29)	(0.26)	(0.25)	(0.40)	(0.00)	(0.47)	(5.00)	(0.00)	(0.89)	
-	-	-	0.05	1.10	0.45	0.02	0.22	0.31	-	-	
			(0.35)	(0.32)	(0.45)	(0.02)	(0.54)	(1.48)			
-	0.10	0.05	0.02	0.94	0.41	0.01	0.13	0.24	0.01	0.17	(薬科1997)
	(0.13)	(0.21)	(0.21)	(0.28)	(0.45)	(0.01)	(0.55)	(5.27)	(0.71)	(0.71)	
-	-	-	0.04	1.14	0.45	0.02	0.22	0.29	-	-	
			(0.33)	(0.34)	(0.46)	(0.02)	(0.54)	(1.42)			
-	-	-	-	-	-	-	-	-	-	-	(薬科・東村1988)
-0.13	-	-	-	-	-	-	-	-	-	-	(佐藤ほか印刷中)
-	-	-	0.18	1.43	1.11	0.44	0.50	0.27	-	-	
-	-	-	-	-	-	-	-	-	-	-	(薬科・東村1988)
-0.13	-	-	-	-	-	-	-	-	-	-	(佐藤ほか印刷中)
-	-	-	0.18	1.47	1.13	0.43	0.53	0.27	-	-	
-	-	-	-	-	-	-	-	-	-	-	(薬科・東村1988)
-0.13	-	-	-	-	-	-	-	-	-	-	(佐藤ほか印刷中)
-	-	-	0.17	1.45	1.13	0.44	0.53	0.26	-	-	

（Imai *et al.* 1994）で相対化した値

る分析がかなわなかった資料でも，実見や写真観察から，姫島産黒曜岩と確認
できる[24]。またEDXRFで「西霧ヶ峰系」に判別された遺物や，原産地で採取
した黒曜岩試料はどれも透明度が高く，近畿地方に持ちこまれた他産地の黒曜
岩との識別が可能である。実見できた遺物はもとより，実見がかなわなかった
資料でも，透明度の高さを根拠に中部高地産であることを述べている文献情報

表3-3 黒曜岩原産地の区分

地方	地区	系	代表的な産出地
北海道	白滝地区	赤石山系	赤石山
東海	天城地区	柏峠系	柏峠
東海	神津島地区	砂糠崎系	砂糠崎
東海	神津島地区	恩馳島系	恩馳島
中部	霧ヶ峰地区	西霧ヶ峰系	星ヶ塔,星ヶ台
中部	霧ヶ峰地区	和田峠系	東俣,ツチヤ沢
中部	霧ヶ峰地区	鷹山系	星糞峠
山陰	隠岐	隠岐系	久見
九州	姫島地区	姫島系	観音崎
九州	有田地区	腰岳系	腰岳
九州	大崎半島地区	大崎半島系	大崎半島

は信頼性が高いと判断される。一方，推定根拠を示さずに中部高地産と断じているものや，肉眼観察で隠岐産と推定している事例もかなりあるが，これらは検討にふくめない。後者については，確率論的には隠岐産に帰属する可能性が高いとは言え，腰岳や伊豆諸島などの黒曜岩との区別が果たされているとは考えにくい。

②資料体の設定方法

　以上の基準で集成した原産地推定事例を，巻末付表3にまとめた。ここでは，どの地域の黒曜岩が搬入されているかを把握するため，1遺跡ごと，黒曜岩の産出地方ごとに資料体を設けた。すなわち，隠岐系黒曜岩製遺物と中部産黒曜岩製遺物が1点ずつ出土している場合は，隠岐系黒曜岩製遺物が出土する遺跡×1，中部産黒曜岩製遺物が出土する遺跡×1としてあつかっている。出土層序や遺構，黒曜岩製資料の技術的特徴などから考えて，明らかに複数時期の黒曜岩製資料が1遺跡から出土している場合は，それらも別々に集計した。

　10点の隠岐系黒曜岩製遺物が出土していても，集計上は山陰産黒曜岩製遺物が出土する遺跡×1として資料体を設けるが，数量や黒曜岩製遺物の考古学的特徴は別に項目を設けて表現する。黒曜岩製遺物の器種構成に注目し，あわせて剝離面上のキズの有無，石器（製品）については形状を調べた。上述した各事例からもうかがえるように，剝離面上のキズは石器製作～遺物発見までに黒曜岩が運搬されたことを示すマーカーとなるし，石器の形状は上述の石器編年

24）　宇久島厄神鼻の凝灰岩層からも乳白色・不透明の黒曜岩が採取できる（松井1990）。坂田邦洋（1982）は石器製作が可能な大きさのものも採取できる可能性を述べているが，筆者の現地踏査では，最大径1cm以下のマレカナイトとして産出するものしか確認できていない。筆者らが実施したPXRFによる分析で，厄神鼻の黒曜岩は九州地方の他産地の黒曜岩とは異なる化学組成をもつことが確認できており，表3-2でEDXRF分析を実施した遺物中に，厄神鼻産黒曜岩が埋没している可能性は否定できる。

や他地域の研究成果に照らせば，その石器が作られた場所を探る手がかりになる。筆者が取りあつかった事例では，これらの属性の組み合わせは次のように類型化できた。

　　構成Ⅰ：原石・剝片・石核・石器のうちの複数種が出土している事例。剝離面上のキズがほとんどなく，黒曜岩を用いた石器製作作業が想定できる資料群をⅠa，剝離面がキズで覆われていたり，出土点数が少なく，黒曜岩を用いた石器製作作業が想定できない事例をⅠbとする。
　　構成Ⅱ：石器のみで構成される事例。型式学的特徴から出土遺跡付近で製作されたと考えられる事例や，剝離面にキズがほとんど見られない事例をⅡa，石材原産地付近で製作されたと考えられる事例や，剝離面にキズが著しい事例をⅡbとする。
　　構成Ⅲ：剝片や砕片のみで構成される事例。剝離面上にキズがほとんどなく，黒曜岩を用いた石器製作作業が想定できる資料群をⅢa，剝離面上にキズが著しい事例や，出土点数が少なく，黒曜岩を用いた石器製作作業が想定できない事例をⅢbとする。

　構成Ⅰa・Ⅱa・Ⅲaは，他地域に位置する黒曜岩原産地やその近傍の遺跡から黒曜岩がもたらされ，各遺跡で石器製作に供されたもので，もちこまれた黒曜岩の量や石器使用の有無によって，黒曜岩製遺物の構成に差が生じたと解釈できる。一方，構成Ⅰb・Ⅱbでは黒曜岩製の石器や製作残滓がもたらされており，黒曜岩製石器の製作残滓だけを手にしているのが構成Ⅲbということになる。構成Ⅰa・Ⅱa・Ⅲaをとる遺跡では，黒曜岩は石器製作の材料としてもたらされているが，構成Ⅰb・Ⅱb・Ⅲbの遺跡では黒曜岩を用いた石器製作の痕跡はなく，石器の製作や使用にもはなはだ不都合な資料からなる。これらの遺跡では石器づくりのために黒曜岩を獲得したのではなく，黒曜岩の入手そのものに目的があったと解釈される。

③地域と時期の取りあつかい

　黒曜岩は近畿地方の東西からもたらされるので，近畿地方東部（三重県・滋賀県），近畿地方中央部（京都府・大阪府・奈良県），近畿地方西部（兵庫県）と地

域を区分して，近畿地方内での地域差をとらえる[25]。さらに地域間で黒曜岩製遺物の発見事例数を比較できるようにするために，各地域の事例数に三地域の面積差を補正する係数をかける。

　石器の特徴をふまえた時期推定は，資料数に恵まれた表面採集資料でも可能である。ただし資料の状況や石器の型式学的変化の速度や編年の精度が相まって，帰属時期の判断にはある程度の幅がつきまとう。その場合，該当する時期すべてに遺跡数を点数化して割り振り，あくまで地域単位で，黒曜岩原産地の推移がとらえられるようにした。例えば早期前葉（様相4）と早期中葉（様相5）のどちらに帰属するか決めがたい場合，両時期に0.5遺跡として割りふった。

　各時期に配分したポイントを集計すると，黒曜岩の原産地と時期の対応関係がわかる数値が得られるが，まだ不十分である。近畿地方の遺跡数は時期によって変動するため，黒曜岩製石器の事例数が多い時期は単に遺跡数そのものが多く，発見事例が増加している可能性も考えられる。既存の遺跡数の集成データ（瀬口2003，田村2003，平田2003，松田1998）をもとに地域ごとの遺跡数をもとめ，この値を使って各時期の黒曜岩製石器の事例数を相対化した（各時期の事例数÷各時期の遺跡数×1000）。

　時期推定の精度にあわせて，事例数がいくつかの時期に割り振られていることにも注意が必要で，実際には発見事例がないのにもかかわらず，他時期からの配当を受けた擬似的なピークが生じている時期があるかもしれない。各時期の値から，同じ地域・原産地での事例数の平均値を引き，この点の解消をはかった。

④黒曜岩原産地の推移

　以上の方法で集計されたデータを，図3-19に表した。縄文時代草創期に帰属する可能性がある事例は，図3-14に示した鹿谷遺跡（京都府亀岡市）の木葉形尖頭器のみである[26]。したがって早期以降について，近畿地方に持ちこまれた

25）　和歌山県の事例は徳蔵地区遺跡のみであるため，集計からは除外した。
26）　鹿谷遺跡の尖頭器は，先端からの衝撃で剝離したと推定される縦溝状の剝離痕が最終剝離痕としてのこされている。この痕跡は衝撃剝離痕（御堂島1991）と判断でき，本資料は使用されて破損したものと考えられる。ただし時期比定をめぐっては，近畿地方では木葉形尖頭器の帰属時期を示す明確な出土事例がないため不安が残るのも事実である。

第3章 縄文石器の材料移動 195

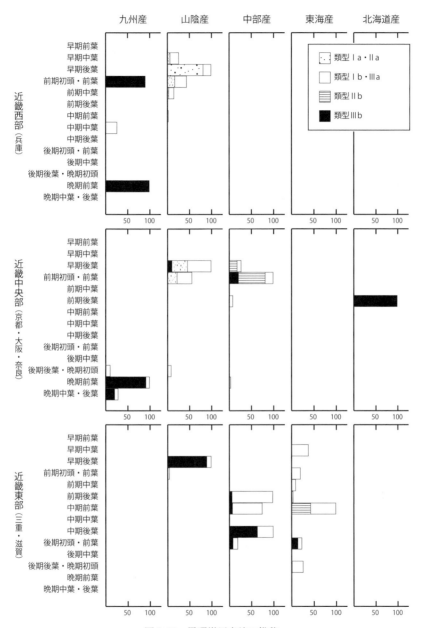

図3-19 黒曜岩原産地の推移

黒曜岩原産地の推定結果を，各地域の面積，遺跡数の多寡などで相対比した値にもとづく。近畿地方に持ちこまれた黒曜岩の原産地の推移が，明瞭に表われている。

黒曜石原産地の推移を示すピークを示した。どの地方の黒曜石が近畿地方のどの範囲にどの程度もたらされたのか，素描してみよう。

早期：早期中葉から山陰産黒曜岩が顕著にもちこまれる。別宮家野遺跡（兵庫県養父市）のように早期前葉の事例もあるが，増加するのは早期中葉以降で，ピークを迎える後葉には近畿地方東部にまで分布がおよぶ。中部産黒曜岩の搬入は早期後葉から明確化するが，この現象は近畿地方中部に限られる。東部では，西山半島遺跡（三重県志摩市）など，早期に位置づけられる東海産黒曜岩の事例がある。

前期：山陰産黒曜岩の流入が続いているが，早期後葉より事例が減少している。一方，近畿地方中央部では中部産黒曜岩のピークが現れるが，浦入遺跡（京都府舞鶴市）や下市西北遺跡（奈良県下市町）など，時期が限定しにくい資料が多く，やや時期幅をもたせて理解すべきである。中部産黒曜岩は近畿地方西部には達せず，また東部でも事例が目立たない。東部における中部産黒曜岩は前期後葉に急増するが，これも東部だけの状況である。また東部には東海産黒曜岩も見られる。近畿地方西部ではすでに九州産のピークが現れているが，該当するのは北白川下層Ⅱa式とともに採取された，西野遺跡（兵庫県養父市）の1事例のみである（図3-20）[27]。前期後葉には，志高遺跡で北海道産黒曜岩の搬入がある[28]。

中期：中期前葉から後期後葉は，近畿地方西部と中央部では黒曜岩の流入が少ない。西部の中期中葉に現れた九州産黒曜岩のピークは，辻井遺跡（兵庫県姫路市）の時期が絞り込めないことによる擬似的なものである。一方，東部の状況はまったく異なっており，前期後葉以来の中部産黒曜岩の流入が継続している。中期中葉には途絶えるが，中期後葉に再びピークを見せる。また東海産黒曜

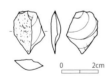

図3-20　西野遺跡の黒曜岩製遺物
姫島系黒曜岩に判別された剝片。採集資料ではあるが，前期前葉にさかのぼる可能性がある。

27）姫島産黒曜岩の分布拡大傾向（下森 2004）に照らせば，この段階に姫島系黒曜岩の分布が近畿地方西部におよんでいてもおかしくはない。
28）資料管理者の希望から巻末付表にはふくめていないが，奈良県下でも赤石山系に判別された黒曜岩製遺物がある。前期後葉に位置づけられる多量の土器片，サヌカイト製石器とともに採集されたもので，志高遺跡とともに注視すべき事例である。

岩の流入も顕著である。

後期：中期同様，近畿地方中央部と西部には黒曜岩が見いだしにくくなるが，近畿地方東部では中部産黒曜岩の流入が続いている。東海産黒曜岩の事例も，井尻遺跡（三重県多気町，西村編1996）などで知られる。

晩期：近畿地方西部と中央部では，九州産黒曜岩の搬入が一時的に顕在化する。近畿地方で確認される九州産黒曜岩の大多数は，晩期前葉に比定できるほどである。近畿地方東部には九州産黒曜岩の分布は達しておらず，天白遺跡（三重県松阪市）などで東海産黒曜岩が知られるのみである。晩期中葉以降は，どの地域でも黒曜岩の流入は低迷になる。弥生時代に帰属することが確実な黒曜岩製遺物は近畿地方では僅少であるため，晩期中葉の状況が弥生時代に継続するとみなされる。

⑤黒曜岩が持ちこまれた背景

　近畿地方にもたらされた黒曜岩製の原産地と分布範囲には時期差があることが明瞭となったが，これらのほとんどは，各原産地の黒曜岩の流通量の増減として説明できる。

　例えば山陰産黒曜岩は，近畿地方では早期中葉から増え始め，早期後葉に発見事例数・分布範囲がピークに達し，前期中葉にかけて減少・後退していく。これは長山馬籠遺跡（鳥取県伯耆町）や帝釈観音堂洞窟（広島県神石高原町），洗谷貝塚（広島県福山市）などでとらえられた，早期～前期における隠岐産黒曜岩の利用量の増減と一致する（竹広2003）。さらに原産地に近い島根県中海・宍道湖周辺の遺跡では，早期末～前期には石鏃の75％以上が隠岐産黒曜岩で製作されているし，山陰西部山間部でも早期前葉の堀田上遺跡（島根県邑南町）では黒曜岩を用いたものは石鏃の約２％にすぎないが，早期末～前期前半の郷路橋遺跡（島根県邑南町）では約60％に達している（会下2002）。すなわち近畿地方における山陰産黒曜岩の発見事例の増減は黒曜岩の流入量の増加に起因しており，山陰産黒曜岩の分布域の外縁部の様相と理解してよい。

　中部産黒曜岩についても同じ説明が可能で，近畿地方で発見事例数の増える早期後葉～前期前葉は，静岡県東部や関東地方でも信州産黒曜岩の比率が増している（池谷2009：p.220，池谷2011：p.51）。前期中葉の空白期をはさんだ後，

近畿地方で中部産黒曜岩がもたらされる地域が東部に転じる点は注視されるが，事例数の増減についてはやはり南関東地方のデータと調和的である（池谷2009：pp. 248-249）。また愛知県下でとらえられた中期における黒曜岩利用率の上昇は（田部 2001），中部産黒曜岩や東海産黒曜岩によるものと考えられる。やはり近畿地方の状況と整合している。東海産黒曜岩が中期中葉以降に激減する現象も，関東地方の状況（建石 2012）と同一視してよいだろう。

　さらに黒曜岩製遺物の構成についても，近畿地方では時期差と地域差が見いだされる。まず注目したいのは早期～前期の山陰産黒曜岩の挙動である。早期後葉の近畿地方西部では構成Ⅰa・Ⅱaが卓越するが，同時期の近畿地方中央部では構成Ⅱb・Ⅲbが表れており，近畿地方東部ではⅢbが大半となっている。近畿地方西部の資料の多くは兵庫県北部の事例であり，近畿地方のなかでは，黒曜岩原産地である隠岐島に比較的近い。それゆえに隠岐系黒曜岩を用いた石器製作が可能であったと考えてよい。一方，石器を単独で入手するケースや端から石器石材になり得ない石器製作残滓を入手する事例が，近畿地方中央部，東部へと増加していく事実からは，隠岐系黒曜岩の分布圏の外縁部では，黒曜岩の製作残滓が拡散していることがうかがえよう。原産地から離れるにしたがって，黒曜岩製遺物の構成が変化していくのである（図3-21）。

　前期初頭・前葉では，近畿地方西部・中央部ともに構成Ⅰa・Ⅱaが卓越する。早期後葉との違いは黒曜岩の発見事例数の減少によるものであり，さらに事例の少ない早期中葉についても同様に理解される。上述のように近畿地方における山陰産黒曜岩の発見事例の増減は，黒曜岩の流入量の増加に起因すると考えられ，黒曜岩の流入量が増すと製作残滓の拡散事例・範囲が増大すると見てよい。

　中部産黒曜岩の状況も同様で，黒曜岩の発見事例が増える前期初頭・前葉には構成Ⅲbをとる遺跡が見られる。製作残滓の拡散と黒曜岩の流入量とは相関していると考えて矛盾はない。この推定は，流入量が少ない東海産黒曜岩で製作残滓の拡散が顕著でないことからも裏づけられる。

　一方，北海道産や九州産では上述の説明は困難である。前期には少なくとも三内丸山遺跡（青森県青森市）までは北海道産黒曜岩が到達しているが（斎藤 2005），以遠の分布状況は不明である。また九州産黒曜岩でも分布範囲がとら

第3章 縄文石器の材料移動　199

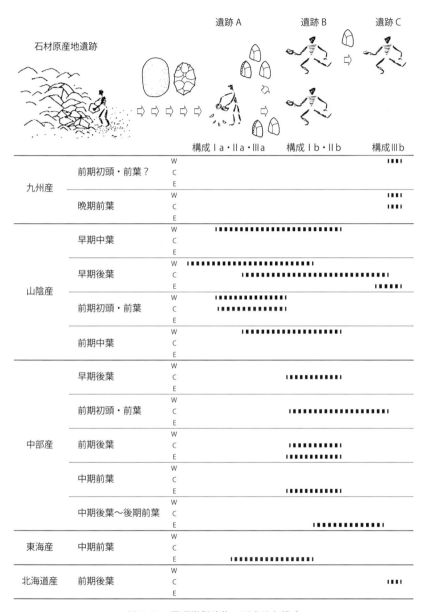

図 3-21　黒曜岩製遺物の原産地と構成
図3-19の一部を再編成したもの。W・C・Eはそれぞれ近畿地方西部・中央部・東部を指す。黒曜岩製遺物の構成の地域差からは，原産地からの玉突き的な運搬が常態であったと見通せるが，九州産や北海道産の黒曜岩は，非隣接地域からの飛び石的な運搬が想定できる。

えやすい姫島系黒曜岩では，晩期の中国・四国地方における発見事例は後期よりも減少している（下森 2004）[29]。

　すなわち近畿地方の縄文遺跡から出土する黒曜岩製遺物には，山陰産・中部産・東海産のように黒曜岩原産地からの流通の延長で近畿地方に行き着いたものと，北海道産や九州産のように，直線距離で500km をこえる超長距離を，いわば飛び石的に運ばれてきた黒曜岩の二者がある。近畿地方と他地方との関係という観点から評するならば，前者は他地方から近畿地方へ，そして近畿地方の各地域へと玉突き的に運搬されてきたものだから，それらの地域の文化要素を連続的に理解する根拠となる。一方後者については，頻度は低いものの，近畿地方が非隣接地域との交流をもった可能性を探る手がかりとなろう。

第7節　学際的研究のための心構え──本章のまとめ

　石器石材の広域移動現象は，地域と地域の関係，遺跡と遺跡の関係を直接に復原することが期待され，縄文石器研究の注目分野となっている。近畿地方でも，草創期〜前期については在地石材とされるチャートと，遠隔地石材であるサヌカイトの量比が，中期以降についてはサヌカイトの原産地に関心が集まってきた。それらの研究が科学的たらんとして注目したのが，蛍光X線分析など，分析化学の研究成果である。両分野の交流は数々の原産地推定結果を蓄積させたものの，分析に際して考古学者側からの要望が十分に伝えられていないため，分析試料の選定や遺物の保全，考古学的な研究にとっての有効性に疑問符がつくものも少なくなかった。

　過去の人類が残した物質的痕跡から人類の過去を研究する学問と定義される考古学は（濱田 1922），そのオリジナリティーを考古資料という対象に対して

---

29)　晩期中葉になると，姫島にも黒曜岩を石器に利用する遺跡（用作遺跡，坂本 1991）が出現する。当該期には姫島系黒曜岩の獲得・利用に変化が生じたと見ることもでき（下森 2004），これとの関連で近畿地方の状況を解釈できる余地もある。

持つのであって，研究方法そのものは他学問からの借用や，それらのアレンジによって成り立っている。考古学とは，一つの学と言うよりは複数の学問の境界に位置する研究領域としての性格が強い。学際的な性格を本質としてもっているため，原産地推定のみならず，考古資料を対象とした学際研究は敷居が低いといえる。ただし成功の鍵は分野間での議論がどれだけかわされるかにかかっている。学際研究とは本来は綱引きのようなものであり，両陣営の均衡状態のなかでこそ，学際研究の醍醐味である新たな研究分野の開拓が期待できる。縄文石器について言えば，いま必要なのは考古資料としての石器の特性について考え，考古学的データを抽出すること，分析化学の方法について最低限の理解をした上で，対象となる石器の特性や課題，分析化学への意見や疑問を忌憚なく発信することだろう。

　原産地推定の対象となろうとも，石器はあくまで石器であるから，これまで述べてきたように技術的に観る，編年によって帰属時期を判断するといった方法は変わらず有効で，そうした考古学的手続きがあってはじめて，原産地推定の結果も活きてくる。原産地推定事例の蓄積と考古学的評価によって，日本列島を駆け巡った石器石材の移動が明らかになってくる。その成果を再び製作技術や編年の様態と関わらせると，石器は人間集団の移動や情報流動を見せてくれる。この点について，終章で議論しよう。

考古遺物の蛍光X線分析

　考古遺物の化学組成を把握するには，特有の問題が生じてくる。例えば石器は表面形状がいびつで資料によって不揃いであるため，これが測定値に影響を与える。また肉眼では均質なガラス質石材に見えても，内部に斑晶などの不純物が隠れている場合や，ふくまれる鉱物の種類や大きさに由来する微細レベルでの不均質さは，非破壊分析では解消できない。先に述べた較正プログラムを用いても，考古遺物の測定から正確な定量値を得ることは難しいようである。このような事情は，定量値を出すことをあきらめ，生データである蛍光X線強度をそのまま用いる場合でも同じである。たとえば個々の元素の濃度を指標とする井上巖（2008など）の黒曜岩原産地推定では，判別図上での原産地群の円が大きい（測定値がばらつく）傾向にある。ここで述べた考古資料ならではの障害が測定値を乱していると考えられる。

　この影響を軽減するため，藁科哲男や望月明彦はいくつかの元素の強度の比をとるという工夫をしている。元素の強度にも上述のような要因で誤差が生じるが，原子番号の近い元素ではX線の挙動も似るため，これらの比をとれば誤差が打ち消されると考えられている。例えば望月（1997など）は，黒曜岩の原産地推定に以下のパラメータを用いている。

1）Mn 強度 × 100 ÷ Fe 強度
2）Log （Fe 強度 ÷ K 強度）
3）Rb 分率 = Rb 強度 × 100 ÷ （Rb 強度 + Sr 強度 + Y 強度 + Zr 強度）
4）Sr 分率 = Sr 強度 × 100 ÷ （Sr 強度 + Sr 強度 + Y 強度 + Zr 強度）
5）Zr 分率 = Zr 強度 × 100 ÷ （Zr 強度 + Sr 強度 + Y 強度 + Zr 強度）

　これらのパラメータを取った二変量散布図（判別図）や統計分析は，黒曜岩

のみならず近畿〜中・四国地方のサヌカイトの原産地推定にも有効である（竹原 2012）。

　元素の選択やパラメータ設定は望月の経験的な判断によっているとされるが，火山地質学や岩石学的の観点からは次のように説明されている（嶋野ほか 2004, Kannari *et al.* 2014）。黒曜岩やサヌカイトは珪長質マグマが固まって形成されるが，結晶集合体である岩石が地下で解けることでマグマが生じる。K，Rb, Sr，Y，Zr は結晶相よりも液体のマグマに多く分配される液相濃集元素であるから，これらの元素比を取った場合，起源物質や溶解度が同じものであれば近い値となる。これらが原産地推定の指標となりうる理由は，この点にある。また起源となるマントルの部分融解度の違いから，東北日本弧などの第四紀火山では同種の火成岩でも日本海側では K が低くなると考えられている（Sakuyama and Nesbitt 1986, 巽 1995）。Fe は主要な結晶相を作る元素であるが，海洋島弧の火山岩では Fe に富むと K などの液相元素が乏しくなる傾向が見いだせる場合があり，Fe と K の比をとることで両者を識別できる。このような関係にもとづく地域差が上手く利用され，簡潔で信頼性が高い原産地推定が実現しているのである。

終　章　縄文石器の可能性

縄文石器は何を語るのか。石器の観察から言わば芋づる式に抽出される，製作技術，形状，材質についての情報は，どのように組み合って，縄文文化のどの部分と強く関連しているのか。前章までの個別研究で得られた成果と，既往の土器研究等の成果を織り交ぜて，縄文時代の情報の動きとその背景構造を考察する。この作業を通じて，縄文石器研究が縄文時代研究に果たす役割を展望する。

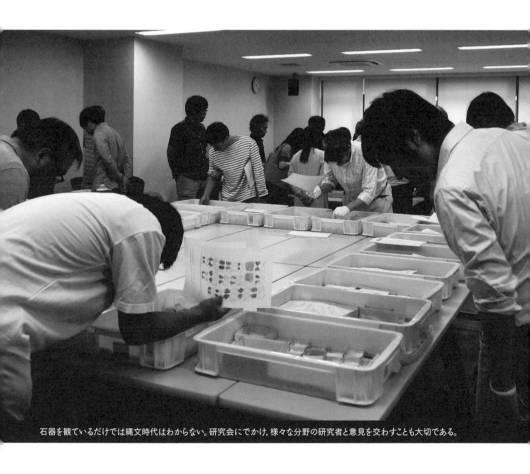

石器を観ているだけでは縄文時代はわからない。研究会にでかけ，様々な分野の研究者と意見を交わすことも大切である。

終章　縄文石器の可能性　207

第1節　石器情報の広がり

(1) 縄文石器がもつ情報

　近畿地方に展開した打製石器は，製作者が有していた岩石の物性と破壊に関する知識，その合理的な運用という観点からすれば，後期旧石器時代とくらべても遜色がない高度な技量をもった製作者によって作られた。サヌカイト原礫を石器の素材剝片に"切り分ける"技術（剝片剝離技術）がもつ包容力は，個々の集団が保有していた，または獲得が期待される原礫の量や形状，質にも配慮しながら，多様な器種それぞれに適した素材剝片を得るために効率的な剝片生産を可能とした。この際に慮られた素材剝片の性状と，押圧剝離技術のもつ素材改変力の高さによって，二次加工段階には原礫の多寡や性状とは無縁の細部調整が可能となり，ただ"割れるようにしか割れない"岩石の可塑性と，求める器種の機能からくる制約だけが，石器の形状を制限することとなった。

　このような状況下で作られた各種の石器，とりわけ入念な二次加工がほどこされる石鏃や石錐，石匙，異形石器などでは，ある限られた時期，限られた地域の遺跡で目立つ特徴的なデザインをとるものが見いだされた。これらがもつ性質は，縄文土器研究における「型式」に類似するものと見なせ，土器研究の型式学的方法を石器研究に持ちこんだ大工原豊（2008）のいう「型」に相当すると見てよい。近畿地方の縄文石器は，多様な「型」と，特徴的というには忍びない多くの器種と，膨大な製作残滓から構成されている。大工原に倣って演劇に譬えるならば，「石器群」という劇団は多数の役者，すなわち「器種」によって構成され，これらはいくつかの動機，すなわち「目的」のもとに集っている。このなかには個性的な俳優に譬えられる「型」が散見されるが，彼らが主演の重責を担うのか脇を固めるのかは劇団次第である。

　石器の形状の多様性と変遷は，上のように土器型式と同様の説明が可能であるが，土器における胎土分析と同じ領域に属するのが石材原産地分析である。近畿地方の縄文石器の大半は，通有の石材である二上山北麓産サヌカイトによって製作されつつも，時期によっては香川県産のサヌカイトや，遺跡から相

対的には近い場所で採取可能なチャート等によって製作される。石器石材の分布圏の広域化が飽和状態に達する早期後半以前は，サヌカイトとチャート等の利用状況から，地域集団の接触とそれを機会とした物資の流通を見通せる。同じことは後に近畿地方北西部にもたらされる山陰産黒曜岩や，淀川水系を遡る香川県産サヌカイトの追跡からも果たせる。一方，黒曜岩の流通量が増す時期には，黒曜岩製石器が単独で持ちこまれたり，ほとんど利用価値のない黒曜岩製の残滓が近畿地方を暗躍する。少量ながら重厚たる存在感をもつそれらは，搬入土器と同様の性質をもつと考えられる。

　石器は土器とは異なる物性をもつ素材から作られ，可塑性や耐久性，生活における役割の違いから異なる特性をもつ考古資料としてあつかわれている。ところがひとたび縄文石器群を解剖していけば，最も石器らしい技術的要素は，遺跡がおかれた社会・経済的要素と連動し，土器と同様に石器にも見いだせる型式学的な情報領域とは独立している。そして，原産地の特定がしやすい点においてもう一つの石器らしさを担う原料のもつ情報は，製作技術の社会・経済的要素に関わるだけでなく，石器の型式学的な洞察に参照軸を与えることが期待される。すなわち，原産地推定結果からは情報が伝わってきた「距離と方向」が，組成や表面状態などに表れた流通形態からは，情報の「伝わり方」が読みとれるはずである。

(2)　石器型式圏の変化と黒曜岩の推移

　土器編年の並行関係が整備されている早期以降について見ると，近畿地方に展開した様相4の石器群は，中部地方や東海地方と共通する要素があり，これが様相5にも継承されて，近畿地方と中部地方とは同調した変化を生じている。様相5に表れた重要な出来事は，中・四国地方にも近畿地方と同様の石器群がおよぶようになる点であるが，近畿地方や中部地方にくらべれば，中・四国地方への波及はやや遅れるようである。つまり様相5古段階から新段階にかけて，近畿地方～中部地方におよんでいた型式圏が次第に中・四国地方に到達した，と説明できる[1]。この時期には山陰産黒曜岩が近畿地方，とりわけ西部に散見

---

1)　ただし型式情報が移動した方向の判断は，土器編年に依存する部分が大きい。とりわけ近畿地方と隣接地域の押型文土器の併行関係については，多様な見方がある（岡本2017など）。

され，近畿地方と中国地方との関係が強まっていることがうかがえる点で，石器の型式面と調和的である。

　近畿地方と中国地方の石器に見いだせる型式学的共通性は，様相6にも顕在である。山陰産黒曜岩の流通量の増加にともなって，近畿地方東部にまで黒曜岩製の石器製作残滓が拡散する。様相5とは違って，中部地方では様相6の類例を指摘できず，近畿地方で中部産黒曜岩の発見事例が散見されることと合わないかのように見える。ただし，この点は当該期の土器編年の整備にかかる期待が大きく，評価を下すのは尚早であろう。

　様相7古段階の分布圏は広く，構成要素が部分的に見られる範囲も含めれば，関東地方〜中・四国地方にまで達している。特徴的な型の多さとも関係しているだろうが，様相6にくらべて，分布域が東方に大きく拡大しているのは確実である。山陰産黒曜岩の流入量が減少していると見なせること，中部産黒曜岩の発見事例が近畿地方中央部で目立ち，東部で顕著でないことは，様相7古段階の分布範囲が近畿地方から東に延び，その中心域が近畿地方北部〜北陸地方に想定される点と関連づけられよう。古段階の中心域から遠い地域において中段階への移行が先行する現象は，地域差が明瞭になっていく過程としてとらえられ，新段階において近畿地方北部と南部の濃淡関係が逆転する。山陰産黒曜岩の発見事例は前期中葉以降に減少し，分布域も後退していく。これと反比例するように，中部産黒曜岩が近畿地方東部〜中央部に現れていて，近畿地方を二分する地域性の顕在化過程と調和していると見なせる。

　中部〜近畿地方と中・四国地方との時間的傾斜からすれば，様相8も東からの影響を受けて生じたと見てよい。この地域間関係に照らせば，山陰産黒曜岩がほとんどもたらされておらず，中部産黒曜岩の分布が近畿地方東部にはおよんでいる事実も理解しやすい。

　この状況が様相9にも継承され，中部地方から中・四国地方，九州地方北部で似通った石器が散見される。ただし近畿地方と類似した石器群は中部・東海地方よりも中・四国地方に広がりをもっており，中部産黒曜岩や東海産黒曜岩がほとんど見られなくなったことと調和する。中・四国地方において金山産サヌカイトの利用度が高まり，山陰産黒曜岩の利用頻度が著しく減少したことが，山陰産黒曜岩が近畿地方に波及しなくなった要因と考えられる。

様相10で飛躍的に増加する五角形鏃は中部地方〜中・四国地方まで広域にお
よぶものの，近畿地方中央部から東部にかけての比較的狭い範囲で，角脚鏃と
棒状錐を特徴的に組成する石器群が見られる。東方からもたらされた有茎鏃が
近畿地方で西限をむかえる点とあわせて，様相10古段階には石器の地域差が目
立ってくるといえ，これが中段階，新段階へと希薄化していき，東海地方〜
中・四国地方西部に達する広域圏を形成すると説明できる。

　第2章，第3章の成果から導かれた上の状況をめぐっては，次の二つについ
て説明が必要であろう。一つはある地理的範囲内で似通った特徴をもつ石器が
分布するのはなぜかという点，今一つはその範囲が時期によって異なるのはな
ぜかという点である。このような共通性が生じているレベルは大工原（2008）
の概念では「様式」に相当し，それらが共通する地理的範囲は「石器様式圏」
にあたると考えられる。氏はその背景構造の解明を縄文石器研究の課題の一つ
とし，具体策として縄文土器型式や，住居，墓制，集落形態との関連性の追求
をあげている。

第2節　石器の動きと土器の動き

(1)　土器型式圏の変動

　石器に共通性が見られる地理的範囲と，土器型式圏がどのような関係にある
のかを探ってみよう。まずは先学の諸研究を参考にしながら，近畿地方と他地
域との共通性と差異に注目して，近畿地方の土器編年と近畿地方におよぶ土器
型式圏の変動を素描してみる（図4-1）。

　早期は押型文土器の時期とそれ以後の時期に二分され，押型文土器はさらに，
ネガティブな押型文やそれと類似した文様をほどこす前半と，ポジティブな押
型文がほどこされる後半に二分される。押型文土器前半期は草創期後半と同様
に中部地方との共通性が強く，近畿地方西部よりも中央部や東部に遺跡が多い
（関西縄文文化研究会編 2011）。大鼻式の分布圏は近畿地方から東海地方に限られ

終章　縄文石器の可能性　211

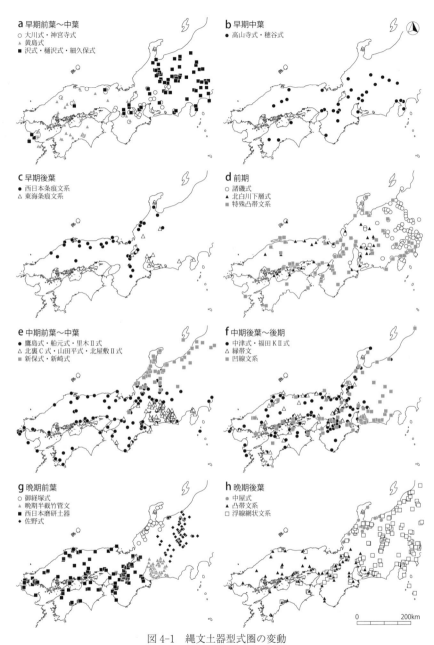

図 4-1　縄文土器型式圏の変動
『総覧縄文土器』（小林編 2008）による。型式圏の範囲と位置の変化には，集団の移動や情報流動が反映されている。

ているが，大川式新段階には地域色が明確になり，神並上層式にかけて分布が西へと拡大していく（矢野 1993）。後半には中・四国地方との共通性が顕著になり，黄島式は瀬戸内海を中心に広域に分布しつつ，一部は中部・北陸・東海地方にまで達する（兵頭 2008）。高山寺式はこのなかで生じていた地域色が一体化するかたちで成立したと見られ，本州西部から東海地方に斉一的な土器が分布する（矢野 2008）。押型文期直後に位置づけられる「宮の平式」土器からは，近畿地方中央部が再び，中・四国地方よりも中部地方との共通性を強めていたことがうかがえる。

　早期後半の土器編年には課題が多いが，兵庫県北部から山陰地方にかけては平栫式やこれに先行する天道ヶ尾式など，九州地方と共通する土器型式が分布する（矢野 2013b）。宮ノ下式などがこれに後続して分布するが，これらに多用される文様には九州地方の土器型式との関連がうかがえるという。宮ノ下Ⅱ式の直後に「志高式」，「松ヶ崎下層式」が位置づけられ，これに轟B式と関係をもつ山陰地方の土器がともなう。近畿地方北部から山陰地方は九州地方との共通性が強く，早期後半〜前期初頭を通じて，近畿地方中央部や東部とは異なった地域圏を形成していたと見られる。一方，早期後半の近畿地方中央部や東部には，関東地方の鵜ヶ島台式，茅山下層式，東海地方の粕畑式や石山諸型式が分布し，その後も滋賀県湖東部には，天神山式や塩屋式など，東海地方と共通する土器型式が主体的に分布している。早期後半〜前期初頭の近畿地方は，明確に地域圏が二分されていたわけである。

　前期中葉には旧来の文様や地域圏の複雑な状況が統合され，北白川下層Ⅱ式土器がスムーズに変遷する（網谷 1989）。中・四国地方から中部・東海地方西部までにわたって類似した土器が分布するが，後半期には中部・関東地方の諸磯式から借用した文様をもつ事例や，近畿地方東部を中心に諸磯式土器の浅鉢が搬入された事例があり，中・四国地方との断絶が見いだせる。これらの影響を受けて成立した北白川下層Ⅲ式は分布範囲を広げ（千葉 2012：p. 38），前期末の大蔵山式土器は中九州，山陰，南四国，北陸，関東，東北地方まで，実に広い範囲で確認されるようになる。

　中期中葉までは，鷹島式，船元Ⅰ〜Ⅳ式，里木Ⅱ式の土器型式が推移する。鷹島式の成立については，瀬戸内地域の土器からの影響をうけつつ，北白川下

層Ⅲ式，大歳山式からの変化として説明される。鷹島式以後は文様の変遷に他地方の影響を見せつつも，縄文を地紋として竹管状工具で文様を描く原則や，器形は深鉢形のみで口縁形や大小で器種が表現される点で共通点をもつ，一連の土器と見なされる（泉 2008）。土器の約三割が他地域の土器で占められ，前葉には北陸地方の新保式や東海地方の北裏Ｃ式，中葉には中部地方の山田寺式，勝坂式，東海地方の咲畑式などが見られる。これらの東日本系土器は，前期にくらべて東海・北陸地方などとの関係が強まってきたことを示していよう。このなかで中国地方との関係が薄れ，後葉には関東・中部地方の加曽利Ｅ式等の影響を強く受けた北白川Ｃ式が成立し，近畿地方一円に分布圏を形成する（矢野 1994a）。北白川Ｃ式の後半期には，無文土器の比率において近畿地方が二分されるようになる（矢野 2013：pp. 457-458）。すなわち近畿地方東部・中央部では，文様モチーフをもたない無文土器はほぼ皆無で，その替わりとなる縄文施文の土器がともなうが，近畿地方北部や瀬戸内海沿岸では無文土器の比率が高く，山陰地方と共通する。これらの地域が西方の地域と関係を強める中で，後期の中津式が成立したと説明される。

　中津式とそれに続く福田ＫⅡ式は中・四国地方，近畿地方を中心に，九州，東海，北陸地方まで広く分布する。中津式は広範囲で斉一性を示しつつも，縄文の撚り方向や有文土器と無文土器の割合，粗製土器の調整方法などで地域性が指摘でき，福田ＫⅡ式はこれがやや緩まりながらも地域性を維持する（石田 2008）。これらの土器の要素を引き継いで縁帯文土器が成立するが，その成立と展開には関東地方の土器の影響が想定される（千葉 2008）。縁帯文土器は東海地方西部～中・四国地方にまで分布するが，北白川上層式３期までは関東地方の土器が近畿地方と東海地方西部まで分布する点において，中・四国地方との地域差が見いだせる。これに続く一乗寺Ｋ式の分布はほぼ近畿地方に限定され，他地域との違いが際立つが，元住吉山Ⅰ式期には解消されて，九州，中・四国地方から北陸，東海地方まで，類似した土器が分布するようになる。

　この広域性は後期後葉の凹線文土器に継承され，成立期の元住吉山Ⅱ式は中・四国地方および近畿地方にかけて分布する。その後，地域色が強くなり，近畿地方～中・四国地方東部には宮滝式が，以西は黒色磨研土器が，以東には井口Ⅱ式や吉胡・伊川津式など別の土器が分布する。

晩期の近畿地方には西日本磨研土器が分布する。滋賀里II式期の深鉢は近畿地方から中部瀬戸内地方まで共通性が指摘でき、滋賀里IIIa式頃には西部瀬戸内地方との違いも解消されていき、篠原式期には東海地方にまで達する汎西日本的な無文土器圏が成立する（中村 2008）。この土器圏を継承して凸帯文土器が出現し、前半期には一条凸帯土器が広範囲に広がるが、後半期になると一条凸帯土器が量的主体であり続ける地域と、大阪湾周辺から中部瀬戸内地域のように、二条凸帯を有する凸帯文土器が組成の中心を示す地域とに二分される。また浅鉢や壺、深鉢の口縁部凸帯形状などでは細かな地域差も指摘される。

(2)　石器型式圏が維持される背景構造

　以上に整理した石器と土器それぞれの時間的・空間的な動態は概ね調和している。とりわけ近畿地方と関係を強めたのが隣接するどの地方なのかたどれば、その推移は大略一致していると言ってよい。すなわち様相4から様相5にかけて、類似した石器が見られる地域が中・四国地方におよんでいく過程は、神並上層式以降の土器型式圏の西方拡大と同様である。様相6をとらえられた事例は厳密には近畿地方中央部から東部に偏るため、近畿地方西部の状況が不明であるが、山陰産・中部産黒曜岩の動きは土器型式圏のあり方と矛盾しない。様相7にいたって分布圏が大きく拡大することも、黒曜岩が山陰産から中部産・東海産に転じることも、北白川下層式土器圏の成立や、船元式にともなう東方の土器の状況とあわせると理解しやすい。様相8の成立は言わずもがな、様相9から様相10における石器の状況は、凹線文土器から西日本磨研土器、そして凸帯文土器へといたる土器型式圏の変動と合致する。

　打製石器の形状の変化や、少量の黒曜岩がもたらされる現象は、これまでの縄文時代研究で把握・追跡されてきた縄文土器型式の変化とよくあっている。例えば様相7では、古段階の石鏃、石錐、石匙に表れた特徴的な要素が、中段階、新段階へと継承されながらも次第に希薄になっていく過程を追跡できる。また様相8を特徴づける、身部と脚部の境界付近に肩をもつ石鏃は、様相9においても割合を大きく下げながらも存続している。

　一方、編年上で急激な変化が生じているように見える部分もあるが、その多くは他地域からの影響で説明できる。先の事例について言えば、様相7の石匙

に見える正三角形（古段階）→凸字形（中段階）という変化は，中部〜関東地区でも大工原（2008）のいう鳥浜型や天神型と長野松原型とのコントラストとして表れていて，石匙の形態的斉一性に照らしても，偶然の一致とは考えにくい。この連動現象は両地域間での情報伝達の継続を背景とするはずで，当該期の中部産黒曜岩の動きはこの想定を許容する。またこの時期には，志高遺跡における北海道産黒曜岩の搬入事例が注目されるが，これは粟津湖底遺跡（滋賀県大津市）の木目状撚糸文をもつ縄文土器片，吹浦遺跡（山形県遊佐町）における大歳山式土器の出土と同様に，直接的にせよ間接的にせよ，近畿地方と東北地方の人間集団の間で物が動いたことの証明である。それにともなって，何らかのかたちで情報が移動したはずで，この理解に立てば様相7新段階における縦型石匙や琴柱形異形石器を，押出遺跡（山形県高畠町）における「押出ポイント」や，異形石器の「模造型式」と位置づけることも可能である[2]。

　すなわち，打製石器に映された型式学的な情報は，本質的には縄文土器のそれと同じ位相の背景構造をもつと推察される。縄文土器がある地理的範囲内で似通った特徴をもち，時間的な変化においても同調を見せる現象は，土器型式研究が成立する前提条件であると同時に，その研究が背景構造を説明すべき現象でもある。型式は考古学において不可欠の作業概念であると同時に，集団のまとまりや生活領域の投影であることを期待されている。水沢教子（2014）が明言するように，考古学者の多くがこの期待に共感しつつも，手工業生産活動の一部をもって集団を思い描くことに戸惑いを感じている。この命題を問い直すにあたって，土器型式研究と肩を並べて歩ける可能性を秘めているのが，石器の型式学的特徴と石材の広域移動現象に着目した研究である。

　縄文土器については，のこされた爪の痕や民俗事例をもとに，土器製作者は女性であると考えられることが多く，婚姻にともなう女性の移動がある程度の地理的範囲内で繰り返されて，土器型式圏が現象するという理解が根強い[3]。

2）　里木貝塚（岡山県倉敷市）の中期（古）石器群は，近畿地方の様相7新段階と時間的には併行関係にあるが，未だ縦型石匙が出現しておらず（間壁忠・間壁葭 1971），これを東日本との関係で考える見方を許している。

3）　例えば佐藤達夫（1974）は，縄文土器型式の伝播の背景に，婚姻による女性の集団間移動を想定している。矢野健一（2005）も，婚姻関係に基づく集団間の社会的関係が土器型式圏の地域性変化の背景にあると見る。

しかしながら古人骨の遺伝学的研究からは夫方居住婚を支持しない結果が得られている（西本 2008）。またマードックによる世界の民俗事例調査の結果にしたがえば、土器作りは女性が担当することが多い仕事、石器づくりは男性がおこなうことが圧倒的に多い仕事であるが（Murdock 1937）、これをそのまま敷衍すると、土器と石器の型式学的動向が一致するという現象の説明が困難になる。例えば石器づくりにおいて素材剝片剝離段階と二次加工段階の作業が分節可能であるという点に鑑みて、前者を男性が、後者を女性が担当した可能性も否定されず、解釈をしぼりこめない。

　現時点で明らかなことは、同一の土器型式圏内で石器の型式学的情報も維持され、その範囲外からもたらされる石器石材も、土器型式圏内に広がる遺跡間のつながりの中で消費されるという点である。近畿地方の石器文化を支えた二上山北麓産サヌカイトは、縄文時代のどの時期においても、原産地である二上山北麓地域から消費地たる各地の縄文遺跡に至るまでのサヌカイトの消費過程を追跡できる[4]。原産地が近畿地方外にあるために見えにくくなっているが、黒曜岩についても経過は同じである。すなわち石器石材に投影されているのは、資材の流通状況と、その行き来によってより強固になったであろう遺跡と遺跡のつながりである。石器は地域社会の構造についての、雄弁な証言者なのだ。

第3節　石器の動きと人間集団の動き

(1)　石器情報が拡散する背景

　他地域からの情報流動を物語る最たる例は、通常の型式圏をこえて、類似した型式学的特徴をもった土器が分布する状況や、土器系統の置換のような大き

---

4)　サヌカイト製石器の製作残滓が大量出土する遺跡や、サヌカイト集積遺構の点在が示唆するように、二上山北麓産サヌカイトはいくつかの遺跡を横断して移動したはずである。金山産サヌカイトについても同様で、それがもたらされた地域においては、保有量の多い遺跡とそうでない遺跡が組み合うようにして併存している（吉村 2013、上峯・朝井 2014）。

な変化である。その背景には遺物や人の広汎な動きが想定される。今村啓爾（2011）は土器の移動をうかがわせる考古学的事例の解析をもとに，移動の背景として，製品の運搬，製作者の移動，製作方法の伝播を想定する。第3章で実践したように，地域をまたがって移動したのが物であるならば，原材の産地分析と製作残滓の精査を組み合わせることで識別可能である。

　一方，上の現象が製作者の移動や，人の移動をともなわない情報のみの伝達であるなら，縄文石器において両者を区別することはきわめて難しい。土器の場合であれば，製作者が移動した場合には製作技術の細部にまでわたる類似性が認められ，製作者はほとんど動かずに土器作りの情報だけが地域をわたった場合には，見よう見まねの外見上の類似になると想定されている（林1987）。ところが縄文石器の製作において肝要な知識は岩石の破壊に対する理解であり，製作の手順そのものは柔軟性に富んでいる。中部高地の石器製作者が近畿地方に移住し，二上山北麓産サヌカイトを用いて製作した石鏃と，中部高地の黒曜岩製石鏃を目にした近畿地方の石器製作者が模倣して作った石鏃があったとしても，製作手法の上からはそれを識別しえないはずである。黒曜岩とサヌカイトの物性は異なるとはいっても，大容量で精巧な石器を作る場合でなければ，それぞれの物性についての慣れの差が石器に表れるとは考えにくい。石鏃に限れば，両者の違いは模倣の際に形態がどの程度アレンジされるかにかかっており，やはり型式学上の問題として俎上に載ることになる。

　ただし集団の移動が石器情報の拡散の背景構造たりうるか，検討すること自体は可能である。矢野健一（2005・2014）は遺跡数や住居址数を人口の多寡を示す指標としてとらえ，土器型式圏の動きを人口移動や人口密度から説明する（図4-2）。例えば早期前葉の近畿地方とその周辺地域において，ある地域での遺跡数の減少は隣接地域での遺跡数の増加によって相殺される関係が見いだされるため，人口移動が生じていると判断する。近畿地方では東から西への人口移動が想定でき，その結果，大川式から神並上層式にかけて遺跡の分布範囲が西方に拡大したと見るのである。一方，黄島式から高山寺式期にかけては，中・四国地方や中部地方から近畿地方へむかっての人口移動を読みとる。その結果，黄島式よりも分布圏がやや縮小しながらも斉一性が高い高山寺式が成立するのであり，背景には広域的な人口減少にともなう地域間関係の強化がある

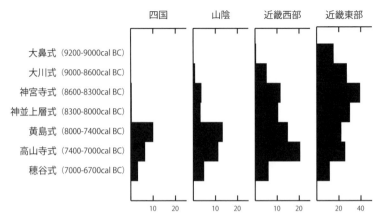

図 4-2　縄文時代早期における100年間あたりの遺跡数の推移

矢野健一（2014）による。近畿地方では東西で共通した推移を示すものの東部は黄島式以降に遺跡数が減少傾向にあるのに対し，西部では概ね増加傾向にあり，両地域の間で増減が相殺されている。四国や山陰地方と近畿地方西部との間でも同様の関係が見いだせる。この現象は人口移動によって生じたと解釈される。

と考える。

　矢野が指摘するように，例えば押型文土器後半期の遺跡数の現象は関東地方などでも確認でき，背景には気候の寒冷化など，広域的な環境変化の影響が予想される。近年の古気候学研究の進展をうけ，人類文化に環境変動が与えた影響を強調する論考が目立ちはじめている。縄文時代の時間幅においても，ボンド・イベントとよばれる，限定的だが顕著な寒冷化が何度か起こり，地形や植生そして人類の生活に影響を与えたことが指摘され始めている（安斎 2014など）[5]。完新世における局地的かつ短周期での気候変化をとらえるためには，年縞などの湖沼堆積物の記録が重要である。東郷池（鳥取県）や水月湖（福井県）の年縞堆積物から復原された完新世の海水準変動には，ボンド・イベントに対応する海水準の下降期が表れている。グローバルな気候変動の影響は，縄文時代の西日本にもおよんでいたのである。

---

[5] Bond et al. (1997) は，北大西洋で採取された海底堆積物の漂流岩屑にふくまれる赤鉄鉱含有量が約1500年周期で変動することを見いだし，含有量が増加した層準に0から8までの番号を付けてボンド・イベント（Bond event）を提唱した。ボンド・イベントの層準は深層水の形成が弱まった時期で，氷期に相当する。

終章　縄文石器の可能性　219

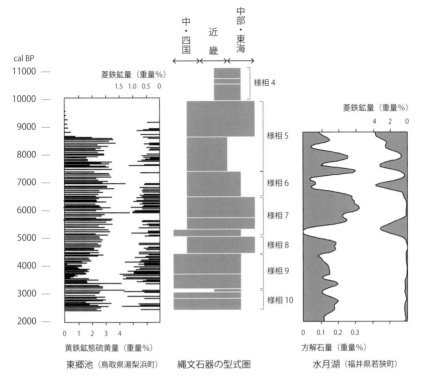

図4-3　縄文石器の型式圏の変動と気候変動

東郷池と水月湖の年縞堆積物からは，1〜数年単位の気候変動が読みとれる。両湖のような汽水域湖では，海水準が低下して日本海からの海水の流入が減少すれば淡水化して菱鉄鉱が生成される。反対に海水準が上昇して海水が流入して汽水化すると黄鉄鉱や方解石が晶出・沈殿するため，これらの量の変化から海水準変動がとらえられる。7000cal BP 以降の変動パターンは，古内海湾のデータ（松島1983）とよく一致する。近畿地方をふくむ石器型式圏の変動はこれと同調しており，気候変動にともなう人間集団の移動が背景にあると解釈される。

図4-3は，これらの古気候データとの比較のため，様相4以降の石器群について，共伴する土器型式の放射性炭素年代測定値を参考に，石器の各様相が存続する時間幅を示したものである[6]。両者はよく調和していると判断でき，気候が大きく変化する時期と，石器の様相に変化が見られる時期，特に近畿地方と共通する特徴をもつ石器群の分布する範囲が変化するタイミングは大略一致している。

---

6)　様相5〜6はやや長い時間幅が当てられているが，遺跡数の少なさや土器編年に課題が多いことの影響が大きく，今後の資料蓄積によって細分が進むと予想される。

この現象に最も整合的な説明を与えるのは，気候変化に端を発する遺跡数の変動と，それにともなう人間集団の移動を想定する考えだろう。近畿地方は，高標高冷涼地帯である中部地方と温暖な瀬戸内地方とにはさまれた位置にあるため，気候変動にともなう人間集団の移動を想定しやすい。例えば様相7中段階から新段階にかけての変化は，寒冷化にともなう東から西への人の移動として説明できそうだが，他の時期についてはそう単純ではない。気候変動をトリガーとしつつも，どのように移動するかという適応行動は時期によって異なっていて，それを土器製作に関わる情報と石器製作に関わる情報，そして石器石材が追尾していると考えられる。

気候変動や遺跡数の変化が数百年かけて生じたゆっくりとした変化であるのと同様に，遺物の諸要素に投影されるのも漸移的な変化とその累積である。他地域の人間集団との接触を直接的に示す黒曜岩は，ある短期間にのみ近畿地方にもたらされるのではなく，複数の時期にわたって搬入事例が見いだせ，その数にも増減が見られる[7]。ごく短距離での集団移動や日常的な活動領域の変化が繰り返されて，石器の形態情報や黒曜岩が拡散したと考えられるのである。

(2) 縄文石器と人類の移動史

ユーラシア大陸の東端に南北約3000km にわたって連なる日本列島には，アジアに現生人類が到達してから程なくして彼らの渡来があり（Kaifu *et al.* eds. 2015)，その後も幾度となく東アジアの広い地域から人々を受け入れてきた（篠田 2015)。日本列島の東側には太平洋が広がり，ユーラシアをあるいてきた人々が太平洋の向こう側へわたるのは容易ではない。様々な由来をもつ人々が混合して，日本列島の文化を彩ってきたのである。

日本列島をこのような袋小路としてとらえれば，近畿地方はその突き当たりで，北・東の文化と南・西の文化が長い時間をかけて行き着く合流点である。そのユニークさは，古代・中世に都が置かれ，日本を規定する政治や文化を生み出しては壊す発信地となった「畿内」としての歴史的位置にも看取されるし，

---

7) 第3章では帰属時期をしぼりきれない黒曜岩製遺物を集計しているため，黒曜岩の搬入事例数の漸移的変化が強調される結果となっている。しかしながら時期を限定できる事例を見るにおいても，黒曜岩の搬入が複数の時期にわたって継続したことがうかがえる。

終章　縄文石器の可能性　221

先史時代においても興味深い舞台装置を備えている。東に目を転じれば，膨大な縄文遺跡数と大規模な黒曜岩原産地を擁する高標高地域としての中部地方，海岸沿いまたは海伝いに人や物が行き来する北陸地方や東海地方がある。西には，東西に約450kmにもおよぶ水路をなす瀬戸内海がひろがり，近畿地方はその東岸地域に位置づけられる。山陰地方からの日本海岸に沿うルートとともに，瀬戸内海の海上ルートを介して文化要素を受容しえたことが諒解される。

　ここまで通覧してきた縄文石器の形状の変遷と原材料の往来にも，巨視的に見れば人類移動史の一端が反映されているのである。特に黒曜岩の搬入頻度が比較的高い後期以前には，その傾向が強い。

第4節　縄文石器のフロンティア

　石器研究といえば旧石器時代研究のイメージが強いが，縄文時代遺跡からは旧石器時代遺跡に引けを取らない量の，そして旧石器よりもいっそう多様な石器が出土し，縄文時代はしばしば「石器が最も発達した時代」と形容される（鈴木 1991：序）。全国的に見れば，縄文石器をあつかう研究は決して少なくないものの，発掘調査や整理作業の現場で目にする頻度に照らせば，私たちがつかんでいる知識は実に微々たるものである。ほとんどの地域では，石器の製作技術，消長や変遷，材質，機能などのごく基本的な部分さえ解明されておらず，縄文石器に対峙する研究者らに心許ない思いをさせてきた。この明瞭なコントラストは，石器研究者の多くが旧石器時代研究者であることとも関係していようが，本質的には縄文時代遺跡数の多さからくる資料数の膨大さや，旧石器にくらべて基礎研究の充実に時間を要する点（大工原 2008：p. 216）が根源にある。

　旧石器時代の剝片や石核を観察していると，その多くからパターンが見いだせ，明解な剝片剝離技術が復原できることも多い。さらに旧石器では二次加工による素材剝片の改変度合いが少ないものが多いため，剝片剝離技術が石器（製品）とダイレクトに結びつく。製作技術の理解から始まる石器観察がテン

ポよく進むために，研究者の関心を惹きつけやすいのである。それにくらべれば，ほとんどの縄文石器には旧石器的な剝片剝離技術を見いだすのは困難であるし，丹念に二次加工された石器から製作技術のパターンを抽出するのは容易ではない。石器製作技術の理解を根底にすえる石器研究者にとって，その図式的理解が難しく，技術論的視点が効力を発揮しにくいかに思える縄文石器は，興味の対象となりにくいようである。その一方で，発掘現場から回収される縄文石器の量や種類の多さを気にとめ，何か情報を引き出そうと試行錯誤してみたり，有効な指針が示されることを期待して縄文石器研究の動向を見守る考古学研究者もいる。縄文石器が日の目を見るには，とらえどころのない印象がある縄文石器から情報を抽出するための方法論の整備と，それを実践してみようという意欲を掻き立てる研究展望の提示こそ必要なのである。これを目指した本書は，縄文石器を気にとめた人々と縄文石器との仲立ちになることを目指している。

　過去の人類の文化史に強い関心をもつ日本考古学にとって，縄文石器がもつ遺跡と遺跡のつながりや人間集団の移動などの情報は本質的で，研究者の興味を大いに満たすものであろう。様々な文化要素から彩られる縄文文化と，これらを研究する縄文時代研究のなかで，縄文石器には主として土器や集落，墓制の研究などではとらえにくい側面を明らかにすることや，これらの研究が描く文化像，時代像の検証が期待されている。この仕事は周囲の縄文時代研究者の関心を引き寄せるだろうし，彼らとの間でかわされる議論は，自身の研究の発展と充実感につながるはずである。縄文石器はヴェールに包まれているが，石器そのものは私たちのすぐ近くにある。遺物収蔵庫や博物館では，縄文時代を語る機会に恵まれなかった縄文石器たちが，私たちの目に留まるのを待ち望んでいる。彼らの声を聴くために必要なのは，石器の製作技術や材質についてのごく基礎的な知識と，"口下手"でありつつも多弁な，彼らの話に付き合う根気だけである。それさえもって対峙すれば，急激に明らかになっていく縄文石器の実態と少しずつ見えてくる縄文時代の新たな側面が，私たち考古学研究者が等しくもつ開拓者精神を大いに刺激し，考古学の魅力を再認識させてくれるだろう。

巻末付表

付表 1　筆者らが蛍光 X 線分析を実施した黒曜岩製遺物
付表 2　測定機関・装置の違いと基準資料の測定値（強度比）
付表 3　黒曜石製遺物と原産地推定結果

付表 1　筆者らが蛍光 X 線分析を実施した黒曜岩製遺物

分析番号	測定機関	使用機器	Rb分率	Sr分率	Zr分率	Mn×100/Fe	Log(Fe/K)	候補1	確率	距離	候補2
MIZ1-001	明治大学	JSX-3100s	44.69	10.29	25.98	3.75	0.11	赤石山系	1.00	5.34	腰岳系
MIZ1-002	明治大学	JSX-3100s	46.39	10.00	22.97	3.77	0.11	赤石山系	1.00	3.05	腰岳系
MIZ1-003	明治大学	JSX-3100s	41.28	14.30	28.05	9.61	-0.12	西霧ヶ峰系	1.00	2.83	和田峠・鷹山系
MIZ1-004	明治大学	JSX-3100s	36.88	0.03	48.69	2.41	0.02	判別不可	－	-3.05	－
MIZ1-005	明治大学	JSX-3100s	32.72	0.00	52.75	2.47	0.29	隠岐系	1.00	2.37	壱岐系
MIZ1-006	明治大学	JSX-3100s	33.13	0.00	52.09	2.48	0.27	隠岐系	1.00	3.94	壱岐系
MIZ1-007	明治大学	JSX-3100s	33.87	0.00	52.00	2.33	0.30	隠岐系	1.00	15.32	壱岐系
MIZ1-008	明治大学	JSX-3100s	31.67	0.28	52.93	2.27	0.30	隠岐系	1.00	12.16	壱岐系
MIZ1-009	明治大学	JSX-3100s	33.16	1.09	51.48	2.56	0.31	隠岐系	1.00	16.46	壱岐系
MIZ1-010	明治大学	JSX-3100s	32.45	0.00	52.39	2.46	0.30	隠岐系	1.00	3.40	壱岐系
MIZ1-011	明治大学	JSX-3100s	41.70	13.48	27.55	10.10	-0.15	西霧ヶ峰系	1.00	4.08	和田峠・鷹山系
UMI1-001	明治大学	JSX-3100s	32.60	0.38	52.11	2.46	0.33	隠岐系	1.00	12.71	壱岐系
UMI1-002	明治大学	JSX-3100s	31.47	0.30	53.21	2.45	0.32	隠岐系	1.00	7.74	壱岐系
UMI1-003	明治大学	JSX-3100s	28.52	2.01	58.07	1.94	0.28	隠岐系	1.00	13.18	針尾島系B
UMI1-004	明治大学	JSX-3100s	42.28	12.91	25.92	9.86	-0.12	西霧ヶ峰系	1.00	4.20	和田峠・鷹山系
UMI1-005	明治大学	JSX-3100s	32.12	0.75	52.50	2.47	0.28	隠岐系	1.00	2.45	壱岐系
UMI1-006	明治大学	JSX-3100s	33.05	0.00	52.46	2.34	0.33	隠岐系	1.00	17.41	壱岐系
UMI1-007	明治大学	JSX-3100s	32.51	0.00	53.60	2.39	0.31	隠岐系	1.00	7.45	壱岐系
UMI1-008	明治大学	JSX-3100s	33.01	0.00	52.22	2.44	0.13	判別不可	－	－	－
UMI1-009	明治大学	JSX-3100s	32.93	0.43	52.06	2.43	0.30	隠岐系	1.00	4.70	壱岐系
UMI1-010	明治大学	JSX-3100s	32.91	0.30	52.21	2.48	0.31	隠岐系	1.00	4.66	壱岐系
UMI1-011	明治大学	JSX-3100s	33.34	0.19	52.32	2.42	0.31	隠岐系	1.00	12.15	壱岐系
UMI1-012	明治大学	JSX-3100s	32.01	0.02	53.54	2.42	0.33	隠岐系	1.00	9.91	壱岐系
UMI1-013	明治大学	JSX-3100s	32.86	0.42	52.42	2.43	0.30	隠岐系	1.00	5.17	壱岐系
UMI1-014	明治大学	JSX-3100s	32.38	0.18	52.48	2.64	0.34	隠岐系	1.00	11.76	壱岐系
UMI1-015	明治大学	JSX-3100s	32.81	0.08	53.10	2.43	0.34	隠岐系	1.00	5.09	壱岐系
UMI1-016	明治大学	JSX-3100s	32.18	0.46	53.61	2.39	0.33	隠岐系	1.00	15.93	壱岐系
UMI1-017	明治大学	JSX-3100s	32.77	0.00	52.73	2.36	0.33	隠岐系	1.00	17.65	壱岐系
UMI1-018	明治大学	JSX-3100s	33.80	0.66	50.75	2.35	0.34	判別不可	－	－	－
UMI1-019	明治大学	JSX-3100s	32.43	0.00	52.35	2.37	0.32	隠岐系	1.00	15.83	壱岐系
UMI1-020	明治大学	JSX-3100s	33.59	0.15	51.66	2.51	0.31	隠岐系	1.00	9.54	壱岐系
UMI1-021	明治大学	JSX-3100s	33.99	0.00	52.13	2.44	0.30	隠岐系	1.00	15.02	壱岐系
UMI1-022	明治大学	JSX-3100s	34.41	0.00	51.31	2.36	0.32	判別不可	－	－	－
UMI1-023	明治大学	JSX-3100s	33.77	0.37	50.90	2.34	0.33	判別不可	－	－	－
UMI1-024	明治大学	JSX-3100s	32.10	0.19	52.85	2.48	0.31	隠岐系	1.00	3.71	壱岐系
UMI1-025	明治大学	JSX-3100s	33.52	0.32	50.96	2.41	0.31	隠岐系	1.00	8.98	壱岐系

確率	距離	遺跡名	管理者	器種
0.00	50.32	志高遺跡	舞鶴市教育委員会	二次加工のある剥片
0.00	35.74	志高遺跡	舞鶴市教育委員会	石核
0.00	78.47	志高遺跡	舞鶴市教育委員会	石匙
－	－	志高遺跡	舞鶴市教育委員会	剥片
0.00	387.29	志高遺跡	舞鶴市教育委員会	原石
0.00	445.69	志高遺跡	舞鶴市教育委員会	石鏃
0.00	417.86	志高遺跡	舞鶴市教育委員会	石鏃
0.00	461.36	浦入遺跡	舞鶴市教育委員会	石鏃
0.00	247.79	浦入遺跡	舞鶴市教育委員会	剥片
0.00	346.53	浦入遺跡	舞鶴市教育委員会	石核
0.00	83.40	浦入遺跡	舞鶴市教育委員会	剥片
0.00	255.67	大油子荒堀遺跡	福知山市教育委員会	石鏃
0.00	264.54	ケシケ谷遺跡	福知山市教育委員会	石鏃
0.00	939.91	経塚古墳	京丹後市教育委員会	台形様石器
0.00	64.61	北落遺跡	滋賀県教育委員会	石鏃
0.00	346.23	弁天島遺跡	滋賀県教育委員会	石錐？
0.00	339.56	弁天島遺跡	滋賀県教育委員会	石鏃
0.00	353.05	弁天島遺跡	滋賀県教育委員会	石錐
－	－	弁天島遺跡	滋賀県教育委員会	二次加工のある剥片
0.00	319.86	弘川B遺跡	滋賀県教育委員会	剥片
0.00	285.24	弘川B遺跡	滋賀県教育委員会	剥片
0.00	317.56	弘川B遺跡	滋賀県教育委員会	剥片
0.00	288.11	弘川B遺跡	滋賀県教育委員会	剥片
0.00	322.17	弘川B遺跡	滋賀県教育委員会	剥片
0.00	166.70	弘川B遺跡	滋賀県教育委員会	剥片
0.00	350.25	弘川B遺跡	滋賀県教育委員会	剥片
0.00	316.89	弘川B遺跡	滋賀県教育委員会	剥片
0.00	318.79	弘川B遺跡	滋賀県教育委員会	剥片
－	－	弘川B遺跡	滋賀県教育委員会	剥片
0.00	300.46	弘川B遺跡	滋賀県教育委員会	剥片
0.00	266.08	弘川B遺跡	滋賀県教育委員会	剥片
0.00	349.18	弘川B遺跡	滋賀県教育委員会	剥片
－	－	弘川B遺跡	滋賀県教育委員会	剥片
－	－	弘川B遺跡	滋賀県教育委員会	剥片
0.00	266.36	弘川B遺跡	滋賀県教育委員会	石鏃？
0.00	308.26	弘川B遺跡	滋賀県教育委員会	剥片

分析番号	測定機関	使用機器	Rb分率	Sr分率	Zr分率	Mn×100/Fe	Log(Fe/K)	候補1	確率	距離	候補2
UMI1-026	明治大学	JSX-3100s	33.62	0.49	51.96	2.42	0.31	隠岐系	1.00	15.91	壱岐系
UMI1-027	明治大学	JSX-3100s	33.34	0.60	51.38	2.46	0.32	隠岐系	1.00	12.04	壱岐系
UMI1-028	明治大学	JSX-3100s	32.16	0.00	53.24	2.42	0.31	隠岐系	1.00	6.14	壱岐系
UMI1-029	明治大学	JSX-3100s	32.96	0.00	52.54	2.48	0.32	隠岐系	1.00	8.11	壱岐系
UMI1-043	明治大学	JSX-3100s	32.97	0.00	52.92	2.60	0.38	判別不可	−	−	−
UMI1-044	明治大学	JSX-3100s	32.96	0.00	52.55	2.49	0.32	隠岐系	1.00	9.08	壱岐系
UMI1-047	明治大学	JSX-3100s	31.86	0.01	52.88	2.49	0.34	隠岐系	1.00	15.83	壱岐系
UMI1-048	明治大学	JSX-3100s	32.07	0.11	54.00	2.49	0.33	隠岐系	1.00	13.93	壱岐系
UMI1-049	明治大学	JSX-3100s	32.44	0.57	52.20	2.40	0.21	判別不可	−	−	−
UMI1-050	明治大学	JSX-3100s	32.34	0.75	51.77	2.70	0.36	判別不可	−	−	−
UMI1-051	明治大学	JSX-3100s	32.88	0.00	52.95	2.45	0.34	隠岐系	1.00	19.22	壱岐系
UMI1-052	明治大学	JSX-3100s	40.31	12.93	27.51	9.02	-0.07	西霧ヶ峰系	1.00	4.37	和田峠・鷹山系
UMI1-053	明治大学	JSX-3100s	32.98	0.96	51.01	2.39	0.30	隠岐系	1.00	8.31	壱岐系
UMI1-055	明治大学	JSX-3100s	50.24	11.37	21.00	3.69	0.07	腰岳系	1.00	10.65	小浜系
UMI1-056	明治大学	JSX-3100s	41.66	10.62	30.99	2.73	0.09	大崎半島系	1.00	10.37	白浜系
UMI1-058	明治大学	JSX-3100s	32.40	0.00	53.05	2.48	0.30	隠岐系	1.00	2.01	壱岐系
UMI1-060	明治大学	JSX-3100s	36.63	27.81	21.73	7.21	0.25	姫島系	1.00	8.96	三船系
UMI1-061	明治大学	JSX-3100s	35.12	21.44	31.03	3.23	0.17	針尾島系B	1.00	19.64	針尾島系A
UMI1-062	明治大学	JSX-3100s	40.81	13.24	28.55	9.99	-0.13	西霧ヶ峰系	1.00	2.20	和田峠・鷹山系
hakubi_103	京都大学	TracerⅢ-SD	26.52	3.96	1.52	58.87	−	隠岐系	1.00	7.43	大崎半島系
hakubi_113	京都大学	TracerⅢ-SD	36.51	12.59	13.91	32.60	−	西霧ヶ峰系	1.00	1.06	針尾島系A
hakubi_150	京都大学	TracerⅢ-SD	26.52	3.88	1.35	58.97	−	隠岐系	1.00	6.93	大崎半島系
hakubi_154	京都大学	TracerⅢ-SD	26.01	3.70	1.19	59.97	−	隠岐系	1.00	4.41	大崎半島系
hakubi_1078	京都大学	TracerⅢ-SD	25.32	3.96	1.39	60.65	−	隠岐系	1.00	2.36	大崎半島系
hakubi_1079	京都大学	TracerⅢ-SD	26.85	3.96	1.21	58.55	−	隠岐系	1.00	8.19	大崎半島系
hakubi_1080	京都大学	TracerⅢ-SD	28.58	3.99	1.40	56.85	−	隠岐系	1.00	20.53	大崎半島系
hakubi_1081	京都大学	TracerⅢ-SD	26.53	4.13	1.34	58.76	−	隠岐系	1.00	7.40	大崎半島系
hakubi_1082	京都大学	TracerⅢ-SD	27.10	3.88	1.38	58.34	−	隠岐系	1.00	9.73	大崎半島系
hakubi_1083	京都大学	TracerⅢ-SD	26.53	3.91	1.37	58.85	−	隠岐系	1.00	7.26	大崎半島系
hakubi_1084	京都大学	TracerⅢ-SD	26.65	3.93	1.29	58.58	−	隠岐系	1.00	8.18	大崎半島系
hakubi_1085	京都大学	TracerⅢ-SD	26.97	4.06	1.40	58.27	−	隠岐系	1.00	9.34	大崎半島系
hakubi_1086	京都大学	TracerⅢ-SD	26.53	3.97	1.30	58.63	−	隠岐系	1.00	8.12	大崎半島系
hakubi_1087	京都大学	TracerⅢ-SD	26.37	4.27	1.42	58.80	−	隠岐系	1.00	7.53	大崎半島系
hakubi_1088	京都大学	TracerⅢ-SD	26.52	3.94	1.31	58.72	−	隠岐系	1.00	7.72	大崎半島系
hakubi_1089	京都大学	TracerⅢ-SD	27.07	3.92	1.27	58.32	−	隠岐系	1.00	9.29	大崎半島系
hakubi_1090	京都大学	TracerⅢ-SD	26.48	3.47	1.23	58.71	−	隠岐系	1.00	8.85	大崎半島系
hakubi_1091	京都大学	TracerⅢ-SD	27.24	4.00	1.27	58.27	−	隠岐系	1.00	9.83	大崎半島系

確率	距離	遺跡名	管理者	器種
0.00	330.44	弘川B遺跡	滋賀県教育委員会	剝片
0.00	275.31	弘川B遺跡	滋賀県教育委員会	剝片
0.00	302.33	弘川B遺跡	滋賀県教育委員会	熱破砕片
0.00	267.64	弘川B遺跡	滋賀県教育委員会	剝片
－	－	浜詰遺跡	同志社大学考古学研究室	石鏃
0.00	264.34	浜詰遺跡	同志社大学考古学研究室	剝片
0.00	231.20	三河宮の下遺跡	（公財）京都府埋蔵文化財調査研究センター	二次加工のある剝片
0.00	262.07	三河宮の下遺跡	（公財）京都府埋蔵文化財調査研究センター	石錐
－	－	三河宮の下遺跡	（公財）京都府埋蔵文化財調査研究センター	熱破砕片
－	－	三河宮の下遺跡	（公財）京都府埋蔵文化財調査研究センター	剝片
0.00	275.84	三河宮の下遺跡	（公財）京都府埋蔵文化財調査研究センター	石鏃
0.00	94.15	仲ノ段遺跡	（公財）京都府埋蔵文化財調査研究センター	石鏃
0.00	332.76	仲ノ段遺跡	（公財）京都府埋蔵文化財調査研究センター	剝片
0.00	153.17	石田遺跡	（公財）向日市埋蔵文化財センター	熱破砕片
0.00	107.89	鶏冠井遺跡	（公財）向日市埋蔵文化財センター	熱破砕片
0.00	312.48	鹿谷遺跡	亀岡市文化資料館	槍先形尖頭器
0.00	404.15	上里遺跡	（公財）京都市埋蔵文化財研究所	二次加工のある剝片
0.00	68.72	陶器町遺跡	（公財）長岡京市埋蔵文化財センター	剝片
0.00	78.86	五ヶ庄二子塚古墳	宇治市教育委員会	ナイフ形石器
0.00	374.32	小森岡遺跡	豊岡市教育委員会	削器
0.00	94.53	箸中遺跡	桜井市教育委員会	剝片
0.00	385.69	口北野遺跡	明石市教育委員会	石鏃
0.00	414.73	東南遺跡	太子町教育委員会	石鏃
0.00	418.67	杉ヶ沢遺跡 Loc.1	養父市教育委員会	剝片
0.00	384.02	杉ヶ沢遺跡 Loc.1	養父市教育委員会	剝片
0.00	329.83	杉ヶ沢遺跡 Loc.1	養父市教育委員会	剝片
0.00	383.11	杉ヶ沢遺跡 Loc.1	養父市教育委員会	剝片
0.00	368.59	杉ヶ沢遺跡 Loc.1	養父市教育委員会	二次加工のある剝片
0.00	383.78	杉ヶ沢遺跡 Loc.1	養父市教育委員会	剝片
0.00	384.96	杉ヶ沢遺跡 Loc.1	養父市教育委員会	剝片
0.00	367.33	杉ヶ沢遺跡 Loc.1	養父市教育委員会	剝片
0.00	387.18	杉ヶ沢遺跡 Loc.1	養父市教育委員会	剝片
0.00	380.44	杉ヶ沢遺跡 Loc.1	養父市教育委員会	剝片
0.00	387.17	杉ヶ沢遺跡 Loc.1	養父市教育委員会	剝片
0.00	375.04	杉ヶ沢遺跡 Loc.1	養父市教育委員会	剝片
0.00	399.87	杉ヶ沢遺跡 Loc.1	養父市教育委員会	剝片
0.00	370.02	杉ヶ沢遺跡 Loc.1	養父市教育委員会	剝片

分析番号	測定機関	使用機器	Rb分率	Sr分率	Zr分率	Mn×100/Fe	Log (Fe/K)	候補1	確率	距離	候補2
hakubi_1092	京都大学	TracerⅢ-SD	27.68	3.69	1.25	58.14	−	隠岐系	1.00	13.62	大崎半島系
hakubi_1093	京都大学	TracerⅢ-SD	28.79	3.89	1.15	56.98	−	隠岐系	1.00	21.74	大崎半島系
hakubi_1094	京都大学	TracerⅢ-SD	27.21	3.64	1.16	58.63	−	隠岐系	1.00	10.13	大崎半島系
hakubi_1095	京都大学	TracerⅢ-SD	30.00	3.89	1.13	56.36	−	隠岐系	1.00	41.53	大崎半島系
hakubi_1096	京都大学	TracerⅢ-SD	26.75	3.81	1.14	59.43	−	隠岐系	1.00	7.49	大崎半島系
hakubi_1097	京都大学	TracerⅢ-SD	31.26	3.27	1.17	54.12	−	隠岐系	1.00	54.73	大崎半島系
hakubi_1098	京都大学	TracerⅢ-SD	27.66	3.83	1.51	57.43	−	隠岐系	1.00	14.13	大崎半島系
hakubi_1099	京都大学	TracerⅢ-SD	28.78	3.36	1.16	57.27	−	隠岐系	1.00	25.74	大崎半島系
hakubi_1100	京都大学	TracerⅢ-SD	27.33	3.81	1.13	57.62	−	隠岐系	1.00	12.29	大崎半島系
hakubi_1101	京都大学	TracerⅢ-SD	26.61	4.26	1.44	58.63	−	隠岐系	1.00	7.90	大崎半島系
hakubi_1102	京都大学	TracerⅢ-SD	28.90	3.98	1.29	56.52	−	隠岐系	1.00	22.59	大崎半島系
hakubi_1103	京都大学	TracerⅢ-SD	29.45	3.84	1.41	56.39	−	隠岐系	1.00	33.45	大崎半島系
hakubi_1104	京都大学	TracerⅢ-SD	29.74	3.64	1.19	55.87	−	隠岐系	1.00	32.96	大崎半島系
hakubi_1105	京都大学	TracerⅢ-SD	26.85	3.84	1.34	58.35	−	隠岐系	1.00	9.17	大崎半島系
hakubi_1106	京都大学	TracerⅢ-SD	27.46	4.03	1.30	57.54	−	隠岐系	1.00	12.24	大崎半島系
hakubi_1107	京都大学	TracerⅢ-SD	27.30	3.73	1.28	58.27	−	隠岐系	1.00	10.78	大崎半島系
hakubi_1108	京都大学	TracerⅢ-SD	29.98	3.32	1.03	55.35	−	隠岐系	1.00	34.24	大崎半島系
hakubi_1109	京都大学	TracerⅢ-SD	30.53	3.62	1.14	55.21	−	隠岐系	1.00	44.01	大崎半島系
hakubi_1110	京都大学	TracerⅢ-SD	27.63	3.98	1.25	57.65	−	隠岐系	1.00	12.28	大崎半島系
hakubi_1111	京都大学	TracerⅢ-SD	26.43	3.80	1.27	58.89	−	隠岐系	1.00	7.31	大崎半島系
hakubi_1112	京都大学	TracerⅢ-SD	28.74	3.13	1.43	56.59	−	隠岐系	1.00	25.28	大崎半島系
hakubi_1113	京都大学	TracerⅢ-SD	26.39	3.82	1.35	59.10	−	隠岐系	1.00	6.54	大崎半島系
hakubi_1114	京都大学	TracerⅢ-SD	26.65	3.69	1.17	58.88	−	隠岐系	1.00	7.53	大崎半島系
hakubi_1115	京都大学	TracerⅢ-SD	27.00	3.61	1.14	58.86	−	隠岐系	1.00	8.93	大崎半島系
hakubi_1116	京都大学	TracerⅢ-SD	27.73	3.86	1.03	57.90	−	隠岐系	1.00	12.06	大崎半島系
hakubi_1117	京都大学	TracerⅢ-SD	28.62	3.71	1.41	56.82	−	隠岐系	1.00	21.82	大崎半島系
hakubi_1118	京都大学	TracerⅢ-SD	27.04	3.66	1.00	58.54	−	隠岐系	1.00	9.03	大崎半島系
hakubi_1119	京都大学	TracerⅢ-SD	28.50	3.56	1.05	57.23	−	隠岐系	1.00	19.24	大崎半島系
hakubi_1120	京都大学	TracerⅢ-SD	29.52	3.58	1.12	55.74	−	隠岐系	1.00	28.29	大崎半島系
hakubi_1121	京都大学	TracerⅢ-SD	28.14	3.41	1.17	57.41	−	隠岐系	1.00	17.13	大崎半島系
hakubi_1122	京都大学	TracerⅢ-SD	28.14	3.48	1.16	57.62	−	隠岐系	1.00	17.34	大崎半島系
hakubi_1123	京都大学	TracerⅢ-SD	27.61	3.62	1.05	58.27	−	隠岐系	1.00	12.33	大崎半島系
hakubi_1124	京都大学	TracerⅢ-SD	27.37	3.66	1.10	58.10	−	隠岐系	1.00	10.91	大崎半島系
hakubi_1125	京都大学	TracerⅢ-SD	28.04	3.29	1.19	58.15	−	隠岐系	1.00	19.61	大崎半島系
hakubi_1126	京都大学	TracerⅢ-SD	28.11	3.65	1.17	57.18	−	隠岐系	1.00	15.94	大崎半島系
hakubi_1127	京都大学	TracerⅢ-SD	27.31	3.59	1.15	57.76	−	隠岐系	1.00	12.10	大崎半島系
hakubi_1128	京都大学	TracerⅢ-SD	29.95	3.17	1.02	56.08	−	隠岐系	1.00	39.42	大崎半島系

巻末付表 1　　229

確率	距離	遺跡名	管理者	器種
0.00	366.56	杉ヶ沢遺跡 Loc.1	養父市教育委員会	剝片
0.00	342.75	杉ヶ沢遺跡 Loc.1	養父市教育委員会	剝片
0.00	383.95	杉ヶ沢遺跡 Loc.1	養父市教育委員会	剝片
0.00	328.57	杉ヶ沢遺跡 Loc.1	養父市教育委員会	剝片
0.00	396.54	杉ヶ沢遺跡 Loc.1	養父市教育委員会	剝片
0.00	301.67	杉ヶ沢遺跡 Loc.1	養父市教育委員会	剝片
0.00	345.85	杉ヶ沢遺跡 Loc.1	養父市教育委員会	剝片
0.00	354.57	杉ヶ沢遺跡 Loc.1	養父市教育委員会	剝片
0.00	377.12	杉ヶ沢遺跡 Loc.1	養父市教育委員会	剝片
0.00	372.84	杉ヶ沢遺跡 Loc.1	養父市教育委員会	石核
0.00	328.42	杉ヶ沢遺跡 Loc.1	養父市教育委員会	石核
0.00	318.22	杉ヶ沢遺跡 Loc.1	養父市教育委員会	剝片
0.00	323.36	杉ヶ沢遺跡 Loc.1	養父市教育委員会	剝片
0.00	377.25	杉ヶ沢遺跡 Loc.1	養父市教育委員会	二次加工のある剝片
0.00	360.19	杉ヶ沢遺跡 Loc.1	養父市教育委員会	剝片
0.00	371.63	杉ヶ沢遺跡 Loc.1	養父市教育委員会	剝片
0.00	329.39	杉ヶ沢遺跡 Loc.1	養父市教育委員会	剝片
0.00	313.99	杉ヶ沢遺跡 Loc.1	養父市教育委員会	剝片
0.00	359.94	杉ヶ沢遺跡 Loc.1	養父市教育委員会	剝片
0.00	394.15	杉ヶ沢遺跡 Loc.1	養父市教育委員会	剝片
0.00	337.47	杉ヶ沢遺跡 Loc.1	養父市教育委員会	剝片
0.00	390.70	杉ヶ沢遺跡 Loc.1	養父市教育委員会	剝片
0.00	396.22	杉ヶ沢遺跡 Loc.1	養父市教育委員会	剝片
0.00	391.42	杉ヶ沢遺跡 Loc.1	養父市教育委員会	剝片
0.00	373.39	杉ヶ沢遺跡 Loc.1	養父市教育委員会	剝片
0.00	332.84	杉ヶ沢遺跡 Loc.1	養父市教育委員会	剝片
0.00	396.30	杉ヶ沢遺跡 Loc.1	養父市教育委員会	剝片
0.00	359.36	杉ヶ沢遺跡 Loc.1	養父市教育委員会	剝片
0.00	329.17	杉ヶ沢遺跡 Loc.1	養父市教育委員会	剝片
0.00	362.35	杉ヶ沢遺跡 Loc.1	養父市教育委員会	剝片
0.00	363.36	杉ヶ沢遺跡 Loc.1	養父市教育委員会	剝片
0.00	380.84	杉ヶ沢遺跡 Loc.1	養父市教育委員会	剝片
0.00	380.87	杉ヶ沢遺跡 Loc.1	養父市教育委員会	剝片
0.00	371.37	杉ヶ沢遺跡 Loc.1	養父市教育委員会	剝片
0.00	357.28	杉ヶ沢遺跡 Loc.1	養父市教育委員会	剝片
0.00	379.77	杉ヶ沢遺跡 Loc.1	養父市教育委員会	剝片
0.00	342.13	杉ヶ沢遺跡 Loc.1	養父市教育委員会	剝片

分析番号	測定機関	使用機器	Rb分率	Sr分率	Zr分率	Mn×100/Fe	Log(Fe/K)	候補1	確率	距離	候補2
hakubi_1129	京都大学	TracerⅢ-SD	28.64	3.68	1.19	56.85	−	隠岐系	1.00	20.43	大崎半島系
hakubi_1130	京都大学	TracerⅢ-SD	27.30	3.68	1.22	57.99	−	隠岐系	1.00	11.08	大崎半島系
hakubi_1131	京都大学	TracerⅢ-SD	29.25	3.65	1.09	56.68	−	隠岐系	1.00	27.84	大崎半島系
hakubi_1132	京都大学	TracerⅢ-SD	29.88	3.01	1.22	55.40	−	隠岐系	1.00	36.74	大崎半島系
hakubi_1133	京都大学	TracerⅢ-SD	27.16	3.99	1.22	58.08	−	隠岐系	1.00	9.93	大崎半島系
hakubi_1134	京都大学	TracerⅢ-SD	26.13	3.88	1.31	59.59	−	隠岐系	1.00	4.99	大崎半島系
hakubi_1135	京都大学	TracerⅢ-SD	26.59	3.67	1.20	59.60	−	隠岐系	1.00	7.21	大崎半島系
hakubi_1136	京都大学	TracerⅢ-SD	27.72	3.36	1.18	57.50	−	隠岐系	1.00	14.53	大崎半島系
hakubi_1137	京都大学	TracerⅢ-SD	25.28	3.60	1.14	61.16	−	隠岐系	1.00	2.41	大崎半島系
hakubi_1138	京都大学	TracerⅢ-SD	26.77	4.19	1.32	58.52	−	隠岐系	1.00	8.13	大崎半島系
hakubi_1139	京都大学	TracerⅢ-SD	27.26	3.62	1.31	58.26	−	隠岐系	1.00	10.90	大崎半島系
hakubi_1140	京都大学	TracerⅢ-SD	25.82	3.84	1.31	59.24	−	隠岐系	1.00	7.71	大崎半島系
hakubi_1141	京都大学	TracerⅢ-SD	28.73	3.54	0.97	56.85	−	隠岐系	1.00	20.42	大崎半島系
hakubi_1142	京都大学	TracerⅢ-SD	27.27	3.73	1.15	58.26	−	隠岐系	1.00	10.22	大崎半島系
hakubi_1143	京都大学	TracerⅢ-SD	26.27	4.17	1.38	59.20	−	隠岐系	1.00	5.93	大崎半島系
hakubi_1144	京都大学	TracerⅢ-SD	26.15	4.05	1.43	58.89	−	隠岐系	1.00	7.73	大崎半島系
hakubi_1145	京都大学	TracerⅢ-SD	29.73	3.18	1.21	55.67	−	隠岐系	1.00	34.36	大崎半島系
hakubi_1146	京都大学	TracerⅢ-SD	26.22	4.25	1.29	59.22	−	隠岐系	1.00	5.90	大崎半島系
hakubi_1147	京都大学	TracerⅢ-SD	26.99	3.54	1.07	58.44	−	隠岐系	1.00	9.59	大崎半島系
hakubi_1148	京都大学	TracerⅢ-SD	28.85	3.14	1.05	56.88	−	隠岐系	1.00	24.74	大崎半島系
hakubi_1149	京都大学	TracerⅢ-SD	29.46	3.63	1.16	56.10	−	隠岐系	1.00	29.00	大崎半島系
hakubi_1150	京都大学	TracerⅢ-SD	26.49	4.01	1.24	58.94	−	隠岐系	1.00	6.77	大崎半島系
hakubi_1151	京都大学	TracerⅢ-SD	26.29	3.60	1.22	59.57	−	隠岐系	1.00	5.82	大崎半島系
hakubi_1152	京都大学	TracerⅢ-SD	26.34	4.10	1.47	59.31	−	隠岐系	1.00	6.00	大崎半島系
hakubi_1153	京都大学	TracerⅢ-SD	26.55	4.02	1.41	58.47	−	隠岐系	1.00	8.87	大崎半島系
hakubi_1154	京都大学	TracerⅢ-SD	27.94	3.46	1.23	57.36	−	隠岐系	1.00	15.62	大崎半島系
hakubi_1155	京都大学	TracerⅢ-SD	27.93	3.35	1.07	57.69	−	隠岐系	1.00	15.41	大崎半島系
hakubi_1156	京都大学	TracerⅢ-SD	27.21	3.93	1.22	57.72	−	隠岐系	1.00	11.63	大崎半島系
hakubi_1157	京都大学	TracerⅢ-SD	26.85	3.31	1.15	58.86	−	隠岐系	1.00	9.24	大崎半島系
hakubi_1158	京都大学	TracerⅢ-SD	26.84	4.19	1.31	58.77	−	隠岐系	1.00	7.63	大崎半島系
hakubi_1159	京都大学	TracerⅢ-SD	28.69	3.44	1.08	57.31	−	隠岐系	1.00	23.19	大崎半島系
hakubi_1160	京都大学	TracerⅢ-SD	27.35	3.64	1.14	58.29	−	隠岐系	1.00	10.81	大崎半島系
hakubi_1161	京都大学	TracerⅢ-SD	26.36	3.56	1.13	59.59	−	隠岐系	1.00	6.01	大崎半島系
hakubi_1162	京都大学	TracerⅢ-SD	28.26	3.23	1.00	57.88	−	隠岐系	1.00	20.16	大崎半島系
hakubi_1163	京都大学	TracerⅢ-SD	28.55	3.22	1.13	56.85	−	隠岐系	1.00	20.97	大崎半島系
hakubi_1164	京都大学	TracerⅢ-SD	13.30	7.63	51.36	23.96	−	判別不可	−	−	−
hakubi_1165	京都大学	TracerⅢ-SD	25.35	4.11	1.32	60.19	−	隠岐系	1.00	4.09	大崎半島系

確率	距離	遺跡名	管理者	器種
0.00	344.53	杉ヶ沢遺跡 Loc.1	養父市教育委員会	剥片
0.00	374.66	杉ヶ沢遺跡 Loc.1	養父市教育委員会	剥片
0.00	341.80	杉ヶ沢遺跡 Loc.1	養父市教育委員会	剥片
0.00	326.61	杉ヶ沢遺跡 Loc.1	養父市教育委員会	剥片
0.00	373.96	杉ヶ沢遺跡	養父市教育委員会	石鏃
0.00	400.07	杉ヶ沢遺跡	養父市教育委員会	石鏃
0.00	399.55	杉ヶ沢遺跡	養父市教育委員会	石鏃
0.00	370.76	美方町上山遺跡3号住居址	養父市教育委員会	剥片
0.00	442.44	野田遺跡	養父市教育委員会	剥片
0.00	376.40	野田遺跡	養父市教育委員会	剥片
0.00	372.78	吉井カネバ遺跡	養父市教育委員会	剥片
0.00	409.83	三宅中島遺跡	養父市教育委員会	剥片
0.00	357.64	三宅中島遺跡	養父市教育委員会	剥片
0.00	379.71	杉ヶ沢遺跡 Loc.2	養父市教育委員会	剥片
0.00	387.61	杉ヶ沢遺跡 Loc.2	養父市教育委員会	剥片
0.00	388.80	杉ヶ沢遺跡 Loc.2	養父市教育委員会	剥片
0.00	328.27	杉ヶ沢遺跡 Loc.2	養父市教育委員会	剥片
0.00	393.14	杉ヶ沢遺跡 Loc.7	養父市教育委員会	剥片
0.00	394.89	杉ヶ沢遺跡 Loc.7	養父市教育委員会	剥片
0.00	359.14	杉ヶ沢遺跡 Loc.7	養父市教育委員会	剥片
0.00	330.08	杉ヶ沢遺跡 Loc.7	養父市教育委員会	剥片
0.00	391.92	杉ヶ沢遺跡 Loc.7	養父市教育委員会	剥片
0.00	405.73	杉ヶ沢遺跡 Loc.5	養父市教育委員会	剥片
0.00	381.73	杉ヶ沢遺跡 Loc.8	養父市教育委員会	石核
0.00	379.39	杉ヶ沢遺跡 Loc.8	養父市教育委員会	剥片
0.00	361.47	杉ヶ沢遺跡 Loc.8	養父市教育委員会	剥片
0.00	374.16	杉ヶ沢遺跡 Loc.8	養父市教育委員会	剥片
0.00	373.06	杉ヶ沢遺跡 Loc.8	養父市教育委員会	剥片
0.00	398.33	杉ヶ沢遺跡 Loc.8	養父市教育委員会	剥片
0.00	376.05	杉ヶ沢遺跡 Loc.8	養父市教育委員会	剥片
0.00	358.05	杉ヶ沢遺跡 Loc.8	養父市教育委員会	剥片
0.00	380.24	杉ヶ沢遺跡 Loc.8	養父市教育委員会	剥片
0.00	410.41	杉ヶ沢遺跡 Loc.8	養父市教育委員会	剥片
0.00	377.00	杉ヶ沢遺跡 Loc.8	養父市教育委員会	剥片
0.00	357.03	杉ヶ沢遺跡 Loc.8	養父市教育委員会	剥片
–	–	杉ヶ沢遺跡 Loc.8	養父市教育委員会	剥片
0.00	419.54	杉ヶ沢遺跡 Loc.1	養父市教育委員会	剥片

分析番号	測定機関	使用機器	Rb分率	Sr分率	Zr分率	Mn×100/Fe	Log(Fe/K)	候補1	確率	距離	候補2
hakubi_1166	京都大学	TracerⅢ-SD	28.68	3.79	1.18	57.10	−	隠岐系	1.00	21.42	大崎半島系
hakubi_1167	京都大学	TracerⅢ-SD	32.78	3.53	1.18	53.00	−	判別不可	−	−	−
hakubi_1168	京都大学	TracerⅢ-SD	27.98	3.54	1.13	57.60	−	隠岐系	1.00	15.22	大崎半島系
hakubi_1169	京都大学	TracerⅢ-SD	28.27	3.33	1.15	57.45	−	隠岐系	1.00	18.97	大崎半島系
hakubi_1170	京都大学	TracerⅢ-SD	28.06	3.28	1.17	57.44	−	隠岐系	1.00	17.05	大崎半島系
hakubi_1171	京都大学	TracerⅢ-SD	30.18	3.12	1.10	55.35	−	隠岐系	1.00	40.01	大崎半島系
hakubi_1172	京都大学	TracerⅢ-SD	29.57	3.69	1.13	55.78	−	隠岐系	1.00	28.79	大崎半島系
hakubi_1173	京都大学	TracerⅢ-SD	27.33	3.54	1.08	58.02	−	隠岐系	1.00	11.33	大崎半島系
hakubi_1174	京都大学	TracerⅢ-SD	26.17	4.42	1.27	59.77	−	隠岐系	1.00	4.45	大崎半島系
hakubi_1175	京都大学	TracerⅢ-SD	26.40	4.09	1.35	58.85	−	隠岐系	1.00	7.19	大崎半島系
hakubi_1176	京都大学	TracerⅢ-SD	26.89	4.13	1.43	58.96	−	隠岐系	1.00	8.65	大崎半島系
hakubi_1177	京都大学	TracerⅢ-SD	26.28	3.75	1.28	58.60	−	隠岐系	1.00	9.85	大崎半島系
hakubi_1178	京都大学	TracerⅢ-SD	27.36	3.60	1.17	57.72	−	隠岐系	1.00	12.26	大崎半島系
hakubi_1179	京都大学	TracerⅢ-SD	27.44	3.58	1.15	57.64	−	隠岐系	1.00	12.68	大崎半島系
hakubi_1180	京都大学	TracerⅢ-SD	52.16	12.37	3.14	24.95	−	和田峠・鷹山系	1.00	15.18	大崎半島系
hakubi_1181	京都大学	TracerⅢ-SD	29.86	6.23	27.24	31.66	−	判別不可	−	−	−
hakubi_1276	京都大学	TracerⅢ-SD	26.97	4.10	1.30	58.45	−	隠岐系	1.00	8.61	大崎半島系
hakubi_1277	京都大学	TracerⅢ-SD	27.81	3.82	1.17	57.68	−	隠岐系	1.00	13.28	大崎半島系
hakubi_1278	京都大学	TracerⅢ-SD	26.90	3.84	1.17	58.50	−	隠岐系	1.00	8.55	大崎半島系
hakubi_1279	京都大学	TracerⅢ-SD	27.53	3.87	1.24	58.01	−	隠岐系	1.00	11.68	大崎半島系
hakubi_1280	京都大学	TracerⅢ-SD	27.23	3.83	1.14	57.96	−	隠岐系	1.00	10.68	大崎半島系
hakubi_1281	京都大学	TracerⅢ-SD	27.73	3.49	1.14	58.08	−	隠岐系	1.00	13.97	大崎半島系
hakubi_1282	京都大学	TracerⅢ-SD	26.62	3.95	1.31	58.75	−	隠岐系	1.00	7.52	大崎半島系
hakubi_1283	京都大学	TracerⅢ-SD	25.65	4.18	1.27	59.64	−	隠岐系	1.00	6.02	大崎半島系
hakubi_1284	京都大学	TracerⅢ-SD	27.03	3.96	1.33	58.46	−	隠岐系	1.00	9.02	大崎半島系
hakubi_1285	京都大学	TracerⅢ-SD	30.30	4.29	1.28	55.16	−	隠岐系	1.00	38.14	大崎半島系
hakubi_1286	京都大学	TracerⅢ-SD	27.19	3.97	1.25	58.02	−	隠岐系	1.00	10.22	大崎半島系
hakubi_1287	京都大学	TracerⅢ-SD	27.08	3.97	1.24	58.71	−	隠岐系	1.00	8.83	大崎半島系
hakubi_1288	京都大学	TracerⅢ-SD	26.69	3.95	1.26	58.92	−	隠岐系	1.00	7.12	大崎半島系
hakubi_1289	京都大学	TracerⅢ-SD	26.59	4.10	1.22	58.84	−	隠岐系	1.00	7.02	大崎半島系
hakubi_1290	京都大学	TracerⅢ-SD	27.22	3.88	1.28	58.19	−	隠岐系	1.00	10.12	大崎半島系
hakubi_1291	京都大学	TracerⅢ-SD	26.13	4.00	1.30	59.45	−	隠岐系	1.00	5.23	大崎半島系
hakubi_1292	京都大学	TracerⅢ-SD	26.72	3.89	1.08	58.76	−	隠岐系	1.00	7.56	大崎半島系
hakubi_1293	京都大学	TracerⅢ-SD	26.55	3.63	1.18	59.22	−	隠岐系	1.00	6.82	大崎半島系
hakubi_1294	京都大学	TracerⅢ-SD	27.32	3.64	1.20	58.69	−	隠岐系	1.00	11.34	大崎半島系
hakubi_1295	京都大学	TracerⅢ-SD	28.66	3.43	1.11	56.94	−	隠岐系	1.00	21.30	大崎半島系
hakubi_1296	京都大学	TracerⅢ-SD	27.25	3.95	1.21	58.41	−	隠岐系	1.00	9.64	大崎半島系

確率	距離	遺跡名	管理者	器種
0.00	345.05	杉ヶ沢遺跡 Loc.1	養父市教育委員会	剥片
–	–	杉ヶ沢遺跡 Loc.1	養父市教育委員会	剥片
0.00	366.11	杉ヶ沢遺跡 Loc.11	養父市教育委員会	剥片
0.00	362.84	杉ヶ沢遺跡 Loc.13	養父市教育委員会	剥片
0.00	365.95	杉ヶ沢遺跡 Loc.13	養父市教育委員会	剥片
0.00	328.01	杉ヶ沢遺跡 Loc.13	養父市教育委員会	剥片
0.00	326.23	杉ヶ沢遺跡 Loc.13	養父市教育委員会	剥片
0.00	384.56	杉ヶ沢遺跡 Loc.20	養父市教育委員会	剥片
0.00	395.27	杉ヶ沢遺跡 Loc.20	養父市教育委員会	剥片
0.00	386.22	杉ヶ沢遺跡 Loc.20	養父市教育委員会	剥片
0.00	369.75	杉ヶ沢遺跡 Loc.20	養父市教育委員会	剥片
0.00	398.89	杉ヶ沢遺跡 Loc.20	養父市教育委員会	剥片
0.00	376.74	杉ヶ沢遺跡 Loc.20	養父市教育委員会	剥片
0.00	376.40	杉ヶ沢遺跡 Loc.20	養父市教育委員会	剥片
0.00	133.46	番の面遺跡	京都教育大学	石鏃
–	–	番の面遺跡	京都教育大学	剥片
0.00	373.35	鉢伏高原遺跡 Loc.1	養父市教育委員会	剥片
0.00	363.24	鉢伏高原遺跡 Loc.1	養父市教育委員会	剥片
0.00	386.42	鉢伏高原遺跡 Loc.1	養父市教育委員会	剥片
0.00	365.74	鉢伏高原遺跡 Loc.1	養父市教育委員会	剥片
0.00	378.87	鉢伏高原遺跡 Loc.1	養父市教育委員会	剥片
0.00	374.35	鉢伏高原遺跡 Loc.1	養父市教育委員会	剥片
0.00	384.61	鉢伏高原遺跡 Loc.1	養父市教育委員会	剥片
0.00	413.01	鉢伏高原遺跡 Loc.1	養父市教育委員会	剥片
0.00	372.20	鉢伏高原遺跡 Loc.1	養父市教育委員会	剥片
0.00	296.52	鉢伏高原遺跡 Loc.1	養父市教育委員会	剥片
0.00	371.72	鉢伏高原遺跡 Loc.1	養父市教育委員会	剥片
0.00	377.79	鉢伏高原遺跡 Loc.1	養父市教育委員会	二次加工のある剥片
0.00	386.02	鉢伏高原遺跡 Loc.1	養父市教育委員会	剥片
0.00	388.75	鉢伏高原遺跡 Loc.1	養父市教育委員会	剥片
0.00	370.68	鉢伏高原遺跡 Loc.1	養父市教育委員会	剥片
0.00	398.91	鉢伏高原遺跡 Loc.1	養父市教育委員会	剥片
0.00	396.61	鉢伏高原遺跡 Loc.1	養父市教育委員会	剥片
0.00	400.27	鉢伏高原遺跡 Loc.1	養父市教育委員会	剥片
0.00	380.41	鉢伏高原遺跡 Loc.1	養父市教育委員会	剥片
0.00	353.47	鉢伏高原遺跡 Loc.1	養父市教育委員会	剥片
0.00	374.51	鉢伏高原遺跡 Loc.1	養父市教育委員会	剥片

分析番号	測定機関	使用機器	Rb分率	Sr分率	Zr分率	Mn× 100/Fe	Log (Fe/K)	候補1	確率	距離	候補2
hakubi_1297	京都大学	TracerⅢ-SD	27.17	3.87	1.21	58.03	−	隠岐系	1.00	10.32	大崎半島系
hakubi_1298	京都大学	TracerⅢ-SD	29.11	3.38	1.00	56.67	−	隠岐系	1.00	25.86	大崎半島系
hakubi_1299	京都大学	TracerⅢ-SD	27.27	3.54	1.20	58.28	−	隠岐系	1.00	10.86	大崎半島系
hakubi_1300	京都大学	TracerⅢ-SD	28.97	3.35	1.11	56.38	−	隠岐系	1.00	24.01	大崎半島系
hakubi_1301	京都大学	TracerⅢ-SD	27.88	3.56	1.15	57.60	−	隠岐系	1.00	14.47	大崎半島系
hakubi_1302	京都大学	TracerⅢ-SD	30.03	3.53	1.08	55.54	−	隠岐系	1.00	35.46	大崎半島系
hakubi_1303	京都大学	TracerⅢ-SD	29.69	3.52	1.17	56.27	−	隠岐系	1.00	35.43	大崎半島系
hakubi_1304	京都大学	TracerⅢ-SD	27.10	3.45	1.20	58.64	−	隠岐系	1.00	10.17	大崎半島系
hakubi_1305	京都大学	TracerⅢ-SD	25.68	3.56	1.20	60.74	−	隠岐系	1.00	3.79	大崎半島系
hakubi_1306	京都大学	TracerⅢ-SD	26.99	3.84	1.25	58.41	−	隠岐系	1.00	9.00	大崎半島系
hakubi_1307	京都大学	TracerⅢ-SD	26.49	3.61	1.14	59.84	−	隠岐系	1.00	6.93	大崎半島系
hakubi_1308	京都大学	TracerⅢ-SD	28.69	3.43	1.14	56.84	−	隠岐系	1.00	21.54	大崎半島系
hakubi_1309	京都大学	TracerⅢ-SD	30.23	3.74	1.22	55.00	−	隠岐系	1.00	36.83	大崎半島系
hakubi_1310	京都大学	TracerⅢ-SD	27.20	3.63	1.18	58.33	−	隠岐系	1.00	10.20	大崎半島系
hakubi_1311	京都大学	TracerⅢ-SD	27.38	3.91	1.20	57.94	−	隠岐系	1.00	10.85	大崎半島系
hakubi_1312	京都大学	TracerⅢ-SD	27.78	3.50	1.21	57.27	−	隠岐系	1.00	14.80	大崎半島系
hakubi_1313	京都大学	TracerⅢ-SD	30.08	3.42	1.19	55.69	−	隠岐系	1.00	39.89	大崎半島系
hakubi_1314	京都大学	TracerⅢ-SD	28.65	3.55	1.41	57.02	−	隠岐系	1.00	23.74	大崎半島系
hakubi_1315	京都大学	TracerⅢ-SD	28.45	3.52	1.19	57.02	−	隠岐系	1.00	19.22	大崎半島系
hakubi_1316	京都大学	TracerⅢ-SD	30.11	3.51	1.14	55.71	−	隠岐系	1.00	39.54	大崎半島系
hakubi_1317	京都大学	TracerⅢ-SD	29.19	3.27	1.23	56.69	−	隠岐系	1.00	30.39	大崎半島系
hakubi_1318	京都大学	TracerⅢ-SD	27.39	3.67	1.29	57.86	−	隠岐系	1.00	11.79	大崎半島系
hakubi_1319	京都大学	TracerⅢ-SD	27.06	3.59	1.24	58.09	−	隠岐系	1.00	10.70	大崎半島系
hakubi_1320	京都大学	TracerⅢ-SD	28.53	3.58	1.18	56.60	−	隠岐系	1.00	19.37	大崎半島系
hakubi_1321	京都大学	TracerⅢ-SD	28.01	3.05	1.13	57.09	−	隠岐系	1.00	17.89	大崎半島系
hakubi_1322	京都大学	TracerⅢ-SD	30.19	3.14	1.17	55.82	−	隠岐系	1.00	45.25	大崎半島系
hakubi_1323	京都大学	TracerⅢ-SD	27.48	3.67	1.21	57.74	−	隠岐系	1.00	12.18	大崎半島系
hakubi_1324	京都大学	TracerⅢ-SD	28.11	3.51	1.34	57.16	−	隠岐系	1.00	17.20	大崎半島系
hakubi_1325	京都大学	TracerⅢ-SD	28.25	3.48	1.23	56.64	−	隠岐系	1.00	18.33	大崎半島系
hakubi_1326	京都大学	TracerⅢ-SD	29.97	3.50	1.32	55.04	−	隠岐系	1.00	34.92	大崎半島系
hakubi_1327	京都大学	TracerⅢ-SD	28.53	3.28	1.08	57.22	−	隠岐系	1.00	21.13	大崎半島系
hakubi_1328	京都大学	TracerⅢ-SD	29.13	3.48	1.27	56.60	−	隠岐系	1.00	28.09	大崎半島系
hakubi_1329	京都大学	TracerⅢ-SD	28.37	3.66	1.10	57.13	−	隠岐系	1.00	17.51	大崎半島系
hakubi_1330	京都大学	TracerⅢ-SD	29.06	3.83	1.31	56.12	−	隠岐系	1.00	24.10	大崎半島系
hakubi_1331	京都大学	TracerⅢ-SD	29.17	3.21	1.16	55.83	−	隠岐系	1.00	26.48	大崎半島系
hakubi_1332	京都大学	TracerⅢ-SD	28.84	3.45	1.27	56.13	−	隠岐系	1.00	22.96	大崎半島系
hakubi_1333	京都大学	TracerⅢ-SD	29.94	3.63	1.33	54.94	−	隠岐系	1.00	33.75	大崎半島系

確率	距離	遺跡名	管理者	器種
0.00	376.28	鉢伏高原遺跡 Loc.1	養父市教育委員会	剝片
0.00	352.22	鉢伏高原遺跡 Loc.1	養父市教育委員会	剝片
0.00	379.83	鉢伏高原遺跡 Loc.1	養父市教育委員会	剝片
0.00	345.75	鉢伏高原遺跡 Loc.1	養父市教育委員会	剝片
0.00	366.88	鉢伏高原遺跡 Loc.1	養父市教育委員会	剝片
0.00	325.11	鉢伏高原遺跡 Loc.1	養父市教育委員会	剝片
0.00	332.14	鉢伏高原遺跡 Loc.1	養父市教育委員会	剝片
0.00	386.56	鉢伏高原遺跡 Loc.1	養父市教育委員会	剝片
0.00	427.70	鉢伏高原遺跡 Loc.1	養父市教育委員会	剝片
0.00	379.52	鉢伏高原遺跡 Loc.1	養父市教育委員会	剝片
0.00	408.06	鉢伏高原遺跡 Loc.1	養父市教育委員会	剝片
0.00	350.67	鉢伏高原遺跡 Loc.1	養父市教育委員会	剝片
0.00	306.84	鉢伏高原遺跡 Loc.1	養父市教育委員会	剝片
0.00	381.34	鉢伏高原遺跡 Loc.1	養父市教育委員会	剝片
0.00	370.63	鉢伏高原遺跡 Loc.1	養父市教育委員会	剝片
0.00	365.02	鉢伏高原遺跡 Loc.1	養父市教育委員会	剝片
0.00	323.07	鉢伏高原遺跡 Loc.1	養父市教育委員会	剝片
0.00	336.57	鉢伏高原遺跡 Loc.1	養父市教育委員会	剝片
0.00	351.66	鉢伏高原遺跡 Loc.1	養父市教育委員会	剝片
0.00	324.10	鉢伏高原遺跡 Loc.1	養父市教育委員会	剝片
0.00	342.40	鉢伏高原遺跡 Loc.1	養父市教育委員会	剝片
0.00	368.53	鉢伏高原遺跡 Loc.1	養父市教育委員会	剝片
0.00	381.12	鉢伏高原遺跡 Loc.1	養父市教育委員会	剝片
0.00	347.10	鉢伏高原遺跡 Loc.1	養父市教育委員会	剝片
0.00	371.14	鉢伏高原遺跡 Loc.1	養父市教育委員会	剝片
0.00	331.05	鉢伏高原遺跡 Loc.1	養父市教育委員会	剝片
0.00	370.43	鉢伏高原遺跡 Loc.1	養父市教育委員会	剝片
0.00	350.10	鉢伏高原遺跡 Loc.1	養父市教育委員会	剝片
0.00	351.44	鉢伏高原遺跡 Loc.1	養父市教育委員会	剝片
0.00	308.82	鉢伏高原遺跡 Loc.1	養父市教育委員会	剝片
0.00	361.78	鉢伏高原遺跡 Loc.1	養父市教育委員会	剝片
0.00	335.93	鉢伏高原遺跡 Loc.1	養父市教育委員会	剝片
0.00	356.25	鉢伏高原遺跡 Loc.1	養父市教育委員会	剝片
0.00	324.32	鉢伏高原遺跡 Loc.1	養父市教育委員会	剝片
0.00	338.91	鉢伏高原遺跡 Loc.1	養父市教育委員会	剝片
0.00	336.01	鉢伏高原遺跡 Loc.1	養父市教育委員会	剝片
0.00	305.59	鉢伏高原遺跡 Loc.1	養父市教育委員会	剝片

分析番号	測定機関	使用機器	Rb分率	Sr分率	Zr分率	Mn×100/Fe	Log(Fe/K)	候補1	確率	距離	候補2
hakubi_1334	京都大学	TracerⅢ-SD	27.89	3.59	1.36	57.23	−	隠岐系	1.00	15.54	大崎半島系
hakubi_1335	京都大学	TracerⅢ-SD	27.50	3.48	1.29	57.41	−	隠岐系	1.00	13.96	大崎半島系
hakubi_1336	京都大学	TracerⅢ-SD	29.10	3.46	1.26	56.78	−	隠岐系	1.00	28.74	大崎半島系
hakubi_1337	京都大学	TracerⅢ-SD	29.12	3.55	1.02	56.32	−	隠岐系	1.00	23.99	大崎半島系
hakubi_1338	京都大学	TracerⅢ-SD	31.26	3.41	1.52	54.44	−	隠岐系	1.00	64.33	大崎半島系
hakubi_1339	京都大学	TracerⅢ-SD	29.28	3.11	1.26	56.84	−	隠岐系	1.00	35.29	大崎半島系
hakubi_1340	京都大学	TracerⅢ-SD	29.55	3.42	1.14	56.15	−	隠岐系	1.00	31.65	大崎半島系
hakubi_1341	京都大学	TracerⅢ-SD	30.07	3.30	1.04	55.70	−	隠岐系	1.00	38.32	大崎半島系
hakubi_1342	京都大学	TracerⅢ-SD	27.67	3.68	1.22	57.70	−	隠岐系	1.00	13.01	大崎半島系
hakubi_1343	京都大学	TracerⅢ-SD	26.88	3.94	1.31	58.77	−	隠岐系	1.00	8.09	大崎半島系
hakubi_1365	京都大学	TracerⅢ-SD	29.15	3.09	1.03	56.62	−	隠岐系	1.00	28.24	大崎半島系
hakubi_1366	京都大学	TracerⅢ-SD	27.31	3.84	0.93	58.29	−	隠岐系	1.00	9.71	大崎半島系
hakubi_1367	京都大学	TracerⅢ-SD	26.43	4.27	1.41	59.03	−	隠岐系	1.00	6.50	大崎半島系
hakubi_1368	京都大学	TracerⅢ-SD	26.83	3.84	1.11	59.00	−	隠岐系	1.00	7.37	大崎半島系
hakubi_1381	京都大学	TracerⅢ-SD	34.58	8.83	29.80	21.99	−	姫島系	1.00	1.45	恩馳島系
hakubi_1382	京都大学	TracerⅢ-SD	32.97	8.83	28.04	25.37	−	姫島系	1.00	10.81	恩馳島系
hakubi_1383	京都大学	TracerⅢ-SD	35.97	9.38	29.09	20.57	−	姫島系	1.00	1.70	恩馳島系
hakubi_1384	京都大学	TracerⅢ-SD	27.10	3.81	1.36	57.94	−	隠岐系	1.00	10.86	大崎半島系
hakubi_1385	京都大学	TracerⅢ-SD	30.64	4.04	5.66	48.42	−	判別不可	−	−	−
hakubi_1386	京都大学	TracerⅢ-SD	30.69	3.72	5.69	49.27	−	判別不可	−	−	−
hakubi_1387	京都大学	TracerⅢ-SD	30.52	3.77	5.69	48.70	−	判別不可	−	−	−
hakubi_1388	京都大学	TracerⅢ-SD	30.40	3.85	5.78	48.73	−	判別不可	−	−	−
hakubi_1389	京都大学	TracerⅢ-SD	30.38	3.87	5.89	49.23	−	判別不可	−	−	−
hakubi_1390	京都大学	TracerⅢ-SD	36.42	11.99	14.17	32.50	−	西霧ヶ峰系	1.00	2.71	針尾島系A
hakubi_1617	京都大学	TracerⅢ-SD	37.91	11.58	13.74	31.19	−	西霧ヶ峰系	1.00	9.64	針尾島系A
hakubi_1618	京都大学	TracerⅢ-SD	36.72	12.50	13.63	32.68	−	西霧ヶ峰系	1.00	2.15	針尾島系A
hakubi_1619	京都大学	TracerⅢ-SD	36.87	13.31	13.76	32.47	−	西霧ヶ峰系	1.00	0.81	針尾島系A
hakubi_1620	京都大学	TracerⅢ-SD	50.29	14.68	3.13	25.77	−	和田峠・鷹山系	1.00	5.11	赤石山系
hakubi_1621	京都大学	TracerⅢ-SD	36.45	13.17	13.73	32.78	−	西霧ヶ峰系	1.00	0.21	針尾島系A
hakubi_1622	京都大学	TracerⅢ-SD	26.44	4.53	1.39	59.15	−	隠岐系	1.00	6.27	大崎半島系
hakubi_1623	京都大学	TracerⅢ-SD	27.10	4.13	1.36	58.18	−	隠岐系	1.00	9.66	大崎半島系
hakubi_1625	京都大学	TracerⅢ-SD	51.18	14.78	2.87	25.50	−	和田峠・鷹山系	1.00	4.25	赤石山系
hakubi_1626	京都大学	TracerⅢ-SD	25.95	4.17	1.24	59.36	−	隠岐系	1.00	6.20	大崎半島系
hakubi_1627	京都大学	TracerⅢ-SD	29.21	3.93	1.42	56.08	−	隠岐系	1.00	26.84	大崎半島系
hakubi_1628	京都大学	TracerⅢ-SD	24.76	3.84	1.28	62.05	−	隠岐系	1.00	1.34	大崎半島系
hakubi_1629	京都大学	TracerⅢ-SD	27.39	3.57	1.10	58.33	−	隠岐系	1.00	11.16	大崎半島系
hakubi_1630	京都大学	TracerⅢ-SD	27.89	3.48	1.11	57.82	−	隠岐系	1.00	14.92	大崎半島系

巻末付表 1　　237

確率	距離	遺跡名	管理者	器種
0.00	352.16	鉢伏高原遺跡 Loc.1	養父市教育委員会	剥片
0.00	367.50	鉢伏高原遺跡 Loc.1	養父市教育委員会	剥片
0.00	339.11	鉢伏高原遺跡 Loc.1	養父市教育委員会	剥片
0.00	345.03	鉢伏高原遺跡 Loc.1	養父市教育委員会	剥片
0.00	289.99	鉢伏高原遺跡 Loc.1	養父市教育委員会	剥片
0.00	345.21	鉢伏高原遺跡 Loc.1	養父市教育委員会	剥片
0.00	334.70	鉢伏高原遺跡 Loc.2	養父市教育委員会	剥片
0.00	332.70	鉢伏高原遺跡 Loc.7	養父市教育委員会	剥片
0.00	365.48	鉢伏高原遺跡 Loc.8	養父市教育委員会	剥片
0.00	378.23	鉢伏高原遺跡 Loc.8	養父市教育委員会	剥片
0.00	354.78	曽我井・野入遺跡	多可町教育委員会	剥片
0.00	390.91	曽我井・野入遺跡	多可町教育委員会	石鏃
0.00	380.05	市原・寺ノ下遺跡	多可町教育委員会	石鏃
0.00	394.06	市原・寺ノ下遺跡	多可町教育委員会	剥片
0.00	399.70	馬場川遺跡 6 次	東大阪市教育委員会	剥片
0.00	287.72	馬場川遺跡 6 次	東大阪市教育委員会	剥片
0.00	403.72	馬場川遺跡 7 次	東大阪市教育委員会	楔形石器
0.00	369.32	岩ヶ平遺跡	芦屋市教育委員会	石鏃
-	-	岩ヶ平遺跡	芦屋市教育委員会	石鏃
-	-	笠ヶ塚遺跡	芦屋市教育委員会	石鏃？
-	-	笠ヶ塚遺跡	芦屋市教育委員会	石鏃
-	-	笠ヶ塚遺跡	芦屋市教育委員会	石匙
-	-	橿原遺跡	芦屋市教育委員会	石鏃
0.00	84.86	下市西北遺跡	芦屋市教育委員会	石鏃
0.00	78.54	山ノ内遺跡 B 地区	（公財）大阪府文化財センター	石鏃
0.00	93.73	山ノ内遺跡 B 地区	（公財）大阪府文化財センター	石鏃
0.00	100.97	山ノ内遺跡 B 地区	（公財）大阪府文化財センター	削器
0.00	114.84	山ノ内遺跡 B 地区	（公財）大阪府文化財センター	剥片
0.00	105.77	山ノ内遺跡 B 地区	（公財）大阪府文化財センター	剥片
0.00	378.35	山ノ内遺跡 B 地区	（公財）大阪府文化財センター	剥片
0.00	365.77	山ノ内遺跡 B 地区	（公財）大阪府文化財センター	剥片
0.00	129.69	山ノ内遺跡 B 地区	（公財）大阪府文化財センター	剥片
0.00	405.61	杉ヶ沢遺跡 Loc.29	養父市教育委員会	剥片
0.00	314.65	杉ヶ沢遺跡 Loc.29	養父市教育委員会	剥片
0.00	448.23	杉ヶ沢遺跡 Loc.29	養父市教育委員会	剥片
0.00	383.30	杉ヶ沢遺跡 Loc.29	養父市教育委員会	剥片
0.00	371.29	杉ヶ沢遺跡 Loc.29	養父市教育委員会	剥片

分析番号	測定機関	使用機器	Rb分率	Sr分率	Zr分率	Mn×100/Fe	Log(Fe/K)	候補1	確率	距離	候補2
hakubi_1631	京都大学	TracerⅢ-SD	27.24	3.84	1.25	58.42	−	隠岐系	1.00	10.01	大崎半島系
hakubi_1632	京都大学	TracerⅢ-SD	26.58	4.28	1.34	58.46	−	隠岐系	1.00	8.79	大崎半島系
hakubi_1633	京都大学	TracerⅢ-SD	26.56	4.29	1.52	58.49	−	隠岐系	1.00	8.72	大崎半島系
hakubi_1634	京都大学	TracerⅢ-SD	27.13	3.82	1.20	58.21	−	隠岐系	1.00	9.78	大崎半島系
hakubi_1635	京都大学	TracerⅢ-SD	26.51	4.39	1.35	59.05	−	隠岐系	1.00	6.44	大崎半島系
hakubi_1636	京都大学	TracerⅢ-SD	27.47	3.57	1.14	58.27	−	隠岐系	1.00	11.81	大崎半島系
hakubi_1637	京都大学	TracerⅢ-SD	28.79	3.29	1.01	56.59	−	隠岐系	1.00	22.04	大崎半島系
hakubi_1638	京都大学	TracerⅢ-SD	27.62	3.92	1.08	58.16	−	隠岐系	1.00	11.48	大崎半島系
hakubi_1639	京都大学	TracerⅢ-SD	26.98	3.93	1.37	58.63	−	隠岐系	1.00	8.87	大崎半島系
hakubi_1640	京都大学	TracerⅢ-SD	29.57	3.52	1.04	56.63	−	隠岐系	1.00	34.18	大崎半島系
hakubi_1641	京都大学	TracerⅢ-SD	27.93	3.66	1.17	57.79	−	隠岐系	1.00	14.88	大崎半島系
hakubi_1642	京都大学	TracerⅢ-SD	27.78	3.77	1.28	57.51	−	隠岐系	1.00	13.79	大崎半島系
hakubi_1643	京都大学	TracerⅢ-SD	29.43	3.42	1.07	56.26	−	隠岐系	1.00	29.40	大崎半島系
hakubi_1644	京都大学	TracerⅢ-SD	28.31	3.44	1.20	57.46	−	隠岐系	1.00	19.35	大崎半島系
hakubi_1645	京都大学	TracerⅢ-SD	28.81	3.69	1.21	56.75	−	隠岐系	1.00	22.32	大崎半島系
hakubi_1646	京都大学	TracerⅢ-SD	29.00	3.33	1.07	56.49	−	隠岐系	1.00	24.44	大崎半島系
hakubi_1647	京都大学	TracerⅢ-SD	27.30	3.72	1.20	58.63	−	隠岐系	1.00	10.82	大崎半島系
hakubi_1648	京都大学	TracerⅢ-SD	27.90	3.56	1.14	57.67	−	隠岐系	1.00	14.59	大崎半島系
hakubi_1649	京都大学	TracerⅢ-SD	29.25	3.32	1.23	56.56	−	隠岐系	1.00	30.33	大崎半島系
hakubi_1650	京都大学	TracerⅢ-SD	29.41	3.19	1.20	56.14	−	隠岐系	1.00	31.11	大崎半島系
hakubi_1651	京都大学	TracerⅢ-SD	30.95	3.66	1.30	54.23	−	隠岐系	1.00	48.08	大崎半島系
hakubi_1652	京都大学	TracerⅢ-SD	29.47	3.76	1.03	56.71	−	隠岐系	1.00	31.37	大崎半島系
hakubi_1653	京都大学	TracerⅢ-SD	31.72	3.34	1.00	53.94	−	隠岐系	1.00	61.63	大崎半島系
hakubi_1654	京都大学	TracerⅢ-SD	23.98	3.72	1.19	62.48	−	隠岐系	1.00	1.11	大崎半島系
hakubi_1655	京都大学	TracerⅢ-SD	29.04	3.72	1.28	56.54	−	隠岐系	1.00	25.30	大崎半島系
hakubi_1656	京都大学	TracerⅢ-SD	26.94	3.74	1.27	58.36	−	隠岐系	1.00	9.29	大崎半島系
hakubi_1657	京都大学	TracerⅢ-SD	26.78	3.81	1.28	58.54	−	隠岐系	1.00	8.46	大崎半島系
hakubi_1658	京都大学	TracerⅢ-SD	29.48	3.23	1.15	56.65	−	隠岐系	1.00	35.50	大崎半島系
hakubi_1659	京都大学	TracerⅢ-SD	26.19	4.21	1.39	58.78	−	隠岐系	1.00	8.40	大崎半島系
hakubi_1660	京都大学	TracerⅢ-SD	27.76	3.89	1.18	58.31	−	隠岐系	1.00	14.05	大崎半島系
hakubi_1661	京都大学	TracerⅢ-SD	27.40	3.54	1.08	58.39	−	隠岐系	1.00	11.32	大崎半島系
hakubi_1662	京都大学	TracerⅢ-SD	27.36	3.71	1.20	58.20	−	隠岐系	1.00	10.84	大崎半島系
hakubi_1663	京都大学	TracerⅢ-SD	23.25	3.23	0.89	62.82	−	隠岐系	1.00	9.15	大崎半島系
hakubi_1664	京都大学	TracerⅢ-SD	28.30	3.65	1.31	57.71	−	隠岐系	1.00	20.61	大崎半島系
hakubi_1665	京都大学	TracerⅢ-SD	29.52	3.23	1.15	56.61	−	隠岐系	1.00	36.10	大崎半島系
hakubi_1666	京都大学	TracerⅢ-SD	29.11	3.34	1.05	57.06	−	隠岐系	1.00	29.26	大崎半島系
hakubi_1667	京都大学	TracerⅢ-SD	27.53	3.68	1.09	58.06	−	隠岐系	1.00	11.60	大崎半島系

確率	距離	遺跡名	管理者	器種
0.00	373.96	杉ヶ沢遺跡 Loc.29	養父市教育委員会	剝片
0.00	379.20	杉ヶ沢遺跡 Loc.29	養父市教育委員会	剝片
0.00	368.48	杉ヶ沢遺跡 Loc.29	養父市教育委員会	剝片
0.00	378.51	杉ヶ沢遺跡 Loc.29	養父市教育委員会	剝片
0.00	379.98	杉ヶ沢遺跡 Loc.29	養父市教育委員会	剝片
0.00	379.11	杉ヶ沢遺跡 Loc.29	養父市教育委員会	剝片
0.00	356.80	杉ヶ沢遺跡 Loc.29	養父市教育委員会	剝片
0.00	373.52	杉ヶ沢遺跡 Loc.29	養父市教育委員会	剝片
0.00	372.28	杉ヶ沢遺跡 Loc.29	養父市教育委員会	剝片
0.00	344.04	杉ヶ沢遺跡 Loc.29	養父市教育委員会	剝片
0.00	364.21	杉ヶ沢遺跡 Loc.29	養父市教育委員会	剝片
0.00	357.35	杉ヶ沢遺跡 Loc.29	養父市教育委員会	剝片
0.00	340.18	杉ヶ沢遺跡 Loc.29	養父市教育委員会	剝片
0.00	358.03	杉ヶ沢遺跡 Loc.29	養父市教育委員会	剝片
0.00	340.59	杉ヶ沢遺跡 Loc.29	養父市教育委員会	剝片
0.00	349.11	杉ヶ沢遺跡 Loc.29	養父市教育委員会	剝片
0.00	378.62	杉ヶ沢遺跡 Loc.29	養父市教育委員会	剝片
0.00	367.27	杉ヶ沢遺跡 Loc.29	養父市教育委員会	剝片
0.00	339.30	杉ヶ沢遺跡 Loc.29	養父市教育委員会	剝片
0.00	336.51	杉ヶ沢遺跡 Loc.29	養父市教育委員会	剝片
0.00	291.30	杉ヶ沢遺跡 Loc.29	養父市教育委員会	剝片
0.00	341.80	杉ヶ沢遺跡 Loc.29	養父市教育委員会	剝片
0.00	305.50	杉ヶ沢遺跡 Loc.29	養父市教育委員会	剝片
0.00	477.91	杉ヶ沢遺跡 Loc.19	養父市教育委員会	剝片
0.00	331.66	杉ヶ沢遺跡 Loc.25	養父市教育委員会	石核
0.00	380.68	杉ヶ沢遺跡 Loc.25	養父市教育委員会	剝片
0.00	383.58	小路頃オノ木遺跡	養父市教育委員会	剝片
0.00	344.69	小路頃オノ木遺跡	養父市教育委員会	剝片
0.00	388.37	小路頃オノ木遺跡	養父市教育委員会	楔形石器
0.00	367.16	小路頃オノ木遺跡	養父市教育委員会	二次加工のある剝片
0.00	384.75	小路頃オノ木遺跡	養父市教育委員会	剝片
0.00	375.30	小路頃オノ木遺跡	養父市教育委員会	剝片
0.00	531.00	小路頃オノ木遺跡	養父市教育委員会	剝片
0.00	351.56	小路頃オノ木遺跡	養父市教育委員会	剝片
0.00	343.92	小路頃オノ木遺跡	養父市教育委員会	剝片
0.00	355.26	小路頃オノ木遺跡	養父市教育委員会	剝片
0.00	377.73	小路頃オノ木遺跡	養父市教育委員会	石鏃

分析番号	測定機関	使用機器	Rb分率	Sr分率	Zr分率	Mn×100/Fe	Log(Fe/K)	候補1	確率	距離	候補2
hakubi_1668	京都大学	TracerⅢ-SD	26.81	4.15	1.26	58.46	−	隠岐系	1.00	8.34	大崎半島系
hakubi_1669	京都大学	TracerⅢ-SD	28.96	3.32	1.14	56.46	−	隠岐系	1.00	24.38	大崎半島系
hakubi_1670	京都大学	TracerⅢ-SD	26.93	3.60	1.22	58.64	−	隠岐系	1.00	8.94	大崎半島系
hakubi_1671	京都大学	TracerⅢ-SD	27.99	3.61	1.14	57.69	−	隠岐系	1.00	15.26	大崎半島系
hakubi_1672	京都大学	TracerⅢ-SD	27.24	3.81	1.31	57.97	−	隠岐系	1.00	10.86	大崎半島系
hakubi_1673	京都大学	TracerⅢ-SD	28.01	3.43	1.22	57.87	−	隠岐系	1.00	17.37	大崎半島系
hakubi_1674	京都大学	TracerⅢ-SD	27.64	3.72	1.12	58.10	−	隠岐系	1.00	12.37	大崎半島系
hakubi_1675	京都大学	TracerⅢ-SD	8.02	2.64	44.42	33.02	−	判別不可	−	−	−
hakubi_1676	京都大学	TracerⅢ-SD	26.73	3.92	1.36	58.34	−	隠岐系	1.00	9.19	大崎半島系
hakubi_1677	京都大学	TracerⅢ-SD	26.26	3.71	1.13	59.30	−	隠岐系	1.00	6.22	大崎半島系
hakubi_1678	京都大学	TracerⅢ-SD	28.49	3.42	1.11	56.94	−	隠岐系	1.00	19.41	大崎半島系
hakubi_1679	京都大学	TracerⅢ-SD	26.81	3.29	1.14	59.17	−	隠岐系	1.00	9.17	大崎半島系
hakubi_1680	京都大学	TracerⅢ-SD	29.09	3.78	1.08	56.45	−	隠岐系	1.00	23.47	大崎半島系
hakubi_1681	京都大学	TracerⅢ-SD	29.01	3.89	1.28	56.50	−	隠岐系	1.00	24.20	大崎半島系
hakubi_1682	京都大学	TracerⅢ-SD	27.88	3.41	1.22	58.24	−	隠岐系	1.00	17.44	大崎半島系
hakubi_1683	京都大学	TracerⅢ-SD	27.68	3.67	1.27	57.33	−	隠岐系	1.00	13.98	大崎半島系
hakubi_1684	京都大学	TracerⅢ-SD	29.60	3.06	1.17	55.66	−	隠岐系	1.00	32.33	大崎半島系
hakubi_1685	京都大学	TracerⅢ-SD	28.35	3.37	1.22	57.25	−	隠岐系	1.00	19.58	大崎半島系
hakubi_1686	京都大学	TracerⅢ-SD	28.29	3.36	1.25	57.11	−	隠岐系	1.00	18.90	大崎半島系
hakubi_1687	京都大学	TracerⅢ-SD	29.37	3.51	1.31	56.16	−	隠岐系	1.00	30.11	大崎半島系
hakubi_1688	京都大学	TracerⅢ-SD	29.49	3.20	1.22	55.87	−	隠岐系	1.00	31.20	大崎半島系
hakubi_1689	京都大学	TracerⅢ-SD	29.22	3.32	1.20	56.73	−	隠岐系	1.00	30.79	大崎半島系
hakubi_1690	京都大学	TracerⅢ-SD	30.66	3.63	1.09	55.09	−	隠岐系	1.00	45.19	大崎半島系
hakubi_1691	京都大学	TracerⅢ-SD	29.17	3.85	1.24	55.62	−	隠岐系	1.00	24.37	大崎半島系
hakubi_1692	京都大学	TracerⅢ-SD	27.14	3.81	1.29	58.26	−	隠岐系	1.00	9.88	大崎半島系
hakubi_1694	京都大学	TracerⅢ-SD	27.90	3.35	1.11	58.20	−	隠岐系	1.00	16.76	大崎半島系
hakubi_1695	京都大学	TracerⅢ-SD	26.39	3.97	1.15	59.40	−	隠岐系	1.00	5.47	大崎半島系
hakubi_1696	京都大学	TracerⅢ-SD	15.21	261.86	40.47	32.28	−	判別不可	−	−	−
hakubi_1697	京都大学	TracerⅢ-SD	33.59	9.38	28.88	23.55	−	姫島系	1.00	2.36	恩馳島系
hakubi_1698	京都大学	TracerⅢ-SD	27.65	3.46	1.12	57.94	−	隠岐系	1.00	13.20	大崎半島系
hakubi_1699	京都大学	TracerⅢ-SD	27.33	4.04	1.24	58.37	−	隠岐系	1.00	10.15	大崎半島系
hakubi_1700	京都大学	TracerⅢ-SD	25.60	4.08	1.33	60.42	−	隠岐系	1.00	2.81	大崎半島系
hakubi_1701	京都大学	TracerⅢ-SD	26.20	4.02	1.46	58.98	−	隠岐系	1.00	7.06	大崎半島系
hakubi_1702	京都大学	TracerⅢ-SD	25.84	4.16	1.36	59.66	−	隠岐系	1.00	4.79	大崎半島系
hakubi_1703	京都大学	TracerⅢ-SD	27.25	3.32	1.20	58.27	−	隠岐系	1.00	11.56	大崎半島系
hakubi_1704	京都大学	TracerⅢ-SD	26.99	3.96	1.19	58.66	−	隠岐系	1.00	8.26	大崎半島系
hakubi_1705	京都大学	TracerⅢ-SD	26.04	3.72	1.41	59.41	−	隠岐系	1.00	5.73	大崎半島系

確率	距離	遺跡名	管理者	器種
0.00	379.70	吉井天井遺跡	養父市教育委員会	剝片
0.00	345.39	吉井天井遺跡	養父市教育委員会	剝片
0.00	386.91	吉井天井遺跡	養父市教育委員会	剝片
0.00	365.11	吉井天井遺跡	養父市教育委員会	剝片
0.00	368.84	吉井天井遺跡	養父市教育委員会	剝片
0.00	364.89	吉井天井遺跡	養父市教育委員会	剝片
0.00	373.60	吉井天井遺跡	養父市教育委員会	剝片
－	－	吉井天井遺跡	養父市教育委員会	剝片
0.00	378.59	吉井天井遺跡	養父市教育委員会	二次加工のある剝片
0.00	409.73	吉井天井遺跡	養父市教育委員会	剝片
0.00	356.37	吉井天井遺跡	養父市教育委員会	剝片
0.00	402.06	吉井天井遺跡	養父市教育委員会	剝片
0.00	339.41	吉井天井遺跡	養父市教育委員会	剝片
0.00	328.69	吉井天井遺跡	養父市教育委員会	剝片
0.00	370.56	吉井天井遺跡	養父市教育委員会	剝片
0.00	361.40	吉井天井遺跡	養父市教育委員会	剝片
0.00	334.18	吉井天井遺跡	養父市教育委員会	剝片
0.00	355.58	吉井天井遺跡	養父市教育委員会	剝片
0.00	353.93	吉井天井遺跡	養父市教育委員会	剝片
0.00	325.90	吉井天井遺跡	養父市教育委員会	剝片
0.00	332.11	吉井天井遺跡	養父市教育委員会	剝片
0.00	342.74	吉井天井遺跡	養父市教育委員会	剝片
0.00	313.70	吉井天井遺跡	養父市教育委員会	剝片
0.00	322.88	吉井天井遺跡	養父市教育委員会	剝片
0.00	373.21	小路頃オノ木遺跡	養父市教育委員会	石鏃
0.00	376.98	西野遺跡	養父市教育委員会	剝片
0.00	401.35	西野遺跡	養父市教育委員会	剝片
－	－	西野遺跡	養父市教育委員会	剝片
0.00	310.45	西野遺跡	養父市教育委員会	剝片
0.00	376.77	西野遺跡	養父市教育委員会	剝片
0.00	369.47	杉ヶ沢遺跡 Loc.1	養父市教育委員会	剝片
0.00	412.69	杉ヶ沢遺跡 Loc.1	養父市教育委員会	石鏃
0.00	386.22	杉ヶ沢遺跡 Loc.1	養父市教育委員会	剝片
0.00	401.29	杉ヶ沢遺跡 Loc.2	養父市教育委員会	剝片
0.00	383.98	吉井天井遺跡	養父市教育委員会	剝片
0.00	382.03	別宮家野遺跡	養父市教育委員会	剝片
0.00	397.79	尾崎見崎新田遺跡	養父市教育委員会	剝片

分析番号	測定機関	使用機器	Rb分率	Sr分率	Zr分率	Mn×100/Fe	Log(Fe/K)	候補1	確率	距離	候補2
hakubi_1706	京都大学	TracerⅢ-SD	26.83	4.02	1.31	58.76	−	隠岐系	1.00	7.80	大崎半島系
hakubi_1707	京都大学	TracerⅢ-SD	25.97	4.17	1.32	59.45	−	隠岐系	1.00	5.43	大崎半島系
hakubi_1708	京都大学	TracerⅢ-SD	26.49	3.80	1.30	58.91	−	隠岐系	1.00	7.19	大崎半島系
hakubi_1709	京都大学	TracerⅢ-SD	26.91	3.51	1.29	58.50	−	隠岐系	1.00	9.46	大崎半島系
hakubi_1710	京都大学	TracerⅢ-SD	26.46	3.96	1.49	58.56	−	隠岐系	1.00	8.56	大崎半島系
hakubi_1711	京都大学	TracerⅢ-SD	25.90	3.91	1.37	59.14	−	隠岐系	1.00	7.70	大崎半島系
hakubi_1712	京都大学	TracerⅢ-SD	29.63	3.32	0.99	56.37	−	隠岐系	1.00	33.62	大崎半島系
hakubi_1750	京都大学	TracerⅢ-SD	26.75	3.53	1.31	58.60	−	隠岐系	1.00	8.87	大崎半島系
hakubi_1751	京都大学	TracerⅢ-SD	26.44	4.12	1.59	58.30	−	隠岐系	1.00	10.22	大崎半島系
hakubi_1752	京都大学	TracerⅢ-SD	25.86	3.95	1.40	59.73	−	隠岐系	1.00	4.55	大崎半島系
hakubi_1753	京都大学	TracerⅢ-SD	26.48	4.21	1.48	58.84	−	隠岐系	1.00	7.27	大崎半島系
hakubi_1853	京都大学	TracerⅢ-SD	33.99	8.67	28.31	24.54	−	姫島系	1.00	7.55	恩馳島系
hakubi_2534	京都大学	TracerⅢ-SD	26.51	4.32	1.71	58.45	−	隠岐系	1.00	9.37	大崎半島系
hakubi_2535	京都大学	TracerⅢ-SD	26.89	4.15	1.40	57.99	−	隠岐系	1.00	10.63	大崎半島系
hakubi_2536	京都大学	TracerⅢ-SD	26.19	3.71	1.33	58.87	−	隠岐系	1.00	8.22	大崎半島系

確率	距離	遺跡名	管理者	器種
0.00	378.13	尾崎見崎新田遺跡	養父市教育委員会	剝片
0.00	400.04	尾崎上山丈ヶ谷遺跡	養父市教育委員会	剝片
0.00	390.67	杉ヶ沢遺跡 Loc.18	養父市教育委員会	剝片
0.00	384.13	三宅田尻遺跡	養父市教育委員会	剝片
0.00	377.57	三宅大熊遺跡	養父市教育委員会	二次加工のある剝片？
0.00	402.58	杉ヶ沢遺跡 Loc.30	養父市教育委員会	剝片
0.00	346.17	杉ヶ沢遺跡 Loc.29	養父市教育委員会	剝片
0.00	386.85	三河宮の下遺跡	京都府立丹後資料館	石鏃
0.00	370.43	網野宮の下遺跡	京都府立丹後資料館	剝片
0.00	400.83	網野宮の下遺跡	京都府立丹後資料館	石鏃
0.00	374.54	裏陰遺跡	京都府立丹後資料館	石鏃？
0.00	359.20	日下遺跡第11次	東大阪市教育委員会	剝片
0.00	358.12	浜詰遺跡	同志社大学考古学研究室	石鏃
0.00	368.30	浜詰遺跡	同志社大学考古学研究室	剝片
0.00	398.91	三河宮の下遺跡	京都府立丹後資料館	石鏃

付表 2 測定機関・装置の違いと基準試料の測定値（強度比）

地域	系	測定機関	使用機器	出典	Rb 分率	Sr 分率	Zr 分率	Mn × 100/Fe
北海道	名寄系A	明治大学	JSX-3100s	（杉原編 2014b）	29.83	24.05	34.29	2.20
					(0.82)	(0.83)	(1.74)	(0.29)
		京都大学	TracerⅢ-SD	－	26.91	37.92	49.62	4.52
					(0.78)	(0.81)	(1.83)	(0.47)
	赤石山系	明治大学	JSX-3100s	（杉原編 2014b）	46.11	10.07	24.19	3.68
					(1.26)	(0.35)	(1.23)	(0.49)
		京都大学	TracerⅢ-SD	－	40.83	16.06	50.93	5.84
					(1.18)	(0.35)	(1.88)	(0.61)
	十勝石沢系	明治大学	JSX-3100s	（杉原編 2014b）	53.32	4.04	19.93	4.53
					(1.46)	(0.14)	(1.01)	(0.60)
		京都大学	TracerⅢ-SD	－	47.22	7.92	51.82	6.79
					(1.36)	(0.17)	(1.91)	(0.71)
	社名淵系	明治大学	JSX-3100s	（杉原編 2014b）	30.00	13.22	39.54	3.20
					(0.82)	(0.46)	(2.01)	(0.42)
		京都大学	TracerⅢ-SD	－	25.88	17.24	60.03	5.27
					(0.75)	(0.37)	(2.21)	(0.55)
	生田原系	明治大学	JSX-3100s	（杉原編 2014b）	30.38	9.72	45.54	1.62
					(0.83)	(0.33)	(2.31)	(0.21)
		京都大学	TracerⅢ-SD	－	25.12	12.38	69.84	3.61
					(0.73)	(0.27)	(2.57)	(0.38)
	置戸山系	明治大学	JSX-3100s	（杉原編 2014b）	26.08	21.61	40.11	3.02
					(0.71)	(0.74)	(2.04)	(0.40)
		京都大学	TracerⅢ-SD	－	23.36	29.59	53.46	5.46
					(0.67)	(0.64)	(1.97)	(0.57)
	所山系	明治大学	JSX-3100s	（杉原編 2014b）	35.90	18.37	30.96	3.26
					(0.98)	(0.63)	(1.57)	(0.43)
		京都大学	TracerⅢ-SD	－	32.21	28.42	50.77	5.97
					(0.93)	(0.61)	(1.87)	(0.62)
	ケショマップ系	明治大学	JSX-3100s	（杉原編 2014b）	27.39	27.77	32.60	2.79
					(0.75)	(0.96)	(1.65)	(0.37)
		京都大学	TracerⅢ-SD	－	24.39	44.01	46.94	4.19
					(0.70)	(0.95)	(1.73)	(0.44)

地域	系	測定機関	使用機器	出典	Rb 分率	Sr 分率	Zr 分率	Mn × 100/Fe
北海道	旭川A・滝川系A	明治大学	JSX-3100s	(杉原編 2014b)	31.06	27.31	28.91	3.09
					(0.85)	(0.94)	(1.47)	(0.41)
		京都大学	TracerⅢ-SD	－	27.22	44.60	44.92	4.23
					(0.79)	(0.96)	(1.66)	(0.44)
	上士幌・美蔓系A	明治大学	JSX-3100s	(杉原編 2014b)	40.08	15.06	26.34	3.81
					(1.10)	(0.52)	(1.34)	(0.50)
		京都大学	TracerⅢ-SD	－	35.39	23.78	48.64	6.49
					(1.02)	(0.51)	(1.79)	(0.68)
	美蔓系B	明治大学	JSX-3100s	(杉原編 2014b)	31.69	24.98	29.89	2.40
					(0.87)	(0.86)	(1.52)	(0.32)
		京都大学	TracerⅢ-SD	－	28.90	42.96	45.42	3.89
					(0.84)	(0.92)	(1.67)	(0.41)
	赤井川系	明治大学	JSX-3100s	(杉原編 2014b)	38.78	16.13	28.21	4.89
					(1.06)	(0.56)	(1.43)	(0.65)
		京都大学	TracerⅢ-SD	－	34.13	25.42	49.47	7.75
					(0.99)	(0.55)	(1.82)	(0.81)
	豊浦系	明治大学	JSX-3100s	(杉原編 2014b)	23.93	27.16	36.45	4.38
					(0.65)	(0.94)	(1.85)	(0.58)
		京都大学	TracerⅢ-SD	－	21.71	39.77	48.34	6.75
					(0.63)	(0.85)	(1.78)	(0.70)
東北	岩木山系	明治大学	JSX-3100s	(杉原編 2014b)	27.77	30.43	25.73	13.00
					(0.76)	(1.05)	(1.31)	(1.72)
		京都大学	TracerⅢ-SD	－	26.29	45.84	36.04	14.97
					(0.76)	(0.99)	(1.33)	(1.56)
	深浦系	明治大学	JSX-3100s	(杉原編 2014b)	15.16	0.71	73.26	2.20
					(0.41)	(0.02)	(3.72)	(0.29)
		京都大学	TracerⅢ-SD	－	12.27	1.48	83.23	3.96
					(0.35)	(0.03)	(3.07)	(0.41)
	男鹿系	明治大学	JSX-3100s	(杉原編 2014b)	40.41	22.65	21.98	16.55
					(1.11)	(0.78)	(1.12)	(2.19)
		京都大学	TracerⅢ-SD	－	36.33	39.60	39.58	17.42
					(1.05)	(0.85)	(1.46)	(1.82)

地域	系	測定機関	使用機器	出典	Rb 分率	Sr 分率	Zr 分率	Mn × 100/Fe
東北	月山系	明治大学	JSX-3100s	(杉原編 2014b)	31.06	28.77	26.09	11.96
					(0.85)	(0.99)	(1.32)	(1.58)
		京都大学	TracerⅢ-SD	−	28.52	46.79	38.16	14.39
					(0.82)	(1.01)	(1.41)	(1.50)
	湯の倉系	明治大学	JSX-3100s	(杉原編 2014b)	9.24	35.73	46.11	2.67
					(0.25)	(1.23)	(2.34)	(0.35)
		京都大学	TracerⅢ-SD	−	7.92	48.51	50.40	3.93
					(0.23)	(1.04)	(1.86)	(0.41)
	土蔵系	明治大学	JSX-3100s	(杉原編 2014b)	7.10	40.02	40.91	2.47
					(0.19)	(1.38)	(2.08)	(0.33)
		京都大学	TracerⅢ-SD	−	7.03	50.73	46.34	4.33
					(0.20)	(1.09)	(1.71)	(0.45)
	畑宿系	明治大学	JSX-3100s	(杉原編 2014b)	5.29	37.40	#N/A	3.09
					(0.14)	(1.29)	(#N/A)	(0.41)
		京都大学	TracerⅢ-SD	−	6.01	44.98	49.54	4.50
					(0.17)	(0.97)	(1.83)	(0.47)
東海	鍛冶屋系	明治大学	JSX-3100s	(杉原編 2014b)	6.13	36.00	#N/A	3.06
					(0.17)	(1.24)	(#N/A)	(0.40)
		京都大学	TracerⅢ-SD	−	6.19	51.73	50.94	4.39
					(0.18)	(1.11)	(1.88)	(0.46)
	上多賀系	明治大学	JSX-3100s	(杉原編 2014b)	8.09	32.96	#N/A	2.91
					(0.22)	(1.14)	(#N/A)	(0.38)
		京都大学	TracerⅢ-SD	−	7.51	44.10	53.40	4.71
					(0.22)	(0.95)	(1.97)	(0.49)
	芦之湯系	明治大学	JSX-3100s	(杉原編 2014b)	4.12	54.39	#N/A	2.83
					(0.11)	(1.87)	(#N/A)	(0.37)
		京都大学	TracerⅢ-SD	−	3.63	102.26	34.44	3.22
					(0.10)	(2.20)	(1.27)	(0.34)
	柏峠系	明治大学	JSX-3100s	(杉原編 2014b)	10.12	26.51	#N/A	2.26
					(0.28)	(0.91)	(#N/A)	(0.30)
		京都大学	TracerⅢ-SD	−	9.57	30.32	59.43	4.16
					(0.28)	(0.65)	(2.19)	(0.43)

地域	系	測定機関	使用機器	出典	Rb 分率	Sr 分率	Zr 分率	Mn × 100/Fe
東海	恩馳島系	明治大学	JSX-3100s	（杉原編 2014b）	22.67	28.28	#N/A	7.61
					(0.62)	(0.97)	(#N/A)	(1.01)
		京都大学	TracerⅢ-SD	−	20.67	39.02	43.74	10.21
					(0.60)	(0.84)	(1.61)	(1.07)
	砂糠崎系	明治大学	JSX-3100s	（杉原編 2014b）	26.53	24.95	#N/A	8.46
					(0.73)	(0.86)	(#N/A)	(1.12)
		京都大学	TracerⅢ-SD	−	22.33	39.81	40.69	11.52
					(0.65)	(0.86)	(1.50)	(1.20)
北陸	堂林系B	明治大学	JSX-3100s	（杉原編 2014b）	32.58	17.39	38.16	1.62
					(0.89)	(0.60)	(1.94)	(0.21)
		京都大学	TracerⅢ-SD	−	28.74	25.06	58.48	3.68
					(0.83)	(0.54)	(2.15)	(0.38)
	板山系	明治大学	JSX-3100s	（杉原編 2014b）	44.54	18.30	19.92	9.88
					(1.22)	(0.63)	(1.01)	(1.31)
		京都大学	TracerⅢ-SD	−	40.96	31.79	39.01	12.26
					(1.18)	(0.68)	(1.44)	(1.28)
	上石川系	明治大学	JSX-3100s	（杉原編 2014b）	35.41	24.29	27.23	4.19
					(0.97)	(0.84)	(1.38)	(0.55)
		京都大学	TracerⅢ-SD	−	31.57	40.24	45.73	6.24
					(0.91)	(0.86)	(1.68)	(0.65)
	金津系	明治大学	JSX-3100s	（杉原編 2014b）	33.77	14.16	36.84	2.11
					(0.92)	(0.49)	(1.87)	(0.28)
		京都大学	TracerⅢ-SD	−	29.63	19.95	59.26	4.09
					(0.86)	(0.43)	(2.18)	(0.43)
	大白川系	明治大学	JSX-3100s	（杉原編 2014b）	19.19	20.79	46.91	2.48
					(0.52)	(0.72)	(2.38)	(0.33)
		京都大学	TracerⅢ-SD	−	16.42	25.29	61.31	4.07
					(0.47)	(0.54)	(2.26)	(0.42)
	魚津系	明治大学	JSX-3100s	（杉原編 2014b）	36.01	21.53	28.46	3.95
					(0.99)	(0.74)	(1.44)	(0.52)
		京都大学	TracerⅢ-SD	−	13.09	72.78	44.99	3.23
					(0.38)	(1.56)	(1.66)	(0.34)

地域	系	測定機関	使用機器	出典	Rb 分率	Sr 分率	Zr 分率	Mn × 100/Fe
北陸	安島系	明治大学	JSX-3100s	(杉原編 2014b)	29.26	26.67	33.16	3.15
					(0.80)	(0.92)	(1.68)	(0.42)
		京都大学	TracerⅢ-SD	－	27.01	42.33	48.24	5.25
					(0.78)	(0.91)	(1.78)	(0.55)
中部	下呂系	明治大学	JSX-3100s	(杉原編 2014b)	17.23	49.54	28.14	6.64
					(0.47)	(1.71)	(1.43)	(0.88)
		京都大学	TracerⅢ-SD	－	16.62	112.73	32.41	8.21
					(0.48)	(2.42)	(1.19)	(0.86)
	西霧ヶ峰系	明治大学	JSX-3100s	(杉原編 2014b)	41.15	13.56	27.36	9.78
					(1.13)	(0.47)	(1.39)	(1.29)
		京都大学	TracerⅢ-SD	－	36.48	20.22	48.71	13.30
					(1.05)	(0.43)	(1.79)	(1.39)
	和田峠・鷹山系	明治大学	JSX-3100s	(杉原編 2014b)	56.13	2.62	19.83	11.56
					(1.54)	(0.09)	(1.01)	(1.53)
		京都大学	TracerⅢ-SD	－	49.24	6.41	55.84	12.98
					(1.42)	(0.14)	(2.06)	(1.35)
	男女倉系Ⅰ	明治大学	JSX-3100s	(杉原編 2014b)	38.84	14.86	31.93	6.52
					(1.06)	(0.51)	(1.62)	(0.86)
		京都大学	TracerⅢ-SD	－	34.81	21.52	54.69	9.26
					(1.01)	(0.46)	(2.01)	(0.97)
	男女倉系Ⅱ	明治大学	JSX-3100s	(杉原編 2014b)	30.62	21.01	36.47	6.28
					(0.84)	(0.72)	(1.85)	(0.83)
		京都大学	TracerⅢ-SD	－	25.16	38.02	49.65	8.08
					(0.73)	(0.82)	(1.83)	(0.84)
	男女倉系Ⅲ	明治大学	JSX-3100s	(杉原編 2014b)	48.27	7.94	25.90	8.11
					(1.32)	(0.27)	(1.31)	(1.07)
		京都大学	TracerⅢ-SD	－	38.86	18.80	50.14	12.40
					(1.12)	(0.40)	(1.85)	(1.29)
	横岳系	明治大学	JSX-3100s	(杉原編 2014b)	29.79	27.65	31.66	4.92
					(0.81)	(0.95)	(1.61)	(0.65)
		京都大学	TracerⅢ-SD	－	27.80	42.75	44.19	8.41
					(0.80)	(0.92)	(1.63)	(0.88)

地域	系	測定機関	使用機器	出典	Rb 分率	Sr 分率	Zr 分率	Mn × 100/Fe
関東	高原山系	明治大学	JSX-3100s	（杉原編 2014b）	21.70 (0.59)	24.74 (0.85)	40.14 (2.04)	2.50 (0.33)
		京都大学	TracerⅢ-SD	－	19.72 (0.57)	32.39 (0.70)	54.82 (2.02)	4.22 (0.44)
山陰	隠岐系	明治大学	JSX-3100s	（杉原編 2014b）	29.48 (0.81)	0.62 (0.02)	57.08 (2.90)	2.38 (0.31)
		京都大学	TracerⅢ-SD	－	23.52 (0.68)	1.70 (0.04)	72.17 (2.66)	3.83 (0.40)
九州	壱岐系	明治大学	JSX-3100s	（杉原編 2014b）	31.79 (0.87)	0.89 (0.03)	51.42 (2.61)	3.37 (0.45)
		京都大学	TracerⅢ-SD	－	25.82 (0.75)	1.87 (0.04)	63.49 (2.34)	4.31 (0.45)
	姫島系	明治大学	JSX-3100s	（杉原編 2014b）	36.55 (1.00)	29.02 (1.00)	19.71 (1.00)	7.57 (1.00)
		京都大学	TracerⅢ-SD	－	34.61 (1.00)	46.52 (1.00)	27.14 (1.00)	9.59 (1.00)
	腰岳系	明治大学	JSX-3100s	（杉原編 2014b）	48.75 (1.33)	12.12 (0.42)	21.38 (1.08)	3.82 (0.51)
		京都大学	TracerⅢ-SD	－	43.40 (1.25)	20.54 (0.44)	44.12 (1.63)	6.54 (0.68)
	針尾島系A	明治大学	JSX-3100s	（杉原編 2014b）	38.88 (1.06)	16.36 (0.56)	31.16 (1.58)	3.77 (0.50)
		京都大学	TracerⅢ-SD	－	30.05 (0.87)	29.11 (0.63)	51.19 (1.89)	5.44 (0.57)
	亀浦系	明治大学	JSX-3100s	（杉原編 2014b）	15.38 (0.42)	50.94 (1.76)	28.98 (1.47)	2.66 (0.35)
		京都大学	TracerⅢ-SD	－	15.03 (0.43)	111.34 (2.39)	31.31 (1.15)	4.06 (0.42)
	上土井行系	明治大学	JSX-3100s	（杉原編 2014b）	19.17 (0.52)	47.77 (1.65)	25.31 (1.28)	6.12 (0.81)
		京都大学	TracerⅢ-SD	－	18.21 (0.53)	98.68 (2.12)	28.55 (1.05)	7.38 (0.77)

地域	系	測定機関	使用機器	出典	Rb 分率	Sr 分率	Zr 分率	Mn × 100/Fe
九州	大崎半島系	明治大学	JSX-3100s	(杉原編 2014b)	43.87	8.22	30.94	2.84
					(1.20)	(0.28)	(1.57)	(0.37)
		京都大学	TracerⅢ-SD	−	36.84	11.51	58.30	5.72
					(1.06)	(0.25)	(2.15)	(0.60)
	嬉野系	明治大学	JSX-3100s	(杉原編 2014b)	29.43	39.03	22.67	4.44
					(0.81)	(1.34)	(1.15)	(0.59)
		京都大学	TracerⅢ-SD	−	27.57	78.90	31.14	6.80
					(0.80)	(1.70)	(1.15)	(0.71)
	西小国系	明治大学	JSX-3100s	(杉原編 2014b)	28.31	26.53	32.84	5.48
					(0.77)	(0.91)	(1.67)	(0.72)
		京都大学	TracerⅢ-SD	−	25.36	39.98	46.83	8.19
					(0.73)	(0.86)	(1.73)	(0.85)
	阿蘇系Ⅰ	明治大学	JSX-3100s	(杉原編 2014b)	19.07	29.84	43.39	2.06
					(0.52)	(1.03)	(2.20)	(0.27)
		京都大学	TracerⅢ-SD	−	15.52	46.22	54.33	2.78
					(0.45)	(0.99)	(2.00)	(0.29)
	白浜系	明治大学	JSX-3100s	(杉原編 2014b)	42.88	13.09	28.98	2.35
					(1.17)	(0.45)	(1.47)	(0.31)
		京都大学	TracerⅢ-SD	−	37.21	21.25	55.67	5.17
					(1.08)	(0.46)	(2.05)	(0.54)
	大口系	明治大学	JSX-3100s	(杉原編 2014b)	35.10	18.03	34.56	2.25
					(0.96)	(0.62)	(1.75)	(0.30)
		京都大学	TracerⅢ-SD	−	30.33	29.56	55.76	4.97
					(0.88)	(0.64)	(2.05)	(0.52)
	桑木津留系	明治大学	JSX-3100s	(杉原編 2014b)	40.73	14.97	27.16	5.79
					(1.11)	(0.52)	(1.38)	(0.77)
		京都大学	TracerⅢ-SD	−	34.95	23.41	52.42	9.13
					(1.01)	(0.50)	(1.93)	(0.95)
	上牛鼻系	明治大学	JSX-3100s	(杉原編 2014b)	10.73	45.67	38.30	1.78
					(0.29)	(1.57)	(1.94)	(0.24)
		京都大学	TracerⅢ-SD	−	9.21	89.69	40.92	2.51
					(0.27)	(1.93)	(1.51)	(0.26)

地域	系	測定機関	使用機器	出典	Rb 分率	Sr 分率	Zr 分率	Mn × 100/Fe
九州	三船系	明治大学	JSX-3100s	（杉原編 2014b）	28.40	27.93	32.78	5.24
					(0.78)	(0.96)	(1.66)	(0.69)
		京都大学	TracerⅢ-SD	－	25.83	40.31	47.72	7.47
					(0.75)	(0.87)	(1.76)	(0.78)
	長谷系	明治大学	JSX-3100s	（杉原編 2014b）	30.94	22.87	33.26	4.50
					(0.85)	(0.79)	(1.69)	(0.59)
		京都大学	TracerⅢ-SD	－	27.11	34.47	50.13	6.24
					(0.78)	(0.74)	(1.85)	(0.65)

* 下段に（　）をつけて示した値は，同一条件で測定して姫島系に判別された試料の測定値で相対化した値

付録3 黒曜岩製遺物と原産地推定結果

■東海産

府県名	遺跡名	構成	原産地推定結果	測定番号・資料番号等
三重	阿津里遺跡	Ⅲb	恩馳島系	MIE2-066, MIE2-067
三重	柳谷遺跡	Ⅱb	恩馳島系	MIE2-086
三重	五人畑遺跡	Ⅰb	恩馳島系	MIE2-037・039・040
三重	御座白浜遺跡	Ⅲb	恩馳島系	MIE2-043
三重	井尻遺跡	Ⅲb	恩馳島系	MIE4-020
三重	風ヶ崎遺跡	Ⅲb	恩馳島系	MIE2-032, 036
三重	木津遺跡	Ⅰb	恩馳島系	MIE2-060・061・122
三重	小浦遺跡	Ⅲb	恩馳島系	MIE2-104, MIE2-105, MIE2-111
三重	宮後遺跡	Ⅲb	恩馳島系	MIE2-119
三重	元新田遺跡	Ⅲb	恩馳島系	MIE2-172, MIE3-046
三重	長尾遺跡	Ⅰa	恩馳島系	MIE2-001, 002, 006, 008, 009, 011, 174, 175
三重	中ノ広B遺跡	Ⅲb	恩馳島系	MIE4-018
三重	贄遺跡	Ⅲb	恩馳島系	MIE4-064
三重	西林遺跡	Ⅲb	恩馳島系	MIE3-042, 043
三重	西山半島遺跡	Ⅱb	恩馳島系	MIE2-049
三重	大矢遺跡	Ⅲb	恩馳島系	MIE2-131・134・136・138
三重	下久具万野遺跡	Ⅲb	恩馳島系	MIE2-145, MIE3-062, 064, 067, 070
三重	曽根遺跡	Ⅲb	恩馳島系	MIE2-084
三重	佐八藤波遺跡	Ⅱb	恩馳島系	MIE2-171
三重	佐八藤波遺跡	Ⅲb	柏峠系	MIE4-049
三重	立神ヒゲノ森遺跡	Ⅲb	恩馳島系	MIE2-052, 053, 057
三重	天白遺跡	Ⅲb	柏峠系	MIE1-009
三重	登茂山遺跡	Ⅲb	恩馳島系	MIE2-031, 074, 076, 077, 080, 081
三重	山ノ垣内遺跡	Ⅲb	恩馳島系	MIE4-028, 036
三重	次郎六郎遺跡	Ⅲa	恩馳島系	MIE2-017, 021-023, 025, 028
滋賀	筑摩佃遺跡	Ⅱb	神津島産	—

原産地推定法	分析者	時期	時期決定基準*	出典
LXRF	金成太郎	中期前葉〜晩期初頭	P	（三重石器石材研究会2010）
LXRF	金成太郎	中期前葉	P	（大下1992），（田村編1994）
LXRF	金成太郎	後期中葉〜晩期後葉	P	（大下1992），（田村編 1994）
LXRF	金成太郎	中期後葉〜後期前葉	P	（大下1992），（田村編 1994）
LXRF	金成太郎	後期初頭〜前葉	P, S	（奥 2001），（松葉編 1996）
LXRF	金成太郎	早期後葉〜前期後葉	S, M	（大下1992），（田村編 1994）
LXRF	金成太郎	早期前葉〜前期後葉	P	（岡田 1997）
LXRF	金成太郎	中期前葉〜晩期初頭	P	（三重石器石材研究会 2010）
LXRF	金成太郎	早期中葉〜前期後葉	P	（岡田 1987，岡田・古川 2011）
LXRF	金成太郎	中期後葉，晩期後葉	P	（三重石器石材研究会 2010）
LXRF	金成太郎	前期初頭〜中葉	P, S, M	（東編 2003）
LXRF	金成太郎	中期後葉〜前葉	P	（杉原編 2011）
LXRF	金成太郎	後期初頭〜前葉	P, S, M	（松本編 1975），（杉原編 2011）
LXRF	金成太郎	早期前葉〜中葉	P	（三重石器石材研究会 2010）
LXRF	金成太郎	早期中葉	S, M	（大下 1992），（田村編 1994）
LXRF	金成太郎	早期前葉〜後葉，後期初頭〜晩期後葉	P	（岡田 1997）
LXRF	金成太郎	前期中葉〜中期前葉	P, S, M	（岡田 1972）
LXRF	金成太郎	中期前葉〜後葉	P, S	（嶋 1959）
LXRF	金成太郎	後期中葉〜晩期初頭	P, S, M	（田村 2005），（岡田ほか編 2007）
LXRF	金成太郎	後期中葉〜晩期初頭	P, S, M	（田村 2005），（岡田ほか編 2007）
LXRF	金成太郎	後期初頭〜前葉	P	（大下 1992），（田村編 1994）
LXRF	金成太郎	後期後葉〜晩期初頭	P, S, M	（森川編 1995）
LXRF	金成太郎	後期初頭〜中葉	P	（三重石器石材研究会 2010）
LXRF	金成太郎	前期中葉〜後葉	P, S, M	（奥 2001）
LXRF	金成太郎	草創期，後期初頭〜前葉	P	（大下 1992），（田村編 1994）
LXRF	藁科哲男？	中期前葉	P	（中井1997），（中井2002）

■山陰産

府県名	遺跡名	構成	原産地推定結果	試料 No.
三重	不動前遺跡	Ⅲb	隠岐系	MIE4-042
滋賀	弁天島遺跡	Ⅲa	隠岐系	9〜10, UMI1-005〜007
滋賀	磯山城遺跡	Ⅲb	隠岐系	11547, 11550〜11552, 11554〜11555
滋賀	弘川B遺跡（高田館遺跡）	Ⅲa	隠岐系	UMI1-009〜017, 019〜021, 024〜029
京都	三河宮の下遺跡	Ⅲa	隠岐系	UMI1-047〜048, 051 hakubi_1750・2536
京都	裏陰遺跡	Ⅱb	隠岐系	hakubi_1753
京都	浜詰遺跡	Ⅰb	隠岐系	UMI1-044, hakubi_2534〜2535
京都	網野宮ノ下遺跡	Ⅰb	隠岐系	hakubi_1751〜1752
京都	志高遺跡	Ⅰb	隠岐系	MIZ1-005〜006
京都	大油子荒堀遺跡	Ⅱa	隠岐系	UMI1-001
京都	ケシケ谷遺跡	Ⅱa	隠岐系	UMI1-002
京都	鹿谷遺跡	Ⅱa?	隠岐系	UMI1-058
京都	浦入遺跡群	Ⅲa	隠岐系	MIZ1-008〜10
京都	仲ノ段遺跡	Ⅲb	隠岐系	UMI1-053
大阪	粟生間谷遺跡	Ⅲb	加茂	2047（73248）
大阪	山ノ内遺跡B地区	Ⅲb	隠岐系	hakubi_1622・1623
大阪	瓜破北遺跡	Ⅰb	隠岐久美	07ED934, 07ED753
大阪	瓜破北遺跡	Ⅲb	隠岐島久美	試料1（ED328），試料2（ED327）
大阪	喜連東遺跡	Ⅱb	隠岐島久美	試料3
兵庫	岩ヶ平遺跡	Ⅱb	隠岐系	hakubi_1384
兵庫	新宮宮内遺跡	？	隠岐久見	―

原産地推定法	分析者	時期	時期決定基準*	出典
LXRF	金成太郎	早期後葉	P	（奥 1994）
LXRF	藤根　久, 金成太郎	早期後葉〜中期前葉	P, S, M	（小島編 2002）
LXRF	藁科哲男・ 東村武信	早期後葉	P, S, M	（中井・中川編 1986）
LXRF	金成太郎	中期後葉〜後期〜前葉	P, O, S	（兼康編 1991）
LXRF, PXRF	金成太郎, 上峯篤史	後期後葉〜晩期初頭	P, S, M	（竹原 1982）
PXRF	上峯篤史	早期後葉, 中期後葉	P, S	（杉原編 1979）
LXRF, PXRF	金成太郎, 上峯篤史	早期後葉, 中期後葉 〜後期前葉	P, S, M	（岡田編 1958）
PXRF	上峯篤史	早期後葉, 中期後葉	P, O, S	（岡田 1957）,（三浦ほか 1986）,（林 1997）
LXRF	金成太郎	早期後葉〜前期後葉	P, S, M	（肥後編 1989）,（上峯ほか 2013）
LXRF	金成太郎	早期中葉	P, O	（長谷川 1986）,（菱田 2013）
LXRF	金成太郎	早期後葉	O, S, M	（黒坪・岩松 1988）
LXRF	金成太郎	草創期	O	（野島・河野 1993）
LXRF	金成太郎	早期後葉〜前期中葉, 中期後葉	P, S, M	（吉岡・松本編 2002）
LXRF	金成太郎	前期中葉, 中期後葉 〜後期前葉	P, S	（黒坪・柴 2010）,（芝 2011）
LXRF	藁科哲男	早期中葉, 後期初頭 晩期前葉, 晩期後葉	P, S	（新海編 2003）
PXRF	上峯篤史	後期後葉〜晩期初頭	P, S, M	（豊岡編 1988）
LXRF	辻本裕也	晩期中葉	O, S, M	（小田木編 2009）
LXRF	井上　巖	早期後葉	P, S, M	（市川編 2006）
LXRF	井上　巖	早期中葉〜晩期後葉	O	（市川編 2006）
PXRF	上峯篤史	前期初頭〜中葉	P, S, M	（神戸新聞学芸部 1975）,（藤井 1976）, 吉岡昭採集資料
LXRF	藁科哲男	後期中葉〜晩期初頭, 晩期後葉	P	（松本 2005）,（藁科 2005）

府県名	遺跡名	構成	原産地推定結果	試料 No.
兵庫	皆木神田遺跡	Ⅲb	隠岐久見	9839～9842
兵庫	市原・寺ノ下遺跡	Ⅰb	隠岐系	45882・45883, hakubi_1367～1368
兵庫	曽我井・野入遺跡	Ⅰa	隠岐系	519・520, hakubi_1365～1366
兵庫	東南遺跡	Ⅱa	隠岐系	hakubi_154
兵庫	小森岡遺跡	Ⅱb	隠岐系	39, hakubi_103
兵庫	堂ノ上遺跡	Ⅰa	隠岐系	DOU1-001～088
兵庫	小路頃才ノ木遺跡	Ⅰa	隠岐系	hakubi_1657～1667, 1692
兵庫	杉ヶ沢遺跡 第20地点	Ⅰa	隠岐系	hakubi_1173～1179
兵庫	杉ヶ沢遺跡 第25地点	Ⅰa	隠岐系	hakubi_1655～1656
兵庫	杉ヶ沢遺跡 第2地点	Ⅰa	隠岐系	hakubi_1142～1145, 1702
兵庫	杉ヶ沢遺跡 第8地点	Ⅰa	隠岐系	hakubi_1152～1163
兵庫	杉ヶ沢遺跡 第13地点	Ⅰa	隠岐系	hakubi_1169～1172
兵庫	杉ヶ沢遺跡 第19地点	Ⅰa	隠岐系	hakubi_1654
兵庫	杉ヶ沢遺跡 第29地点	Ⅰa	隠岐系	hakubi_1626～1653, 1712
兵庫	杉ヶ沢遺跡 第1地点	Ⅰa	隠岐系	hakubi_1078～1132, 1165～1166, 1699～1701
兵庫	杉ヶ沢遺跡 第5地点	Ⅰa	隠岐系	hakubi_1151
兵庫	杉ヶ沢遺跡 第7地点	Ⅰa	隠岐系	hakubi_1146～1150
兵庫	鉢伏高原遺跡 第8地点	Ⅰa	隠岐系	hakubi_1342～1343
兵庫	鉢伏高原遺跡 第1地点	Ⅰa	隠岐系	hakubi_1276～1339
兵庫	鉢伏高原遺跡 第7地点	Ⅰa	隠岐系	hakubi_1341

原産地推定法	分析者	時期	時期決定基準*	出典
LXRF	藁科哲男・東村武信	早期中葉，前期初頭〜前葉	P，S	（垣内編 1984）
LXRF，PXRF	藁科哲男，上峯篤史	晩期前葉	P，S	（安平編 1997）
PXRF	上峯篤史	前期中葉	P，S，M	（宮原編 2006）
PXRF	上峯篤史	後期中葉	P	（松本 1996）
PXRF	上峯篤史	中期後葉〜後期前葉	P	（千葉・大下編 1990）
LXRF	金成太郎	早期中葉〜前期後葉	P，S	（高松編 1987），（杉原編 2011）
PXRF	上峯篤史	中期後葉	P，S	（高松ほか 1990），1点は第3次調査出土
PXRF	上峯篤史	早期中葉〜前期前葉，前期後葉〜中期前葉，中期後葉	P，S	（高松 1989），（渡辺・久保編 1991）
PXRF	上峯篤史	早期中葉〜前期前葉，前期後葉〜中期前葉，中期後葉	P，S	（高松 1989），（渡辺・久保編 1991）
PXRF	上峯篤史	早期中葉〜後葉，中期前葉	P	（高松 1989），（渡辺・久保編 1991）
PXRF	上峯篤史	早期中葉〜後葉，中期後葉	P	（高松 1989），（渡辺・久保編 1991）
PXRF	上峯篤史	早期中葉〜後葉，中期前葉	P	（高松 1989），（渡辺・久保編 1991）
PXRF	上峯篤史	早期後葉〜前期前葉	P	（高松 1989），（渡辺・久保編 1991）
PXRF	上峯篤史	早期中葉〜後葉，中期前葉〜中葉	P，S	（高松 1989），（渡辺・久保編 1991）
PXRF	上峯篤史	早期中葉〜後葉，前期後葉	P	（高松 1989），（渡辺・久保編 1991）
PXRF	上峯篤史	早期後葉	P	
PXRF	上峯篤史	早期中葉〜後葉，中期前葉	P	
PXRF	上峯篤史	早期中葉〜前期中葉	P，S	（高松 1989），（高松・山口編 1990），（山根編 1999）
PXRF	上峯篤史	早期中葉〜後葉	P，S	（高松 1989），（高松・山口編 1990），（山根編 1999）
PXRF	上峯篤史	早期中葉〜前期中葉	P，S	（高松 1989），（高松・山口編 1990），（山根編 1999）

府県名	遺跡名	構成	原産地推定結果	試料 No.
兵庫	西野遺跡	IIa	隠岐系	hakubi_1694〜1695, 1698
兵庫	尾崎上山丈ヶ谷遺跡	IIb	隠岐系	hakubi_1707
兵庫	三宅早詰遺跡	?	隠岐（久見）	−
兵庫	別宮家野遺跡	IIb	隠岐系	hakubi_1704
兵庫	口北野遺跡	IIa	隠岐系	hakubi_150
兵庫	三宅中島遺跡	IIa	隠岐系	hakubi_1140〜1141

■九州産

府県名	遺跡名	構成	原産地推定結果	試料 No.
京都	鶏冠井遺跡	IIIb	大崎半島系	UMI1-056
京都	石田遺跡	IIIb	腰岳系	UMI1-055
京都	上里遺跡	IIIb	姫島系	UMI1-060
大阪	森の宮遺跡	II ?	姫島	−
大阪	日下遺跡	IIIb	姫島系	hakubi_1853
大阪	馬場川遺跡	IIIb	姫島系	hakubi_1381〜1383
兵庫	宇治川南遺跡	IIIb	姫島	−
兵庫	辻井遺跡	I ?	姫島	−
兵庫	西野遺跡	IIIb	姫島系	hakubi_1697
奈良	西坊城遺跡	IIIb	姫島	−

■中部産

府県名	遺跡名	構成	原産地推定結果	試料 No.
三重	寺山遺跡	IIIb	西霧ヶ峰系	MIE4-003
三重	西川遺跡	IIIb	西霧ヶ峰系	MIE4-010
三重	大石遺跡	IIIb	西霧ヶ峰系	MIE1-015
三重	宮ノ前遺跡	IIIb	西霧ヶ峰系	MIE1-014
三重	釜生田遺跡	IIIb	西霧ヶ峰系	MIE1-008

原産地推定法	分析者	時期	時期決定基準*	出典
PXRF	上峯篤史	前期初頭～前葉	P	(高松 1989)
PXRF	上峯篤史	早期中葉～後葉，前期後葉	P	(高松 1989)
LXRF	藁科哲男	早期中葉	P	(高松 1989)
PXRF	上峯篤史	早期前葉	P	
PXRF	上峯篤史	早期中葉，晩期中葉	O	(丸山編 2009)
PXRF	上峯篤史	早期後葉～前期前葉	P	

原産地推定法	分析者	時期	時期決定基準*	文献等
LXRF	金成太郎	晩期前葉～後葉	P, S, M	(國下編 2005)
LXRF	金成太郎	後期初頭～晩期後葉	P, S, M	松崎編 1998)
LXRF	金成太郎	晩期前葉～中葉	P, S, M	(高橋ほか 2010)
肉眼	久保勝正	後期後葉～晩期後葉	P	(久保 2009)
PXRF	上峯篤史	晩期前葉	P, S, M	(吉村編 1985)，(久保 2009)
PXRF	上峯篤史	晩期前葉～中葉	P, S	(藤井ほか 1971)，(原田 1981)，(別所編 2000)
LXRF	藁科哲男・東村武信	晩期前葉	P	(渡辺編 1986)，(藁科・東村 1988)，(村川編 1996)，(久保 2009)
肉眼	秋枝　芳	中期中葉～晩期初頭，晩期後葉	P	(今里 1953・1971)，(秋枝 1992)
PXRF	上峯篤史	前期初頭～前葉	P	(高松 1989)
肉眼	岡田憲一・山内基樹	晩期前葉	P, S, M	(伊藤・岡田編 2003)

原産地推定法	分析者	時期	時期決定基準*	文献等
LXRF	金成太郎	早期後葉～前期後葉	S, M	(小栗 1992)
LXRF	金成太郎	中期後葉	P, S, M	(中森 1983)
LXRF	金成太郎	中期後葉	P, S, M	(森川 1992)
LXRF	金成太郎	中期後葉	P	(本堂ほか 1995)
LXRF	金成太郎	晩期後葉	P	

府県名	遺跡名	構成	原産地推定結果	試料 No.
三重	堀之内遺跡C地区	Ⅲb	霧ヶ峰	19915
三重	焼野遺跡	Ⅲb	霧ヶ峰	19905
三重	蛇亀橋遺跡	Ⅰa	霧ヶ峰，西霧ヶ峰系，和田峠	19938～19941, 19943～19947, 19949, 19950, MIE2-114～116, 19942
三重	天保遺跡	Ⅲb	霧ヶ峰	19906
三重	大原堀遺跡	Ⅲb	西霧ヶ峰系	MIE2-113
三重	高皿遺跡	Ⅲb	西霧ヶ峰系	MIE1-011
三重	栗垣内遺跡	Ⅰb	西霧ヶ峰系	MIE3-015, MIE3-016
三重	浜井場遺跡	Ⅲb	西霧ヶ峰系，星ヶ塔	MIE3-034
三重	山ノ垣内遺跡	Ⅲb	西霧ヶ峰系，和田峠Ⅱ・鷹山系，和田峠Ⅰ	MIE4-027, 029, 031, 033, 034, 037, 039
三重	小又A遺跡	Ⅲb	西霧ヶ峰系	MIE4-022・023
三重	井尻遺跡	Ⅲb	西霧ヶ峰系	MIE4-021
三重	縁通庵遺跡	Ⅲb	西霧ヶ峰系	MIE4-024, MIE4-025
三重	アカリ遺跡	Ⅱb	西霧ヶ峰系	MIE3-033
三重	ホソダ遺跡	Ⅲb	西霧ヶ峰系	MIE ①70
三重	佐八藤波遺跡	Ⅰa	和田峠・鷹山系，西霧ヶ峰系	MIE2-159・160, MIE3-074・076・156・163-168・171, MIE4-044・046・047・050
三重	大西遺跡	Ⅲb	西霧ヶ峰系，星ヶ塔	MIE3-040
三重	下久具万野遺跡	Ⅰa	西霧ヶ峰系	MIE2-142～153, MIE3-051, 052, 055～061, 065, 066, 069, MIE4-043
三重	森添遺跡	Ⅰa	霧ヶ峰，西霧ヶ峰系	19901～19903, MIE3-081, 083
三重	上ノ垣外遺跡	Ⅱb	西霧ヶ峰系	MIE3-080
三重	贄遺跡	Ⅲa	西霧ヶ峰系	MIE4-053, 055, 058～060, 063, 066～067, 070, 072, 074, 080, 082
三重	次郎六郎遺跡	Ⅲb	西霧ヶ峰系	MIE2-024, 027, 029

原産地推定法	分析者	時期	時期決定基準*	文献等
LXRF	藁科哲男	中期後葉	P	（田村編 1991b）
LXRF	藁科哲男	後期初頭～前葉	P	（田村編 1991b）
LXRF	藁科哲男	中期前葉～中葉，晩期後葉	P	（田村編 1991b）
LXRF	藁科哲男	晩期後葉	P	（田村編 1991a）
LXRF	金成太郎	晩期中葉	P	（小濱編 2008）
LXRF	金成太郎	草創期～早期前葉	P, S, M	（松葉編 1996）
LXRF	金成太郎	中期後葉，後期中葉～晩期初頭，晩期後葉	P	（森田 2004）
LXRF	金成太郎	中期前葉	P, S	（奥 2001）
LXRF	金成太郎	前期後葉	P, S, M	（奥 2001）
LXRF	金成太郎	前期中葉～後葉，後期初頭～中葉	P	（奥 2001）
LXRF	金成太郎	後期初頭～前葉	P, S	（奥 2001），（松葉編 1996）
LXRF	金成太郎	前期後葉	P, S, M	（奥編 2001），（松葉編 1999）
LXRF	金成太郎	前期後葉	P, O, S, M	（奥編 2001），（松葉編 1999）
LXRF	金成太郎	晩期後葉	P	（田村編 2001）
LXRF	金成太郎	後期中葉～晩期初頭	P, S, M	（田村 2005），（岡田ほか 2007）
LXRF	金成太郎	後期初頭～前葉	P	（奥 1987）
LXRF	金成太郎	前期中葉～中期前葉	P, S, M	（岡田 1972）
LXRF	藁科哲男，金成太郎	後期後葉～晩期前葉	P, S	（奥・御村編 2011）
LXRF	金成太郎	早期後葉，後期中葉	P, S, M	（御村 1991）
LXRF	金成太郎	後期初頭～前葉	P, S, M	（松本編 1975）
LXRF	金成太郎	草創期，後期初頭～前葉	S	（大下 1992），（田村編 1994）

府県名	遺跡名	構成	原産地推定結果	試料 No.
三重	当茂地ツバキ谷丘遺跡	Ⅲb	西霧ヶ峰系	MIE2-048
三重	五人畑遺跡	Ⅱb	西霧ヶ峰系	MIE2-038
三重	風ヶ崎遺跡	Ⅰb	西霧ヶ峰系	MIE2-034, 035
三重	立神ヒゲノ森遺跡	Ⅲb	西霧ヶ峰系	MIE2-051
三重	柳谷遺跡	Ⅲb	西霧ヶ峰系	MIE2-085
三重	長尾遺跡	Ⅰa	西霧ヶ峰系，星ヶ塔	MIE2-003, 005, 007, 013, 015, MIE3-020, 022, 023, 025, 026, 028, 031, 032
三重	木津遺跡	Ⅲb	西霧ヶ峰系	MIE2-120
三重	大矢遺跡	Ⅰa	西霧ヶ峰系	MIE2-062・132・133・135・137
三重	曽根遺跡	Ⅱb	西霧ヶ峰系	MIE2-112
三重	斎宮池遺跡	Ⅲb	西霧ヶ峰系	MIE1-002・003，MIE3-002
三重	阿津里遺跡	Ⅲb	西霧ヶ峰系	MIE2-068
三重	井之上遺跡	Ⅱb	西霧ヶ峰系	MIE3-049
三重	小浦遺跡	Ⅲb	西霧ヶ峰系	MIE2-106～110
三重	元新田遺跡	Ⅲb	西霧ヶ峰系	MIE3-045, 047
三重	中ノ広遺跡	Ⅲb	西霧ヶ峰系	MIE3-036, 037
三重	西林遺跡	Ⅲb	西霧ヶ峰系，星ヶ塔	MIE3-044
三重	大間広遺跡	Ⅱb	西霧ヶ峰系	MIE3-035
三重	新徳寺遺跡	Ⅲb	西霧ヶ峰系	MIE1-010
三重	空畑遺跡	Ⅲb	西霧ヶ峰系	MIE4-001, 002
三重	登茂山遺跡	Ⅲb	西霧ヶ峰系	MIE2-075, 079, 082
滋賀	番の面遺跡	Ⅰb	西霧ヶ峰系	－
滋賀	筑摩佃遺跡	？	霧ヶ峰産	－
滋賀	北落遺跡	Ⅱa	西霧ヶ峰系	UMI1-004
滋賀	上出A遺跡（蛇砂川地点）	Ⅲb	霧ヶ峰系	表6-4（67-12）
滋賀	上出A遺跡（蛇砂川地点）	Ⅲb	（西霧ヶ峰系）	表3-4
滋賀	上出A遺跡（蛇砂川地点）	Ⅱb	（西霧ヶ峰系）	表5-1-14
滋賀	竜ヶ崎A遺跡	Ⅲb	（西霧ヶ峰系）	－

巻末付表3　263

原産地推定法	分析者	時期	時期決定基準*	文献等
LXRF	金成太郎	早期後葉〜晩期後葉	S	（大下 1992），（田村編 1994）
LXRF	金成太郎	後期中葉〜晩期後葉	S	（大下 1992），（田村編 1994）
LXRF	金成太郎	前期初頭〜後葉	S, M	（大下 1992），（田村編 1994）
LXRF	金成太郎	後期初頭〜前葉	S	（大下 1992），（田村編 1994）
LXRF	金成太郎	中期前葉	P	（大下 1992），（田村編 1994）
LXRF	金成太郎	前期初頭〜中葉	P, S, M	（東編 2003）
LXRF	金成太郎	早期前葉〜前期後葉	P	（岡田 1997）
LXRF	金成太郎	早期前葉〜後葉，後期初頭〜晩期後葉	P	（岡田 1997）
LXRF	金成太郎	中期前葉〜後葉，後期後葉〜晩期前葉	P, S	（嶋 1959）
LXRF	金成太郎	中期後葉〜後期前葉	P	（小山ほか 2010）
LXRF	金成太郎	中期前葉〜晩期初頭	P	（三重石器石材研究会 2010）
LXRF	金成太郎	前期後葉	P	
LXRF	金成太郎	中期前葉〜晩期初頭	P	
LXRF	金成太郎	中期後葉，晩期後葉	P	
LXRF	金成太郎	中期後葉〜後期前葉	P	
LXRF	金成太郎	早期前葉〜中葉	P	（三重石器石材研究会 2010）
LXRF	金成太郎	早期前葉〜後葉	P	
LXRF	金成太郎	後期初頭〜前葉	P, S, M	（三重石器石材研究会 2010）
LXRF	金成太郎	中期後葉〜後期前葉	P	（杉原編 2011）
LXRF	金成太郎	後期初頭〜中葉	P	（三重石器石材研究会 2010）
PXRF	上峯篤史	中期後葉	P, S, M	（小江 1956）
LXRF	藁科哲男？	中期前葉	P	（中井 1997），（中井 2002）
LXRF	金成太郎	後期後葉	P, O, S	（平井・大崎 1994）
LXRF	藤根　久	晩期後葉	P, S	（鈴木編 1999）
肉眼	上峯篤史	晩期後葉	P, S	（鈴木編 1999）
肉眼	上峯篤史	前期中葉〜後葉，中期後葉	P, S, M	（鈴木編 1999）
肉眼	上峯篤史	中期後葉	P, S, M	（小島編 2006）

府県名	遺跡名	構成	原産地推定結果	試料 No.
京都	佐山尼垣外遺跡	Ⅲb	（西霧ヶ峰系）	－
京都	志高遺跡	Ⅱa	西霧ヶ峰系	MIZ1-003
京都	浦入遺跡群	Ⅲb	西霧ヶ峰系	MIZ1-011
京都	仲ノ段遺跡	Ⅱb	西霧ヶ峰系	UMI1-052
奈良	西坊城遺跡	Ⅱb	星ヶ塔	595
大阪	山ノ内遺跡B地区	Ⅰa	西霧ヶ峰系	hakubi1617～1621・1625
奈良	箸中遺跡	Ⅲb	西霧ヶ峰系	hakubi_113
奈良	庵治遺跡	Ⅱb	和田峠	－
奈良	大福遺跡	Ⅲb	（西霧ヶ峰系）	－
奈良	橿原遺跡	Ⅲb	（西霧ヶ峰系）	－
奈良	下市西北遺跡	Ⅱb	西霧ヶ峰系	hakubi_1390
奈良	竹内遺跡	Ⅲb	（西霧ヶ峰系）	－

■北海道産

府県名	遺跡名		原産地推定結果	試料 No.
京都	志高遺跡	Ⅲb	赤石山系	MIZ1-001～002

＊Pは共伴土器の型式，Oは黒曜岩製石器の特徴，Sは共伴石器の特徴，Mは共伴石器の石材利用傾向

原産地推定法	分析者	時期	時期決定基準 *	文献等
肉眼	上峯篤史	晩期中葉〜後葉	P	(芝編 2001)
LXRF	金成太郎	前期後葉	P, S, M	(肥後編 1989), (上峯ほか 2013)
LXRF	金成太郎	早期後葉〜前期中葉, 中期後葉	P, S, M	(吉岡・松本編 2002)
LXRF	金成太郎	前期中葉, 中期後葉〜後期前葉	P, S	(黒坪・芝 2010), (芝 2011)
LXRF	網干 守	晩期前葉	P, S, M	(伊藤・岡田編 2003)
PXRF	上峯篤史	後期後葉〜晩期初頭	P, S, M	(豊岡編 1988)
PXRF	上峯篤史	前期後葉	P, S, M	(川村 2000)
肉眼	奥田 尚	早期後葉, 晩期前葉	P, S, M	(米川 2005)
肉眼	上峯篤史	晩期前葉〜後葉	P, S, M	(亀田編 1978)
肉眼	渡邊貴亮	後期後葉〜晩期前葉	P, S, M	(末永編 1961)
PXRF	上峯篤史	早期後葉〜前期前葉	S, M	吉岡昭採集資料
肉眼	上峯篤史	晩期前葉	P, S, M	(樋口 1936)

原産地推定法	分析者	時期	時期決定基準 *	文献等
LXRF	金成太郎	前期後葉	P, S, M	(肥後編 1989)

を示す。

引用文献

和文
【あ－お】

赤木克視編　1992『小阪遺跡』大阪府教育委員会・（財）大阪文化財センター。

秋枝　芳　1992「辻井遺跡」『兵庫県史　考古資料編』兵庫県，pp. 133-134。

東　治紀編　2003『長尾遺跡発掘調査報告書』阿児町教育委員会。

麻生順司　1989「先土器時代」『法政大学多摩校地城山地区笠間遺跡群発掘調査報告書』法政大学多摩校地城山地区遺跡調査委員会，pp. 13-100。

安達厚三　1964「尾張平野発見の有舌尖頭器」『いちのみや考古』5　一宮考古学会，pp. 29-31。

阿部芳郎　1994『津島岡大遺跡4』岡山大学埋蔵文化財調査研究センター。

阿部芳郎　2006「組成論と転用論―石器組成の成立ちと石材環境―」『考古学集刊』2　明治大学文学部考古学研究室，pp. 43-46。

阿部祥人　1982「剝離痕による石鏃の分析―試論―」『東京都埋蔵文化財センター研究論集』Ⅰ　東京都埋蔵文化財センター，pp. 1-16。

網　伸也　1994「北白川廃寺2」『平成2年度京都市埋蔵文化財調査概要』（財）京都市埋蔵文化財研究所，pp. 76-79。

網谷克彦　1989「北白川下層式土器様式」『縄文土器大観1　草創期・早期・前期』小学館，pp. 322-325。

安斎正人　2014『気候変動と縄紋文化の変化』。

安蒜政雄　2003「黒耀石と考古学―黒耀石考古学の成り立ち―」『駿台史学』117　駿台史学会，pp. 175-183。

池谷信之編　2001『葛原沢第Ⅳ遺跡（a・b区）発掘調査報告書』沼津市教育委員会。

池谷信之　2009『黒曜石考古学　原産地推定が明らかにする社会構造とその変化』新泉社。

池谷信之　2011「縄文時代における黒曜石の利用と展開―常総地域を中心とする縄文時代黒曜石供給地の変遷―」『一般社団法人日本考古学協会2011年度栃木大会　研究発表資料集』日本考古学協会2011年度栃木大会実行委員会，pp. 47-52。

石神幸子編　1992『河内平野遺跡群の動態Ⅴ』大阪府教育委員会・（財）大阪文化財センター。

石田由紀子　2008「中津式・福田KⅡ式土器」『総覧縄文土器』アム・プロモーション，pp. 634-641。

泉　拓良　1977「京都大学植物園遺跡」『佛教藝術』115　毎日新聞社，pp. 10-18。

泉　拓良　2008「鷹島式・船元式・里木Ⅱ式土器」『総覧縄文土器』アム・プロモーション，pp. 502-509。

泉　拓良編　2005『滋賀県安土遺跡資料』奈良文化財研究所。

泉　拓良・横澤　慈　2005「野畑遺跡」『新修　豊中市史』第4巻豊中市，pp. 17-53。

磯部幸男編　1960『咲畑貝塚』師崎中学校。

市川　創編　2006『瓜破北遺跡発掘調査報告Ⅲ』（財）大阪市文化財協会。

市村高規編　1985『片吹遺跡』兵庫県龍野市教育委員会。

伊藤雅和・岡田憲一編　2003『西坊城遺跡Ⅱ』奈良県立橿原考古学研究所。

伊藤正人・川合　剛　1993『特別展　名古屋の縄文時代資料集』名古屋市見晴台考古資料館。

稲田孝司　1969「尖頭器文化の出現と旧石器的石器製作の解体」『考古学研究』15（3）　考古学研究会，pp. 3-18。

稲田孝司　2001『遊動する旧石器人』岩波書店。

井上　巌　2008『関東・中部地方　ガラス質安山岩写真集』（株）第四紀地質研究所。

井上智博編　2003『讃良郡条里遺跡（その２）』（財）大阪府文化財センター。

伊庭　功・瀬口眞司編　1997『粟津湖底遺跡第３貝塚（粟津湖底遺跡Ⅰ）』滋賀県教育委員会・
　　（財）滋賀県文化財保護協会。

今里幾次　1953「播磨における黒曜石器及び石材の分布」『播磨郷土文化』8　播磨郷土文化協會，
　　pp. 9-11。

今里幾次　1971『辻井遺跡―その調査記録―』古代播磨研究会。

今村啓爾　2011「異系統土器の出会い―土器研究の可能性を求めて―」『異系統土器の出会い』
　　同成社，pp. 1-26。

岩田修一　1993「サヌカイトの考察」『ふたかみ』1　香芝市二上山博物館，pp. 97-105。

植田文雄編　1996『正楽寺遺跡』能登川町教育委員会。

上原真昭編　1998『たのもと遺跡』岐阜県・（財）岐阜県文化財保護センター。

上峯篤史　2008「鵜山遺跡における縄文時代早期石器群の様相」『吾々の考古学』和田晴吾先生
　　還暦記念論集刊行会，pp. 15-34。

上峯篤史　2009「近畿地方における縄文・弥生時代の剝片剝離技術」『日本考古学』28　日本考
　　古学協会，pp. 1-22。

上峯篤史　2010「弥生時代の剝片剝離技術―唐古・鍵遺跡の資料をもとに―」『古代文化』61
　　（４）（財）古代學協会，pp. 1-20。

上峯篤史　2012『縄文・弥生時代石器研究の技術論的転回』雄山閣。

上峯篤史　2013「縄文・弥生時代の石器製作における剝片形状の予測と制御」『立命館大学考古
　　学論集』Ⅵ　立命館大学考古学論集刊行会，pp. 69-80。

上峯篤史　2014「斑晶観察法による「前期旧石器」の再検討―島根県出雲市砂原遺跡における事
　　例研究―」『旧石器考古学』79　旧石器文化談話会，pp. 1-16。

上峯篤史・朝井琢也　2014「サヌカイトの原産地組成と採取地点」『一乗寺向畑町遺跡出土　縄
　　文時代資料―考察編―』京都大学大学院文学研究科考古学研究室，pp. 101-104。

上峯篤史・髙木康裕　2014「縄文後期石器群の組成と技術」『一乗寺向畑町遺跡出土　縄文時代
　　資料―考察編―』京都大学大学院文学研究科考古学研究室，pp. 105-114。

上峯篤史・朝井琢也・L. ドレイク・竹原弘展　2016a「ハンドヘルド蛍光X線分析装置による隠
　　岐・九州地方黒曜岩の原産地推定」『日本文化財科学会第33回大会研究発表要旨集』日本文
　　化財科学会，pp. 242-243。

上峯篤史・朝井琢也・渡邊貴亮・竹原弘展　2016b「金山産サヌカイトの化学組成の多様性は地
　　質学的に説明できるか？」『日本文化財科学会第33回大会研究発表要旨集』日本文化財科学会，
　　pp. 244-245。

上峯篤史・大塚宜明・金成太郎　2017「滋賀県大津市真野遺跡の旧石器―湧別系細石刃核をふく
　　む資料群の発見―」『旧石器考古学』82　旧石器文化談話会，pp. 71-82。

上峯篤史・妹尾裕介・木村啓章編　2013『一乗寺向畑町遺跡出土　縄文時代資料―資料編―』京
　　都大学大学院文学研究科考古学研究室。

上峯篤史・松﨑健太・金成太郎・杉原重夫　2013「京都府舞鶴市志高遺跡・浦入遺跡出土黒曜岩
　　製遺物の原産地推定」『日本文化財科学会第30回大会研究発表要旨集』日本文化財科学会・
　　弘前大学人文学部附属亀ヶ岡文化研究センター，pp. 302-303。

氏家敏之・中村　豊・湯浅利彦　2003「徳島県域の縄文石器―後晩期を中心に―」『中四国地域
　　における縄文時代石器の実相』中四国縄文研究会。

引用文献　269

内山ひろせ　2004「馬見二ノ谷石器群におけるサヌカイトの石質」『馬見二ノ谷遺跡』奈良県立
　　橿原考古学研究所，pp. 165-174。
宇野慎敏編　1985『勝円遺跡（C地点）』北九州市教育文化事業団埋蔵文化財調査室。
馬飼野行雄編　1986『黒田向林遺跡』富士宮市教育委員会。
会下和宏　2002「山陰地域における縄文～弥生時代の打製石鏃について」『島根大学構内遺跡第
　　11次調査（橋縄手地区2）』7　島根大学埋蔵文化財調査研究センター，pp. 124-132。
小江慶雄　1956「滋賀県番の面縄文式住居遺跡」『京都学芸大学学報』A3　京都学芸大学，
　　pp. 41-62。
大倉利予・佐藤良二編　2007『サカイ遺跡・平地山遺跡』香芝市教育委員会。
大参義一編　1965『北替地遺跡・大御堂遺跡発掘調査報告』大口町文化財保護委員会。
大下　明　1990「石器組成と生業活動の多様性」『小森岡遺跡』竹野町教育委員会，pp. 84-100。
大下　明　1992「佐々木武門氏収集資料の調査」『紀伊半島の文化史的研究　考古学編』関西大
　　学文学部考古学研究室，pp. 416-504。
大下　明　2002「近畿地方と東海地方西部における押型紋土器期の石器群について」『縄文時代
　　の石器―関西の縄文時代草創期・早期―』関西縄文文化研究会，pp. 29-42。
大下　明　2003「関西における縄文時代前・中期石器群の概要と組成の検討」『縄文時代の石器
　　Ⅱ―関西の縄文前期・中期―』関西縄文文化研究会，pp. 11-39。
大下　明　2004「関西における縄文時代後・晩期石器群の概要」『縄文時代の石器Ⅲ―関西の縄
　　文後期・晩期―』関西縄文文化研究会，pp. 11-30。
大下　明　2009「近畿地方における縄文時代の打製石器石材―サヌカイトを中心に―」『環瀬戸
　　内地域の打製石器石材利用研究発表資料集』中四国縄文研究会，pp. 279-304。
太田三喜編　2013『布留遺跡豊井（打破り）地区発掘調査報告書』埋蔵文化財天理教調査団。
大場正善　2006「日向洞窟遺跡西地区における石器製作のテクニック」『日向洞窟遺跡西地区出
　　土石器群の研究Ⅰ』東北学院大学文学部歴史学科佐川ゼミナール・山形県東置賜郡高畠町教
　　育委員会・山形県立うきたむ風土記の丘考古資料館，pp. 90-101。
大場正善　2007「日向洞窟遺跡西地区出土の頁岩製石槍先形尖頭器における技術学的検討」『古代
　　文化』58（4）古代學協会，pp. 37-60。
大山真充・真鍋昌宏編　1988『瀬戸大橋建設に伴う埋蔵文化財発掘調査報告Ⅴ　大浦浜遺跡』香
　　川県教育委員会・本州四国連絡橋公団。
岡田　登　1972「下久具万野遺跡とその遺物」『歩跡』2　皇學館大学考古学研究会，pp. 8-19。
岡田　登　1987「五十鈴川上流域の遺跡と遺物」『皇學館大学紀要』25　皇學館大学，pp. 13-48。
岡田　登　1997「縄文時代」『磯部町史　上巻』磯部町，pp. 214-222。
岡田　登・古川　毅　2011「四郷地区」『伊勢市史　第六巻　考古編』伊勢市，pp. 459-548。
岡田　登・田村陽一・古川　毅編　2007『考古資料にみる伊勢の巨大縄文集落―佐八藤波遺跡と
　　西村忠之コレクション―』伊勢市教育委員会。
岡田憲一・田部剛士編　2006『鵜山遺跡』奈良県立橿原考古学研究所。
岡田雅彦編　2013『観音寺本馬遺跡Ⅰ（観音寺Ⅲ区）』奈良県立橿原考古学研究所。
岡田茂弘　1957「京都府宮ノ下遺跡出土の土器」『貝塚』70　物質文化研究会，pp. 2-3。
岡田茂弘編　1958『浜詰遺跡遺跡発掘概報』網野町教育委員会・同志社大学考古学研究会。
岡本東三　2017『縄紋時代早期　押型紋土器の広域編年研究』雄山閣。
奥　義次　1987「原始社会」『大宮町史　歴史編』大宮町，pp. 55-147。
奥　義次　1994「原始」『宮川村史』宮川村，pp. 227-271。
奥　義次　2001「勢和村の考古遺跡」『勢和村史　資料編2』勢和村，pp. 181-324。

奥　義次・御村精治編　2011『森添遺跡』度会町教育委員会。

小栗嘉浩　1992「藤原市のあけぼの（先史時代）」『藤原町史』藤原町，pp. 193-219。

小栗康寛　2011「押型文土器に伴う刺突具の変遷―近畿から東海を中心に―」『押型文土器期の諸相』関西縄文文化研究会，pp. 3-19。

小田木富慈美編　2009『瓜破北遺跡発掘調査報告Ⅳ』（財）大阪市文化財協会。

小山憲一・田村陽一・大下　明・久保勝正　2010「斎宮池遺跡」『長谷川町遺跡・斎宮池遺跡・真木谷遺跡・与五郎谷遺跡発掘調査報告』三重県埋蔵文化財センター，pp. 50-122。

及川　穣　2008「有茎尖頭器石器群をめぐる行為論的研究―複数階層分析枠を利用した領域分析―」『旧石器考古学』70　旧石器文化談話会，pp. 1-10。

【か―こ】

垣内　章編　1984『皆木神田遺跡』宍粟郡波賀町教育委員会。

鍵谷守秀編　1999『船倉貝塚』倉敷埋蔵文化財センター。

角張淳一　2008「平地山遺跡・サカイ遺跡の石製遺物」『桜ヶ丘第1地点遺跡―第11次発掘調査報告書―』香芝市教育委員会，pp. 76-136。

片岡　肇　1974「近畿地方の押型文土器文化について」『平安博物館研究紀要』5　平安博物館，pp. 1-27。

勝浦康守編　1997『三谷遺跡』徳島市埋蔵文化財発掘調査委員会。

加藤晋平・鶴丸俊明　1991『図録石器入門事典〈先土器〉』柏書房。

鐘方正樹編　2006『県営圃場整備事業田原東地区における埋蔵文化財発掘調査概要報告書Ⅰ』奈良市教育委員会。

兼康保明編　1991『一般国道161号（湖北バイパス）建設に伴う今津町内遺跡発掘調査報告書―高田館遺跡―』滋賀県教育委員会・（財）滋賀県文化財保護協会。

鹿又喜隆　2009「押出遺跡の石器の機能」『日本考古学協会2009年度山形大会研究発表資料集』日本考古学協会2009年度山形大会実行委員会，pp. 263-272。

亀田　博編　1978『大福遺跡』奈良県立橿原考古学研究所。

亀山行雄編　2005『長縄手遺跡』岡山県教育委員会。

加茂川改良工事関係埋蔵文化財発掘調査団編　1986『目久美遺跡』米子市教育委員会（加茂川改良工事関係埋蔵文化財発掘調査団）・鳥取県河川課。

川合　剛　2002「近畿・東海地方の有舌尖頭器」『縄文時代の石器―関西の縄文時代草創期・早期―』関西縄文文化研究会，pp. 49-55。

川崎　保編　2003『山の神遺跡』長野県埋蔵文化財センター。

川島利道　1983「先土器時代遺物集中個所の広がりについて」『研究連絡誌』4　千葉県文化財センター，pp. 1-4。

川添和晩　2002「早期後半（表裏条痕文期）石器群の概要」『縄文時代の石器―関西の縄文時代草創期・早期―』関西縄文文化研究会，pp. 43-48。

川添和晩　2004「関西・東海地域の後晩期石匙について」『縄文時代の石器Ⅲ―関西の縄文後期・晩期―』関西縄文文化研究会，pp. 41-50。

川原和人・丹羽野　裕　1985『日脚遺跡』島根県教育委員会。

川村和正　2000「箸中遺跡出土の縄文資料について」『大和の縄文時代―奈良盆地の狩人たちの足跡―』桜井市立埋蔵文化財センター，pp. 15-42。

関西縄文文化研究会編　2002『縄文時代の石器―関西の縄文草創期・早期―』関西縄文文化研究会。

関西縄文文化研究会編　2003『縄文時代の石器Ⅱ―関西の縄文前期・中期―』関西縄文文化研究会。

関西縄文文化研究会編　2004『縄文時代の石器Ⅲ―関西の縄文後期・晩期―』関西縄文文化研究会。

関西縄文文化研究会編　2011『押型文土器期の諸相』関西縄文文化研究会。

金成太郎・長井雅史・柴田　徹・長岡信治・杉原重夫　2011「隠岐・九州地方産黒曜石の記載岩石学的・岩石化学的検討―黒曜石製遺物の原産地推定法に関する基礎的研究―」『資源環境と人類』4　明治大学黒耀石研究センター，pp. 3-40。

木崎小丸山遺跡学術発掘調査団　2017「長野県木崎小丸山旧石器遺跡の研究」『旧石器考古学』82　旧石器文化談話会，pp. 1-26。

木嶋崇晴・若林邦彦編　2002『西浦東遺跡』（財）大阪府文化財調査研究センター。

北浦弘人・浅川美佐子編　1986『上福万遺跡Ⅱ』（財）鳥取県教育文化財団。

木下晴一編　2000『西打遺跡Ⅰ』香川県教育委員会・（財）香川県埋蔵文化財センター。

木村剛朗　1987『四万十川流域の縄文文化研究』幡多埋文研。

國下多美樹編　2005『長岡京跡左京二条条間大路・東二坊大路』（財）向日市埋蔵文化財センター。

久保勝正　2002「石鏃形態とその変遷―サヌカイト分布圏からみた様相―」『縄文時代の石器―関西の縄文時代草創期・早期―』関西縄文文化研究会，pp. 62-73。

久保勝正　2004「縄文時代後期・晩期の石鏃について」『縄文時代の石器Ⅲ―関西の縄文後期・晩期―』関西縄文文化研究会，pp. 31-40。

久保勝正　2005「近畿地方の黒曜石・下呂石」『関西縄文論集2　関西縄文時代における石器・集落の諸様相』関西縄文文化研究会，pp. 57-67。

久保勝正　2009「近畿地方における縄文時代の打製石器石材―黒曜石・下呂石を中心に―」『環瀬戸内地域の打製石器石材利用』中四国縄文研究会・関西縄文文化研究会・中四国縄文研究会・九州縄文研究会，pp. 305-322。

久保邦江　1995「菅原東遺跡出土の砕片についての一考察―砕片からみた縄文時代の菅原東遺跡の様相―」『奈良市埋蔵文化財調査センター紀要1994』奈良市教育委員会，pp. 1-11。

熊谷博志　2011「前半期押型文土器編年の再検討～ネガーポジ移行期の型式変化と地域間関係～」『押型文土器期の諸相』関西縄文文化研究会，pp. 53-70。

熊谷博志　2014「樋沢式併行期の地域間関係」『東海地方における縄文時代早期前葉の諸問題』東海縄文研究会，pp. 53-62。

栗本政志編　2016『真野遺跡発掘調査報告書Ⅱ』大津市教育委員会。

黒田健二編　1999『観音前遺跡発掘調査報告書』新城市教育委員会。

黒坪一樹・岩松　保　1988「ケシケ谷遺跡」『京都府遺跡調査報告』10　（財）京都府埋蔵文化財調査研究センター，pp. 8-87。

黒坪一樹・柴　暁彦　2010「仲ノ段遺跡第2・3次」『京都府遺跡調査報告集』140　（財）京都府埋蔵文化財調査研究センター，pp. 1-16。

神戸新聞社学芸部　1975『兵庫探検・歴史風土編』神戸新聞出版センター。

紅村　弘・原　寛　1974『椛の湖遺跡』坂下町教育委員会。

小島孝修　1998「近江における縄文時代の展開過程に関する覚え書き―地域の検討2. 湖東南部地域―」『紀要』11　（財）滋賀県文化財保護協会，pp. 15-29。

小島孝修　1999「近江における縄文社会の展開過程に関する覚え書き―地域の検討4. 湖西北部地域」『紀要』12　（財）滋賀県文化財保護協会，pp. 18-26。

小島孝修　2001「近江における縄文社会の展開過程に関する覚え書き―地域の検討6. 湖西南部地

域―」『紀要』14　（財）滋賀県文化財保護協会，pp. 1-12。

小島孝修編　2006『竜ヶ崎Ａ遺跡』滋賀県教育委員会。

小島　功・立田佳美編　1998『宮ノ前遺跡発掘調査報告書』岐阜県宮川村教育委員会。

小島孝修編　2002『弁天島遺跡』滋賀県教育委員会。

小島孝修　2005「近江における縄文時代の展開過程に関する覚え書き―遺跡集成補遺編１―」『紀要』11　（財）滋賀県文化財保護協会，pp. 9-17。

後藤秀一　1985「縄文時代における剥片生産について」『太平臺史窓』4　大塚書店，pp. 1-27。

小濱　学編　2007『山添遺跡（第4次）発掘調査報告』三重県埋蔵文化財センター。

小濱　学編　2008『大原堀遺跡発掘調査報告書―第2・3次調査―』三重県埋蔵文化財センター。

小林達雄　1961「有舌尖頭器」『歴史教育』9（3）　歴史教育研究会，pp. 49-50。

小林達雄編　2008『総覧縄文土器』アム・プロモーション。

小林康男・直井雅尚編　1982『舅屋敷』長野県塩尻市教育委員会。

近藤義郎　1965「後氷期における新しい道具」『先史の世界』人文書院，pp. 260-277。

【さ―そ】

埼玉県考古学会編　1988『埼玉考古』24　埼玉県考古学会。

斎藤　岳　2005「三内丸山遺跡の黒曜石について」『特別史跡三内丸山遺跡年報』8　青森県教育委員会，pp. 53-59。

斎藤　忠編　1952『吉胡貝塚』文化財保護委員会。

佐伯博光・六辻彩香編　2007『讃良郡条里遺跡Ⅴ』（財）大阪府文化財センター。

坂田邦洋　1982「九州の黒曜石―黒曜石の産地推定に関する考古学的研究―」『史学論叢』13　史学論叢編集委員会，pp. 71-216。

坂野俊哉編　2005『楠廻間貝塚』知多市教育委員会。

坂本嘉弘　1991『姫島用作遺跡』姫島村教育委員会。

佐瀬　隆・山縣耕太郎・細野　衛・木村　準　2004「石狩低地帯南部，テフラ―土壌累積層に記録された最終間氷期以降の植物珪酸体群の変遷―特にササ類の地史的動態に注目して―」『第四紀研究』43（6）　日本第四紀学会，pp. 389-400。

佐藤隆春・冨田克敏・佐藤良二・茅原芳正　2009「サヌカイト溶岩と共存する無斑晶質安山岩のマグマ沸騰現象―二上層群・春日山安山岩溶岩の産状―」『地球科学』63（3）　地学団体研究会，pp. 183-187。

佐藤隆春　2017「二上山の地質とサヌカイト」『第1回二上山サヌカイト研究セミナー　先史時代における二上山産サヌカイトの利用と原産地の開発』（公財）大阪市博物館協会・大阪文化財研究所，pp. 25-30。

佐藤達夫　1974「縄紋式土器」『日本考古学の現状と課題』吉川弘文館，pp. 60-102。

佐藤良二編　2002『二上山・関屋盆地における石器製作遺跡の調査』香芝市教育委員会。

佐藤良二編　2004『鶴峯荘第1地点遺跡』香芝市教育委員会。

佐藤良二　1983「奈カリ与遺跡の剥片生産技術―弥生時代剥片生産技術の一例―」『北摂ニュータウン内遺跡調査報告書Ⅱ―本文編―』兵庫県教育委員会，pp. 364-373。

佐藤良二　2005「近畿における原産地遺跡研究の現状―二上山北麓遺跡群について―」『旧石器考古学』67　旧石器文化談話会，pp. 3-18。

佐藤良二　2007「サヌカイト」『季刊考古学』99　雄山閣出版，pp. 22-25。

佐藤良二・金成太郎・上峯篤史　印刷中「桜ヶ丘第1地点遺跡出土黒曜岩製遺物の原産地推定」『ふたかみ』香芝市二上山博物館。

佐野康雄編　1995『飛瀬・底津遺跡』岐阜県美濃土木事務所・（財）岐阜県文化財保護センター。

三宮昌弘編　2002『河原城遺跡Ⅱ』大阪府文化財調査研究センター。

潮見　浩　1960「広島市牛田町早稲田山遺跡の発掘調査報告」『廣島考古研究』2　広島考古学会，pp. 1-12。

篠田謙一　2015『DNA で語る日本人起源論』岩波書店。

篠原豊一編　1994『奈良市埋蔵文化財調査概要報告書　平成 5 年度』奈良市教育委員会。

柴　暁彦編　2001『佐山尼垣外遺跡』（財）京都府埋蔵文化財調査研究センター。

柴　暁彦　2011「仲ノ段遺跡の縄文土器」『京都府埋蔵文化財情報』116　（公財）京都府埋蔵文化財調査研究センター，pp. 40-41。

柴田亮平・小崎　晋・前嶋秀張・矢島　一・及川　司　2008『元野遺跡（第二東名 No.19 地点）』（財）静岡県埋蔵文化財調査研究所。

渋谷高秀・佐伯和也編　2005『徳蔵地区遺跡』（財）和歌山県文化財センター。

嶋　正央　1959『奥熊野の縄文式文化』尾鷲市教育委員会・熊野市教育委員会。

嶋野岳人・石原園子・長井雅史・鈴木尚史・杉原重夫　2004「波長分散型蛍光X線分析装置による日本全国の黒曜石全岩定量分析」『日本文化財科学会第21回大会研究発表要旨集』日本文化財科学会第21回大会実行委員会，pp. 140-141。

嶋村友子編　1987『八尾市内遺跡昭和61年度発掘調査報告書Ⅰ』八尾市教育委員会。

清水康二　1998「宇陀地方の遺跡調査」『奈良県遺跡調査概報　1997年度』奈良県立橿原考古学研究所。

下村　修・戸谷今朝登・田中清文・中村由克・望月明彦・堤　隆　2009『小鍛冶原／唐沢B』信毎書籍出版センター。

下村晴文・芋本隆裕編　1996『宮ノ下遺跡第 1 次発掘調査報告書』東大阪市教育委員会・（財）東大阪市文化財協会。

下村晴文・菅原章太編　1987『神並遺跡Ⅱ』東大阪市教育委員会・（財）東大阪市文化財協会

下村晴文・橋本政幸　1983「大阪府東大阪市神並遺跡出土の土偶と有舌尖頭器」『古代文化』35（6）　古代學協会，pp. 32-34。

下森弘之　2004「姫島産黒曜石の流通とそのシステム―姫島産黒曜石の分布からの考察―」『黒曜石文化研究』3　明治大学人文科学研究所，pp. 121-133。

白石浩之　2001『石槍の研究―旧石器時代から縄文時代初頭期にかけて―』ミュゼ。

白岡　太編　1995『上原田遺跡』山口県教育財団・山口県教育委員会。

新海正博編　2003『粟生間谷遺跡　旧石器・縄紋時代編』（財）大阪府文化財センター。

末永雅雄編　1961『橿原』奈良県教育委員会。

菅　榮太郎　1995「石鏃資料の型式および製作技法の編年的検討」『長原・瓜破遺跡発掘調査報告Ⅷ』（財）大阪市文化財協会，pp. 367-388。

杉原和雄編　1979『裏陰遺跡発掘調査概報』大宮町教育委員会。

杉原重夫編　2009『蛍光X線分析装置による黒曜石製遺物の原産地推定―基礎データ集〈 1 〉―』明治大学古文化財研究所。

杉原重夫編　2011『蛍光X線分析装置による黒曜石製遺物の原産地推定―基礎データ集〈 2 〉―』明治大学古文化財研究所。

杉原重夫編　2014a『蛍光X線分析装置による黒曜石製遺物の原産地推定―基礎データ集〈 3 〉―』明治大学文学部。

杉原重夫　2014b『日本における黒曜石の産状と理化学的分析〈資料編〉』明治大学文学部

杉原重夫・小林三郎　2004「考古遺物の自然科学的分析に関する研究―黒曜石産出地データベー

ス―」『明治大学人文科学研究所紀要』第55冊　明治大学人文科学研究所，pp. 1-83。

杉原重夫・小林三郎　2006「文化財の自然科学的分析による文化圏の研究―ガラス質安山岩産出地データベース―」『明治大学人文科学研究所紀要』第55冊　明治大学人文科学研究所，pp. 1-83。

杉原重夫・柴田　徹・長井雅史　2014「柏峠産黒曜石の記載岩石学的特性・岩石化学・噴火年代―黒曜石製遺物の産地推定に関する基礎資料―」『明治大学博物館研究報告』19　明治大学博物館，pp. 27-34。

杉原重夫・長井雅史・金成太郎・柴田　徹　2011「北陸地方産黒曜石の記載岩石学的・岩石化学的検討―黒曜石製遺物の原産地推定法に関する基礎的研究―」『資源環境と人類』4　明治大学黒耀石研究センター，pp. 41-66。

杉原重夫・長井雅史・柴田　徹　2008「伊豆諸島産黒曜石の記載岩石学的・岩石化学的検討―黒曜石製遺物の産地推定法に関する基礎的研究―」『駿台史学』133　駿台史学会，pp. 45-76。

杉原重夫・長井雅史・柴田　徹・檀原　徹・岩野秀樹　2009「霧ヶ峰・北八ヶ岳産黒曜石の記載岩石学的・岩石化学的検討とフィッション・トラック年代―黒曜石製遺物の原産地推定に関する基礎的研究―」『駿台史学』136　駿台史学会，pp. 57-109。

杉原荘介・戸沢充則・安蒜政雄　1983『佐賀県多久三年山における石器時代の遺跡』明治大学。

鈴木正男　1977「ストーン・ロードをたどる―黒曜石の運搬・交易の時空間的分析―」『数理科学』170　サイエンス社，pp. 25-33。

鈴木康二　1997「縄文時代石器研究の方法論序説～石匙を考える縄文時代前期末にみる技術革新～」『紀要』10　（財）滋賀県文化財保護協会，pp. 1-9。

鈴木康二編　1999『上出A遺跡（蛇砂川地点）』滋賀県教育委員会。

鈴木康二編　2012『【人】・【自然】・【祈り】共生の原点を探る―縄文人が語るもの―』滋賀県立安土城考古博物館。

鈴木道之助　1972「縄文時代草創期初頭の狩猟活動―有舌尖頭器の終焉と石鏃の出現をめぐって―」『月刊考古学ジャーナル』76　ニュー・サイエンス社，pp. 10-20。

鈴木道之助　1991『図録石器入門事典〈縄文〉』柏書房。

角南聡一郎・佐藤亜聖編　1998『秋篠・山陵遺跡』奈良大学文学部考古学研究室。

澄田正一編　1970『新編一宮市史　資料編1　縄文時代』一宮市。

瀬川芳則編　1998『寝屋川市史』1　寝屋川市。

関　孝一編　2001『湯倉洞窟』高山村教育委員会。

関野哲夫　1994「層位に関わる二・三の問題点―特に押型紋土器出土の遺跡について―」『縄文時代』5　縄文時代文化研究会，pp. 147-166。

瀬口眞司　1998「近江における縄文時代の展開過程に関する覚え書き―地域の検討1. 湖東北部地域―」『紀要』11　（財）滋賀県文化財保護協会，pp. 1-14。

瀬口眞司　1999「近江における縄文社会の展開過程に関する覚え書き―地域の検討3. 湖南地域」『紀要』12　（財）滋賀県文化財保護協会，pp. 1-17。

瀬口眞司　2000「近江における縄文社会の展開過程に関する覚え書き―地域の検討5. 湖北地域―」『紀要』13　（財）滋賀県文化財保護協会，pp. 1-20。

瀬口眞司　2003「関西縄文社会における集団規模の推移―人口と居住集団の数量的変化をめぐる検討―」『関西縄文時代の集落・墓地と生業』関西縄文文化研究会，pp. 123-134。

芹沢長介　1986『旧石器の知識』東京美術。

芹沢長介　1966「新潟県中林遺跡における有舌尖頭器の研究」『日本文化研究所研究報告』2　東北大学文学部附属日本文化研究施設，pp. 1-57。

【た－と】

大工原　豊編　1998『中野谷松原遺跡』群馬県安中市教育委員会。

大工原　豊　2008『縄文石器研究序論』六一書房。

大工原　豊編　2012『季刊考古学』119　雄山閣。

髙木康裕　2014「縄文時代チャート製石器の産地推定―京都市高野川のチャート礫の調査―」『日本文化財科学会第31回大会研究発表要旨集』日本文化財科学会第31回大会実行委員会，pp. 274-275。

髙木康裕　2016「肉眼観察による縄文時代のチャート製石器の産地推定―京都盆地周辺の丹波帯の踏査をもとに―」『日本文化財科学会第33回大会研究発表要旨集』日本文化財科学会第33回大会実行委員会，pp. 240-241。

高橋　工編　2002『長原遺跡発掘調査報告Ⅷ』（財）大阪市文化財協会。

高橋　潔・近藤奈央・竜子正彦　2010『上里遺跡Ⅰ』（財）京都市埋蔵文化財研究所。

高橋　哲　2007「石匙の使用痕―植物加工道具としての石匙についての考察―」『考古学談叢』六一書房，pp. 369-388。

高橋　哲　2011a「円筒下層式土器期の石匙の使用痕研究」『特別史跡三内丸山遺跡年報』14　青森県教育委員会，pp. 54-59。

高橋　哲　2011b「不定形石器の使用痕・剝離面分析」『考古学研究』58（3）　考古学研究会，pp. 69-79。

髙橋　豊・佐藤良二　2008「化学組成からみた二上山産サヌカイトの石器石材への利用動向」『日本文化財科学会第25回大会研究発表要旨集』日本文化財科学会第25回大会実行委員会，pp. 234-235。

高松　彰編　1982「高ノ御前遺跡第3地点試掘調査報告」『中ノ池遺跡群発掘調査報告書』東海市教育委員会，pp. 35-48。

高松龍暉・矢野健一・大下　明編　1990『小路頃オノ木遺跡発掘調査報告書』関宮町教育委員会。

高松龍暉編　1987『堂ヶ上遺跡確認調査報告書』竹野町教育委員会。

高松龍暉　1989「考古学からみた関宮町」『関宮町史資料集』1　関宮町教育委員会，pp. 9-65。

高松龍輝・山口卓也編　1990『ハチ高原縄文時代遺跡群』関宮町教育委員会。

竹岡俊樹　1989『石器研究法』言叢社。

竹岡俊樹　2013『旧石器時代文化研究法』勉誠出版。

竹原一彦　1982「三河宮の下遺跡発掘調査概要」『京都府遺跡調査概報』2　（財）京都府埋蔵文化財調査研究センター，pp. 1-37。

竹原弘展　2012「判別図法によるサヌカイトの産地推定について」『日本文化財科学会第29回大会研究発表要旨集』日本文化財科学会・京都大学文学部考古学研究室，pp. 238-239。

竹広文明　1988「中四国地方縄文時代の剝片石器―その組成・剝片剝離技術―」『考古学研究』35（1）　考古学研究会，pp. 61-88。

竹広文明　2003『サヌカイトと先史社会』淡水社。

竹広文明　2013「サヌカイト原産地金山をめぐる二，三の問題」『私の考古学』丹羽佑一先生退任記念事業会，pp. 17-24。

田嶋正徳編　2006『彦崎貝塚』岡山市教育委員会。

多田　仁編　2001『犬除遺跡2次調査』（財）愛媛県埋蔵文化財調査センター。

巽　好幸　1995『沈み込み帯のマグマ学』東京大学出版会。

建石　徹　2012「黒曜石の縄文石器の産地分析と流通」『季刊　考古学』119　雄山閣，pp. 71-78。

田中　彰編　1991『垣内遺跡発掘調査報告書』高山市教育委員会。

田中　彰編　1999『中切上野遺跡発掘調査報告書』高山市教育委員会。

田中英司　1995「挟入意匠の石器文化」『物質文化』59　物質文化研究会，pp. 16-52。

田中英司　2004『石器実測法―情報を描く技術―』雄山閣。

田中元浩編　2010『西飯降Ⅱ遺跡，丁ノ町・妙寺遺跡』（財）和歌山県文化財センター。

田中祐二　2002「鳥浜貝塚出土の石器群（1）―草創期石器群の器種分類―」『鳥浜貝塚研究』
　　3　鳥浜貝塚研究会，pp. 69-86。

田辺昭三編　1973『湖西線関係遺跡調査報告書』滋賀県教育委員会。

谷口和人編　1997『西田遺跡』岐阜県土木部・（財）岐阜県文化財保護センター。

谷口康浩編　1999『大平山元Ⅰ遺跡の考古学的調査』大平山元Ⅰ遺跡発掘調査団。

谷若倫郎・楠　真依子・山崎友紀編　1996『糸大谷遺跡』愛媛県埋蔵文化財調査センター。

田部剛士　2001「石器石材の流通と変遷―主に愛知県の下呂石を中心に―」『三河考古』14　三
　　河考古刊行会，pp. 1-31。

田部剛士　2002「縄文時代草創期・早期の石材利用」『縄文時代の石器―関西の縄文時代草創期・
　　早期―』関西縄文文化研究会，pp. 74-80。

田部剛士　2003「縄文時代前期・中期の石材利用」『縄文時代の石器Ⅱ―関西の縄文前期・中期
　　―』関西縄文文化研究会，pp. 101-106。

田部剛士　2004「縄文時代後期・晩期の石材利用」『縄文時代の石器Ⅲ―関西の縄文後期・晩期
　　―』関西縄文文化研究会，pp. 93-100。

田部剛士　2008「縄文時代早期後葉から前期の石匙について―石匙の成立をめぐって―」『文化
　　財学としての考古学』泉拓良先生還暦記念事業会，pp. 221-236。

田部剛士　2010「サヌカイトの供給（二上山）」『縄文時代の考古学6　ものづくり　道具製作
　　の技術と組織』同成社，pp. 178-187。

田部剛士　2011「押型文前半期における石器の様相―大和高原の層位的傾向から―」『押型文土
　　器期の諸相』関西縄文文化研究会，pp. 20-42。

田部剛士　2013「東海・近畿地方における石器群の変遷―縄文時代草創期から早期初頭―」『環
　　境変化と人類活動―更新世から完新世への移行と東海地方の石器群―』考古学研究会東海例
　　会，pp. 47-68。

田部剛士・上峯篤史　2006「鵜山遺跡出土石器における製作技術」『鵜山遺跡』奈良県立橿原考
　　古学研究所，pp. 217-224。

田村　隆　2011『旧石器社会と日本民俗の基層』同成社。

田村陽一編　1989『近畿自動車道（久居～勢和）埋蔵文化財発掘調査報告　第1分冊1』三重
　　県埋蔵文化財センター。

田村陽一編　1991a『近畿自動車道（久居～勢和）埋蔵文化財発掘調査報告　第3分冊7（天
　　保遺跡E地区）』三重県埋蔵文化財センター。

田村陽一編　1991b『近畿自動車道（久居～勢和）埋蔵文化財発掘調査報告　第3分冊8（堀
　　之内遺跡　C地区）』三重県埋蔵文化財センター。

田村陽一編　1994『佐々木武門　考古資料図録』大王町教育委員会。

田村陽一編　1997『新徳寺遺跡』三重県埋蔵文化財センター。

田村陽一編　2001『片野殿垣内遺跡発掘調査報告』勢和村教育委員会。

田村陽一　2003「縄文集落の立地と規模―伊勢湾西岸地域の場合―」『関西縄文論集1　関西縄
　　文時代の集落・墓地と生業』六一書房，pp. 61-77。

田村陽一　2005「佐八藤波遺跡」『三重県史　資料編　考古1』三重県，pp. 113-114。

田原本町教育委員会編　2009『唐古・鍵遺跡Ⅰ―範囲確認調査―遺構・主要遺物編』田原本町教

育委員会。

千葉　豊　2008「型式学的研究法①」『縄文時代の考古学2　歴史のものさし』同成社，pp. 43-54。

千葉　豊　2012『京都盆地の縄文世界　北白川遺跡群』新泉社。

千葉　豊・大下　明編　1990『小森岡遺跡』竹野町教育委員会。

塚田良道　1985「石器群の原位置性・一括性に関するノート」『旧石器考古学』30　旧石器文化談話会，pp. 69-84。

角田徳幸編　1991『堀田上・今佐屋山・米屋山遺跡の調査』島根県教育委員会。

弦巻賢介・長井雅史・柴田　徹　2011「浅間山産黒曜石の記載岩石学的・岩石化学的検討」『資源環境と人類』4　明治大学黒曜石研究センター，pp. 91-102。

寺川史郎・金光正裕編　1987『久宝寺北（その1〜3）』大阪府教育委員会・（財）大阪文化財センター。

同志社大学旧石器文化談話会編　1974『ふたがみ―二上山北麓石器時代遺跡群分布調査報告―』同志社大学旧石器文化談話会。

戸沢充則編　1994『縄文時代研究事典』東京堂出版。

戸沢充則・会田　進編　1987『樋沢押型文遺跡調査研究報告書』長野県岡谷市教育委員会。

戸田哲也・大野政雄編　1997『堂之上遺跡発掘調査報告書』久々野町教育委員会。

冨田克敏　2007「久宝寺遺跡出土サヌカイト質石器・剥片の石材―弥生時代前期及び中期遺構面出土石器・剥片の岩石学的検討―」『久宝寺遺跡・竜華地区発掘調査報告書Ⅶ』（財）大阪府文化財センター，pp. 89-112。

豊岡卓之編　1988『山ノ内遺跡B地区・山直北遺跡』（財）大阪府埋蔵文化財協会。

鳥浜貝塚研究グループ編　1979『鳥浜貝塚―縄文前期を主とする低湿地遺跡の調査1―』福井県教育委員会。

鳥浜貝塚研究グループ編　1987『鳥浜貝塚―1980〜1985年度調査のまとめ―』福井県教育委員会・福井県立若狭歴史民俗資料館。

【な―の】

永井節治・百瀬忠幸・贄田　明・松原和也　2001『県営担い手育成事業地内埋蔵文化財発掘調査報告書』長野県木曽地方事務所・開田村教育委員会・木曽広域連合。

中井　均　1997「海を渡った黒曜石」『佐加太』6　坂田郡社会教育研究会文化財部会，p. 3。

中井　均　2002「稲作以前の社会」『米原町史　通史編』米原町役場，pp. 114-132。

中井　均・中川和哉編　1986『磯山城遺跡』米原町教育委員会。

長山謙治　2004「金山の地質環境―石材資源に関わる基礎研究―」『香川考古』9　香川考古刊行会，pp. 1-18。

長井雅史・萩津　達・柴田　徹・杉原重夫　2011「箱根地域産黒曜石の記載岩石学的・岩石化学的検討―黒曜石製遺物の原産地推定法に関する基礎的研究―」『資源環境と人類』4　明治大学学術フロンティア，pp. 67-90。

長井雅史・嶋野岳人・杉原重夫　2008「蛍光X線分析装置による火成岩の主成分・微量成分の定量分析ルーチンの作成とその評価―石器石材の産地推定に関する基礎的研究―」『明治大学博物館研究報告』13　明治大学博物館，pp. 69-80。

中川和哉　1992「近畿地方の掻器についての覚書」『考古学と生活文化』同志社大学考古学シリーズ刊行会，pp. 177-186。

中川和哉　1997「石器」『雲宮遺跡』京都府埋蔵文化財調査研究センター，pp. 145-153。

中川　明編　1997『粥見井尻遺跡発掘調査報告』三重県埋蔵文化財センター。

中越利夫・槙林啓介・三ツ木貴代志　1996「帝釈弘法滝洞窟遺跡（第10次）の調査」『広島大学文学部帝釈峡遺跡群発掘調査室年報』ⅩⅠ　広島大学文学部帝釈峡遺跡群発掘調査室，pp.21-54。

中嶋　隆編　1983『織田井戸遺跡発掘調査報告』小牧市教育委員会。

中島和彦編　1995『奈良市埋蔵文化財調査概要報告書　平成6年度』奈良市教育委員会。

永島暉臣慎編　1982『長原遺跡発掘調査報告Ⅱ』（財）大阪市文化財協会。

永島暉臣慎編　1983『長原遺跡発掘調査報告Ⅲ』（財）大阪市文化財協会。

中島英子編　2000『上信越自動車道埋蔵文化財発掘調査報告書16―信濃町内その2―』日本道路公団・長野県教育委員会・長野県埋蔵文化財センター。

長友恒人・宮崎利靖・佐藤良二　2001「石器の新旧判定法の検討」『日本文化財科学会第18回大会研究発表要旨集』文化財科学会第18回大会実行委員会，pp.70-71。

長野県編　1988『長野県史　考古資料編　遺構・遺物』長野県史刊行会。

中原正光　1999「和泉山脈南縁丘陵の大阪層群中に含まれるサヌカイト礫―和歌山市梅原～木ノ本地区―」『紀伊考古学研究』2　紀伊考古学研究会，pp.1-22。

中村　豊　2008「西日本磨研土器（滋賀里1～3式土器）」『総覧縄文土器』アム・プロモーション，pp.782-789。

中村淳磯編　2009『三宅西遺跡』（財）大阪府文化財センター。

中村健二編　1996『小川原遺跡3』滋賀県教育委員会・（財）滋賀県文化財保護協会。

中村孝三郎　1960『小瀬が沢洞窟』長岡市科学博物館。

中村徹也　1974『京都大学理学部ノートバイオトロン実験装置室新営工事に伴う埋蔵文化財発掘調査の概要〔京大植物園内縄文遺跡〕』京都大学。

中村由克　2003「堆積土中の石器の磨耗度」『前・中期旧石器問題の検証』前・中期旧石器問題調査研究特別委員会，pp.402-412。

中村由克　2005「チャートの原産地推定はどこまで可能か」『岩宿フォーラム2005/シンポジウム石器石材Ⅲ―在地系石材としてのチャート―　予稿集』笠懸野岩宿文化資料館岩宿フォーラム実行委員会，pp.2-10。

中森成行　1983「西川遺跡の調査」『郡山遺跡群発掘調査報告Ⅰ』鈴鹿市教育委員会・鈴鹿市遺跡調査会，pp.33-55。

長屋幸二　2003「石鏃調整剥離にもとづく石器製作単位の検討」『考古学に学ぶ（Ⅱ）』同志社大学考古学シリーズ刊行会，pp.67-76。

西村美幸編　1996『井尻遺跡発掘調査報告』三重県埋蔵文化財センター。

西本豊弘　2008「血縁関係の推定―中妻貝塚の事例―」『縄文時代の考古学10　人と社会　人骨情報と社会組織』同成社，pp.36-41。

二宮治夫編　1985『百間川沢田遺跡2・百間川長谷遺跡2』建設省岡山河川工事事務所・岡山県教育委員会。

日本旧石器学会編　2010『日本列島の旧石器時代遺跡』日本旧石器学会。

野島　永・河野一隆　1993「鹿谷遺跡」『京都府遺跡調査概報』52　（財）京都府埋蔵文化財調査研究センター，pp.27-66。

信里芳紀編　2000『川津川西遺跡』香川県教育委員会・（財）香川県埋蔵文化財調査センター

乗松真也　2012「陸上自衛隊国分台演習場外柵整備に伴う国分台遺跡確認調査」『埋蔵文化財試掘調査報告』ⅩⅩⅣ　香川県教育委員会，pp.21-23。

引用文献　279

【は－ほ】

橋本正幸編　1986『野畑遺跡』野畑遺跡発掘調査団。

橋本裕行編　2003『宮の平遺跡Ⅱ』奈良県立橿原考古学研究所。

長谷川修一・田村栄治　2002『瀬戸内の石の文化』日本応用地質学会中四国支部・日本応用地質学会。

長谷川　達　1986「京都府北部出土の黒曜石製石器について」『長岡京古文化論叢』中山修一先生古稀記念事業会，pp. 371-376。

八賀哲夫編　2000『上ヶ平遺跡Ⅰ』（財）岐阜県文化財保護センター。

八賀哲夫編　2002『上ヶ平遺跡Ⅱ』（財）岐阜県文化財保護センター。

蜂屋孝之編　2003『千葉東南部ニュータウン26』（財）千葉県文化財センター。

馬場保之編　1998『美女遺跡』長野県飯田市教育委員会。

濱田耕作　1922『通論考古学』大鐙閣。

林　茂樹・上伊那考古学会編　2008『神子柴』信毎書籍出版センター。

林　和廣　1997『丹後の縄文遺跡』丹後古代文化研究会。

林　謙作　1987「地域性をめぐる解釈　亀ヶ岡と亀ヶ岡もどき―地域性をとらえる指標―」『季刊　考古学』21　雄山閣，pp. 45-50。

原　秀樹編　2016『友岡遺跡―長岡京跡右京第325次調査―』（公財）長岡京市埋蔵文化財センター。

原田　修　1981「馬場川遺跡の調査」『馬場川遺跡・上六万寺遺跡・山畑66号墳調査報告』東大阪市教育委員会，pp. 3-13。

原田　幹　2002「サヌカイト製石器の使用痕分析―岡山県出土の石製農具関連資料の観察―」『環瀬戸内海の考古学：平井勝氏追悼論文集』上巻　古代吉備研究会，pp. 505-520。

原山　智・高橋　浩・中野　俊・苅谷愛彦・駒澤正夫　2000『立山地域の地質』地質調査所

春成秀爾・小林謙一編　2009『国立歴史民俗博物館研究報告』154　（財）歴史民俗博物館振興会。

坂　靖編　2000『南郷遺跡群Ⅳ』奈良県立橿原考古学研究所。

坂東　肇編　2000『戸入平村遺跡Ⅱ　小谷戸遺跡』（財）岐阜県文化財保護センター。

樋口清之　1936『大和竹内石器時代遺蹟』大和国史会。

樋口昇一編　1980『長野県中央道埋蔵文化財包蔵地発掘調査報告書　岡谷市その4　昭和52・53年度』日本道路公団名古屋建設局・長野県教育委員会。

肥後弘幸編　1989『志高遺跡』（財）京都府埋蔵文化財調査研究センター。

菱田哲朗　2013「旧石器・縄文時代の夜久野」『夜久野町史　第四巻　通史編』福知山市，pp. 6-18。

兵頭　勲　2008「押型文系土器（黄島式土器）」『総覧縄文土器』アム・プロモーション，pp. 162-168。

平井美典・大崎康文　1994『北落古墳群Ⅰ』滋賀県教育委員会。

平田朋子　2003「縄文遺跡の動向―遺跡立地からみた兵庫県の縄文遺跡―」『関西縄文論集1　関西縄文時代の集落・墓地と生業』六一書房，pp. 89-105。

深井明比古編　1998『佃遺跡』兵庫県教育委員会。

福沢仁之　1995「天然の「時計」・「環境変動検出計」としての湖沼の年縞堆積物」『第四紀研究』34（3）　日本第四紀学会，pp. 135-149。

福永信雄編　1997『鬼塚遺跡第8次発掘調査報告書』（財）東大阪市文化財協会。

福永信雄編　1999『植附遺跡第5次発掘調査報告書』（財）東大阪市文化財協会。

藤井直正・原田　修・竹下　賢・荻田昭次　1971『馬場川遺跡Ⅱ』東大阪市教育委員会。

280

藤井祐介　1976「旧石器・縄文時代」『新修　芦屋市史　資料編一』芦屋市役所，pp. 9-79。

藤根　久　2002「假田地点出土サヌカイト製石器の原産地推定」『まるやま遺跡Ⅱ』兵庫県教育委員会，pp. 30-32。

藤野次史・槇林啓介　2005『広島大学東広島キャンパス埋蔵文化財発掘調査報告書』Ⅲ　広島大学埋蔵文化財調査室。

藤野次史　2004『日本列島の槍先形尖頭器』同成社。

藤野次史編　2007『広島大学東広島キャンパス埋蔵文化財発掘調査報告書』Ⅳ　広島大学埋蔵文化財調査室。

藤巻悦子・神取龍生　2000「保美貝塚採集資料紹介―叉状研歯を模したと思われるヒスイ玉製品―」『三河考古』13　三河考古刊行会，pp. 84-89。

藤森栄二　2011『信州の縄文早期の世界　栃原岩陰遺跡』新泉社。

藤山龍造　2009『環境変化と縄文社会の幕開け―氷河時代の終焉と日本列島―』雄山閣。

船築紀子　2007「大坂の火打金・火打石―大坂城出土資料を中心に―」『大阪文化財研究』31　（財）大阪府文化財センター，pp. 35-42。

古森政次・麻柄一志　1974「土坑1の剝片生産技術―縄文早期の石器群の分析―」『二上山・桜ヶ丘遺跡―第1地点の発掘調査報告―』奈良県立橿原考古学研究所，pp. 118-152。

文化庁編　2006『発掘された日本列島2006』朝日新聞社。

別所秀高編　2000『馬場川遺跡発掘調査報告書』（財）東大阪市文化財協会。

堀田啓一・松藤和人・柳田俊雄・佐藤良二・古森政次・麻柄一志編　1974『二上山・桜ヶ丘遺跡―第1地点の発掘調査報告―』奈良県立橿原考古学研究所。

本堂弘之・穂積裕昌・倉田直純　1995「宮ノ前遺跡」『大古曽遺跡・山籠遺跡・宮ノ前遺跡発掘調査報告』三重県埋蔵文化財センター，pp. 155-246。

【ま―も】

前田佳久編　1993『大開遺跡発掘調査報告書』神戸市教育委員会・（財）神戸市スポーツ教育公社。

間壁忠彦・間壁葭子　1971『里木貝塚』倉敷考古館。

間壁忠彦・間壁葭子編　1979『広江・浜遺跡』倉敷市教育委員会。

麻柄一志　2006『日本海沿岸地域における旧石器時代の研究』雄山閣。

町田　洋・新井房夫　2003『新編　火山灰アトラス　日本列島とその周辺』東京大学出版会。

町田勝則　2002「「刃器」研究にむけて」『環瀬戸内の考古学』古代吉備研究会，pp. 153-172。

町田勝則　2003「押型文文化の石器を考えるにあたり」『利根川』24・25　利根川同人，pp. 17-34。

町田賢一編　2014『小竹貝塚発掘調査報告』（公財）富山県文化振興財団埋蔵文化財調査事務所。

松井和典　1990『小値賀島及び肥前半島地域の地質』地質調査所。

松﨑俊郎編　1998『向日市埋蔵文化財調査報告書』47　（財）向日市埋蔵文化財センター。

松沢亜生　1992「石刃技法における前処理，稜線づくりおよび第一石刃について」『東北文化論のための先史学歴史学論集』加藤稔先生還暦記念会，pp. 111-128。

松島義章　1983「小規模なおぼれ谷に残されていた縄文海進の記録」『海洋科学』海洋出版，pp. 11-16。

松田真一　1997『奈良県の縄文時代遺跡研究』由良大和古代文化研究会。

松田真一　1998「近畿地方における縄文時代草創期の編年と様相」『橿原考古学研究所論集』13　奈良県立橿原考古学研究所，pp. 1-29。

松田順一郎　1986「サヌカイト製打製石器にみられる使用痕の諸例」『東大阪市文化財協会ニュー

ス』1（2）（財）東大阪市文化財協会，pp. 10-25。

松田順一郎　1999「楔形両極石核の分割に関する実験―縄文時代晩期サヌカイト製打製石鏃製作技術の復元に向けて―」『光陰如矢』「光陰如矢」刊行会，pp. 113-134。

松田真一　1998「近畿地方における縄文時代草創期の編年と様相」『橿原考古学研究所論集』13　奈良県立橿原考古学研究所，pp. 1-29。

松田真一　2002「桐山和田遺跡草創期の土器の様相」『桐山和田遺跡』奈良県立橿原考古学研究所，pp. 344-358。

松田真一編　2002『桐山和田遺跡』奈良県立橿原考古学研究所。

松田真一編　2011『重要文化財橿原遺跡出土品の研究』奈良県立橿原考古学研究所。

松葉和也編　1996『高皿遺跡発掘調査概報』三重県埋蔵文化財センター。

松葉和也編　1999『縁通庵遺跡・アカリ遺跡発掘調査報告』三重県埋蔵文化財センター。

松藤和人　1974a「瀬戸内技法の再検討」『ふたがみ―二上山北麓石器時代遺跡群分布調査報告―』同志社大学旧石器文化談話会，pp. 138-163。

松藤和人　1974b「総論―二上山北麓の遺跡群をめぐる諸問題―」『ふたがみ―二上山北麓石器時代遺跡群分布調査報告―』同志社大学旧石器文化談話会，pp. 174-193。

松藤和人　1982「二上山の石器文化をめぐる諸問題」『旧石器考古学』25　旧石器文化談話会，pp. 125-144。

松藤和人・佐藤良二　1983「香芝町桜ヶ丘第1地点遺跡第3次発掘調査概報」『奈良県遺跡調査概報　1982年度』奈良県立橿原考古学研究所，pp. 53-69。

松藤和人・上峯篤史編　2013『砂原旧石器遺跡の研究』砂原遺跡学術発掘調査団。

松室孝樹編　2014『相谷熊原遺跡Ⅰ』滋賀県教育委員会・（公財）滋賀県文化財保護協会。

松本茂一編　1975『鳥羽　贄遺跡』鳥羽市教育委員会。

松本　茂　2003「石器のかたちはどのように決まるか―石器製作行為をめぐる人間の認知―」『認知考古学とは何か』青木書店，pp. 54-70。

松本正信　1996「石器と土器で自然に挑む時代」『太子町史　』1　太子町，pp. 98-121。

松本正信　2005「新宮宮内遺跡」『播磨　新宮町史　文化財編』たつの市，pp. 14-33。

松本安紀彦編　2005『刈谷我野遺跡Ⅰ』高知県香美郡香北町教育委員会。

松本安紀彦編　2007『刈谷我野遺跡Ⅱ』高知県香美市教育委員会。

松本百合子編　1997『長原・瓜破遺跡発掘調査報告ⅩⅠ』（財）大阪市文化財協会。

松山　聡　1995「石器の使用痕分析」『研究紀要』2　（財）大阪文化財センター，pp. 1-10。

丸山　潔編　2009『明石の狩人―明石原人から縄文人へ―』発掘された明石の歴史展実行委員会・明石市教育委員会。

三浦　致・林　和廣　1986『網野町の遺跡』網野町教育委員会。

三浦麻衣子・宇田川滋正・建石　徹・二宮修治　2012「天祖神社東遺跡出土黒曜石の産地分析」『季刊　考古学』119　雄山閣，pp. 27-32。

三重石器石材研究会　2010「三重県出土の黒曜石とその原産地推定」『立命館大学考古学論集』Ⅴ　立命館大学考古学論集刊行会，pp. 1-22。

水沢教子　2014『縄文社会における土器の移動と交流』雄山閣。

光石鳴巳　2003「本州島西半部の様相―東海西部・近畿地方を中心に―」『季刊考古学』雄山閣，pp. 51-54。

光石鳴巳　2008「近畿地方における有茎尖頭器の基礎的研究」『旧石器考古学』70　旧石器文化談話会，pp. 11-20。

光石鳴巳・白石　純・森先一貴　2017「旧石器時代二上山周辺地域におけるサヌカイトの産地同

定研究」『研究紀要』21　（公財）由良大和古代文化研究協会，pp. 1-16。

御堂島　正　1982「エッヂ・ダメージの形成に関する実験考古学的研究―変数としての刃角―」『中部高地の考古学Ⅱ』長野県考古学会，pp. 66-98。

御堂島　正　1988「使用痕と石材―チャート，サヌカイト，凝灰岩に形成されるポリッシュ―」『考古学研究』74（2）考古学研究会，pp. 1-28。

御堂島　正　1991「石鏃と有舌尖頭器の衝撃剥離」『古代』92　早稲田大学考古学会，pp. 79-97。

三原慎吾編　1998『まるやま遺跡』兵庫県教育委員会。

御村精治編　1991『上ノ垣外遺跡発掘調査概報』度会町教育委員会。

宮原文隆編　2006『曽我井・野入遺跡Ⅱ』多賀町教育委員会。

宮本一夫編　1994『江口貝塚Ⅱ』愛媛大学法文学部考古学研究室。

村上泰樹・久保弘幸編　1991『国領遺跡発掘調査報告書』兵庫県教育委員会。

村川行弘編　1996『兵庫県の考古学』吉川弘文館。

目代邦康　2010『見方のポイントがよくわかる　地層のきほん』誠文堂新光社。

望月明彦　1997「蛍光X線分析による中部・関東地方の黒曜石産地の判別」『X線分析の進歩』28　アグネ技術センター，pp. 157-168。

森川幸雄　1992「大石遺跡」『平成3年度農業基盤整備事業地域埋蔵文化財発掘調査報告書―第1分冊―』三重県埋蔵文化財センター，pp. 35-78。

森川幸雄編　1995『天白遺跡』三重県埋蔵文化財センター。

森川　実　2001「近畿地方における横剥ぎ石器群の比較研究」『旧石器考古学』61　旧石器文化談話会，pp. 37-51。

森川　実　2008「サヌカイトを用いた打製石鏃の実験製作」『文化財学としての考古学』泉拓良先生還暦記念事業会，pp. 205-220。

森先一貴　2004「大阪平野周辺における石器石材の利用行動―チャート石材から見た石材運用論の再検討―」『旧石器考古学』65　旧石器文化談話会，pp. 53-66。

森田幸伸　2004「旧石器・縄文時代」『明和町史　史料編　第1巻　自然・考古』明和町，pp. 269-340。

森田尚宏編　1983『飼古屋岩陰遺跡調査報告書』高知県教育委員会。

森本良平・藤田和夫・吉田博・松本　隆・市原　実・笠間太郎　1953「二上山の地質」『地球科学』11　地学団大研究部会，pp. 1-12。

【や―よ】

安平勝利編　1997『市原・寺ノ下遺跡』兵庫県加美町教育委員会。

矢野健一　1993「押型文土器の起源と変遷―いわゆるネガティブな楕円文を有する押型文土器群の再検討―」『考古学雑誌』78（4）日本考古学会，pp. 1-32。

矢野健一　1994「北白川C式併行期の瀬戸内地方の土器」『古代吉備』16　古代吉備研究会，pp. 1-15。

矢野健一　2005「土器型式圏の広域化」『西日本縄文文化の特徴』関西縄文文化研究会・中四国縄文研究会・九州縄文研究会，pp. 1-8。

矢野健一　2006「関西地方の縄文後晩期住居」『弥生集落の成立と展開』埋蔵文化財研究会・第55回埋蔵文化財研究集会実行委員会，pp. 275-290。

矢野健一　2007「押型文土器出現期以前の九州地方と本州地方との地域間関係」『九州における縄文時代早期前葉の土器相』九州縄文研究会，pp. 12-21。

矢野健一　2008「押型文系土器（高山寺式・穂谷式土器)」『総覧縄文土器』アム・プロモー

ション，pp. 168-173。

矢野健一　2013a「近畿地方における縄文草創期土器編年」『立命館大学考古学論集』Ⅵ　立命館大学考古学論集刊行会，pp. 1-10。

矢野健一　2013b「近畿」『講座日本の考古学3　縄文時代（上）』青木書店，pp. 441-474。

矢野健一　2014「押型文土器遺跡数の変化」『東海地方における縄文時代早期前葉の諸問題』東海縄文研究会，pp. 73-86。

山内基樹　2002「河原城遺跡出土石器における「場の機能・性格」」『河原城遺跡Ⅱ』（財）大阪府文化財調査研究センター，pp. 178-181。

山内基樹　2003「近畿縄文時代早期石器群の技術的一様相―特に両極打撃について，河原城遺跡出土接合資料をもとに―」『利根川』24・25　利根川同人，pp. 79-87。

山内基樹　2005「石器・石製品」『滋賀県安土遺跡資料』奈良文化財研究所，pp. 93-121。

山下勝年編　1980『先苅貝塚』南知多町教育委員会。

山下勝年編　1983『林ノ峰貝塚Ⅰ』南知多町教育委員会。

山下勝年編　1989『林ノ峰貝塚Ⅱ』南知多町教育委員会。

山田しょう　1986「使用痕光沢の形成過程―東北大学使用痕研究チームによる研究報告　その6―」『考古学と自然科学』19　日本文化財科学会，pp. 101-123。

山田　猛編　1994『大鼻遺跡』三重県埋蔵文化財センター。

山田昌久　1985「縄文時代における石器研究序説」『論集日本原史』吉川弘文館，pp. 219-252。

山田芳和編　1986『真脇遺跡』能都町教育委員会・真脇遺跡発掘調査団。

山田隆一編　2012『ミヤケ北遺跡』大阪府教育委員会。

山中一郎　1979「技術形態学と機能形態学」『月刊考古学ジャーナル』167　ニュー・サイエンス社，pp. 13-15。

山根実生子編　1999『鉢伏高原遺跡』関宮町教育委員会。

山元　健・村上富喜子編　2000『向出遺跡』（財）大阪府文化財調査研究センター。

山本　誠編　2002『まるやま遺跡Ⅱ』兵庫県教育委員会。

湯浅利彦　1993「「五角形鏃」小考―西日本における縄文時代晩期を中心とした打製石鏃の素描」『真朱』創刊号徳島県埋蔵文化財センター，pp. 39-50。

余合昭彦編　1993『三斗目貝塚』愛知県埋蔵文化財センター。

横山卓雄・中川要之助　1974「関屋地域の大阪層群の層序と古水流方向からみた"奈良湖"の水の流出口について」『地質学雑誌』806　日本地質学会，pp. 277-286。

吉岡博之・松本達也編　2002『浦入遺跡群発掘調査報告書　遺構編』舞鶴市教育委員会。

吉川敏之　1997「二上層群の中新世火山岩の放射年代」『地質学雑誌』103（10）　日本地質学会，pp. 998-1001。

吉澤康暢　2014「三国町安島の黒曜石」『福井市自然史博物館研究報告』61　福井市自然史博物館，pp. 1-10。

吉澤　良　1992「勝地大坪遺跡（A・B地区），勝地大坪古墳群」『平成3年度農業基盤整備事業地域埋蔵文化財発掘調査報告書』1　三重県埋蔵文化財センター，pp. 103-144。

吉田英敏編　1987『寺田・日野1』岐阜市教育委員会。

吉村駿吾　2007「縄文時代における近畿地方の金山産サヌカイト―滋賀県守山市千代北遺跡の資料を中心に―」『考古学に学ぶ（Ⅲ）』同志社大学考古学シリーズ刊行会，pp. 97-110。

吉村駿吾　2012「縄文時代における近畿地方の金山産サヌカイト―滋賀県南部・一乗寺K式～元住吉山Ⅱ式期の様相―」『関西縄文論集3　関西縄文時代研究の新展開』関西縄文文化研究会，pp. 117-135。

吉村博恵編　1985『日下遺跡発掘調査概要—第11次・12次調査—』東大阪市教育委員会。

米川仁一編　2003『上津大片刈遺跡』奈良県立橿原考古学研究所。

米川裕治編　2005『庵治遺跡』奈良県立橿原考古学研究所。

【わーん】

渡辺　昇・久保弘幸編　1991『杉ヶ沢遺跡』兵庫県教育委員会。

渡邊　誠　2002「朝日遺跡」『愛知県史　資料編1　考古1　旧石器・縄文』愛知県，pp. 80-83。

渡辺丈彦　2004「珪質頁岩の石材環境と石刃技法—特に東山系石刃石器群の石材利用のあり方から—」『石刃技法の展開と石材環境』日本旧石器学会，pp. 13-18。

渡辺信行編　1986『昭和58年度　神戸市埋蔵文化財年報』神戸市教育委員会。

渡部明夫編　1990『永井遺跡』香川県教育委員会・(財) 香川県埋蔵文化財調査センター・日本道路公団。

藁科哲男　2010「金山遺物散布地点におけるサヌカイト原石の産地分析と産地組み合わせ法による原石伝播源の推測法研究」『香川県金山産サヌカイト製石器の広域流通システムの復元と先史経済の特質の検討』，pp. 31-50。

藁科哲男・東村武信　1988「石器原材の産地分析」『考古学と関連科学』鎌木義昌先生古稀記念論文集刊行会，pp. 447-491。

藁科哲男　1997「加美町市原・寺ノ下，中町曽我井・野入，中町貝野前遺跡出土のサヌカイト・黒曜石製遺物の石材産地分析」『市原・寺ノ下遺跡』兵庫県加美町教育委員会，pp. 59-74。

藁科哲男　2005「石器・玉類の原材産地分析から考察する使用（7）」『日本考古学協会第71回総会研究発表要旨』日本考古学協会，pp. 78-81。

藁科哲男　2007「山雅遺跡出土サヌカイト製遺物の原材産地分析」『山賀遺跡—分析・観察表・写真図版編』大阪府文化財センター，pp. 557-571。

藁科哲男・東村武信・鎌木義昌　1977「蛍光X線分析法によるサヌカイト石器の原産地推定（Ⅲ）」『考古学と自然科学』10　日本文化財科学会，pp. 53-81。

欧文

Beyries, S. (1982)　Comparaison de traces d'utilisation sur differentes roches siliceuses. *Tailler! pour quoi Faire; Préhistore et Technologie Lithique*, 2, Teruven, pp. 235-240.

Bond, G., Showers, W., Cheseby, M., Lotti, R., Almasi, p., Demenocal, p., priore, p., Cullen, H., Hajdas, I., Bonani, G. (1997)　A Pervasive Millennialscale Cycle in the North Atlantic Holocene and Glacial Climates. *Science*, 294, pp. 2130-2136.

Cotterell, B., and Kamminga, J. (1990)　*Mechanics of Pre-industrial Technology*. Cambridge University Press.

Harmand, S., Lewis, J. E., Feibel, C. S., Lepre, C. J., prat, S., Lenoble, A., Boës, X., Quinn, R. L., Brenet, M., Arroyo, A., Taylor, N., Clément, S., Daver, G., Brugal, J. P., Leakey, L., Mortlock, R. A., Wright, J. D., Lokorodi, S., Kirwa, C., Kent, D. V., and Roche, H. (2015)　3.3-million-year-old stone tools from Lomekwi 3, West Turkana, Kenya. *Nature*, 521, pp. 310-315.

Imai, N., Terashima, S., Itoh, S. and Ando, A. (1994)　Compilation of Analytical Data for Minor and Trace Elements in Seventeen GSJ Geochemical Reference Samples "igneous rock series". *Geostandards Newsletter*, 19 (2), pp. 135-213.

Inizan, M. L., Roche, H., and Tixier, J. (1992)　*Technology of Knapped Stone*. CREP（大沼克彦・西秋良宏・鈴木美保訳　1998『石器研究入門』クバプロ）。

引用文献　285

Kaifu, Y., Izuho, M., Goebel, T., Sato, H. and Ono, A. (eds. 2015) *Emergence and Diversity of Modern Human Behavior in Paleolithic Asia.* Texas A&M University Press.

Kato, M., Fukusawa, H. and Yasuda., Y. (1999) Varved lacustrine sediments of Lake Tougou-ike, western Japan with reference to Holocene sea-level changes in Japan. *Geographical reports of Tokyo Metropolitan University*, 34, pp. 25-38.

Kannari, T., Nagai, M. and Sugihara, S. (2014) The Effectiveness of Elemental Intensity Ratios for Sourcing Obsidian Artefacts using Energy Dispersive X-ray Flourescence Spectrometry. *A Case Study from Japan. Methodological Issues for Characterisation and Provenance Studies of Obsidian in Northeast Asia.* Archaeopress, pp. 47-66.

Murdock, G. P. (1937) Comparative Data on the Division of Labor by Sex. *Social Forces*, 15 (4), pp. 551-553.

Nazaroff, A. J. , prufer, K. M., and Drake, B. L. (2010) Assessing the Applicability of Portable X-Ray Fluorescence Spectrometry for Obsidian Provenance Research in the Maya Lowlands. *Journal of Archaeological Science*, 37, pp. 885-895.

Sakuyama, M. and Nesbitt, R. W. (1986) Geochemistry of the Quarternary Volcanic Rocks of the Northeast Japan arc. *Journal of Volcanology and Geothermal Research*, 29, pp. 413-450.

Sato, H. (1982) Geology of Goshikidai and Adjacent Areas, Northeast Shikoku, Japan: Field Occurrence and Petrography of Sanukitoid and Associated Volcanic Rocks. *The science reports of the Kanazawa University*, 27 (01), pp. 13-70.

Speakman, R. J. (2012) *Evaluation of Bruker's Tracer Family Factory Obsidian Calibration for Handheld Portable XRF Studies of Obsidian.* Bruker AXS.

Tsirk, A. (2014) Fractures in Knapping. Archaeopress.

図表出典

口　絵
口絵1　：奈良県立橿原考古学研究所附属博物館提供。
口絵2　：同志社大学歴史資料館ならびに奈良県立橿原考古学研究所所蔵。筆者撮影。
口絵3　：京都大学文化財総合研究センター所蔵。井上成哉氏撮影。
口絵4　：京都大学文化財総合研究センター所蔵。井上成哉氏撮影。
口絵5　：大阪府文化財センター提供。
口絵6　：大阪府文化財センター所蔵。筆者撮影。
口絵7　：京都大学文化財総合研究センター所蔵。井上成哉氏撮影。
口絵8　：筆者撮影。
口絵9　：筆者撮影。
口絵10　：井上成哉氏撮影。
口絵11　：筆者撮影。
口絵12　：柴田将幹氏撮影。
口絵13　：筆者撮影。
口絵14　：柴田将幹氏撮影。
口絵15　：朝井琢也氏撮影。
口絵16　：朝井琢也氏撮影。
口絵17　：筆者撮影。
口絵18　：筆者撮影。
口絵19　：柴田将幹氏撮影。
口絵20　：拙稿（上峯ほか2016b）から転載。
口絵21　：兵庫県立考古博物館所蔵。筆者撮影。
口絵22　：兵庫県立考古博物館所蔵。筆者撮影。
口絵23　：兵庫県立考古博物館所蔵。筆者撮影。
口絵24　：兵庫県立考古博物館所蔵。筆者撮影。
口絵25　：兵庫県立考古博物館所蔵。筆者撮影。
口絵26　：兵庫県立考古博物館所蔵。筆者撮影。
口絵27　：兵庫県立考古博物館所蔵。筆者撮影。
口絵28　：兵庫県立考古博物館所蔵。筆者撮影。
口絵29　：株式会社パレオ・ラボ所有。筆者撮影。
口絵30　：株式会社パレオ・ラボ所有。筆者撮影。
口絵31　：Bruker Corporation所有。筆者撮影。
口絵32　：Bruker Corporation所有。筆者撮影。
口絵33　：筆者所有。井上成哉氏撮影。
口絵34　：奈良県立橿原考古学研究所所蔵。筆者ならびに上峯晃撮影。
口絵35　：奈良県立橿原考古学研究所所蔵。筆者ならびに上峯晃撮影。
口絵36　：奈良県立橿原考古学研究所所蔵。筆者ならびに上峯晃撮影。
口絵37　：奈良県立橿原考古学研究所所蔵。筆者ならびに上峯晃撮影。
口絵38　：奈良県立橿原考古学研究所所蔵。筆者ならびに上峯晃撮影。
口絵39　：奈良県立橿原考古学研究所所蔵。筆者ならびに上峯晃撮影。

口絵 40 ：奈良県立橿原考古学研究所附属博物館提供。
口絵 41 ：奈良県立橿原考古学研究所所蔵。筆者ならびに上峯晃撮影。
口絵 42 ：奈良県立橿原考古学研究所所蔵。筆者ならびに上峯晃撮影。
口絵 43 ：奈良県立橿原考古学研究所所蔵。筆者ならびに上峯晃撮影。
口絵 44 ：奈良県立橿原考古学研究所所蔵。筆者ならびに上峯晃撮影。
口絵 45 ：奈良県立橿原考古学研究所所蔵。筆者ならびに上峯晃撮影。
口絵 46 ：奈良県立橿原考古学研究所所蔵。筆者ならびに上峯晃撮影。
口絵 47 ：奈良県立橿原考古学研究所所蔵。筆者ならびに上峯晃撮影。
口絵 48 ：奈良県立橿原考古学研究所所蔵。筆者ならびに上峯晃撮影。
口絵 49 ：奈良県立橿原考古学研究所附属博物館提供。
口絵 50 ：奈良県立橿原考古学研究所所蔵。筆者ならびに上峯晃撮影。
口絵 51 ：奈良県立橿原考古学研究所所蔵。筆者ならびに上峯晃撮影。
口絵 52 ：奈良県立橿原考古学研究所所蔵。筆者ならびに上峯晃撮影。
口絵 53 ：奈良県立橿原考古学研究所所蔵。筆者ならびに上峯晃撮影。
口絵 54 ：奈良県立橿原考古学研究所所蔵。筆者ならびに上峯晃撮影。
口絵 55 ：奈良県立橿原考古学研究所所蔵。筆者ならびに上峯晃撮影。
口絵 56 ：奈良県立橿原考古学研究所所蔵。筆者ならびに上峯晃撮影。
口絵 57 ：奈良県立橿原考古学研究所所蔵。筆者ならびに上峯晃撮影。
口絵 58 ：奈良県立橿原考古学研究所所蔵。筆者ならびに上峯晃撮影。
口絵 59 ：奈良県立橿原考古学研究所所蔵。筆者ならびに上峯晃撮影。
口絵 60 ：奈良県立橿原考古学研究所所蔵。筆者ならびに上峯晃撮影。
口絵 61 ：奈良県立橿原考古学研究所所蔵。筆者ならびに上峯晃撮影。
口絵 62 ：奈良県立橿原考古学研究所所蔵。筆者ならびに上峯晃撮影。
口絵 63 ：奈良県立橿原考古学研究所所蔵。筆者ならびに上峯晃撮影。
口絵 64 ：奈良県立橿原考古学研究所所蔵。筆者ならびに上峯晃撮影。
口絵 65 ：奈良県立橿原考古学研究所所蔵。筆者ならびに上峯晃撮影。
口絵 66 ：奈良県立橿原考古学研究所所蔵。筆者ならびに上峯晃撮影。
口絵 67 ：奈良県立橿原考古学研究所所蔵。筆者ならびに上峯晃撮影。
口絵 68 ：奈良県立橿原考古学研究所所蔵。筆者ならびに上峯晃撮影。
口絵 69 ：奈良県立橿原考古学研究所所蔵。筆者ならびに上峯晃撮影。
口絵 70 ：奈良県立橿原考古学研究所提供。
口絵 71 ：奈良県立橿原考古学研究所所蔵。筆者ならびに上峯晃撮影。
口絵 72 ：奈良県立橿原考古学研究所所蔵。筆者ならびに上峯晃撮影。
口絵 73 ：奈良県立橿原考古学研究所所蔵。筆者ならびに上峯晃撮影。
口絵 74 ：奈良県立橿原考古学研究所所蔵。筆者ならびに上峯晃撮影。
口絵 75 ：奈良県立橿原考古学研究所所蔵。筆者ならびに上峯晃撮影。
口絵 76 ：奈良県立橿原考古学研究所所蔵。筆者ならびに上峯晃撮影。
口絵 77 ：奈良県立橿原考古学研究所所蔵。筆者ならびに上峯晃撮影。
口絵 78 ：奈良県立橿原考古学研究所所蔵。筆者ならびに上峯晃撮影。
口絵 79 ：奈良県立橿原考古学研究所所蔵。筆者ならびに上峯晃撮影。
口絵 80 ：奈良県立橿原考古学研究所所蔵。筆者ならびに上峯晃撮影。
口絵 81 ：奈良県立橿原考古学研究所所蔵。筆者ならびに上峯晃撮影。
口絵 82 ：奈良県立橿原考古学研究所所蔵。筆者ならびに上峯晃撮影。

口絵 83 ：奈良県立橿原考古学研究所所蔵。筆者ならびに上峯晃撮影。
口絵 84 ：奈良県立橿原考古学研究所所蔵。筆者ならびに上峯晃撮影。
口絵 85 ：奈良県立橿原考古学研究所所蔵。筆者ならびに上峯晃撮影。
口絵 86 ：奈良県立橿原考古学研究所所蔵。筆者ならびに上峯晃撮影。
口絵 87 ：奈良県立橿原考古学研究所所蔵。筆者ならびに上峯晃撮影。
口絵 88 ：奈良県立橿原考古学研究所所蔵。筆者ならびに上峯晃撮影。
口絵 89 ：奈良県立橿原考古学研究所提供。
口絵 90 ：筆者撮影。
口絵 91 ：福知山市教育委員会所蔵。柴田将幹氏撮影。
口絵 92 ：養父市教育委員会所蔵。筆者撮影。
口絵 93 ：公益財団法人向日市埋蔵文化財センター所蔵。柴田将幹氏撮影。
口絵 94 ：公益財団法人京都市埋蔵文化財研究所所蔵。柴田将幹氏撮影。
口絵 95 ：筆者撮影。
口絵 96 ：滋賀県教育委員会所蔵。柴田将幹氏撮影。
口絵 97 ：滋賀県教育委員会所蔵。柴田将幹氏撮影。
口絵 98 ：舞鶴市所蔵。筆者撮影。
口絵 99 ：亀岡市文化資料館所蔵。柴田将幹氏撮影。
口絵 100：舞鶴市所蔵。柴田将幹氏撮影。
口絵 101：公益財団法人向日市埋蔵文化財センター所蔵。柴田将幹氏撮影。
口絵 102：福知山市教育委員会所蔵。柴田将幹氏撮影。
口絵 103：芦屋市教育委員会所蔵。筆者撮影。
口絵 104：京都府立丹後郷土資料館所蔵。筆者撮影。
口絵 105：舞鶴市所蔵。柴田将幹氏撮影。
口絵 106：舞鶴市所蔵。柴田将幹氏撮影。
口絵 107：舞鶴市所蔵。筆者撮影。
口絵 108：公益財団法人京都府埋蔵文化財調査研究センター所蔵。柴田将幹氏撮影。
口絵 109：滋賀県教育委員会所蔵。柴田将幹氏撮影。
口絵 110：舞鶴市所蔵。柴田将幹氏撮影。
口絵 111：舞鶴市所蔵。柴田将幹氏撮影。
口絵 112：舞鶴市所蔵。柴田将幹氏撮影。
口絵 113：筆者撮影。
口絵 114：公益財団法人京都市埋蔵文化財研究所所蔵。筆者撮影。
口絵 115：舞鶴市所蔵。筆者撮影。
口絵 116：奈良県立橿原考古学研究所所蔵。筆者ならびに上峯晃撮影。
口絵 117：筆者撮影。

序　章
章扉　　：筆者撮影。
図 0-1 ：筆者作成。
表 0-1 ：筆者作成。

第 1 章
章扉　　：上峯晃撮影。

290

図 1-1 ：a はコッテレルらの研究成果（Cotterell *et al.* 1990）をもとに筆者作成。b・c は旧著
　　　　（上峯 2012）掲載の図を改変。
図 1-2 ：筆者作成。実測図は旧著（上峯 2012）から転載。
図 1-3 ：筆者作成。図中の石器は鹿谷遺跡出土遺物（亀岡市文化資料館所蔵）。
図 1-4 ：筆者作成。
図 1-5 ：1 は報告書（石神編 1992）から，2 は旧著（上峯 2012）から転載。
図 1-6 ：埋蔵文化財天理教調査団所蔵。筆者実測・製図。
図 1-7 ：京都大学文化財総合研究センター所蔵。筆者実測・製図。
図 1-8 ：京都大学文化財総合研究センター所蔵。筆者実測・製図。
図 1-9 ：奈良県立橿原考古学研究所所蔵。筆者撮影・実測・製図。
図 1-10：報告書（豊岡編 1988）から転載。
図 1-11：報告書（豊岡編 1988）から転載。一部改変。
図 1-12：報告書（三宮編 2002）掲載の実測図をもとに作成。
図 1-13：筆者作成。実測図は旧著（上峯 2012）ならびに報告書（石神編 1992）から転載。
図 1-14：筆者作成。
図 1-15：京都大学文化財総合研究センター所蔵。実測・製図は筆者ならびに髙木康裕氏による。
図 1-16：京都大学文化財総合研究センター所蔵。筆者実測・製図。
図 1-17：京都大学文化財総合研究センター所蔵。筆者実測・製図。
図 1-18：京都大学文化財総合研究センター所蔵。筆者実測・製図。
図 1-19：筆者作成。
図 1-20：京都大学文化財総合研究センター所蔵。筆者実測・製図。
図 1-21：公益財団法人大阪府文化財センター所蔵。筆者実測・製図。
図 1-22：筆者作成。
図 1-23：筆者作成。
図 1-24：公益財団法人大阪府文化財センター所蔵。筆者実測・製図。
図 1-25：報告書（中村編 2009）から転載。
図 1-26：報告書等（岡田・田部編 2006，泉・横澤 2005）から転載。
図 1-27：報告書（石神編 2012）をもとに筆者作成。
図 1-28：報告書等（橋本編 1986，泉・横澤 2005）をもとに作成。
図 1-29：報告書（松本編 1997）から転載。一部改変。
図 1-30：筆者作成。
図 1-31：京都大学文化財総合研究センター所蔵。筆者撮影。
図 1-32：報告書等（岡田・田部編 2006，小田木編 2009，泉・横澤 2005）から転載。
図 1-33：筆者作成。
表 1-1 ：筆者作成。
表 1-2 ：筆者作成。
表 1-3 ：筆者作成。

第 2 章
章扉 　：柴田将幹氏撮影。
図 2-1 ：筆者作成。
図 2-2 ：報告書（松田編 2002）から転載。
図 2-3 ：報告書（松室編 2014）から転載。一部改変。

図2-4 ：報告書（中川編1997）から転載。

図2-5 ：報告書（堀田ほか編1979）から転載。一部改変。

図2-6 ：報告書（堀田ほか編1979）から転載。

図2-7 ：報告書（堀田ほか編1979）から転載。

図2-8 ：長友恒人（2001）による写真を転載。

図2-9 ：筆者作成。

図2-10：大津市埋蔵文化財調査センター所蔵。筆者実測・製図。

図2-11：筆者作成。

図2-12：報告書（三原編1998, 山本編2002）から転載。

図2-13：筆者作成。実測図は報告書（三原編1998, 山本編2002）から転載。

図2-14：筆者作成。実測図は報告書（三原編1998, 山本編2002）から転載。

図2-15：a～dは報告書（下村・菅原編1987）をもとに作成。eは目代邦康（2010）による模式図を転載。一部改変。

図2-16：報告書（下村・菅原編1987）から転載。

図2-17：報告書（下村・菅原編1987）から転載。

図2-18：筆者作成。

図2-19：筆者作成。実測図は報告書（下村・菅原編1987）から転載。

図2-20：筆者作成。報告書（田村編1989, 村上・久保編1991, 松葉・山田編1996, 三原編1998, 松田編2002, 山本編2002, 角張2008）掲載の実測図を再トレース。

図2-21：筆者作成。報告書（中川編1997, 田中2002, 松田編2002, 松室編2014）掲載の実測図を筆者ならびに髙木康裕氏が再トレース。

図2-22：筆者作成。報告書（下村・菅原編1987, 岡田・田部編2006, 太田編2013）掲載の実測図を筆者ならびに髙木康裕氏が再トレース。

図2-23：筆者作成。報告書（御村編1991, 松田編2002, 泉編2005, 岡田・田部編2006, 太田編2013, 栗本編2016）掲載の実測図を筆者ならびに髙木康裕氏が再トレースしたもののほか, 筆者によって実測・製図されたものをふくむ。

図2-24：筆者作成。報告書（鳥浜貝塚研究グループ編1979, 伊庭・瀬口1997, 瀬川編1998, 松葉編1999, 泉編2005, 渋谷・佐伯編2005, 小濱2007, 原編2016）掲載の実測図を筆者ならびに髙木康裕氏が再トレースしたもののほか, 筆者によって実測・製図されたものをふくむ。

図2-25：筆者作成。報告書（市村編1985, 豊岡編1988, 高松ほか編1990, 赤木編1992, 植田編1996, 中村編1996, 田村編1997, 深井編1998, 坂編2000, 泉・横澤2005, 田中編2010, 奥・御村編2011, 上峯ほか編2013）掲載の実測図を筆者ならびに髙木康裕氏が再トレースしたもののほか, 筆者によって実測・製図されたものをふくむ。

図2-26：筆者作成。報告書（永島1982・1983, 嶋村編1987, 前田1993, 下村・芋本編1996, 角南・佐藤編1998, 福永編1999, 高橋ほか2010, 奥・御村編2011, 松田編2011, 山田編2012, 岡田編2013）掲載の実測図を筆者ならびに髙木康裕氏が再トレースしたもののほか, 筆者によって実測・製図されたものをふくむ。

表2-1 ：筆者作成。

第3章

章扉 ：柴田将幹氏撮影。

図3-1 ：報告書（上峯ほか編2013）から転載。

図 3-2 ：朝井琢也氏撮影。

図 3-3 ：佐藤隆春（2017）による地質図を再トレース。

図 3-4 ：筆者作成。

図 3-5 ：663highland 氏撮影。

図 3-6 ：長谷川修一ら（2002）の図に筆者らの研究成果（上峯ほか 2016b）を加筆。

図 3-7 ：a は公益財団法人千葉県教育振興財団文化財センター，b は公益財団法人大阪府文化
財センター所蔵。実測図は報告書（蜂谷編 2003，石神編 1992）から転載。写真は筆者
撮影。

図 3-8 ：竹原弘展氏による判別図に筆者ら（上峯ほか 2014）の測定値をプロット。

図 3-9 ：杉原重夫らによる図（杉原編 2014a）を再トレース。

図 3-10：筆者らの研究成果（上峯ほか 2016a）による。

図 3-11：1 は公益財団法人京都府埋蔵文化財調査研究センター所蔵，2 は滋賀県埋蔵文化財セン
ター所蔵。筆者実測・製図。

図 3-12：福知山市教育委員会所蔵。1 は筆者実測・製図。ほかは報告書（岩松・藤原 1984）か
ら転載。

図 3-13：滋賀県埋蔵文化財センター所蔵。筆者実測・製図。

図 3-14：1 は福知山市教育委員会所蔵，2・4 は多可町教育委員会所蔵，3 は太子町教育委員会
所蔵，5-7 は滋賀県埋蔵文化財センター所蔵，8 は明石市教育委員会所蔵，9 は公益財
団法人京都府埋蔵文化財調査研究センター所蔵，10 は亀岡市文化資料館所蔵。すべて
筆者実測・製図。

図 3-15：舞鶴市所蔵。写真は柴田将幹氏撮影。筆者実測・製図。

図 3-16：1-2 は向日市埋蔵文化財センター所蔵，3 は京都市埋蔵文化財研究所所蔵。すべて筆者
実測・製図。

図 3-17：舞鶴市所蔵。筆者実測・製図。

図 3-18：舞鶴市所蔵。写真は柴田将幹氏撮影。

図 3-19：筆者作成。

図 3-20：養父市教育委員会所蔵。筆者実測・製図。

図 3-21：筆者作成。図中の模式図は『石器研究入門』（Inizan1992，大沼ほか訳 1998），『遊動す
る旧石器人』（稲田 2001）掲載の図を改変したもの。

表 3-1 ：筆者作成。

表 3-2 ：筆者作成。

表 3-3 ：筆者作成。

終　章

章扉 ：朝井琢也氏提供。

図 4-1 ：『総覧縄文土器』（小林編 2008）掲載図をもとに作成。

図 4-2 ：矢野健一（2014）のデータをもとに作成。

図 4-3 ：福澤仁之，加藤めぐみらのデータ（福沢 1995，Kato1999）のデータをもとに作成。

Column

Column 1： a 大阪府文化財センター所蔵。筆者撮影。

　　　　　　 b 京都大学文化財総合研究センター所蔵。筆者撮影。

Column 2：筆者作成。

あとがき

　ちょうど20年前のことである。田舎の中学校を離任される教頭先生が，次のようなお言葉を下さった。「将来，村の出身だということを嫌だなぁと思う場面があるかもしれない。でもこの村のいいところを三つあげられたら，胸を張って生きていける」。数日後には村外の高校に進学することになっていた筆者の胸には，先生のお話がすとんと落ちてきた。幸いにしてこれまで郷里を嫌に思うことなく生きてきて，むしろ「田舎の出身でよかった，恵まれていた」とさえ感じるが，その根幹には考古学の支えがあったと思う。

　郷里の奈良県山添村には縄文時代遺跡が多い。この遺跡は「すごい」のだと，幼い頃から何度も耳にしてきた。筆者が通っていた小学校の敷地内には荘厳な旧校舎を利用した歴史民俗資料館があり，放課後，友達と寄り道することがしばしばあった。その折，展示室の一角にならべられた村内出土の縄文時代遺物に強烈に惹かれた。自分がいつも見ている世界が1万年前へとつながっている気がした。自宅には父が入手してきた大川遺跡の発掘調査報告書や縄文時代に関連する書籍が何冊かあったので，それらの頁を夢中で繰って，興奮の正体を突きとめようとした。本の内容はほとんど理解できなかったものの，そこには村内の遺跡が頻繁に登場していた。本を眺めていると，自分が生まれ育った場所がとんでもなく「すごい」ように思えてきて，いつしかそれが筆者にとっての3分の1になった。大学で考古学を学びはじめると，その「すごさ」の意味が次第にわかってきた。耳目を集めていたのは，村内の遺跡そのものというより，縄文時代集落の構造や土器編年に関わる発掘調査や研究の成果である。筆者に不思議な誇りを与えてくれていたのは，考古学の研究だった。そういえば森浩一先生のかの名言も，主語は遺跡や遺物ではなくて考古学だ。

　昨今では遺跡も一種の資源と見なされ，その活用が議論されているが，もし遺跡に価値の高低があるとすれば，それは資料をあつかう研究者の工夫と努力次第で飛躍的に高めることができる。資料とじっくり向き合って，それがとどめる情報を掬いとっていく。時に新しいアプローチを思いついたり，これまで

視界にこそ入っていたが見えていなかったものに気がついたり，別個のものと考えていた情報がつながったり，といった息をするのを忘れるような瞬間にでくわす。そのような僥倖の積み重ねが遺跡の価値を高め，また考古学という領域の魅力を高めていくと思う。筆者も研究者であるからには，自分の感じた驚きを誰かに伝えたいし，志を同じくする人に学問的喜びの糧を提供したい。そのために，自身が数年来蓄積してきた情報と知識を発信しようと考えた。本書はその実践である。

　本書の内容は，筆者を研究代表者として交付された独立行政法人日本学術振興会科学研究費補助金（特別研究員奨励費，課題番号12J04945），同（挑戦的萌芽研究，課題番号16K13292）による研究成果をふくむ。多くは新稿からなっているが，以下の箇所では既報の論文をもとにし，論旨に変更がない範囲で本書の主題に合わせて加除修正を加えた。

　第1章　第4節，第5節（2）〜（3）
　上峯篤史　2013　「縄文・弥生時代の石器製作における剝片形状の予測と制御」『立命館大学考古学論集』Ⅵ　立命館大学考古学論集刊行会 , pp. 69-80。
　第2章　第4節，第5節（3）
　上峯篤史　2011　「石器群の一括性と風化度—大阪府東大阪市神並遺跡出土の有舌尖頭器をめぐって—」『文化史学』67　文化史学会 , pp. 115-134。
　上峯篤史・大塚宜明・金成太郎　2017　「滋賀県大津市真野遺跡の旧石器—湧別系細石刃核をふくむ資料群の発見—」『旧石器考古学』82　旧石器文化談話会 , pp. 71-82。

　筆者が同志社大学で学んだ頃，恩師の松藤和人先生は東アジアの黄土－古土壌サイクルに着目した旧石器編年の構築に取り組んでおられ，その後は堆積学や地形学の方法を大胆に取りこんで日本列島の前・中期旧石器研究に注力された。先生の歩みを傍らで見つめ，いくつかのお仕事をお手伝いさせて頂くなかで，科学的たりうる研究とは何かを学んだ。昨今の大学カリキュラムの再編に顕著に表われているように，考古学の枠組みは目まぐるしいほどの変化の最中にある。科学技術の発達や問題意識の多様化，研究環境や社会からの要請が，筆者らが学生時代に概説書で学んだ「考古学」を過去のものにした感がある。

他分野の方法や問題意識への開かれた姿勢と，物質資料にもとづく人類史の復原への執着とを両輪に「考古学」の道を駆け，いつか師恩に報いたい。

筆者の石器研究は，菊池強一先生，麻柄一志さん，中川和哉さん，田部剛士さん，吉村駿吾さん，岩塚祐治さん，真田陽平さん，安冨匠彦さん，面　将道さん，高屋敷飛鳥さん，渡邊貴亮さん，高木康裕さん，朝井琢也さんらと共に石器に向き合い，意見を交わすなかでかたちをなしてきた。また縄文時代や縄文文化を考えるにあたっては，泉　拓良先生，矢野健一先生，千葉　豊先生，冨井　眞先生のご研究ならびに先生方とのお話のなかから多くを学ばせていただいた。特にもう一人の恩師である矢野先生からは，筆者の個々の研究から研究方針に至るまで，いつも率直なご意見を賜った。先生のご指導がなければ，私は石器の世界の外に目を向けないままだったかもしれない。一乗寺向畑町遺跡の資料を介しての妹尾裕介さん，木村啓章さん，小泉翔太さん，西原和代さん，高野紗奈江さんらとの議論も，研究の大きな糧となった。竹原弘展さん，金成太郎さん，亀山　誠さん，Lee DRAKE さん，鈴木綾香さんからは，蛍光Ｘ線分析に関して様々なご教示とご配慮を受けた。

光山正雄センター長，堀　智孝前プログラムマネージャー，髙見　茂現プログラムマネージャーをはじめとする京都大学白眉センターの皆様，高木博志所長をはじめ京都大学人文科学研究所の皆様には，筆者の日頃の研究活動を手厚くご支援頂いている。特にメンター教員をお引き受け頂いている岡村秀典先生には，落ち着いて研究できる環境を整えて頂いたばかりか，本書の執筆過程で何度も激励のお言葉を頂戴した。本書に収めた研究成果はどれも，本学の皆様方がご提供下さった研究環境がなければ生まれなかったものである。また本書の出版に際して，京都大学による平成29年度総長裁量経費出版助成事業からご支援を頂いたことも，強力な追い風となった。

本書の執筆を決めたのは，昨年の元旦のことだった。手がけていた仕事が除夜の鐘を目前にして手を離れ，新年の抱負を考えはじめた矢先に，旧著『縄文・弥生時代石器研究の技術論的転回』を上梓してから５年の歳月が経過したことに気がついた。その間，筆者の傍らには，周囲の勧めに応じて取り組んだ研究の草稿，機会があれば追究してみたいと思っていた研究のアイデアや雑駁

なデータが蓄積されていた。また発表はしたものの，もっと大きな文脈のなかでまとめ直してみたいと思う論文もあった。かつては縄文・弥生石器に研究時間のすべてを費やしていた筆者も，この頃は東アジアの前・中期旧石器研究に割り当てるエフォートが増しつつある。まとまった研究時間を確保しやすい今を逸すれば，これらをまとめる機会は二度とめぐってこないのではないか，もしかしたら縄文石器の魅力さえも忘れてしまうのではないかという思いがこみ上げてきた。そこで一念発起して研究書の構想と章立てを考え，原稿の執筆に取りかかったわけである。

　1月も下旬に差し掛かる頃には京都大学学術出版会を訪問し，鈴木哲也編集長と面談する機会を得た。筆者の構想と書きかけの草稿をもとにしたお話のなかで，出版にむけての課題と道筋が示され，筆者がそれに応えながら執筆を続けることで，本書が目指す具体的な方向が定まってきた。以降のやりとりのなかでも，鈴木編集長からは大きな見通しにたった明解なアドバイスを頂き，その度ごとに筆者の眼前に道が拓けた。編集を担当してくださった永野祥子さんには，本書の細部にまで目を通して読みやすくする工夫を講じて頂いた。吉川久美子さんには関係各所との調整をお任せした。お二人のおかげで，筆者は執筆に専念できた。本書の装幀は森華さんのお仕事である。きらびやかさからは縁遠くかたちも不揃いな縄文石器をあつかいながらも，おかげさまで彩りと統一感をもった本になった。モスグリーンスタジオの井上成哉さんや田原本町教育委員会の柴田将幹さんによる写真も，本書に動きと迫力を与えてくれた。もし本書が，これまで石器に親しみのなかった読者の目に留まり，読み進めて頂く幸運に恵まれたのなら，それは以上の方々のお力によるところが大きい。

　本書を書き進めるにあたっては，プリミエ・コレクションの先達である中西竜也さん，内記　理さん，金　宇大さんからも激励や助言を賜った。また朝井琢也さん，髙木康裕さん，濵道柚璃さん，園原悠斗さんには挿図の作成や関連情報の収集において粘り強くサポートして頂いた。途中何度かの中断をはさみながらも本書が出版にいたったのは，ひとえに彼らの協力のおかげである。高田祐一さんや最上志乃さんには，文献や関連情報の入手に御協力頂いた。

　そのほか研究活動や本書の作成を通じてご縁を頂いた皆様，筆者の身勝手ゆえに心配をかけてばかりの家族に心から感謝したい。

索　引

■遺跡名

【あーお】

相谷熊原遺跡（滋賀県東近江市）　94-97,
　128-129
粟生間谷遺跡（大阪府箕面市）　254
アカリ遺跡（三重県多気町）　137, 260
秋篠・山陵遺跡（奈良県奈良市）　143-144
朝日遺跡（愛知県清須市）　142
阿津里遺跡（三重県志摩市）　252, 262
安土遺跡（滋賀県近江八幡市）　86, 133, 135,
　137
網野宮ノ下遺跡（京都府京丹後市）　254
粟津湖底遺跡（滋賀県大津市）　136-138, 215
雷貝塚（愛知県名古屋市）　145
石田遺跡（京都府向日市）　184, 227, 258
井尻遺跡（三重県多気町）　197, 252, 260
一乗寺向畑町（京都府京都市）　140, 142, 154,
　171
市原・寺ノ下遺跡（兵庫県多可町）　183,
　189-190, 237, 256
一色山遺跡（三重県四日市市）　116
糸大谷遺跡（愛媛県今治市）　141
稲持遺跡（徳島県東みよし町）　145
犬除遺跡（愛媛県宇和島市）　142
井ノ上遺跡（三重県松阪市）　262
井ノ広遺跡（三重県松阪市）　116
岩ヶ平遺跡（兵庫県芦屋市）　237, 254
岩の鼻遺跡（福井県おおい町）　116
上ヶ平遺跡（岐阜県下呂市）　132
植附遺跡（大阪府東大阪市）　144
上ノ垣外遺跡（三重県度会町）　133, 135, 260
上ノ広遺跡（三重県松阪市）　126
宇治川南遺跡（兵庫県神戸市）　258
鵜山遺跡（奈良県山添村）　7, 60-61, 66, 74-
　76, 119, 121, 123-124, 130-134
裏陰遺跡（京都府京丹後市）　243, 254
浦入遺跡（京都府舞鶴市）　180, 196, 225, 254,
　264
瓜破北遺跡（大阪府大阪市）　64, 66, 74-76,
　254
江口貝塚（愛媛県今治市）　141, 145
縁通庵遺跡（三重県多気町）　137, 260

庵治遺跡（奈良県天理市）　264
大石遺跡（長野県原村）　139
大石遺跡（三重県津市）　258
大浦浜遺跡（香川県坂出市）　136, 138-139
大県遺跡（大阪府柏原市）　20
大曲輪遺跡（愛知県名古屋市）　138
大川遺跡（奈良県山添村）　116
大西遺跡（三重県大紀町）　260
大原堀遺跡（三重県松阪市）　260
大間広遺跡（三重県多気町）　262
大矢遺跡（三重県志摩市）　252, 262
岡田遺跡（兵庫県加西市）　178
尾崎上山丈ヶ谷遺跡（兵庫県養父市）　243,
　258
尾崎見崎神田遺跡（兵庫県養父市）　241, 243
小路頃オノ木遺跡（兵庫県養父市）　140,
　239, 241, 256
織田井戸遺跡（愛知県小牧市）　134
鬼塚遺跡（大阪府東大阪市）　145
小夫ゼニヒラ遺跡（奈良県桜井市）　30
大油子荒堀遺跡（京都府福知山市）　182-183,
　225, 254
押出遺跡（山形県高畠町）　215
恩智遺跡（大阪府八尾市）　143-144

【かーこ】

飼古屋岩陰（高知県香美市）　134
鶏冠井遺跡（京都府向日市）　184, 227, 258
垣内遺跡（岐阜県高山市）　142, 252, 260
笠ヶ塚遺跡（兵庫県芦屋市）　237
風間遺跡群（神奈川県相模原市）　125
橿原遺跡（奈良県橿原市）　143-144, 237, 264
風ヶ崎遺跡（三重県志摩市）　252, 262
片吹遺跡（兵庫県たつの市）　140
勝地大坪遺跡（三重県伊賀市）　135
上黒岩岩陰遺跡（愛媛県久万高原町）　127-
　128
上里遺跡（京都府京都市）　143-144, 184, 227,
　258
上出A遺跡（滋賀県近江八幡市）　262
上原田遺跡（山口県宇部市）　145

298　索　引

上福万遺跡（鳥取県米子市）　134
亀ヶ岡遺跡（青森県つがる市）　186
釜生田遺跡（三重県松阪市）　258
粥見井尻遺跡（三重県松阪市）　95-96, 128-
　129
唐古・鍵遺跡（奈良県田原本町）　31
唐沢B遺跡（長野県上田市）　125
狩谷我野遺跡（高知県香北町）　134
川津川西遺跡（香川県坂出市）　145
河原城遺跡（大阪府羽曳野市）　36-37, 62
観音寺本馬遺跡（奈良県御所市）　143
観音前遺跡（愛知県新城市）　142
北落遺跡（滋賀県甲良町）　178-179, 182, 225,
　262
北替地遺跡（愛知県大口町）　132
北白川追分町遺跡（京都府京都市）　41
北白川廃寺下層遺跡（京都府京都市）　132
木津遺跡（三重県志摩市）　252, 262
久宝寺遺跡（大阪府東大阪市）　24-25, 38-39,
　64-66, 89, 168-169
経塚古墳（京都府京丹後市）　211, 225
京都大学植物園遺跡（京都府京都市）　27-
　28, 41, 43-44, 46-47, 49, 51, 62, 66, 69-70,
　72, 81, 140-141
京都大学農学部総合館遺跡（京都府京都市）
　24-25
桐山和田遺跡（奈良県山添村）　92-94, 97,
　126-129, 133-134
喜連東遺跡（大阪府大阪市）　254
日下遺跡（大阪府東大阪市）　243, 258
葛原沢第Ⅳ遺跡（静岡県沼津市）　128
口北野遺跡（兵庫県明石市）　183, 227, 258
栗垣内遺跡（三重県明和町）　260
黒田向林遺跡（静岡県富士宮市）　134
郡家今城遺跡（大阪府高槻市）　154
ケシケ谷遺跡（京都府福知山市）　179-180,
　225, 254
神並遺跡（大阪府東大阪市）　116-124, 130-
　132, 134, 212, 214, 217-218
鴻の巣遺跡（広島県東広島市）　134
鴻の巣南遺跡（広島県東広島市）　134
小浦遺跡（三重県紀北町）　252, 262
郷路橋遺跡（島根県邑南町）　197
五ヶ庄二子塚古墳（京都府宇治市）　227
小川原遺跡（滋賀県甲良町）　140
国領遺跡（兵庫県丹波市）　126-127
小阪遺跡（大阪府堺市）　140

御座白浜遺跡（三重県志摩市）　252
五人畑遺跡（三重県志摩市）　252, 262
小又A遺跡（三重県多気町）　260
小森岡遺跡（兵庫県豊岡市）　227, 256

【さ－そ】

斎宮池遺跡（三重県明和町）　262
咲畑貝塚（愛知県南知多町）　142
桜ヶ丘第1地点遺跡（奈良県香芝市）　98-
　103, 190
佐野遺跡（長野県山ノ内町）　145
佐山尼垣外遺跡（京都府久御山町）　264
讃良川遺跡（大阪府寝屋川市）　137-138
讃良郡条里遺跡（大阪府寝屋川市）　66
三斗目遺跡（愛知県豊田市）　142
三内丸山遺跡（青森県青森市）　186, 198
滋賀里遺跡（滋賀県大津市）　143
志高遺跡（京都府舞鶴市）　138, 182-188, 190,
　196, 212, 215, 225, 254, 264
下市西北遺跡（奈良県下市町）　140
下茶屋地蔵谷遺跡（奈良県御所市）　196, 237,
　264
下久具万野遺跡（三重県度会町）　252, 260
下向A遺跡（長野県木曽町）　134
蛇亀橋遺跡（三重県松阪市）　260
舅屋敷遺跡（長野県塩尻市）　138
勝円C遺跡（福岡県北九州市）　142
正楽寺遺跡（滋賀県東近江市）　140-141
次郎六郎遺跡（三重県志摩市）　252, 260
新宮宮内遺跡（兵庫県たつの市）　254
新徳寺遺跡（三重県多気町）　140-141, 262
菅原東遺跡（奈良県奈良市）　66
杉ヶ沢遺跡（兵庫県養父市）　227, 229, 231,
　233, 237, 239, 241, 243, 256
星光山荘B遺跡（長野県信濃町）　115
三河宮の下遺跡（京都府福知山市）　183, 190,
　227, 243, 254
佐八藤波遺跡（三重県伊勢市）　252, 260
曽我井・野入遺跡（兵庫県多可町）　183, 237,
　256
曽根遺跡（長野県諏訪市）　95
曽根遺跡（三重県尾鷲市）　252, 262
空畑遺跡（三重県いなべ市）　262

【た－と】

大開遺跡（兵庫県神戸市）　144-145
田井中遺跡（大阪府八尾市）　145

索　引　299

大福遺跡（奈良県橿原市）　264
高皿遺跡（三重県多気町）　126, 260
高ノ御前遺跡（愛知県東海市）　145
多久三年山遺跡（佐賀県多久市）　125
竹内遺跡（奈良県葛城市）　264
高向遺跡（大阪府河内長野市）　178
立神ヒゲノ森遺跡（三重県志摩市）　252, 262
たのもと遺跡（岐阜県高山市）　141
筑摩佃遺跡（滋賀県米原市）　252, 262
丁ノ町・妙寺遺跡（和歌山県かつらぎ町）
　　140-141
佃遺跡（兵庫県淡路市）　140, 142
辻井遺跡（兵庫県姫路市）　196, 258
津島岡大遺跡（岡山県岡山市）　142
鶴峯荘第 1 地点遺跡（奈良県香芝市）　101
寺山遺跡（三重県桑名市）　161, 258
天白遺跡（三重県松阪市）　142, 197, 252
天保遺跡（三重県松阪市）　260
陶器町遺跡（京都府長岡京市）　227
東南遺跡（兵庫県太子町）　183, 227, 256
堂ノ上遺跡（兵庫県豊岡市）　256
堂之上遺跡（岐阜県高山市）　139, 141
徳蔵地区遺跡（和歌山県みなべ町）　137, 194
栃原岩陰遺跡（長野県北相木村）　128
戸入村平Ⅱ遺跡（岐阜県揖斐川町）　139
友岡遺跡（京都府長岡京市）　137-138, 157
当茂地区ツバキ谷丘遺跡（三重県志摩市）　262
登茂山遺跡（三重県志摩市）　252, 262
鳥浜貝塚（福井県若狭町）　116, 128-129,
　　135-139

【な―の】

永井遺跡（香川県善通寺市）　134, 142-143,
　　145
長尾遺跡（三重県志摩市）　252, 262
中切上野遺跡（岐阜県高山市）　138
長縄手遺跡（岡山県備前市）　141-142
仲ノ段遺跡（京都府福知山市）　179, 227, 254,
　　264
中ノ広遺跡（三重県多気町）　252, 262
中野谷松原遺跡（群馬県安中市）　138
長原遺跡（大阪府大阪市）　65-66, 69, 74,
　　143-144
長山馬籠遺跡（鳥取県伯耆町）　197
贄遺跡（三重県鳥羽市）　252, 260
西打Ⅰ遺跡（香川県高松市）　139
西浦東遺跡（大阪府羽曳野市）　50, 52-61,

　　80-81
西川遺跡（三重県鈴鹿市）　258
西田遺跡（岐阜県高山市）　134, 141
西野遺跡（兵庫県養父市）　196, 241, 258
西林遺跡（三重県度会町）　252, 262
西坊城遺跡（奈良県大和高田市）　258, 264
西山半島遺跡（三重県志摩市）　196, 252
野田遺跡（兵庫県養父市）　231
野畑遺跡（大阪府豊中市）　36, 38, 50, 60-61,
　　65-66, 68, 75-76, 87, 89, 139-141

【は―ほ】

箸中遺跡（奈良県桜井市）　227, 264
鉢伏高原遺跡（兵庫県養父市）　233, 235, 237,
　　256
椛の湖遺跡（岐阜県中津川市）　95, 97, 116,
　　132
馬場川遺跡（大阪府東大阪市）　81, 142, 237,
　　258
浜井場遺跡（三重県多気町）　260
浜詰遺跡（京都府京丹後市）　190, 227, 243,
　　254
番の面遺跡（滋賀県米原市）　233, 262
樋沢遺跡（長野県塩尻市）　134, 211
美女遺跡（長野県飯田市）　132
飛瀬遺跡（岐阜県関市）　132
日脚遺跡（島根県浜田市）　135
日野 1 遺跡（岐阜県岐阜市）　115
百間川沢田遺跡（岡山県岡山市）　145
平地山遺跡（奈良県香芝市）　125-126
広江・浜遺跡（岡山県倉敷市）　143
弘川Ｂ遺跡（滋賀県高島市）　180-181, 225,
　　227
吹浦遺跡（山形県遊佐町）　215
不動前遺跡（三重県大台町）　254
布留遺跡（奈良県天理市）　24-26, 104, 119,
　　130-133
別宮家野遺跡（兵庫県養父市）　196, 241, 258
弁天島遺跡（滋賀県近江八幡市）　183, 225,
　　254
ホソダ遺跡（三重県多気町）　260
堀田上遺跡（島根県邑南町）　134, 197
堀之内遺跡（三重県松阪市）　260

【ま―も】

先苅貝塚（愛知県南知多町）　134
真野遺跡（滋賀県大津市）　103-107, 132-133

300　索　引

馬見塚遺跡（愛知県一宮市）　145
まるやま遺跡（兵庫県淡路市）　110-116,
　　125-126
真脇遺跡（石川県能登町）　138
美方町上山遺跡（兵庫県養父市）　231
神子柴遺跡（長野県南箕輪村）　109-110, 112,
　　115, 125
三谷遺跡（徳島県徳島市）　145
皆木神田遺跡（兵庫県宍粟市）　256
水間遺跡（奈良県奈良市）　135
宮後遺跡（三重県伊勢市）　252
三宅大熊遺跡（兵庫県養父市）　243
ミヤケ北遺跡（大阪府太子町）　144
三宅田尻遺跡（兵庫県養父市）　243
三宅中島遺跡（兵庫県養父市）　231, 258
三宅西遺跡（大阪府松原市）　59
三宅早詰遺跡（兵庫県養父市）　258
宮ノ下遺跡（大阪府東大阪市）　144, 183, 212,
　　254
宮の平遺跡（奈良県川上村）　134
宮ノ前遺跡（岐阜県飛騨市）　95, 116
宮ノ前遺跡（三重県津市）　258
目久美遺跡（鳥取県米子市）　139
元新田遺跡（三重県伊勢市）　252, 262
元野遺跡（静岡県沼津市）　134

森添遺跡（三重県度会町）　140, 144, 260

【や－よ】

焼野遺跡（三重県松阪市）　260
柳谷遺跡（三重県志摩市）　252, 262
山添遺跡（三重県松阪市）　136-138
山中池南遺跡（広島県東広島市）　135
山ノ内遺跡（大阪府岸和田市）　31-36, 62,
　　140, 142, 145, 237, 254, 264
山ノ垣内遺跡（三重県多気町）　252, 260
山の神遺跡（長野県大町市）　134
湯倉洞窟（長野県高山村）　134
湯の花遺跡（山形県小国町）　186
用作遺跡（大分県姫島村）　200
吉井カネバ遺跡（兵庫県養父市）　231
吉井天井遺跡（兵庫県養父市）　241

【ら－ろ】

竜ヶ崎A遺跡（滋賀県近江八幡市）　262
六通神社南遺跡（千葉県千葉市）　125,
　　168-169
鹿谷遺跡（京都府亀岡市）　183, 194, 227, 254

【わ－ん】

早稲田山遺跡（広島県広島市）　134

■時期・土器型式名

草創期　92-94, 97, 104, 107, 109-110, 124-129,
　　168, 194-195
　隆起線文土器　92-94, 108-109, 116
　斜格子文土器　92
　無文土器　92-97, 128
　爪形文土器　92, 95, 97, 116
　多縄文土器　116, 130
　表裏縄文土器　124

早期　36-37, 53, 60-61, 66-67, 98, 103-105,
　　107, 110, 116, 124, 130-135, 179-180, 182,
　　185, 194-199, 208, 210-212, 217-218
　押型文土器　110, 116-117, 124, 132
　大鼻式　124, 132, 218
　大川式　116, 122-123, 124, 132, 211-212,
　　217-218
　神宮寺式　116-117, 119, 122-124, 211, 218
　神並上層式　117, 134, 212, 214, 217-218

黄島式　132, 134, 182, 212, 217-218
高山寺式　103, 107, 134, 211-212, 217-218
穂谷式　134, 211, 218
宮の平式　134, 212
条痕文土器　134-135, 211
宮ノ下式　212
撚糸文土器　116
沢式　211
樋沢式　134, 211
細久保式　211
鵜ヶ島台式　212
茅山下層式　212
粕畑式　212
石山式　212
天道ヶ尾式　212
平栫式　212

前期　53, 66-67, 104, 107, 135-139, 185-186,

195-199, 209, 211-213
志高式　212
松ヶ崎下層式　212
北白川下層式　211-212, 214
北白川下層Ⅱa式　196
北白川下層Ⅱb式　138
北白川下層Ⅱc式　138
特殊凸帯文土器　211
北白川下層Ⅲ式　185, 212
大歳山式　185, 212-213, 215
天神山式　212
塩屋式　212
諸磯式　211-212
轟B式　212

中期　30, 53, 61, 66-67, 104, 107, 136-141,
　　　186, 195-196, 198-199, 209, 211, 213
鷹島式　211-213
船元式　211-212, 214
里木Ⅱ式　211-212
北白川C式　141, 213
勝坂式　213
加曽利E式　213
新保式　211, 213
新崎式　211
北浦C式　211, 213
山田平式　211, 213
北屋敷Ⅱ式　211
咲畑式　213

後期　28, 31-32, 36, 38, 42, 50, 52-54, 57, 59-
　　　61, 66-67, 80, 110, 113, 139-143, 154, 182,

195, 197, 199, 209, 213
磨消縄文土器　142
中津式　211, 213
福田KⅡ式　211, 213
縁帯文土器　142, 211, 213
北白川上層式1期　36, 42
北白川上層式2期　36, 52
北白川上層式3期　59, 213
平行磨消縄文土器　142
一乗寺K式　213
元住吉山Ⅰ式　31, 213
凹線文土器　178, 211, 213
元住吉山Ⅱ式　31, 213
宮滝式　213
井口Ⅱ式　213
吉胡式　213
伊川津式　213

晩期　20, 25, 38-39, 53, 66-67, 81, 141-145,
　　　186, 195, 197, 199-200, 211, 214
磨研土器　211
滋賀里Ⅱ式　142, 214
滋賀里Ⅲa式　145, 214
篠原式　145, 214
凸帯文土器　145, 211, 214
長原式　39
佐野式　211
中屋式　211
御経塚式　211
半裁竹管文土器　211
浮線網状文系土器　211

■事項（▶は関連項目）

【あーお】

異形局部磨製石器　132
石匙　87-88, 135
　縦型石匙　138-139, 141-142
　凸字形の石匙　138-139
　鳥浜型石匙（正三角形の石匙）　136, 138-
　　　139
　横型石匙　142
遺構の切り合い関係　95
石まくり安山岩　72, 160
遺跡の引き算　92

遺跡数の変化と人口移動　217
遺物の実見　8, 22, 159
岩屋産サヌカイト　113, 164
インブリケーション　→覆瓦状構造
魚形鏃　→石鏃
運搬痕跡　170, 192
挟入尖頭器　136
エネルギー分散型蛍光X線分析装置
　　　（EDXRF）　→蛍光X線分析
円脚鏃　→石鏃
縁辺　19　　▶使用痕

302　索　引

円磨度　162
大形剝片　→剝片
大久保山サヌカイト原産地　72, 160
大鼻型石鏃　→石鏃

【か〜こ】
学際的研究　200-201
火山ガラス　186
ガジリ　→新欠面
春日山サヌカイト原産地　72, 160
春日山安山岩　160
　春日山安山岩と石まくり安山岩との識別
　　161-162
角脚鏃　→石鏃
割裂前線　35, 40
金山 1　166　▶系（series）
金山 2　166　▶系（series）
金山サヌカイト原産地　163-167
金山産サヌカイトの細分　164-167
金山西群　164
金山東群　164
関西縄文文化研究会　8-10
岩石の可塑性　207
技術形態学　86
器種分類
　器種分類の精度　87-90
　器種分類の方法　85-87
機能形態学　86
脚部が肥大する石鏃　→石鏃
脚部に角をもつ石鏃　→石鏃
脚部付近に肩をもつ石鏃　→石鏃
脚端部が肥大する石鏃　→石鏃
強度　→蛍光Ｘ線分析
強度比　→蛍光Ｘ線分析
共伴か混入か　91, 112, 118
鋸歯縁鏃　→石鏃
切り合い関係　20
近畿地方の歴史的位置　220-221
楔形石器　42, 48, 87-89, 136　▶両極打法
楔型の割れ　→割れ様式　▶両極打法
鍬形鏃　→石鏃
系（series）　174　▶蛍光Ｘ線分析
蛍光Ｘ線スペクトル　149
蛍光Ｘ線　148
蛍光Ｘ線分析　148-149, 202-203
　エネルギー分散型蛍光Ｘ線分析装置
　　（EDXRF）　148, 156

強度　148, 202
強度比　202
検量線　149
較正プログラム　149
サヌカイトの蛍光Ｘ線分析における工夫
　172
石材原産地推定のパラメータ　202-204
測定値の互換性　148-149, 189
測定値の相対化　189
定量値　149, 202
波長分散型蛍光Ｘ線分析装置（WDXRF）
　162
ポータブル型蛍光Ｘ線分析装置（PXRF）
　176
前処理　→風化層の除去
珪質頁岩　154
現生人類の日本列島到達　220
検量線　→蛍光Ｘ線分析
原礫面（自然面）　19, 21, 72　▶サヌカイ
　トの原礫面
口唇部（リップ）　18
較正プログラム　→蛍光Ｘ線分析
コーン　→打撃錐
五角形鏃　→石鏃
黒曜岩が持ちこまれた背景　197-200
黒曜岩産出地（黒曜岩原産地）　174
　黒曜岩原産地の推移　194-197
　黒曜岩原産地の大別　189-192
黒曜岩流入の地域差　194-200
五色台サヌカイト原産地　163
琴柱形の異形石器　138
木葉形尖頭器　125
コンベワ技法　27

【さ〜そ】
作業面　17, 34
　作業面調整　59
　作業面への配慮　34-36
刺股鏃　→石鏃
　身部と脚部の境界に顕著な突起をもつ刺股
　　鏃　→石鏃
削器　81, 87-88
　削器の素材剝片　27
サヌカイト　160
　サヌカイト集積遺構　142
　サヌカイト製石器の使用痕　79-81
　サヌカイトの原礫面　72, 161-162

索　引　303

サヌカイトの蛍光X線分析における工夫
　　→蛍光X線分析
サヌキトイド　160
三角鏃　→石鏃
産出地（point）　174
算術平均粗さ　102
自然面　→原礫面
実験使用痕研究　→使用痕
斜基鏃　→石鏃
出土状況　91
主要剝離面　→剝離面
衝撃痕　186-188
使用痕　79, 85
　　実験使用痕研究　79
　　使用痕光沢面（ポリッシュ）　79
縄文石器（縄文時代の石器）　12
　　縄文石器がもつ情報　208, 214-216
　　縄文石器研究の意義　10
　　縄文石器と旧石器との違い　221-222
　　縄文石器の魅力　222
刃縁　→刃部
刃器類　53, 56
新欠面　21
人口移動と気候変動　218-219
刃部
　　刃縁　55
　　刃部角　53, 55
　　刃部厚　55
　　刃部作出の手法　53, 119
　　刃部長　53, 55
身部と脚部の境界に顕著な突起をもつ刺股鏃
　　→石鏃
水月湖　218-219
水平層位　92
正三角形の石匙（鳥浜型石匙）　→石匙
石核　17, 87-88
石核端角　17, 24, 61-62
　　石核端角の補正　27, 45
石核調整　28-29, 42-52　　▶手法Ⅱ
石材移動　155-156, 189
　　玉突き的な石材移動　199-200
　　飛び石的な石材移動　199-200
石材原産地推定　175
　　石材原産地推定のパラメータ　→蛍光X線
　　　分析
　　肉眼観察による石材原産地推定　157, 189-
　　　191　　▶サヌカイトの原礫面

石小刀　145
石刃技法　22
石錐　86, 88
　　棒状錐　136, 138-139, 141-143
石鏃　86, 88　　▶石器の型式
　　魚形鏃（大鼻型石鏃）　130
　　円脚鏃　94-97, 127-128, 132
　　角脚鏃　143
　　脚部が肥大する石鏃　139
　　脚部に角をもつ石鏃　136
　　脚部付近に肩をもつ石鏃　139, 141-142
　　脚端部が肥大する石鏃　136
　　鋸歯縁鏃　141-142
　　鍬形鏃　132, 135
　　五角形鏃　138, 141-143
　　刺股鏃　134-136, 138
　　三角鏃　127
　　斜基鏃　135
　　身部と脚部の境界に顕著な突起をもつ刺股
　　　鏃　141
　　長靴鏃　104, 132, 143
　　有茎鏃　141, 145
　　有肩鏃　135
　　Y字鏃　134
石器型式圏の変化　→石器の型式
石器型式圏と土器型式圏との関係　→石器の
　　型式
石器研究の入門書　11
石器集中部　63-64, 69-77
石器製作残滓　22, 50, 63-65, 73, 180-189,
　　193, 198
石器製作者　52
　　石器製作者の技量　23, 69, 77
石器製作・土器製作の性的分業　215-216
石器製作の意図　22, 86-87
石器製作の空間構造　64-69
石器石材の条件　153
石器組成研究の危うさ　90　　▶遺物の実見
石器と土器との資料特性の違い　207-208
石器の「かたち」の考え方　86　　▶石器の
　　形状
石器の型式　146, 207
　　石器型式圏の変化　208-210, 219
　　石器型式圏と土器型式圏との関係　214-
　　　215
石器の形状　22, 86-87, 74-75　　▶石器の
　　名称

304 索 引

石器の名称 79
石器の様式 210
石器編年の必要性 91
石器様式圏 210
石器を「読む」 21-22
接触式表面粗さ測定器 →表面粗さ
瀬戸内技法 22
線状痕 80-81
尖頭器 86, 88, 127-128, 130, 136
掻器 87-88, 127-128
　拇指状掻器 125, 127
素材剝片 →剝片

【たーと】
堆積環境 118, 180, 186
堆積岩の採取地推定 155
打撃痕 17, 30, 45
打撃錐（コーン） 18, 30
打製石器 85
打製石剣 145
縦型石匙 →石匙
打点 17, 19
玉突き的な石材移動 →石材移動
打面 17, 19
　打面厚 56
　打面再生剝片 →剝片
　打面の再生 29-30
打瘤（バルブ） 18-19
断面図中の斜線 19
地区（area） 174
長脚鏃 94-97, 128
潰れ痕 87, 89 ▶両極打法
定量値 →蛍光X線分析
電子殻 148
電離 148
東郷池 218-219
同時性 91
土器型式圏の変動 210-214
土器の年代と石器の年代 90-91, 178-180
凸字形の石匙 →石匙
飛び石的な石材移動 →石材移動
鳥浜型石匙（正三角形の石匙） →石匙
鳥浜系石器群 136, 138
トロトロ石器 →異形局部磨製石器

【なーの】
長靴鏃 →石鏃

肉眼観察による石材原産地推定 →石材原産
　地推定
二次加工のある剝片 →剝片
二上山北麓産サヌカイト 160
　二上山北麓産サヌカイト原産地 159-163
　二上山北麓産サヌカイトの分布圏 180
　二上山北麓産サヌカイトと金山産サヌカイ
　　トとの識別 157, 172
ネガティブな剝離痕 →剝離面
熱破砕 184
　熱破砕片 184
年縞堆積物 218-219

【はーほ】
背面 17, 19
剝片 17, 87-88
　大形剝片 25 ▶剝片剝離技術
　素材剝片 25, 58, 60-61
　打面再生剝片 56
　二次加工のある剝片 87-89
　微細剝離痕のある剝片（M. F.） 52
　両極剝片 89
剝片剝離技術 22-31, 60, 62, 76, 98, 207, 221
　第1工程 24
　第1工程の省略 24-25, 27
　第2工程 25
　第3工程 24
剝離角 56
剝離手法 48, 56, 71, 121
　手法I 25, 121
　手法II 27-29, 42, 45-52
　手法III 30
　手法IV 27, 121
剝離状況 36, 39-41, 58
剝離方向の判読 18-19
剝離面 17, 19
　主要剝離面 17, 19
　剝離面のキズ 180-183, 188, 192-193
　ネガティブな剝離痕 17
　ポジティブな剝離面 17
剝離誘導稜線 35-36, 39-40, 50
波長分散型蛍光X線分析装置（WDXRF）
　→蛍光X線分析
発掘調査件数 6
パティナの発達度 →風化度
バルブ →打瘤
斑晶観察法 18

索　引　305

搬入石材の考古学的観察　193
搬入石材の数的処理　192, 194-195
判別図　202　▶蛍光X線分析
ハンマー　18-19
微細剝離痕のある剝片（M.F.）　→剝片
微小剝離痕　81
表面粗さ　102
　　接触式表面粗さ測定器　102
フィッシャー　18-19
風化　97
風化度　97
　　パティナの発達度　187
　　風化度による新旧判定　98-101, 107
風化による影響　80, 156, 168, 170-172
風化層の除去　168, 171
　　風化層の除去行為の危険性　168-170
覆瓦状構造（インブリケーション）　117-118
腹面　17, 19
不定形石器　89
分割面　30　▶手法Ⅲ
分割礫　25　▶第1工程
分銅形の異形石器　135, 138
ヘルツ型の割れ　→割れ様式
ヘルツの円錐モデル　17
棒状錐　→石錐
ポータブル型蛍光X線分析装置（PXRF）
　　→蛍光X線分析
拇指状掻器　→掻器
ポジティブな剝離面　→剝離面
ポット・リッド状の破面　184　▶熱破砕
ポリッシュ　→使用痕光沢面
ボンド・イベント　218

【ま－も】
曲げ型の割れ　→割れ様式
磨製石器　85
末端部　19

マトリックス効果　149　▶石材原産地推
　　定のパラメータ
摩耗痕　80-81
神子柴系文化　115, 125
神子柴石器群　109
模造型式　215　▶石器の型式
物の移動と製作者の移動　216-217

【や－よ】
有茎鏃　→石鏃
有肩鏃　→石鏃
有溝砥石　128
有舌尖頭器　86, 88, 108, 127
　　有舌尖頭器の出現時期　110-116
　　有舌尖頭器の消滅時期　116-124
横型石匙　→石匙

【ら－ろ】
リップ　→口唇部
両極石核　87
両極打法　24, 136
両極剝片　→剝片
稜線　19　▶剝離誘導稜線
リング　18-19
論文数　5-6

【わ－ん】
割れ様式　19
　　楔型の割れ　19　▶両極打法
　　ヘルツ型の割れ　17, 19
　　曲げ型の割れ　17, 19

【A－Z】
Rb分率　202
Sr分率　202
Y字鏃　→石鏃
Zr分率　202

Jomon Lithics: Neolithic Stone Artifacts of Japan from an Archaeological and Archaeological Scientific Perspective

Atsushi UEMINE

Scope and goals

This book illustrates the research method known as "Jomon lithics" and discusses the results obtained using this method, especially the nature of the information gleaned and its contribution to prehistoric archaeology.

Jomon culture flourished from the late Pleistocene to the Holocene in the Japanese archipelago. In terms of Japanese archaeology, the period from the emergence of pottery to the beginning of rice cultivation is referred to as the Jomon era. The Jomon era falls between the earlier Paleolithic era, characterized by nomadic hunter-gatherer societies, and the later Yayoi era, characterized by settled agricultural societies. Carbon dating shows that the Jomon era lasted from approximately 16,000 cal BP to 2,400 cal BP. As the Jomon era lasted very long, it is classified into six sub-periods, namely, the incipient, initial, early, middle, late, and final periods. Each sub-period is further divided into 10 phases according to the local chronology of Jomon pottery. The chronological study of Jomon pottery reveals that the cultures in the various regions were closely linked and related in most cases. However, the geological situation of the Japanese archipelago as a set of islands separated from the Asian mainland enabled some disconnection from outside cultures. Because the integration and differentiation of cultural spheres and social networks were repeated within the Japanese archipelago, Japanese archaeologists identify these cultures as Jomon culture. The diverse geographical environments within the Japanese archipelago, which range from subtropical to cold climates, and the resulting necessary cultural adaptations to these different climates, caused the emergence of considerable regional differences in Jomon culture. Thus, areas with a common regional culture can appear to express characteristics of different phases; accordingly, Jomon culture in the Japanese archipelago can be divided into about 10 regional cultures, generally separated by geographical structures such as mountains.

Among the elements of the material culture of the Jomon era, pottery with various decorations and forms, uniquely designed clay figures, and livelihood-related remains, such as storage pits, dwellings, and burials, attract the attention of modern people. Pottery is especially useful for chronology within the Japanese archipelago as precise typological studies have supplied a temporal framework for the study of Jomon culture; pottery thus plays a central role in Jomon artifact studies. Although stone artifacts (lithics) are excavated as frequently as pottery from archaeological sites, we do not understand even the most basic things about them, such as what kinds of Jomon lithics were made where and when. Due to the lack of a consistent temporal framework, archaeologists do not understand what Jomon lithics are, how they should be studied, or why they are significant. This ignorance deflects archaeological attention from Jomon lithics, resulting in the stagnation of the research, and creates a wall of misunderstanding between Jomon lithics and archaeologists.

To change this situation, I have written an academic handbook to be used as reference in the observation of Jomon lithics. The purpose of this book is to accelerate the study of Jomon lithics by providing a resource for comparison with actual artifacts. It includes my views on what Jomon lithics are, what is known and unknown about them, and how their study can contribute to a clearer understanding of Jomon culture. This book attempts to combine conventional methods of lithic observation and archaeological science with reconstruction of Jomon lithic technology and technical industry, clarifying patterns of item exchange and social networking across regional boundaries. The target field is the Kinki region, located in the center of western Japan.

Technology

Chapter 1 contains a discussion of the research methods of lithic production technology and the decision-making process involved in choosing the form of stone tools. In Jomon lithics, we cannot recognize any systematic flaking method such as the Levallois and blade technique. However, careful observation of debris-like flakes, cores, and their re-fittings could enable us to deduce the lithic technology required to produce Jomon lithics. As the toolmakers of the Jomon era must have had knowledge related to the properties of materials and their destruction, and the skills to effectively apply this knowledge, they must have had lithic expertise in keeping with that of Upper Paleolithic toolmakers.

The high flexibility of the flaking method enables the subdivision of cobbles into the appropriate size for making blanks of various forms of tools, paying attention to the amount and nature of the cobbles that are already owned or could be acquired in the near future. The essence of the flaking method in Jomon lithics is to detach a lot of potential flakes to make blanks of tools from the cobbles. To meet various demands requiring various forms and sizes of tools, knappers paid close attention to the angles on the edges of cores, the forms of flaked surfaces, and the positions of the given ridges in knapping. The resulting flakes had shapes suitable for blanks of various tools. A high degree of shape modification was achieved by pressure flaking, which released the shaping-out stage of lithic production from the elements of the material. Because the decision-making process involved in determining the form of a tool is limited only by the plasticity of the material and the intended function, the final form is infused with cultural information.

Typology

Chapter 2 contains the classification and chronology of Jomon lithics. Although some lithic classifications are based on presumed function and thus on assumptions about prehistoric life, mine is based on technology and form as determined through the process of tool production. This attempt reminds us of the diversity in the type and form of Jomon lithics. More importantly, Jomon lithics show temporal and spatial variation as does Jomon pottery. This variation is regarded as typological, like the variation in decorations on pottery, as the change affects only a superficial or ritual part of the tool such as the base form of a projectile or the level of sophistication in the shaping. This variation can inform the local chronology and be utilized as a reference for the dating of the lithic assemblage and the evaluation of simultaneity. In addition, it enables us to trace the temporal transition and spatial differences in tool type and the local culture.

An important suggestion concerning the dating of stone tools is proposed in this chapter. As is often the case in the study of the Neolithic era, the age of Jomon lithics is generally estimated by the chronology, based on radiocarbon dating and typological aspects, of the accompanying pottery. This is the cause of the apathy regarding the details of the attributes of Jomon lithics and the indifference with which they have been studied. To break the deadlock in current conditions, I propose a method for the relative dating of the production age of stone artifacts based on the weathering degree reflected in the surface roughness as measured by instruments used in materials engineering. Needless to say, weathering degree cannot directly correlate to the production age of a stone tool because of the unstable velocity of weathering and the imprecise measurement of weathering degree. However, the collation of the weathering degree with the stratigraphical position and the technological features of an artifact could enable us to sort the assemblage of artifacts from different ages into groups according to production age. In this book, my attempt at using this method is limited to a case study in sanukite, a kind of andesite, but the method should work for other rock types as well.

Materials

Chapter 3 consists of a commentary on the methods used in the provenance study of lithic raw material and a case study with a discussion of when and how material produced in a distant area was transported to the archaeological site in the target area. It is common to utilize hard, dense, and glassy rocks as lithic raw materials; in the target field, Sanukite sourced to the northeast is the only rock of this kind. Sanukite is the predominant lithic raw material within a radius of about 120 km from the provenance area, but in some phases, a different sanukite flowed into the area from another source located approximately 150 km west. On rare occasions, obsidian originating further afield was used. Provenance analysis with the energy dispersive X-ray fluorescence analyzer (ED-XRF) is the most effective source of information related to contact among the human groups that lived in the target field and the provenance areas of lithic raw materials.

The procedure by which the measured values from the different ED-XRF are assimilated and the statistical analysis of the results of the provenance analysis, considering the time-shift over the various sites are also presented in this chapter. X-ray fluorescence analysis is in principle a non-destructive analysis, but when the chemical composition of the material to be measured has been significantly disturbed by weathering, as happens with andesite, the material requires a pretreatment consisting of the removal of the weathered surface, along with a large amount of archaeological information. To avoid this, some ideas have been proposed to enable both archaeological observation and archaeological scientific analysis of lithic artifacts, and these are discussed herein. I devote several pages of this book to this discussion as it pertains to archaeological scientific analysis; I also emphasize the importance of the archaeological observation of lithic artifacts. Even though a stone tool was selected as the measurement sample for ED-XRF, the archaeologist should not neglect to observe the technology and collate the technology with chronology for dating. There is no disagreement that archaeological research makes the result of the sourcing study more meaningful.

Significance of Jomon lithics

The final chapter describes the process of cultural change based on the temporal and spatial transitions elucidated in the previous chapters. Most previous studies that have attempted such descriptions are based on the typological analysis of the pottery and especially on the expansion and contraction of the pottery typological sphere. However, lithic chronology also has the potential to serve as a basis for such description: in fact, it is possible to approach empirical data from a different angle when archaeological scientific analysis of lithic artifacts is applied. Inter-regional relationships viewed from a lithic studies perspective are synchronized with those from a pottery chronology perspective. In addition, transitions in the provenance area of allochthonous materials like obsidian correspond to transitions in these relationships. The harmony in these patterns suggests the potential significance of lithic study in the research of Jomon culture.

The large effect of environmental change on prehistoric human culture is being clarified as the field of paleoclimatology gains traction. The lives of the Jomon people were powerfully affected by the Bond event, a short but significant cooling period. The change in sea level as revealed by analysis of the varve sediment corresponds not only to the Bond event but also to a particular epoch in the fluctuation of the lithic typological sphere. Considering these results, this book proposes that population shifts and the movement of human groups triggered by climate change accelerated fluctuation in lithic manufacturing. Like the transitions in climate and population size, the fluctuation in lithics was slow because of the accumulation of short-range movements and the territorial shifts of human groups that led to the dissemination of information on useful shapes of stone tools and rare materials. In other words, the history of human movement and information flow in the Jomon era are written in the lithics, if researchers pay heed to it.

著者紹介

上峯篤史（うえみね　あつし）

1983年　奈良県山辺郡山添村に生まれる
2005年　立命館大学文学部史学科日本史学専攻考古学コー
　　　　ス　卒業
2007年　同志社大学大学院文学研究科文化史学専攻博士課
　　　　程（前期課程）修了
2011年　同志社大学大学院文学研究科文化史学専攻博士課
　　　　程（後期課程）修了
　　　　博士（文化史学）学位取得
（独）日本学術振興会特別研究員DC2，同志社大学高等研
究教育機構・文学部助手，（独）日本学術振興会特別研究員
PD，京都大学白眉センター・人文科学研究所特定助教を経て，
2019年4月より南山大学人文学部人類文化学科准教授。

主要著作
『縄文・弥生時代石器研究の技術論的転回』（雄山閣，2012年）

（プリミエ・コレクション86）

縄文石器──その視角と方法　　　　　　　©Atsushi Uemine 2018

平成30（2018）年3月31日　初版第1刷発行
令和元（2019）年7月30日　初版第2刷発行

著　者　　上　峯　篤　史
発行人　　末　原　達　郎
発行所　　京都大学学術出版会
京 都 市 左 京 区 吉 田 近 衛 町 69 番 地
京 都 大 学 吉 田 南 構 内 （〒606-8315）
電 話 （075）761-6182
FAX （075）761-6190
URL http://www.kyoto-up.or.jp
振 替 01000-8-64677

ISBN978-4-8140-0145-3　　　　　　装幀　森華
Printed in Japan　　　　　　　　印刷・製本　亜細亜印刷株式会社
　　　　　　　　　　　　　　　　　定価はカバーに表示してあります

本書のコピー，スキャン，デジタル化等の無断複製は著作権法上での例外を除
き禁じられています。本書を代行業者等の第三者に依頼してスキャンやデジタ
ル化することは，たとえ個人や家庭内での利用でも著作権法違反です。